Der richtige Kläger im deutschen,
französischen und englischen Zivilprozeß

Europäische Hochschulschriften

Publications Universitaires Européennes
European University Studies

Reihe II
Rechtswissenschaft

Série II Series II
Droit
Law

Bd./Vol. 3255

PETER LANG
Frankfurt am Main · Berlin · Bern · Bruxelles · New York · Oxford · Wien

Thomas Baumgarten

Der richtige Kläger im deutschen, französischen und englischen Zivilprozeß

Ein Beitrag zur Prozeßführungsbefugnis und funktionsverwandten Rechtsinstituten

PETER LANG
Europäischer Verlag der Wissenschaften

Die Deutsche Bibliothek - CIP-Einheitsaufnahme

Baumgarten, Thomas:

Der richtige Kläger im deutschen, französischen und englischen Zivilprozeß : ein Beitrag zur Prozeßführungsbefugnis und funktionsverwandten Rechtsinstituten / Thomas Baumgarten. - Frankfurt am Main ; Berlin ; Bern ; Bruxelles ; New York ; Oxford ; Wien : Lang, 2001

(Europäische Hochschulschriften : Reihe 2, Rechtswissenschaft ; Bd. 3255)
Zugl.: Potsdam, Univ., Diss., 2001
ISBN 3-631-38369-X

517
ISSN 0531-7312
ISBN 3-631-38369-X

www.peterlang.de

Meinen geliebten Eltern

Vorwort

Die vorliegende Untersuchung entstand im Zeitraum Februar 1997 bis Februar 2000 und wurde im September 2000 von der juristischen Fakultät der Universität Potsdam als Dissertation angenommen. Literatur, Rechtsprechung und Gesetzgebung wurden bis Januar 2000 berücksichtigt, insbesondere auch die zum 26.04.1999 in Kraft getretene englische Zivilprozeßreform.

Meinem Doktorvater, Herrn Prof. Dr. Helmut Weber, danke ich herzlich für seine stete Bereitschaft, den Fortgang der Arbeit mit wertvollen Anregungen zu fördern.

Bei Frau Rechtsanwältin Marion Ruhl möchte ich mich ebenfalls für ihre Unterstützung und Förderung bedanken.

Besonderer Dank gebührt meinen Eltern, die mir die Anfertigung dieser Arbeit erst ermöglichten.

Nicht zuletzt danke ich Frau Dr. Schwerdtfeger von der Universität Potsdam für ihre freundliche Unterstützung bei der Durchführung des Promotionsverfahrens und Frau Prof. Dr. Assmann für die Erstellung des Zweitgutachtens.

Potsdam, im Juni 2001 Thomas Baumgarten

Inhaltsverzeichnis

EINLEITUNG

Die Frage nach dem richtigen Kläger wird im deutschen Zivilprozeßrecht insbesondere seit der Einführung des formalen Parteibegriffs zum Ende des 19. Jahrhunderts vertieft und konzentriert sich in der Rechtsfigur der sogenannten Prozeßführungsbefugnis.

Dabei ist festzustellen, daß die Prozeßführungsbefugnis - allgemein verstanden als das Recht, einen Prozeß als "richtige" Partei zu führen - auch heute noch zu den umstrittenen Institutionen des deutschen Zivilprozeßrechts zählt. Von den Vätern der heutigen Zivilprozeßordnung war sie nicht vorgesehen, eine gesetzliche Fundierung fehlt weiterhin. Zu ihrer Rechtsnatur und dogmatischen Begründung werden die verschiedensten Auffassungen vertreten. Auch jüngere Abhandlungen sehen sie teils als überflüssig, teils als ergänzungsbedürftig an.

Diese Unsicherheiten setzen sich in der Praxis der Rechtsanwendung fort. So sind etwa die Auswirkungen der Prozeßführung in Prozeßstandschaft auf die mit der Parteistellung des Standschafters verbundenen Parteifunktionen ebenso umstritten wie bereits die Zulässigkeitsvoraussetzungen der gewillkürten Prozeßstandschaft.

Von ganz anderer Seite erlangt die Frage nach dem richtigen Kläger durch die rechtspolitische Diskussion um die Berücksichtigung "öffentlicher"[1], "überindividueller"[2] oder "diffuser"[3] Interessen im Zivilprozeß aktuelle Bedeutung. Hinter dieser Diskussion steht die Erkenntnis, daß in bestimmten Regelungsbereichen die Klagebefugnis allein der konkret Beeinträchtigten nicht hinreichend geeignet ist, das gesellschaftliche Interesse an der Normdurchsetzung zu befriedigen. Als nunmehr schon klassische Beispiele lassen sich etwa die Wettbewerbsordnung oder der Verbraucherschutz anführen. Im deutschen Recht kreist diese Diskussion im wesentlichen um die Anerkennung von Verbandsklagebefugnissen, die von verschiedensten Interessengruppen zunehmend eingefordert werden. Die Klärung der damit verbundenen Fragen erscheint

---

[1] KOCH, Prozeßführung, S. 8ff; KÖTZ, S. 69ff

[2] THIERE, S. 17

[3] CAPPELLETTI, S. 693ff

allerdings weder aus rechtspolitischer, noch aus dogmatischer Sicht als bewältigt.

Über alle Problemfelder hinweg lassen sich erhebliche Unterschiede im argumentativen Ansatz bei der Begründung oder Ablehnung verschiedener Modelle oder Erscheinungsformen der Prozeßführungsbefugnis oder bei der Beurteilung von Einzelfragen beobachten. Die unterschiedlichsten Ergebnisse werden häufig aus der Betonung einzelner Teilaspekte des Regelungszusammenhanges dogmatisch abgeleitet, andere Autoren stellen die rechtspolitische Wünschbarkeit bestimmter Ergebnisse in den Vordergrund.

Diese Befunde legen es nahe, sich zunächst der Funktion oder der Funktionen zu vergewissern, welche die Prozeßführungsbefugnis im Zivilprozeß erfüllen soll, und anhand dieses Maßstabs die Zweckhaftigkeit ihrer Ausgestaltung im einzelnen zu überprüfen.

Für diese Aufgabe bietet sich in besonderer Weise die rechtsvergleichende Betrachtung mit dem auch dieser Arbeit zugrundegelegten Ansatz der funktionalen Rechtsvergleichung an. Sie betrachtet die Normen und Institutionen einer Rechtsordnung als Modelle zur Lösung von dem Recht vorgegebenen gesellschaftlichen Problemen oder Ordnungsaufgaben[4]. In diesem Sinn muß jedes Rechtsinstitut seine Existenz in doppelter Hinsicht rechtfertigen: Es stellt sich zum einen die Frage, welche Regelungsfunktion es in der Gesellschaft hat, und zum anderen, ob es diese Funktion adäquat erfüllt oder ob eine andere Rechtsgestaltung der Funktion besser dienen würde[5].

Diese doppelte Fragestellung erscheint deshalb als geeignet, das Rechtsinstitut der Prozeßführungsbefugnis angemessen zu untersuchen. Der Vergleich mit dem französischen und englischen Recht soll dabei dazu dienen, anhand von Parallelen oder Abweichungen Strukturprinzipien des deutschen Rechts transparenter zu machen, alternative Regelungsmöglichkeiten aufzuzeigen und aus den Ergebnissen im einzelnen Anhaltspunkte und Anregungen für die Beurteilung und Weiterentwicklung des deutschen Rechts zu liefern.

Das **Ziel** dieser Arbeit besteht somit darin, **die deutsche Rechtsfigur der Prozeßführungsbefugnis einer Bestandsaufnahme aus rechtsverglei-**

---

[4]ZWEIGERT/KÖTZ, S. 33; RHEINSTEIN, S. 27; EBERT, S. 26ff

[5]RHEINSTEIN, S. 26

chender Sicht zu unterziehen und ihre Eignung zur Bewältigung der an sie gestellten Aufgaben zu überprüfen.

Zur sachgerechten Bewältigung dieses Ziels bedarf es einiger Vorüberlegungen über den Ausgangspunkt der rechtsvergleichenden Fragestellung nach dem richtigen Kläger.

Der Ansatz der funktionalen Rechtsvergleichung verlangt, daß die Ausgangsfrage ohne nationale Systembegriffe, frei von "nationalen dogmatischen Verkrustungen" formuliert wird[6]. Nur so lassen sich unterschiedliche Rechtswirklichkeiten zur Lösung derselben Ordnungsaufgabe identifizieren, ohne daß der Blick darauf durch oft nur vermeintliche Ähnlichkeiten oder Unterschiede in Terminologie und Systematik verstellt wird.

Die Formulierung der Ausgangsfrage der Untersuchung soll deshalb aus der allgemeinen und systemneutralen Feststellung abgeleitet werden, daß jede Zivilrechtsordnung bestimmen muß, welche Personen befugt sein sollen, einen konkreten Streitstoff vor Gericht zu bringen und darüber eine Entscheidung zu erhalten.

Diese Regelungsaufgabe besteht für alle denkbaren Ausgestaltungen des Zivilprozesses. Im deutschen, französischen und englischen Recht stellt sie sich insbesondere vor dem Hintergrund, daß eine allgemeine Popularklage nicht eröffnet ist. Nicht jedermann (*quivis ex populo*), sondern nur bestimmte, von der jeweiligen Rechtsordnung als "richtige" angesehene Personen sollen von dem angerufenen Gericht eine Entscheidung über den vorgetragenen Streitstoff erhalten.

Ob diese Personen als Verfahrensführer eine Entscheidung in eigenem oder in fremdem Namen begehren, ist dabei unter funktionellen Gesichtspunkten zunächst ebenso unerheblich wie die Frage, ob sie eine Entscheidung über einen eigenen oder, wie etwa der Prozeßstandschafter nach deutschem Recht, über einen ihnen fremden Streitstoff verlangen. Deshalb rekurriert der im Titel der Arbeit verwendete Begriff des (richtigen) Klägers nicht auf den Partei- und Klägerbegriff einer der drei herangezogenen Rechtsordnungen, sondern soll systemneutral lediglich darauf hinweisen, daß dem an das Gericht herangetragenen Rechtsschutzbegehren immer die Aktivität einer Person zugrunde-

---

[6] ZWEIGERT/KÖTZ, S. 43

liegt, die die Handlung der Klageerhebung oder Antragstellung ausführt und in diesem Sinn als Verfahrensführer auftritt.

Die **zu untersuchende Ordnungsaufgabe** kann mithin als die an die Rechtsordnungen gestellte Aufgabe formuliert werden, **in Bezug auf einen bestimmten, dem Prozeß vorgegebenen Streitstoff diejenigen Verfahrensführer zu bestimmen, die darüber auf ihr Rechtsschutzgesuch hin eine gerichtliche Entscheidung erhalten sollen.**

Da der nationale Auswahlmechanismus zur Bestimmung des richtigen Verfahrensführers mit der Gesamtsystematik des jeweiligen Zivil- und Zivilprozeßrechts eng verwoben und in diese eingebettet ist, sollen die herangezogenen Rechtsordnungen zunächst je für sich in den Länderberichten in ihrem Funktionsgefüge dargestellt werden (Teile 1 bis 3). Dabei wird, nach einem Überblick über die historischen Entwicklungen, zuerst untersucht, wer als Verfahrensführer in Betracht kommt. Anschließend folgt die Darstellung, welche Personen eine Rechtsordnung aus welchen Gründen als richtige Kläger im Sinne von Partei auf Aktivseite des Verfahrens ansieht und welche Folgen damit verbunden sind. Schließlich ist darzustellen, welche Personen ohne Parteistellung zur Verfahrensführung über einen bestimmten Streitstoff berechtigt sind. Ausgewählte Fallgruppen dienen der Illustration und Abrundung der Länderberichte und sollen für Teilbereiche eine unmittelbare Vergleichbarkeit der nationalen Regelungen ermöglichen.

Die Ergebnisse der Länderberichte werden in einem anschließenden rechtsvergleichenden Teil ausgewertet (Teil 4). Hier werden in einer Zusammenfassung diese Ergebnisse zunächst einander gegenübergestellt, Abweichungen und Besonderheiten herausgearbeitet und die grundlegenden Mechanismen zur Bewältigung der Ordnungsaufgabe aufgezeigt (Abschnitt 1). Sodann soll ein Aufgabenvergleich Erkenntnisse darüber erbringen, welche gemeinsamen Strukturprinzipien und Regelungszwecke den nationalen Lösungen zugrundeliegen (Abschnitt 2). Damit wird der Standort herausgearbeitet sein, die deutsche Rechtsfigur der Prozeßführungsbefugnis nach ihrer dogmatischen Notwendigkeit und der Angemessenheit ihrer Ausgestaltung zu untersuchen und aus rechtsvergleichender Sicht Anregungen für ihre Weiterentwicklung zu gewinnen (Abschnitt 3).

Die Fülle des Materials zwang zur Beschränkung. Das untersuchte Grundmodell ist das der streitigen Klage im Regelverfahren durch einen einzelnen Kläger. Abweichungen wie Streitgenossenschaften, Klageänderung oder Antragsverfahren werden nur insoweit erläutert, als sie für das Verständnis der nationalen Regelungen zum richtigen Kläger von grundsätzlicher Bedeutung sind.

Schließlich ist auf die Terminologie hinzuweisen, die bereits im deutschen Recht wenig einheitlich ist. Zur systemübergreifenden Bezeichnung der mit der Eigenschaft als richtiger Kläger verbundenen Stellung wird hier der Begriff der Klagebefugnis verwendet.

Teil 1: Das deutsche Recht

Abschnitt 1: Historische Entwicklungen

In den Vorläufern des heutigen deutschen Rechts wird die Frage, wer als richtiger Kläger eine gerichtliche Verhandlung und Entscheidung zur Sache erhalten soll, bis zur Mitte des 19. Jahrhunderts in Form der Frage gestellt, ob dem Rechtsuchenden im konkreten Fall ein eigenes Klagerecht zusteht.

Ihren Ausgangspunkt hat diese Sichtweise aus dem römischen Recht und dessem aktionenrechtlichen Denken übernommen.

I. Legitimationsprüfung im römische Aktionensystem

Die klassisch-römische Rechtsordnung war, wie Windscheid formuliert hat, "nicht die Ordnung der Rechte, sondern der gerichtlich verfolgbaren Ansprüche. Sie gibt dadurch Rechte, daß sie gerichtliche Verfolgung bewilligt"[7]. Die Quellen erwecken den Eindruck, daß in dieser gedanklichen Ordnung nicht die Existenz eines subjektives Rechts Voraussetzung der Klagemöglichkeit war, sondern umgekehrt das Klagerecht den Bestand des subjektiven Rechts bedingt habe[8].

Der Charakter des römischen Klagerechts, der *actio*, als Prozeßvoraussetzung und Rechtsquelle zugleich wird aus dem Prozeßverfahren, insbesondere der "eigenthümlichen Stellung der römischen rechtspflegenden Magistrate"[9], anschaulich.

---

[7] Windscheid, S. 3

[8] Peter, S. 56 mwN

[9] Windscheid, S. 4

Im römischen Formularprozeß[10] wandte sich der Rechtsschutzsuchende in einem ersten Verfahrensabschnitt (*in iure*) an den hoheitlichen Magistratsbeamten (*praetor*) mit der Bitte, die Streitsache zur gerichtlichen Beurteilung zuzulassen. Nach Anhörung beider Seiten entschied der Prätor, ob er für diese Angelegenheit die Möglichkeit der gerichtlichen Klärung gewähren (*datio actio*) oder verweigern solle (*negatio actio*). Bei dieser Entscheidung stand ihm zunächst ein weites Ermessen zu.

Bejahte der Prätor die Rechtsschutzmöglichkeit, gab er dem Kläger mithin ein Klagerecht (*actio*), so legte er zugleich die Voraussetzungen (*intentio*) und den Inhalt (*condemnatio*) einer eventuellen Verurteilung fest. Er bestimmte ferner das Gericht (*iudicium*), welches den Rechtsstreit entscheiden solle.

In dem folgenden zweiten Verfahrensabschnitt (*in iudicium*) überprüfte das zur Entscheidung bestimmte Gericht aus einem oder mehreren Schiedsrichtern, ob die vom Prätor für eine Verurteilung vorausgesetzten Tatsachen vorlagen. War dies zur Überzeugung des Gerichts der Fall, so konnte es nur gemäß der vom Prätor vorgegebenen Entscheidungsformel urteilen. Das Gericht durfte die vorgegebene Spruchformel weder abändern noch verbessern, selbst wenn dem Prätor ein Fehler unterlaufen war[11].

Der Prätor des römischen Rechts hatte daher zwar keine Jurisdiktionsgewalt. Er entschied jedoch sowohl über die Rechtsschutzfähigkeit der Streitigkeit, als auch - für das Gericht verbindlich - für jeden Einzelfall über die erforderlichen tatsächlichen Voraussetzungen und, bei deren Vorliegen, über den genauen Inhalt der vom Gericht auszusprechenden Verurteilung.

Durch Zuerkennung einer *actio*, eines Klagerechts, konnte der Prätor somit unabhängig vom *ius civile* nach eigenem Ermessen des Rechtsschutzes fähige Klagegründe selbst schaffen. Umgekehrt war der Prätor nicht gehindert, die *actio* in Fällen zu versagen, in denen nach *ius civile* eine Rechtsposition des Rechtsschutzsuchenden an sich begründet war[12].

Die Grundsätze der Ermessensausübung und Modifikation des überkommenen strengen *ius civile* lassen sich als Billigkeits- oder Angemessenheitserwägun-

---

[10] näher zur geschichtlichen Entwicklung und den Grundzügen des Formularprozesses etwa SOHM, S. 641-672

[11] SOHM, S. 661

[12] SOHM, S. 675ff; DIEDERICHSEN, S. 401f mwN

gen beschreiben, als umfassende Überprüfung der Rechtsschutzwürdigkeit des Anliegens nach den Umständen des Einzelfalls[13]. MUTHER sieht den *praetor* als Hüter der überpositiven, unmittelbar der Gerechtigkeit verpflichteten Rechtsidee[14].

Mit Verbreitung und Verfestigung dieses Systems griffen die Prätoren immer häufiger auf frühere Formulierungen von möglichem, d. h. des Rechtschutzes fähigem, Klagegrund und daraus erwachsener Rechtsfolge zurück. In den prätorischen Alben festgehalten[15], bildete sich ein Aktionensystem einzelner, genau umrissener Klagerechte heraus[16].

Die Vorstellung einer Ordnung objektiver Rechte mit allgemeiner Rechtsschutzverheißung entsteht daraus jedoch nicht. Die römische *actio* gibt selbst ihre privatrechtlichen Voraussetzungen an. Sie bedeutet Recht auf Verfahren nur für einen bestimmten Anspruch[17].

In der Rechtsfigur der *actio* denkt das römische Aktionenrecht daher das Bestehen eines Rechts und dessen gerichtliche Durchsetzbarkeit zusammen. Die *actio* enthält -in moderner Terminologie- zugleich die Beschreibung und Begründung eines "materiellen" Rechts und die subjektive Berechtigung zu dessen gerichtlicher Durchsetzung.

---

[13]DIEDERICHSEN, S. 402; SOHM, S. 646, geht davon aus, daß Rechtsschutz verweigert worden sei, "wenn der Anspruch aus sachlichen oder prozessualen Gründen dem Magistrat als nicht begründet oder des Rechtsschutzes unwürdig erscheint"

[14]MUTHER, S. 31f: "Haben doch die Römer sehr gut erkannt, daß die genaue Durchführung der starren Rechtsregel im einzelnen Fall zu einem Resultat führen könne, welches zwar nicht \`widerrechtlich' genannt werden mag, aber doch als \`ungerecht' bezeichnet werden muß. Es steht somit über dem positiven geschriebenen oder ungeschriebenen Recht die Idee der Gerechtigkeit, ein höheres Recht, welches im einzelnen Fall, wo das positive Recht mit der Idee der Gerechtigkeit in Conflikt kommt, als das wahre und der Wohlfahrt entsprechende Recht erscheint. Dieses höhere Recht läßt sich nicht wohl aufschreiben, es hat seinen Sitz in der Brust des Braven (bonus vir), und die Römer haben deshalb ihren höchsten rechtsprechenden Magistrat zum Wächter und Träger desselben gemacht, ohne ihn an etwas Geschriebenes zu binden. Wenn nun der Prätor im einzelnen Fall eine Klagformel ertheilt, ohne daß der Kläger sich auf einen geschriebenen oder sonstwie feststehenden Rechtssatz stützen könnte, ja wenn er vielleicht gar die Formel trotz eines in Folge des positiven Rechts eingetretenen Rechtszustands gibt, liegt gewiß nicht der Gedanke zugrunde, daß der Kläger kein Recht habe, vielmehr wird nur ein eigentliches, wahres und höheres Recht dessen anerkannt und es ist somit auch hier gerade nach der Römischen Auffassung ein Recht des Klägers die Voraussetzung der Klage."

[15]PETER, S. 3ff mwN

[16]SOHM, S. 685

[17]SOHM, S. 685

Der "materielle" Gehalt der *actio* war allerdings nicht mit einem materiellen subjektiven Recht im heutigen Sinn identisch. Eine für die vorliegende Untersuchung ganz wesentliche Abweichung soll kurz anhand der Klagerechtsformeln "mit subjektiver Umstellung"[18] dargestellt werden.

Das römische Recht kannte das Institut einer direkten Stellvertretung nicht. Ein Prozeßbevollmächtigter konnte für seinen Mandanten den Prozeß jedoch im eigenen Namen führen. In diesem Fall stellte der Prätor (bei Vertretung auf Klägerseite) in der Formulierung der *intentio* auf die Rechtsbeziehung zwischen Vertretenem und Schuldner ab. Er statuierte, unter welchen Voraussetzungen der Vollmachtgeber berechtigt sei. Die *condemnatio* lautete jedoch auf die Person des Bevollmächtigten[19]. Dieser gewann aus einem zusprechenden Urteil den rechtskräftigen Anspruch gegen den Schuldner; auf seinen Namen erging das Urteil[20]. Der Vollmachtgeber erhielt aus dem Urteil keine Rechtsposition oder Handhabe gegen den Schuldner; der Ausgleich der Vor- oder Nachteile, welche für das Vermögen des Vertreters aus dem Urteil erwuchsen, erfolgte allein nach der dem Repräsentationsverhältnis zugrundeliegenden Mandantsvereinbarung[21]. Der Stellvertreter machte daher als Partei ein eigenes Klagerecht geltend, die rechtsschutzeröffnende *actio* war die eigene *actio* des Stellvertreters.

Der Prätor nahm das Rechtsschutzgesuch des Vertreters nur unter der Voraussetzung an, daß das Repräsentationsverhältnis wirklich bestand. Ließ sich dies nicht zweifelsfrei nachweisen, so konnte er dem Vertreter eine Kaution (*cautio pro rata*) auferlegen, aus der sich der Prozeßgegner im Falle nochmaliger und wirksamer Prozeßführung durch den Vertretenen schadlos halten durfte[22].

In gleicher Weise wurden Zessionssachverhalte bewältigt, obwohl die Forderungsabtretung nach den Regeln des römischen *jus civile* unwirksam war[23]. Wollte gleichwohl der Zessionar die Forderung einklagen, so konnte er eine *actio* auf seinen Namen beantragen und damit, im Falle der Zuerkennung

---

[18]SOHM, S. 683

[19]SOHM, S. 683 mit Beispielen

[20]WETZELL, S. 69 mwN

[21]WETZELL, S. 69f

[22]WETZELL, S. 70f mwN

[23]SOHM, S. 463ff

durch den an das *ius civile* nicht gebundenen Prätor, die Forderung aus eigenem Klagerecht gerichtlich geltend machen[24].

Die *actiones* sind deshalb, auch hinsichtlich ihres materiellen Gehalts, auf die Rechtsverwirklichung zugeschnittene eigenständige Klagerechte für den Prozeß.

Daher fallen mit der Zuerkennung einer *actio* Rechtsposition und Befugnis zu ihrer gerichtlichen Durchsetzung stets in derselben Person zusammen. Die Zuerkennung des Klagerechts, der *actio*, an ein bestimmtes Rechtssubjekt begründet erst die "materielle", des Rechtsschutzes fähige Rechtsposition; sie begründet sie notwendig gerade für den Inhaber des Klagerechts.

In der *actio* des römischen Rechts wurden somit materielles und prozessuales Recht, Rechts- und Rechtsschutzordnung, Prozeßführungsbefugnis und Sachlegitimation zusammengedacht[25].

Der zulässige Kläger, dem eine *actio* verliehen wurde, war immer zugleich richtiger Kläger, da er aufgrund eigenen Klagerechts prozessierte. Als solcher hatte er das Anrecht auf ein gerichtliches Verfahren *in iudicium*, das stets mit einer Sachentscheidung endete.

II. Legitimationsprüfung bis zum gemeinen deutschen Prozeß

Zunächst fanden Systematik und Begrifflichkeit des römischen Rechts in den deutschen Rechtskreis durch Rezeption des italienisch-kanonischen Zivilprozesses Eingang, der seinerseits die Grundzüge des römischen Rechts aufgenommen und modifiziert hatte[26]. Die Juristen des Mittelalters übernahmen damit die aktionenrechtliche Ausrichtung der Darstellung und Anwendung des Zivilrechts[27].

---

[24] SOHM, S. 684

[25] BRÜHL, S. 31

[26] ROSENBERG/SCHWAB-GOTTWALD, S. 19ff

[27] KAUFMANN, S. 487, PETER, S. 10, 55f

Noch für den spätmittelalterlichen Libellprozeß läßt sich die aus dem römischen Recht übernommene Einheit von materiellem Recht und Rechtsschutzmöglichkeit in dem Erfordernis erkennen, in dem klageröffnenden Libell die *actio* anzugeben, auf welche die Klage gestützt wird[28]. Der vorgängigen Mitwirkung eines Prätors bedurfte es nicht mehr, die Rechtsschutzmöglichkeit für den Kläger folgte unmittelbar aus seiner Berufung auf eine bestimmte, anerkannte *actio*.

Formal ersetzte damit die Legitimierungsfunktion der Klageschrift die Prozeßzulassung durch den römischen Prätor. Gleichwohl blieb, wie im römischen Recht, die Einleitung eines Gerichtsverfahrens nur bei der Behauptung eines eigenen, konkret benannten Klagerechts möglich.

Entsprechend klassisch-römischer Auffassung hatte die Angabe der *actio* auch den Verbrauch des Klagerechts zur Folge, da sie jedenfalls gegen den Willen des Beklagten nicht mehr zurückgenommen oder geändert werden konnte[29].

Der Jüngste Reichsabschied 1654 reformierte das bisherige Verfahrensrecht und legte mit den Prozeßmaximen Eventualprinzip, Einredenpräklusion, Nichtöffentlichkeit, Schriftlichkeit, Zweiteilung des Verfahrens in Behauptungs- und Beweisverfahren etc. die Grundlagen für den gemeinen Prozeß bis weit in das 19. Jahrhundert[30].

Zugleich ordnete der Jüngste Reichsabschied an, daß das Klaglibell zwar den möglichst vollständigen Tatsachenvortrag und den Klageantrag enthalten muß, jedoch nicht mehr die rechtsbegründende *actio*. Der *Usus modernus pandectarum* geht davon aus, daß der Kläger stets die ihm günstigste *actio* geltend machen will. Unbeschadet einer fehlenden oder auch falschen Angabe einer *actio* entsprach das Gericht dem Klageantrag daher gegebenenfalls unter dem von ihm als zutreffend erachteten Gesichtspunkt[31]. Klagerechtsverbrauch durch bloße Angabe einer *actio* trat nicht mehr ein.

---

[28] KAUFMANN, S. 485f

[29] KAUFMANN, S. 485f

[30] ROSENBERG/SCHWAB-GOTTWALD, S. 22

[31] KAUFMANN, S. 487f

Mit dieser Praxis war sowohl der antiken als auch der mittelalterlichen *actio* der prozeßtatsächliche Boden entzogen. Der Kläger machte nunmehr weder ein Recht noch insbesondere eine *actio* geltend.[32].

Ob man, mit KAUFMANN, auch sagen kann, daß die Gerichte das Begehren des Klägers schon seit diesem Zeitpunkt an der "objektiven Privatrechtsordnung" maßen, erscheint angesichts der auf Jahrhunderte hinaus weiterhin aktionenrechtlichen Ordnung und Darstellung von Privat- und Verfahrensrecht fraglich.

Der Wegfall der (notwendigen) Angabe einer *actio* löste jedoch die für das römische Recht kennzeichnende Identität zwischen dem Kläger als Rechtsschutzsuchendem und dem Kläger als behauptetem Inhaber eines Klagerechts. Erstmals eröffnete sich die Möglichkeit, Rechtspositionen in den Streit zu führen, obwohl schon nach Sachvortrag des Klägers diesem ein Klagerecht darüber nicht zustand.

Die Gerichte hatten deshalb nunmehr nicht nur zu prüfen, ob der Kläger die tatbestandlichen Voraussetzungen einer *actio* erfüllte, sondern ob ein nach seinem Sachvortrag möglicherweise bestehendes Recht gerade ihm zukam. Die Legitimierungsfunktion der Klageschrift im Libellprozeß war damit in den Klagrechtsbegriff verlegt. Ob dem Kläger nach seinem Sachvortrag ein solches eigenes Klagerecht zustand, wurde als Prozeßvoraussetzung angesehen.

Der materielle Parteibegriff des gemeinen Rechts war ebenfalls noch auf die Vorstellung von der Einheit von materiellem und prozessualem Recht gegründet[33]. Aus der Übereinstimmung von materiellem Rechtsverhältnis und Prozeßrechtsverhältnis folgte, daß Parteien des Prozesses nur die tatsächlichen Subjekte des im Streit befindlichen Rechtsverhältnisses sein konnten[34].

War der Kläger an dem streitigen Rechtsverhältnis nicht beteiligt, so fehlte ihm die für die Parteieigenschaft erforderliche *legitimatio ad causam.* Stellte

---

[32]KAUFMANN, S. 488

[33]HENCKEL, Parteilehre, S. 15

[34]vgl. GOENNER, S. 307: "Soll der Rechtsstreit seinen Zweck nicht verfehlen, so müssen diejenigen als streitende Teile auftreten, welche der Gegenstand des Rechtsstreits wirklich angeht, die wahren Interessenten, und diese sind von Seiten des Klägers derjenige, welche das in Anspruch genommene Recht zu den seinen rechnen kann, von Seite des Beklagten derjenige, wider welchen das streitige Recht verfolgt werde, und welche der Rechtsvervolgung in seinem Namen widersprechen kann."

das Gericht von Amts wegen oder auf Einrede des Beklagten[35] fest, daß der Kläger kein eigenes Klagerecht in Anspruch nehmen konnte, so führte dies zur Nichtigkeit des Prozesses[36].

Nichtigkeit oder Unwirksamkeit des Prozesses bedeutete allerdings nur, daß der nicht zur Sache legitimierte Kläger keinen Anspruch auf Sachverhandlung und Sachentscheidung hatte. Dem frühen gemeinrechtlichen Verständnis liegt der aus dem römischen Recht überkommene Begriff des Prozesses als ausschließlich demjenigen Verfahren zugrunde, welches die Verhandlung zur Sache zum Gegenstand hat und zu einer Entscheidung in der Hauptsache führt[37].

Gegenüber dem römischen Recht hat sich damit das Prüfungsorgan verschoben. Nicht der Prätor als Organ eines Vorverfahrens um die Klagezulassung, sondern das Gericht selbst prüft, ob dem Kläger ein eigenes Klagerecht zukommt. Nur wer ein Klagerecht hat, kann Kläger in einem Prozeß sein und Sachverhandlung und -entscheidung erhalten.

Die Frage nach dem richtigen Kläger wurde deshalb weiterhin als Frage nach dem zulässigen Kläger gestellt. Der als Partei auftretende Kläger mußte vor der Verhandlung zur Hauptsache seine subjektive Berechtigung an dem in den Streit geführten Rechtsverhältnis nachweisen, um überhaupt als Kläger zur Sachverhandlung zugelassen zu werden[38].

Der Gesetzgeber der *Allgemeinen Gerichtsordnung für die Preußischen Staaten vom 6.7.1793* wies die Richter hinsichtlich der als Prozeßvoraussetzung erforderlichen[39] Legitimationsprüfung an: "Wenn aber der Legitimationspunkt einer förmlichen Untersuchung und Erörterung bedarf und ... zum In-

---

[35]die sog. exceptio deficentis legitimationis ad causam berechtigte den Beklagten dazu, die Einlassung zur Hauptsache zu verweigern, vgl. HEINZMANN, S. 4

[36]so LÜKE, Prozeßführungsbefugnis, S. 7 mwN

[37]vgl. HELLWIG, Klagrecht, S. 54: "Die Vorstellung ist also, daß, wenngleich das Gericht mit einem Streit befaßt ist, ein Prozeßverhältnis dann überhaupt nicht vorhanden ist, wenn eine Entscheidung zur Hauptsache nicht gefällt werden kann." Ähnlich noch um 1900 BÜLOW, S. 254, für die Prozeßvoraussetzungen: "Gewiss hat die Gewährung des gerichtlichen Privatrechtsschutzes, die Erfüllung der dem Civilprozessinstitute gestellten Aufgabe, bestimmte rechtlich vorgeschriebene Bedingungen. Es bestehen 1. solche, die sich auf die allgemeine Frage beziehen, ob ein bestimmtes Gericht im einzelnen Falle sich der Lösung jener Aufgabe überhaupt zu unterziehen, ob es in eine Sachverhandlung und -entscheidung einzutreten hat, m. a. W. ob überhaupt ein Prozeßrechtsverhältnis zustandekommen kann..."

[38]HEINZMANN, S. 3

[39]I 9 § 20 Allg. GO für die Preußischen Staaten

struktionstermine verwiesen werden muß; so ist in diesem Termine der Regel nach mit einem solchen Präjudicialpunkte der Anfang zu machen und derselbe entweder ... vorab zu erörtern, oder, wenn auch die Instruktion desselben zugleich mit der Hauptsache erfolgt, dennoch der Erörterung allemal ein besonderes Protokoll zu widmen"[40].

Mit dem materiellen Parteibegriff standen die Gerichte jedoch vor dem Problem, daß im Zusammenhang mit der Erörterung der Sachlegitimation unter Umständen bereits die vollständige Sachprüfung vorwegzunehmen war[41].

Bereits GOENNER unternahm den Versuch, hier brauchbare Kriterien zu finden und unterschied zwischen Tatsachen, die den Bestand des in Anspruch genommenen Rechtes überhaupt begründeten und solchen, auf Grund derer das streitende Subjekt befähigt war, den Anspruch in diesem Prozeß gegen diesen Beklagten geltend zu machen[42].

Eine systematische Bewältigung dieser Fragestellung konnte auf der Grundlage des materiellen Parteibegriffs kaum gelingen, zumal dieser wiederum die Parteieigenschaft an eine bestimmte *actio* mit ihrer materiellrechtlich-prozessualen Doppelnatur anknüpfte.

III. Die Trennung von materiellem Recht und Klagerecht im 19. Jahrhundert

Die entscheidenden Impulse für die weitere Entwicklung der untersuchten Frage nach dem richtigen Kläger gingen von der Überwindung des Aktionendenkens im Zuge der dogmatischen Trennung von Zivil- und Zivilprozeßrecht in der Rechtstheorie des 19. Jahrhunderts aus.

SAVIGNY beschreibt in seinem System des heutigen römischen Rechts zunächst das Privatrecht als Ordnung der "Rechte an sich", sodann deren neue Gestalt "im Zustand der Verteidigung" infolge ihrer Verletzung[43]. Als Klagrecht oder

---

[40] I 10 § 81a Allg. GO für die Preußischen Staaten

[41] HENCKEL, Parteilehre, S. 15f mwN; Lüke, Prozeßführungsbefugnis, S. 8

[42] GOENNER, S. 336

[43] SAVIGNY, Bd. V, S. 1f

Klage bezeichnet er das aus der Rechtsverletzung entspringende Rechtsverhältnis. "Der Inhalt dieses Verhältnisses läßt sich im allgemeinen dahin bestimmen, daß wir von diesem Gegner die Aufhebung der Verletzung fordern"[44]. Das Klagrecht ist daher kein originäres Recht, sondern das subjektive Privatrecht in einer durch seine Verletzung veränderten Gestalt. Es ergeben sich zwei Bedingungen, "die bei jeder Klage vorausgesetzt werden: ein Recht an sich und eine Verletzung desselben. Fehlt das erste, so ist eine Rechtsverletzung undenkbar. Fehlt die zweite, so kann das Recht nicht die besondere Gestalt einer Klage annehmen: Es ist nicht actio nata, nach dem von neueren Juristen eingeführten, richtig bezeichneten Ausdruck"[45].

Das Klagerecht SAVIGNYS hat daher einen rein materiellrechtlichen Gehalt. Es ist zum einen von seinen tatbestandlichen Voraussetzungen her nach dem Privatrecht zu beurteilen, zum anderen besteht es im Falle der Verletzung subjektiver Rechte vorprozessual und unabhängig von einem Prozeß. Mit dieser gedanklichen Trennung von *ius* und *actio*, von objektiver Rechtsordnung und Klagerecht, ist der überkommene *actio*-Begriff aufgebrochen. Nunmehr ist die Klagbarkeit dem materiellen Recht untergeordnet, allein die "Rechte an sich" entscheiden darüber, wem aus einem Konflikt Rechtspositionen zustehen und wer diese vor Gericht geltend machen darf.

WINDSCHEID hat dieses materiellrechtliche Klagerecht SAVIGNYS als Anspruch bezeichnet: "Was die Römer actio nennen, ist vom Standpunkt der heutigen Rechtsanschauung rechtlich anerkannter Anspruch"[46]. Das Element der gerichtlichen Verfolgbarkeit gehört nicht zu diesem Anspruch, es ist vielmehr nur dessen selbstverständliche Konsequenz: "Für uns ist das Klagerecht nichts als ein Schatten des Rechts, ein Ding, das in diesem aufgeht, nur von ihm sein Leben herleitet"[47]. Den heutigen Gerichten sei die Selbständigkeit der römischen Magistrate "etwas Unbekanntes; für uns ist das Gericht nichts als der Diener des Rechts. Daher hat es für uns keinen Sinn, wenn wir sagen: Jemand hat einen gerichtlich verfolgbaren Anspruch, eine Klage..."[48].

In seiner bekannten Kritik an Windscheid hat MUTHER die entschiedene Trennung von materiellem Anspruch und den Regeln seiner prozessualen Gel-

---

[44]SAVIGNY, Bd. V, S. 5

[45]SAVIGNY, Bd. V, S. 6

[46]WINDSCHEID, Actio, S. 32

[47]WINDSCHEID, Actio, S. 229

[48]WINDSCHEID, Abwehr, S. 25

tendmachung noch verworfen: "Es ist falsch, wenn man, wie der Verfasser, von der Voraussetzung ausgeht, daß heutzutage ein allgemeiner Rechtssatz existiere, wonach der Staat jedem in seinem Recht Gekränkten in gleicher Weise und ohne Unterschied gerichtlichen Schutz gewähre. Dieser Satz steht bei uns ebensowenig fest wie bei den Römern, obgleich die Fälle bei uns viel seltener geworden sind, wo ein in seinen Rechten Verletzter ohne das angriffsweise geltend zu machende Recht ohne gerichtlichen Schutz bleibt. Das Klagrecht beruht auch heutzutage nicht auf einem ganz allgemein lautenden, alle Rechte umfassenden Rechtssatz, sondern es sind auch jetzt noch mit den besonderen Rechten besondere Klagrechte verbunden"[49].

Gleichwohl seien Recht und Klagrecht nicht identisch. Das Wesen des "heutigen Klagrechts" sieht MUTHER in dessen Richtung auf die Gerichtsbarkeit hin, in dem "Recht auf Hülfe des Staats"[50]. Nur in diesem Sinn habe das römische Klagrecht im heutigen Recht Realität[51].

Diese publizistische Auffassung des Klagerecht setzte sich in der zweiten Hälfte des 19. Jahrhunderts weithin durch[52]. Begünstigt wurde sie zum einen durch die allmähliche Anerkennung subjektiver Rechte der Bürger gegen den Staat, darunter der "Anspruch jedes Staatsbürgers auf Rechtsschutz"[53], zum anderen durch das Bedürfnis, das als eigenständige Rechtsmaterie erkannte Zivilprozeßrecht zu systematisieren und gegenüber dem Zivilrecht auf autonome Grundpfeiler zu stellen[54].

Eine Überhöhung fand das publizistische Klagrecht in der etwa von WACH und HELLWIG vertretenen Theorie vom Rechtsschutzanspruch als Anspruch des Klägers gegen den Staat auf ein ihm günstiges Urteil bei Vorliegen der prozessualen und tatsächlichen Voraussetzungen[55].

---

[49]MUTHER, S. 48f

[50]MUTHER, S. 49

[51]MUTHER, S. 47; WINDSCHEID, Abwehr, S. 29, hat daraufhin konzediert, daß neben dem von ihm zur Rechtsfigur des Anspruch entwickelten materiellen Klagerecht auch ein prozessuales Klagerecht Anerkennung verdiene.

[52]HELLWIG, Klagrecht, S. 39ff, 44f

[53]GERBER, S.65

[54]eingehend SIMSHÄUSER, S. 85ff

[55]näher etwa HELLWIG, Klagrecht, S. 50f; gegen WACH mit lebhafter Polemik KOHLER, Rechtsschutzanspruch, S. 211ff

Diese Theorie wurde von der Wissenschaft alsbald wieder auf einen allgemeinen Justizanspruch zurückgeführt[56], den BÜLOW 1898 nicht als eigenes Recht, sondern als schlichte Befugnis auf Prozeßeröffnung charakterisierte, auf Begründung eines Prozeßrechtsverhältnisses[57].

Damit korrespondiert die Anerkennung eines allgemeinen Rechtsschutzes für alle materiellrechtlichen Ansprüche, die etwa V. TUHR im Jahre 1910 schon als selbstverständlich bezeichnete[58].

Die *actio* schien somit im materiellen Anspruch einerseits, in der Anerkennung eines allgemeinen Justizgewährungsanspruches andererseits aufgegangen zu sein[59].

Für die Frage nach dem richtigen Kläger bedeutete dies zunächst, daß durch die Trennung von materiellem Anspruch und rein prozessualem Klagerecht gegen den Staat die früher über die *actio* vermittelte Identität von materiellem Rechtsinhaber und richtigem Kläger verloren ging.

Gerade weil das überkommene Klagerecht im Prozeß mit einer Rechtsposition nach Privatrecht nicht identisch war, sondern auch ein eigenes Klagerecht über fremde Privatrechte sein konnte, ließ sich die Klageberechtigung nunmehr auch nicht schlicht an die Geltendmachung eines eigenen Anspruchs knüpfen.

Die Prozessualisten des späten gemeinen Prozesses berücksichtigten zwar, daß das Bestehen eines Klagerechts und damit die Parteieigenschaft nicht an dem im Hauptsacheverfahren festzustellenden tatsächlichen Rechtsverhältnis zu messen sei, sondern am behaupteten Vorbringen des Klägers[60] (sog. neuerer materieller Parteibegriff).

Dieser neuere materielle Parteibegriff konnte eine vorgängige Überprüfung der Sachlegitimation des Klägers jedoch ebenfalls nicht leisten. Mit diesem Parteibegriff ließen sich lediglich die Klagen derjenigen Kläger als unzulässig

---

[56]WETZELL, S. 36

[57]BÜLOW, S.243

[58]V. TUHR, S. 258 mwN

[59]vgl. den Stoßseufzer von R. SCHMIDT, S, 569: "Klagerecht und Rechtsschutzanspruch! Erst sekundäre Gebilde, unbrauchbar für die prozeßrechtliche Grundlegung. - Rechtsschutzanspruch und noch mehr materielles Justizrecht! Theoretisch zu viel, praktisch zu wenig. Undurchsichtig in den Konsequenzen für den Prozeß, ungeeignet für den Aufstieg in höhere Gebiete."

[60]WACH, S. 518f

abweisen, die sich von vorneherein als Nicht-Rechtsträger ausgaben[61]. Zur dogmatischen wie praktischen Bewältigung von Fallkonstellationen zulässiger Klagen Rechtsfremder, etwa von Vormündern, Konkurs- oder Testamentsverwaltern, des Ehemannes über das Frauenvermögen, Zedenten im Prozeß etc. war er nicht geeignet.

Lehre und Praxis des späten 19. Jahrhunderts haben daraus die Konsequenz gezogen, die unsichere Unterscheidung zwischen der objektiven Existenz des streitigen Rechts und seinen subjektiven Beziehungen gänzlich aufzugeben[62]; die subjektive Berechtigung zur Prozeßführung (*legitimatio ad causam*) wurde nunmehr allgemein dem Klagegrund zugeteilt[63].

Unbehagen blieb aber doch. So spricht V. BAR von einem "Bedürfnisse angemessener Vorverhandlung über die legitimatio ad causam", dem durch geeignete Teilung des Prozeßstoffs genügt werden könne[64].

Im Ergebnis verzichtete der späte gemeinrechtliche Prozeß unter dem materiellem Parteibegriff damit vollständig auf die vorgängige Prüfung der Rechtszuständigkeit des Klägers. Vielmehr wurde in Kauf genommen, das Hauptverfahren auch für den falschen Kläger zu führen, sofern dieser nur behauptete, über ein bestimmtes Rechtsverhältnis zur Prozeßführung legitimiert zu sein.

---

[61]HENCKEL, Parteilehre, S. 17

[62]Auch die *Verordnung über das Verfahren in Civilprozessen vom 21.7.1846* nahm die damals herrschende Lehre auf: Gemäß § 5 der Verordnung ist die *legitimatio ad causam* nicht mehr Voraussetzung für die Gültigkeit des Verfahrens, der Beklagte durfte wegen deren Fehlen nicht mehr die Einlassung auf die Klage verweigern (nach HEINZMANN, S. 5).

[63]V. BAR, S. 798f; WETZELL, S. 156: "Bis vor kurzem aber verband man mit dieser Terminologie einen sehr gefährlichen Irrthum...Der legitimatio ad causam ... wurde dieselbe practische Bedeutung beigelegt wie der legitimatio ad processum; sie sollte die Gültigkeit des Verfahrens bedingen, sollte deshalb gleich bei Anstellung der Klage durch liquide Beweismittel erbracht werden ... Heut zu Tage hat man sich allgemein vom Ungrund dieser Auffassung überzeugt. Rechte, die eine bloß objective Existenz haben, gibt es nicht, und Obligationen insbesondere können weder ohne ein berechtigtes, noch ohne ein verpflichtetes Subject gedacht werden. Da nun die Klage, welche die Grundlage des Processes bildet, ein obligationsähnliches Verhältnis ist, so muß sich aus ihrer Begründung nothwendig ergeben, wer zu ihrer Anstellung berechtigt und wer der rechte Verklagte ist. Somit sind die Thatsachen, auf welche sich ... die legitimatio richten soll, nichts Anderes, als ein Theil des Klagegrundes..."

[64]V. BAR, S. 799

IV. Die Erarbeitung der Prozeßstandschaft

Nach Zerfall des klassischen Klagerechts bereitete, wie dargestellt, die Bewältigung anerkannter Fallkonstellationen der Klageberechtigung bestimmter Rechtsfremder mit dem materiellen Parteibegriff erhebliche Schwierigkeiten.

So machten etwa der Ehemann im Prozeß über das Frauenvermögen, der Vater im Prozeß über Vermögen des großjährigen Haussohnes, der Zedent im Prozeß über die abgetretene Forderung nicht mehr ein eigenes Klagerecht, sondern ein fremdes materielles Recht geltend. Ebenso prozessierte der Konkursverwalter offensichtlich über fremde materielle Rechte. Nach dem fortgeltenden materiellen Parteibegriff konnten diese Verfahrensführer deshalb nicht als Partei angesehen werden.

Die gemeinrechtliche Doktrin versuchte, solche Fallgruppen als gesetzliche Vertretung einzuordnen. Der vertretene Gemeinschuldner, die vertretene Ehefrau seien in Bezug auf den Streitgegenstand handlungs- und damit prozeßunfähig, ihnen fehle die *legitimatio persona standi in judicio*[65], sie bedürften daher der Vertretung im Prozeß.

WACH wies darauf hin, daß der Gemeinschuldner durchaus nicht eigentlich handlungsunfähig sei, sondern seine Handlungsunfähigkeit nur für bestimmte Vermögensgegenstände fingiert werde[66]. Insbesondere schien die Gleichsetzung von beschränkter Dispositionsbefugnis und beschränkter Prozeßfähigkeit in den Fällen zu versagen, in denen der materiell Rechtsbetroffene in seiner Dispositionsbefugnis nicht beeinträchtigt war, etwa der Zessionar oder der Forderungspfandschuldner, wenn Zedent oder Forderungspfandgläubiger die Forderung selbst geltend machten.

Erstmals systematisierte KOHLER in einer 1885 erschienenen Schrift die Berechtigung zur Prozeßführung über fremde materielle Rechte unter dem Begriff der "Prozeßstandschaft"[67] . KOHLER betonte, "dass eine vollständige Korrespondenz zwischen der civilistischen und prozessualen Seite nicht nöthig

---

[65] WETZELL, S. 95

[66] WACH, S. 543: Es müsse "bei sonstiger Handlungsfähigkeit eine partielle Prozeßunfähigkeit des Kridars als solchen behauptet werden... Das Nicht-disponiren-dürfen ist in diesen objektiven und subjektiven Grenzen (mit Beziehung auf die Masse und gegenüber den Gläubigern) ein rechtliches Nicht-disponiren-können, eine Unfähigkeit zum prozessualischen Handeln."

[67] KOHLER, Dispositionsnießbrauch, S. 319

ist"[68] und konnte die Frage der Prozeßführungsbefugnis damit von der Frage der Prozeßfähigkeit lösen. Schon aus § 236 der neuen Civilprozessordnung[69] lasse sich die Zulässigkeit der Prozeßstandschaft erkennen als eines civilistischen Verhältnisses "der einen Person zum Civilrecht einer anderen, kraft welchen Verhältnisses es der einen Person zusteht, einen Prozess zu führen, dessen civilistische Folgen auf die andere Person fallen"[70].

Diese Prozeßstandschaft könne jedoch nur in den von der Gesetzgebung speziell bestimmten Fällen eintreten; dabei könne sie auf dem dinglichen Recht an einer Sache, auf amtlicher Beauftragung und unmittelbar auf Gesetz beruhen[71].

Sie rechtfertige sich entweder durch ein eigenes Interesse des Prozeßstandschafters, etwa bei der Prozeßführung über eigene Nutzungsrechte, oder auch durch das allgemeine Interesse der Justiz an der "Erledigung der Prozesse", wie etwa im Falle der Prozeßfortführung mit dem Veräußerer einer streitbefangenen Sache[72].

KOHLER spielte auch die Frage durch, ob die Prozeßführung in Prozeßstandschaft generell zulässig sein könnte: "Warum überhaupt eine Beschränkung? Warum soll es nicht zulässig sein, einen Generalmandateur in der Art aufzustellen, dass derselbe sämmtliche den Mandanten betreffende Prozesse im eigenen Namen führen kann? Konstruktive Schwierigkeiten hätte solches nicht. Natürlich würde ja ein solcher Prokurator über ein fremdes Recht prozessieren, und er könnte ein Urteil nur erzielen, wenn er nachwiese, dass ihm das Prozessverhältnis überlassen worden ist"[73].

---

[68]KOHLER, Succession, S. 100

[69]§ 236 Civilprozeßordnung 1877: "Die Rechtshängigkeit schließt das Recht der einen oder anderen Partei nicht aus, die in Streit befangene Sache zu veräußern oder den geltend gemachten Anspruch zu zediren. - Die Veräußerung oder Zession hat auf den Prozeß keinen Einfluß..."

[70]KOHLER, Succession, S. 101

[71]KOHLER, Succession, S. 102f

[72]KOHLER, Succession, S. 108: "Vorhin ist davon die Rede gewesen, dass ein eigenes Interesse des Prozeßstandschafters häufig vorliegen wird, dass ein solches aber durchaus nicht immer erforderlich ist. Insbesondere ist eine Prozeßstandschaft möglich in den Fällen, wo das Interesse der Erledigung der Prozesse, wo also das allgemeine Interesse der Justiz es verlangt, mithin namentlich, wenn es sich darum handelt, eine Succession in das Civilrecht zu ermöglichen, ohne die Zwecke des Prozesses zu vereiteln."

[73]KOHLER, Succession, S. 104

Dagegen spreche jedoch die Möglichkeit, zur Einleitung von Prozessen mittellose Kläger vorzuschieben; die Prozeßkostenpflicht würde ihre Funktion als "Präservativ ... gegen Mißbräuche dieser Angriffsmöglichkeit" verlieren[74]. Wenn aber "die Verhältnisse so liegen, dass entweder überhaupt von solchen Mißständen keine Rede sein kann, oder wenn die Lage im einzelnen Falle dafür bürgt, dass die Intentionen der Rechtsordnung ihre Verwirklichungen finden", sei auch eine Prozeßführung in Prozeßstandschaft aufgrund zivilrechtlicher Beauftragung zulässig[75].

Der neuere materielle Parteibegriff ist deshalb nach KOHLER dahin zu ergänzen, daß das Subjekt des Prozesses entweder das Subjekt des im Prozesse begriffenen Anspruchs sei oder aber eine Person, die in zugelassener Prozeßstandschaft über fremde zivilistische Rechte Klage führe[76].

Damit hat KOHLER die seit WINDSCHEID und MUTHER fehlende Verbindung zwischen materiellem Recht und Klagebefugnis auch für die Fallgruppen der Prozeßführung über fremde materielle Rechte wieder hergestellt.

V. Formeller Parteibegriff und Prozeßführungsbefugnis

Die Kodifizierungsarbeiten im bürgerlichen und Prozeßrecht, insbesondere das Inkrafttreten der reichseinheitlichen Civilprozeßordnung 1877, scheinen den Anstoß gegeben zu haben, nach der Prozeßfähigkeit nun auch den Parteibegriff zu überdenken[77]. Zwar lag der CPO noch der materielle Parteibegriff zugrunde, sie sah jedoch etwa in den §§ 236 und 73 ausdrücklich die Möglichkeit der Prozeßführung über fremde materielle Rechte vor[78].

---

[74]KOHLER, Succession, S. 105f

[75]KOHLER, Succession, S. 106; diese Anerkennung steht allerdings im Widerspruch zu seinen vorangegangen Ausführungen, die Prozeßstandschaft könne nur in den von der Gesetzgebung speziell bestimmten Fällen eintreten (ebda., S. 103) bzw., die Prozeßstandschaft "kann aber nicht beliebig durch Auftrag kreirt werden, wie im Zivilrecht" (ebda., S. 103).

[76]KOHLER, Succession, s. 107

[77]LÜKE, Prozeßführungsbefugnis, S. 8

[78]§ 236 CPO entspricht weitgehend dem heutigen § 265 ZPO, zum Wortlaut in Auszügen siehe oben FN 69; § 73 CPO betrifft eine Prozeßstandschaft auf Passivseite: "Wer als Besitzer einer Sache verklagt ist, die im Namen eines Dritten zu besitzen behauptet, kann, wenn er diesem vor der Verhandlung zur Hauptsache den Streit verkündet und ihn unter Benennung an den Kläger zur Erklärung ladet, bis zu dieser Erklärung oder bis zum Schlusse des Termins, in

Die Lehre vom Prozeßrechtsverhältnis dürfte ein übriges dazu beigetragen haben, die Wirksamkeit der Prozeßeinleitung durch einen Rechtsschutzbegehrenden als Kläger von dessen Legitimation zur Sachverhandlung zu trennen.

Insbesondere OETKER und ihm folgend STEGEMANN entwickelten den sogenannten formellen Parteibegriff im heute gebräuchlichen Sinn. Danach sind Parteien diejenigen, die eine Sache in den Streit führen (*rem in iudicium deducens*) oder gegen die eine Sache in den Streit geführt wird (*is contra quem res in iudicium deducitur*)[79]; Kläger ist mithin derjenige, der im eigenen Namen Rechtsschutz hinsichtlich eines bestimmten vorgetragenen Streitstoffs vor Gericht verlangt[80].

Das Reichsgericht hat sich dieser Auffassung alsbald angeschlossen. In Konsequenz dieser Begrifflichkeit hat es etwa den Konkurs- und Zwangsverwalter selbst als "Partei kraft Amtes" im Rechtsstreit über das Verwaltungsvermögen angesehen[81].

STEGEMANN legte in einer ausführlichen Abhandlung dar, daß für die Parteiqualität "das Vorhandensein der Sachlegitimation völlig irrelevant (ist); die Parteienstellung wird begründet durch die Klageerhebung"[82]. Die Prüfung der Sachlegitimation sei hingegen "eine der Aufgaben, die im Prozeß selbst zu erledigen sind, während die Prüfung der Parteifähigkeit als gegebener Voraussetzung der Prozeßfähigkeit vor den eigentlichen Prozeß, d. h. das eine Sachentscheidung herbeiführende Verfahren fällt... Eben weil sich aber erst im Prozesse oder durch den Prozess herausstellen kann, ob der Kläger und der Beklagte die aktive resp. passive Sachlegitimation besitzen, so folgt daraus sofort, dass ihre Parteienstellung durch den sich etwa herausstellenden Mangel der Sachlegitimation gar nicht berührt wird"[83].

Mit dieser Begründung wendet sich STEGEMANN gegen die "so häufige Verwechslung von Prozeßunfähigkeit und Mangel der Sachlegitimation"[84]. Unter

---

welchem der Benannte sich zu erklären hat, die Verhandlung zur Hauptsache verweigern. - Bestreitet der Benannte die Behauptung des Beklagten oder erklärt sich nicht, so ist der Beklagte berechtigt, dem Klageantrag zu genügen..."

[79] OETKER, S. 189; STEGEMANN, S. 357

[80] statt aller HEINZMANN, S. 5

[81] vgl. KISCH, S. 38ff mit zahlreichen Nachweisen

[82] STEGEMANN, S. 334

[83] STEGEMANN, S. 334

[84] STEGEMANN, S. 332

Sachlegitimation versteht er sowohl die Frage, ob das streitige Recht besteht, als auch, ob gerade dem Kläger darüber die "Dispositionsbefugniss" im Prozeß zusteht: "Hiermit fällt auch die Annahme der relativen Prozessunfähigkeit mit Rücksicht auf die einer Person bezüglich einer Sache oder eines Vermögenskomplexes mangelnde Dispositionsbefugniss; die Frage nach der Existenz der letzteren ist eben Bestandtheil der Sachprüfung, m. a. W. die Dispositionsbefugniss ist die sogenannte Sachlegitimation"[85].

Aus dieser Darstellung wird deutlich, daß der formelle Parteibegriff die ursprüngliche Funktion des materiellen Parteibegriffs, Gericht und Gegner vor einer Sachverhandlung mit einem zur Führung des Rechtsstreits nicht befugten Kläger zu schützen[86], nicht mehr erfüllen kann und auch nicht mehr erfüllen soll.

Mit dem formelle Parteibegriff geht auch die Einführung des heute gebräuchlichen Prozeßbegriffs einher. Entsprechend der Konzeption der CPO wird unter Prozeß nicht mehr lediglich das Verfahren zur Sache verstanden, sondern das mit der Klageeinreichung beginnende gerichtliche Verfahren insgesamt, das nunmehr gedanklich in Zulässigkeits- und Begründetheitsstation untergliedert wird.

Damit eröffnete sich unmittelbar die Frage nach der prozessualen Berechtigung für die Prozeßführung zur Sache, mithin die Frage nach dem richtigen Kläger[87]. Denn nun war das Problem augenscheinlich, daß die Zivilrechtssystematik keine Schranke mehr dagegen enthielt, Gericht und Gegner vor Sachverhandlung und -entscheidung mit Klägern ohne legitimierende Beziehung zur Streitsache zu schützen.

Insbesondere HELLWIG förderte die Antwort auf diese Frage. Er hob hervor, daß die prozessuale Behandlung und die Rechtskraftwirkungen einer gerichtlichen Entscheidung ganz unterschiedlich sein müßten, wenn entweder das behauptete Recht nicht bestehe oder nur die Berechtigung des konkreten Klägers zu dessen gerichtlicher Geltendmachung. Im ersten Fall ergehe ein Sachurteil mit Rechtskraftwirkung über den Bestand des behaupteten Rechts, im zweiten Fall sei die Klage wegen eines prozessualen Mangels in dem von ihm so ge-

---

[85] STEGEMANN, S. 338

[86] HEINZMANN, S. 5

[87] vgl. LÜKE, Prozeßführungsbefugnis, S. 8

nannten "Prozeßführungsrecht" des konkreten Klägers abzuweisen, der eine Entscheidung zur Hauptsache ausschließe[88].

Der bisher gebräuchliche Begriff der Sachlegitimation sei daher zu weit gefaßt: "Was wir hier Prozeßführungsrecht nennen, wird in der Regel als Sachlegitimation oder spezieller: als Aktivlegitimation bezeichnet. Dieser Ausdruck wird aber in einem weiteren Sinne gebraucht. Wir denken bei dem Prozeßführungsrecht lediglich an die sich aus dem von dem Kläger zu dem geltend zu machenden Rechtsverhältnis oder aus ... prozessualen Vorschriften ergebende und an die wegen seines Fehlens mangelnde Berechtigung zur gerichtlichen Verfolgung eines konkreten Rechts als solche und unterscheiden hiervon scharf die Frage, ob das geltend gemachte Recht überhaupt oder doch für denjenigen, als dessen Recht es geltend gemacht wird, besteht"[89].

Das Prozeßführungsrecht als "prozessualisches Recht"[90] habe in der Regel der Berechtigte selbst. Insbesondere Vermögensrechten wohne schon begrifflich das "Recht zur Verwaltung" inne, unter diese Verwaltungsmacht falle auch das Recht zur gerichtlichen Geltendmachung[91]. Umgekehrt fehle deshalb jedem Dritten, der nicht Subjekt des Rechts ist, das Recht zur klagweisen Geltendmachung[92].

In zahlreichen Fällen stehe es jedoch einem anderen als dem Berechtigten zu. Das Prozeßführungsrecht Dritter könne sich zum einen aus dem materiellen Recht ergeben, etwa das Recht des Ehemannes zur Klage im eigenen Namen gemäß § 1380 BGB a. F. über das Ehevermögen im gesetzlichen Güterstand. Es könne sich auch aus rein prozessualen Vorschriften ergeben, etwa aus § 265 ZPO für den Zedenten einer streitbefangenen Sache[93].

So war mit dem Prozeßführungsrecht auch unter dem formalen Parteibegriff eine Rechtsfigur gewonnen, mit der sich das Recht des Klägers zur Prozeßführung über den Streitstoff gerichtlich vor Eintritt in die Verhandlung zur Sache überprüfen läßt.

---

88 HELLWIG, Lehrbuch, S. 157f

89 HELLWIG, Lehrbuch, S. 156f

90 HELLWIG, Lehrbuch, S. 155, 156

91 HELLWIG, Lehrbuch, S. 317, 320

92 HELLWIG, Lehrbuch, S. 320

93 HELLWIG, Lehrbuch, S. 155f

Der von KOHLER erarbeitete Begriff der Prozeßstandschaft und das von HELLWIG definierte Prozeßführungsrecht stellen die entscheidenden Rechtsfiguren für die heutige Diskussion dar, in welcher Weise im deutschen Recht der richtige Kläger zu bestimmen ist.

ABSCHNITT 2: DER RICHTIGE VERFAHRENSFÜHRER IM HEUTIGEN RECHT

Wie in der Einleitung ausgeführt, soll die Frage des richtigen Klägers wegen der fehlenden Identität der Parteibegriffe im deutschen, französischen und englischen Recht im Rahmen der Frage nach dem richtigen Verfahrensführer vor Gericht untersucht werden. Für das heutige deutsche Recht ist deshalb zunächst darzustellen, wer als möglicher Verfahrensführer in Betracht kommt (Kapitel 1). Anschließend wird untersucht werden, unter welchen Voraussetzungen mögliche Verfahrensführer als richtige Verfahrensführer gelten und welche Rechtsfolgen damit verbunden sind (Kapitel 2 und 3).

Kapitel 1: Die möglichen Verfahrensführer

Die gerichtliche Geltendmachung von Streitstoffen ist auf zwei Arten möglich, entweder als Partei oder für eine Partei als deren Prozeßbevollmächtigter (prozessualer Vertreter).

I. Der Kläger als Verfahrensführer

Die Möglichkeit der Verfahrensführung als Kläger und somit als Partei besteht in den Grenzen des deutschen Parteibegriffs. Dieser zeigt auf, wer Partei sein kann, wie die Parteistellung erworben wird und wonach die Parteistellung bestimmt wird.

1. Die Voraussetzung der Parteifähigkeit

Der Erwerb der Stellung als (klägerische) Partei setzt voraus, daß derjenige, der im eigenen Namen Rechtsschutz begehrt, parteifähig ist. Die Parteifähigkeit als die Fähigkeit, Partei eines Prozesses zu sein, wird unterschieden von der Prozessfähigkeit als der Fähigkeit, die Prozeßhandlungen wirksam in eigener Person vorzunehmen.

Gemäß § 50 Abs. 1 ZPO folgt die Parteifähigkeit für den Zivilprozeß aus der Rechtsfähigkeit nach materiellem Privatrecht. Sie fehlt daher natürlichen oder juristischen Personen nur dann, wenn diese in Wirklichkeit gar nicht existieren.

Soweit das Privatrecht auch einer noch nicht oder nicht mehr existierenden Person Rechte einräumt, wird ihre insoweit zugrundegelegte Rechtsfähigkeit auch im prozessualen Bereich als Parteifähigkeit zur Geltendmachung dieser Rechte anerkannt.

Daher wird etwa eine Leibesfrucht (nasciturus) als parteifähig angesehen, künftige Unterhaltsansprüche und Erbrechte als Partei geltend zu machen[94]. Auch ein noch nicht Erzeugter (nondum conceptus) ist hinsichtlich bestimmter Rechte parteifähig, die ihm für den Fall seiner Geburt zugewandt werden können, etwa als Empfänger einer Leistung nach Todesfall des Versprechenden gemäß § 331 Abs. 2 BGB[95].

Ebenso werden juristische Personen vor ihrer Entstehung oder nach ihrer Auflösung in dem Umfang als parteifähig anerkannt, in welchem der Vor- oder Liquidationsgesellschaft als selbständigem Rechtssubjekt Rechte und Pflichten zukommen[96].

---

[94] WIECZOREK/SCHÜTZE-HAUSMANN, § 50 Rn 6 mit Beispielen und weiteren Nachweisen

[95] § 331 (Leistung nach Todesfall): "(Abs.2) Stirbt der Versprechensempfänger vor der Geburt des Dritten, so kann das Versprechen, an den Dritten zu leisten, nur dann noch aufgehoben oder geändert werden, wenn die Befugnis dazu vorbehalten worden ist"; weitere Beispiele etwa bei WIECZOREK/SCHÜTZE-HAUSMANN, § 50 Rn 6

[96] dazu näher etwa MÜKO-LINDACHER, § 50 Rn 11ff

Aktiv parteifähig ohne eigene Rechtspersönlichkeit können ferner Gewerkschaften, Arbeitgebervereinigungen und Zusammenschlüsse solcher Verbände gemäß § 10 ArbGG sein.

2. Die Anknüpfung der Parteistellung

Nach dem heute herrschenden formellen Parteibegriff sind Parteien des Zivilprozesses diejenigen Personen, von welchen und gegen welche die staatliche Rechtsschutzhandlung im eigenen Namen begehrt wird[97].

Kläger ist mithin derjenige, der sich in der Klageschrift als solcher benennt und im eigenen Namen Rechtsschutz begehrt[98].

Sofern ein Kläger das Rechtsschutzbegehren zugunsten eines seiner Verwaltung unterstellten Sondervermögens erhebt, kann er dies angeben und erreicht damit die Beschränkung der Streitbefangenheit und der Urteilswirkungen auf dieses Sondervermögen beschränkt bleiben[99].

3. Der Erwerb der Klägerstellung

Ein Rechtsuchender erwirbt die originäre Klägerstellung durch die Verfahrenseinleitung im eigenen Namen. Ein bestimmter qualifizierter Bezug zu dem zur Entscheidung gestellten Streitstoff ist nicht erforderlich.

Dieser formelle Parteibegriff soll dem Umstand Rechnung tragen, daß auch Rechtsfremde einen Prozeß nicht lediglich in der Form offener Stellvertretung, sondern unter Umständen in eigenem Namen führen können[100].

Der Eintritt in ein bereits anhängiges Verfahren ist im Falle der Streitgenossenschaft von der Zustimmung des verfahrenseinleitenden Klägers abhängig. Im übrigen ist er gemäß § 147 ZPO durch Prozeßverbindung möglich, wenn die Ansprüche in rechtlichem Zusammenhang stehen oder in einer Klage hät-

---

[97] statt aller: ROSENBERG/SCHWAB-GOTTWALD, S. 200; MÜKO-LINDACHER, Vor § 50 Rn 2 mwN

[98] SCHELLHAMMER, Rn 1167

[99] ROSENBERG/SCHWAB-GOTTWALD, S. 201; BRUNS, ZPR, S. 55

[100] MÜKO-LINDACHER, Vor § 50 Rn 3

ten geltend gemacht werden können. Die Zulässigkeit des Eintritts in ein bereits anhängiges Verfahren wird damit vom Gericht unter Berücksichtigung des Streitstoffs beurteilt.

4. Verfahrensführung durch den Kläger

Die wirksame Verfahrensführung durch den Kläger in eigener Person setzt ferner voraus, daß dieser prozeß- und postulationsfähig ist. Beide Erfordernisse beziehen sich nur auf die prozessuale Handlungsfähigkeit und berühren nicht die Möglichkeit, Partei zu sein. Sie werden im Zusammenhang mit den Vertretungregeln näher dargestellt.

5. Zusammenfassung

Das heutige deutsche Zivilprozeßrecht geht von einem formellen Parteibegriff aus. Dieser Parteibegriff sagt grundsätzlich nichts darüber aus, welche Beziehung der auftretende Kläger zu der von ihm begehrten Rechtsfolge, zu dem von ihm in den Streit geführten Rechtsverhältnis hat. Anknüpfungspunkt ist der Name, in welchem Rechtsschutz begehrt wird.

Zugleich ist der Parteibegriff auch abstrakt, indem er nicht die Fähigkeit zur Vornahme der Prozeßhandlungen in eigener Person voraussetzt.

Das Prozeßrecht muß daher an anderer Stelle regeln, wer als "richtiger" Kläger über einen bestimmten Streitstoff ein Urteil erhalten soll (dazu nachfolgend Kapitel 2).

II. Der Vertreter als Verfahrensführer

Als prozessualer Vertreter tritt auf, wer in fremdem Namen Rechtsschutz begehrt. Die Vertretung vor Gericht kann gesetzlich angeordnet oder durch Vereinbarung mit der klagenden Partei begründet worden sein.

Voraussetzungen und Rechtsfolgen der Verfahrensführung in Stellvertretung werden nachfolgend in Kapitel 3 dargestellt.

Kapitel 2: Der richtige Kläger

Die deutsche Lehre vom richtigen Kläger soll unter zwei Gesichtspunkten untersucht werden. Zunächst ist darzustellen, wen das deutsche Recht als richtigen Kläger in Bezug auf einen bestimmten Streitstoff ansieht (nachfolgend A.). Anschließend soll untersucht werden, welche Bedeutung dieser Auswahl nach deutschem Verständnis zukommt. Dafür wird näher darauf einzugehen sein, wie die Eigenschaft als richtiger Kläger im Verfahrensgang überprüft wird, welche Befugnisse und Pflichten mit ihr verbunden sind und welche Folgen sie für die Reichweite des Urteils hat (nachfolgend B.).

A. Die Auswahl des richtigen Klägers

Die Auswahl des richtigen Klägers erfolgt im deutschen Recht anhand eines für Leistungsklagen entwickelten Grundmodells. Nach dessen Darstellung im Überblick (nachfolgend I.) werden die Möglichkeiten zur Geltendmachung eigener und fremder Rechte im einzelnen näher untersucht (II.-IV.). Anschließend ist die Klagebefugnis in Sonderfälle wie der Feststellungsklage, der Gestaltungsklage, der Verbandsklage etc. näher darzustellen (V.-IX.).

I. Der Auswahlmodus im Überblick

1. Die Rechtsfigur der Prozeßführungsbefugnis

Die Unterscheidung zwischen richtigen und falschen Klägern wird im deutschen Recht mit der Rechtsfigur der Prozeßführungsbefugnis getroffen. Darunter versteht man die Befugnis, über "das behauptete, im Prozeß streitige Recht im eigenen Namen einen Rechtsstreit zu führen"[101].

BERG definiert die Prozeßführungsbefugnis als "die Berechtigung, im eigenen Namen über das Bestehen oder Nichtbestehen eines geltend gemachten Rechts

---

[101] STEIN/JONAS-BORK, Vor § 50 Rn 19

eine gerichtliche Entscheidung herbeizuführen"[102] und stellt damit ihre Rolle als Sachurteilsvoraussetzung heraus. Nicht selten wird die Prozeßführungsbefugnis auch ausdrücklich umschrieben als das Recht, einen bestimmten Prozeß "als richtige Partei" im eigenen Namen zu führen[103]. Nach der Formulierung von SCHNEIDER ist "die Frage nach der Prozeßführungsbefugnis des Klägers ... identisch mit der Frage nach der richtigen Partei"[104].

Die Prozeßführungsbefugnis bezeichnet daher diejenige Beziehung zwischen einem Rechtsschutzbegehrenden und dem Gegenstand seines Begehrens, welche die Rechtsordnung als geeignet ansieht, um gerade ihn als richtigen Kläger über diesen Streitstoff prozessieren zu lassen.

Als Bezugspunkt für die Beurteilung, ob ein Kläger prozeßführungsbefugt ist, wird das in den Streit geführte, vom Kläger behauptete Rechtsverhältnis herangezogen. Die Prozeßführungsbefugnis ist nicht eine persönliche Eigenschaft der Parteien, sondern die Folge oder der Ausdruck einer sachlichen Beziehung zwischen der Partei und dem Streitgegenstand[105].

Dabei kann sich die Prozeßführungsbefugnis - so der Regelfall - daraus ergeben, daß der Kläger sich auf ein eigenes Recht beruft. Sie kann auch darin begründet sein, daß er zur Geltendmachung eines fremden Rechts als Kläger durch gesetzliche Vorschrift oder durch Vereinbarung mit dem Inhaber des streitigen Rechts besonders ermächtigt ist. Insoweit spricht man überwiegend von gesetzlicher bzw. gewillkürter Prozeßstandschaft.

Zunächst ist daher festzuhalten: Kläger ist, wer im eigenen Namen Rechtsschutz begehrt. Richtiger Kläger ist, wer prozeßführungsbefugt ist. Die Prozeßführungsbefugnis kann über eigene oder in bestimmten Fällen über fremde materielle Rechtspositionen aus einem konkreten Streitstoff bestehen.

---

[102] BERG, S. 462

[103] BAUMBACH-HARTMANN, Grundz § 50 Rn 22; vgl. auch LÜKE, Prozeßführungsbefugnis, S. 6; BRUNS, ZPR, S. 58ff; SCHNEIDER, S. 279; MÜKO-LINDACHER, Vor § 50 Rn 41; THOMAS/PUTZO, § 51 Rn 20; ZÖLLER-VOLLKOMMER, Vor § 50 Rn 18; BGH JZ 85, 888

[104] SCHNEIDER, S. 279

[105] BERG, S. 461f

2. Die Herleitung der Prozeßführungsbefugnis

Die dogmatische Herleitung der Rechtsfigur der Prozeßführungsbefugnis ist umstritten. Im wesentlichen lassen sich vier unterschiedliche Auffassungen erkennen.

a) HELLWIG sah im wesentlichen ein materielles Recht zur umfassenden Vermögensverwaltung als Quelle der von ihm herausgearbeiteten Rechtsfigur des Prozeßführungsrechts an. Dieses Recht zur Verwaltung bedeute das Recht und die Pflicht, für ein Vermögen zu sorgen. Daher umfasse es auch das Recht zur Prozeßführung darüber[106].

Das Prozeßführungsrecht sei zwar keine Verfügung über das Vermögen, da die Prozeßführung nur zur Verfolgung und Verteidigung vorhandener Rechte diene; jedenfalls durch Herbeiführung eines falschen Urteils werde wirtschaftlich eine vergleichbare Wirkung herbeigeführt[107].

In der Regel stehe das Prozeßführungsrecht dem Subjekt des Vermögens zu und fehle umgekehrt jedem Dritten[108]. Die Verlagerung der Prozeßführungsbefugnis auf Dritte sei "in den praktisch wichtigsten Fällen ... nur die prozessuale Folge des dem Dritten nach bürgerlichem Recht zustehenden umfassenden Rechts der Verwaltung eines fremden Vermögens (Sondervermögens)"[109].

Es gebe aber auch rein prozessuale Vorschriften, etwa § 265 ZPO, die aus anderen Gründen das Prozeßführungsrecht versagen und gewähren[110].

SCHWAB stellt fest, die meisten Fälle der gesetzlichen Prozeßstandschaft zeichneten "sich dadurch aus, daß den prozeßführungsbefugten Parteien vom Gesetz eine materiellrechtliche Verfügungsmacht eingeräumt ist. Sie kann umfassend sein, wie z. B. in den Fällen der Parteien kraft Amtes, sie kann aber

---

[106] HELLWIG, System, S. 162

[107] HELLWIG, System, S. 162

[108] HELLWIG, Lehrbuch, S. 320

[109] HELLWIG, System, S. 167; ders., Lehrbuch, S. 155f

[110] HELLWIG, System, S. 162, 166; ders., Lehrbuch, S. 156

auch nur beschränkt sein und sich nur auf die Geltendmachung eines zum Vermögen des Rechtsträgers gehörenden Anspruch beziehen"[111].

b) Nach anderer Ansicht ist das Rechtsschutzinteresse des Rechtsschutzbegehrenden Grundlage der Prozeßführungsbefugnis.

Unter dem Erfordernis des Rechtsschutzbedürfnisses oder Rechtsschutzinteresses wird im Zivilprozeßrecht die Sachurteilsvoraussetzung verstanden, daß der Kläger ein berechtigtes Interesse daran habe, zur Erreichung des begehrten Rechtsschutzes ein Zivilgericht in Anspruch zu nehmen[112].

Dieses Interesse kann aus vielen Gründen fehlen; das Erfordernis eines Rechtsschutzinteresses ist daher als "Sammelbecken" der durch die übrigen Sachurteilsvoraussetzungen nicht erfaßten Gründe bezeichnet worden, aus denen der Kläger keinen Anspruch auf ein Sachurteil haben soll[113].

Die Grundlage dieses Erfordernisses ist nach herrschender Ansicht der Rechtsbewährungszweck des Zivilprozesses im Interesse der Allgemeinheit. Der einzelne dürfe "Zeit und Kräfte der staatliche Gerichte daher nur dann, aber auch immer dann, und nur insoweit in Anspruch nehmen ..., wenn und soweit für ihn ein Bedürfnis nach Rechtsschutz besteht... Die individuelle Interessenlage des Antragsteller ist Ausgangspunkt dafür, ob der Staat ein öffentliches Interesse an der Gewährung des Rechtsschutzes als gegeben ansieht"[114].

Für R. SCHMIDT ließ der Zusammenhang zwischen Rechtsschutzinteresse und Prozeßführungsbefugnis bereits kein Bedürfnis für die Herausarbeitung einer eigenständigen Rechtsfigur erkennen. Das Interesse, das eine bestimmte Person daran habe, ein Urteil wegen eines Rechts zu erstreiten, sei ein unlöslicher Bestandteil des Rechtsschutzinteresses überhaupt. Es sei deshalb eine "unnöti-

---

[111] so schon ROSENBERG/SCHWAB, 13. Auflage, S. 237 (anders noch die noch von ROSENBERG selbst bearbeitete 8. Auflage, S. 193); ähnlich HEINTZMANN, S. 60: "Man kann die Prozeßführungsbefugnis daher als eine Art 'Verfügungsbefugnis' über den sachlichen Streitgegenstand bezeichnen."

[112] THOMAS/PUTZO, Vor § 253 Rn 26

[113] POHLE, S. 216

[114] SCHÖNKE, S. 13

ge Erschwerung des Systems", den Parteien ein Prozeßführungsrecht beizulegen und dieses als selbständige Klagvoraussetzung zu postulieren[115].

Nach BRUNS ist das Rechtsschutzinteresse ein "Schlüsselbegriff" bei der Bestimmung der richtigen Parteien. Er halte diese in der gedanklichen Beziehung zwischen Verletzung und Urteil zusammen[116]. Auch BRUNS sieht somit die Prozeßführungsbefugnis als begrifflich-systematisch ausgestaltete Umsetzung des Rechtsschutzinteresses.

SCHÖNKE führt dazu aus, daß für jeden Prozeß ein Rechtsschutzbedürfnis des Antragstellers in Form eines seine materielle oder prozessuale Stellung berührenden Interesses erforderlich sei. Daher könne auch ein anderer als der Inhaber des streitigen Rechts die Vornahme von Prozeßhandlungen im eigenen Namen beantragen, wenn er daran ein persönliches Interesse habe[117].

c) Nach HENCKEL müssen das Interesse an der Prozeßführung und die Verfügungsbefugnis zusammenkommen. Die Prozeßführungsbefugnis habe ihre Grundlage in dem Interesse der Partei an der Prozeßführung[118]; dieses Interesse sei in der Regel aber nur schutzwürdig, wenn die Partei über das streitige Recht verfügungsbefugt sei[119].

BLOMEYER hat sich der Auffassung HENCKELS im wesentlichen angeschlossen[120]. Sofern das Gesetz in bestimmten Fällen eine Prozeßführung ohne Verfügungsbefugnis gestatte, etwa in den Fällen der bloßen Mitberechtigung gemäß §§ 439, 1011 oder 2039 BGB, beruhe dies darauf, daß es das Interesse des Klägers an der Durchsetzung des gemeinsamen Rechts dem Interesse des Gegners, nur vom Verfügungsbefugten verklagt zu werden, vorzöge[121].

d) Ein Teil der Literatur geht davon aus, daß die Prozeßführungsbefugnis grundsätzlich dem Inhaber des streitigen Rechts zustehe und sieht angesichts

---

[115] R. SCHMIDT, S. 315
[116] BRUNS, ZPR, S. 62ff
[117] SCHÖNKE, S. 40
[118] HENCKEL, Parteilehre, S. 105
[119] HENCKEL, Parteilehre, S. 184
[120] BLOMEYER, S. 240
[121] BLOMEYER, S. 238, 240

der Vielgestaltigkeit der gesetzlichen Anordnung von Prozeßstandschaften und deren Rechtswirkungen von der Herausarbeitung eines der Prozeßführungsbefugnis als Rechtsinstitut zugrundeliegenden Rechtsgedankens ab[122].

LÜKE macht auch methodische Bedenken geltend. Bei den gesetzlich geregelten Fällen der Prozeßführungsbefugnis handele es sich um Ausnahmetatbestände; es komme jedoch darauf an, die Prozeßführungsbefugnis in den Normalfällen zu begründen, in denen sie freilich gar nicht in Erscheinung trete[123].

e) LIEDTKE und BRÜHL vertreten schließlich eigenständige Auffassungen, denen eine Anerkennung durch die Prozeßrechtslehre versagt blieb.

Nach LIEDTKE kann die Prozeßführungsbefugnis weder aus der materiellen Verfugungsbefugnis, noch aus dem Rechtsschutzinteresse, der Sachlegitimation, dem Parteibegriff oder dem Justizgewährungsanspruch begründet werden. Sie ergebe sich aus der Parteizuständigkeit, worunter er die Zuordnung versteht, für welches Vermögen der Kläger klage[124]. Diese Frage sei nach den gesetzlichen materiellrechtlichen Vorschriften zu beantworten.

BRÜHL sieht die Prozeßführungsbefugnis als die subjektive Seite des prozessualen Anspruchs an ("wer was vor Gericht verlangen könne"), so wie die Sachlegitimation die subjektive Seite des materiellrechtlichen Anspruchs, die Rechtszuständigkeit darstellt[125]. Zur Abwehr von Popularklagen sei sie untauglich; dafür entwickelt er einen erweiterten Statthaftigkeitsbegriff[126].

---

[122] JAUERNIG, ZPR, S. 65; LÜKE, Prozeßführungsbefugnis, S. 17f; STEIN/JONAS-BORK, Vor § 50 Rn 24f, 36ff

[123] LÜKE, Prozeßführungsbefugnis, S. 18; umgekehrt argumentiert HEINTZMANN, S. 11: Da der Prozeßführungsbefugte im Regelfall mit dem Inhaber des streitigen Rechts zusammenfiele, könne nur anhand der Ausnahmefälle festgestellt werden, worauf die Prozeßführungsbefugnis im einzelnen beruhe.

[124] LIEDTKE, S. 68ff

[125] BRÜHL, S. 73

[126] BRÜHL, S. 119f

II. Die Prozeßführungsbefugnis über eigene Rechte

1. Der Grundsatz der Prozeßführungsbefugnis über eigene Rechte

Zur Prozeßführung als Kläger, d. h. in Parteistellung, ist grundsätzlich befugt, wer aus - behauptetem - eigenem Recht klagt[127], wer Träger des streitigen Rechtsverhältnisses ist[128].

Dieser Grundsatz wird zumeist als "Selbstverständlichkeit" angenommen[129]. So formuliert SCHWAB knapp: "Wer behauptet, daß ihm ein Recht zustehe, ist auch zur Prozeßführung über dieses Recht befugt"[130].

Einige Autoren weisen ausdrücklich darauf hin, daß in diesen Fällen das materielle Recht zugleich die Funktion der Zuweisung der Prozeßführungsbefugnis erfüllt[131].

2. Die Prozeßführungsbefugnis über Mitberechtigungen

Eine bloße Mitberechtigung an einem von mehreren Personen innegehaltenen Recht verleiht aus sich heraus keine Befugnis zur Alleinprozeßführung darüber. Soweit der einzelne Mitberechtigte nicht gesetzlich oder aufgrund Vereinbarung zur Prozeßführung über die Mitberechtigungen der anderen Mitrechtsinhaber in Prozeßstandschaft ermächtigt ist[132], müssen grundsätzlich alle betroffenen Rechtsträger das Verfahren gemeinsam führen.

Schwierigkeiten kann die Frage nach dem Rechtsträger bereiten, wenn Inhaberschaft und Ausübungsbefugnis getrennt sind oder neben dem Rechtsinhaber ein materiellrechtlich Ausübungsbefugter steht, etwa ein Pfändungsgläubiger, ein Pfandgläubiger oder ein Nießbraucher.

---

[127] JAUERNIG, ZPR, S. 65; KUCHINKE, S. 93; HEINTZMANN, S. 11; STEIN/JONAS-BORK, Vor § 50 Rn 20; THOMAS/PUTZO, § 51 Rn 21

[128] ROSENBERG/SCHWAB-GOTTWALD, S. 234

[129] vgl. SCHELLHAMMER, Rn 1202: "Daß man sein eigenes Recht einklagen kann, versteht sich in der Regel von selbst."

[130] ROSENBERG/SCHWAB, 13.Auflage, S. 240

[131] BRUNS, ZPR, S. 65

[132] dazu näher nachfolgend III. und IV.

Hier geht die herrschende Ansicht von einer Spaltung des materiellen Rechts aus, die dem "partiellen Rechtsnachfolger" eine der Inhaberschaft am Grundrecht angenäherte materiellrechtliche Verfügungsmacht gewährt. Der Pfändungsgläubiger, Nießbraucher etc. soll deshalb nach überwiegender Auffassung aus eigenem Recht klagen[133].

3. Rechtsinhaber ohne Prozeßführungsbefugnis

In bestimmten Fällen ist den Inhabern eines streitigen Rechts die Prozeßführungsbefugnis über ihr Recht entzogen.

Insoweit bestimmt § 2212 BGB ausdrücklich, daß ein der Verwaltung des Testamentsvollstrecker unterliegendes Recht des Nachlasses nicht von den Erben, sondern nur von dem Testamentsvollstrecker gerichtlich geltend gemacht werden kann. Gemäß § 265 Abs. 2 ZPO ist der Erwerber einer streitbefangenen Sache nicht prozeßführungsbefugt, wenn der Gegner seinem Eintritt in den Prozeß nicht zustimmt. Nach § 1629 Abs. 3 BGB kann bei Getrenntleben der Eltern oder während eines laufenden Scheidungsverfahrens nur ein Elternteil im eigenen Namen Unterhaltsansprüche des Kindes gegen den anderen Elternteil geltend machen, somit nicht das Kind selbst.

Rechtsprechung und überwiegende Lehre sehen ferner die Erben im Falle der Nachlaßverwaltung, den Eigentümer eines unter Zwangsverwaltung stehenden Grundstücks und den Gemeinschuldner in der Insolvenzliquidation als nicht prozeßführungsbefugt an[134]. Ausdrückliche gesetzliche Bestimmungen fehlen hier; die fehlende Prozeßführungsbefugnis wird daraus hergeleitet, daß die oft wenig eindeutig gefaßte Ermächtigungsnorm[135] für den Vermögensverwalter als die Anordnung einer für diesen ausschließlichen Prozeßführungsbefugnis interpretiert wird.

---

[133] MüKo-Lindacher, Vor § 50 Rn 49; Zöller-Vollkommer, Vor § 50 Rn 30; Heintzmann, S. 13ff; Wieczorek/Schütze-Hausmann, Vor § 50 Rn 58; nach Ansicht von Rosenberg/Schwab-Gottwald, S. 236, und Lüke, Prozeßführungsbefugnis, S. 23ff, soll es sich um Klagen in gesetzlicher Prozeßstandschaft handeln

[134] MüKo-Lindacher, Vor § 50 Rn 44; Zöller-Vollkommer, Vor § 50 Rn 21 mwN

[135] vgl. für den Zwangsverwalter § 152 ZVG (Aufgaben des Verwalters): "(Abs. 1) Der Verwalter hat das Recht und die Pflicht, alle Handlungen vorzunehmen, die erforderlich sind, um das Grundstück in seinem wirtschaftlichen Bestand zu erhalten und ordnungsgemäß zu benutzen; er hat die Ansprüche, auf welche sich die Beschlagnahme erstreckt, geltend zu machen und die für die Verwaltung entbehrlichen Nutzungen in Geld umzusetzen."

Der einer Forderungspfändung unterworfene Schuldner hat sich nach erfolgter Pfändung gemäß § 829 Abs. 1 ZPO der Einziehung und damit auch der gerichtlichen Geltendmachung der Forderung zu enthalten.

In den meisten Fallgruppen können die Rechtsinhaber schon materiellrechtlich nicht frei über ihr unter Sonderverwaltung stehendes Vermögen verfügen. Der gesetzliche Ausschluß der Prozeßführungsbefugnis über eigene Rechte verlängert diese fehlende Verfügungsbefugnis in den prozessualen Bereich.

III. Gesetzliche Prozeßstandschaft über fremde Rechte

Die gesetzliche Prozeßstandschaft ist nicht gesetzlich als eigenständige Rechtsfigur geregelt; ihren Namen hat sie daraus erhalten, daß Literatur und Rechtsprechung die Befugnis zur Prozeßführung über fremde Rechte gesetzlichen Vorschriften entnehmen.

Diese Vorschriften stammen teils aus dem materiellen und teils aus dem Prozeßrecht. Sie erteilen in manchen Fällen dem Standschafter die ausschließliche Prozeßführungsbefugnis anstelle des Rechtsinhabers, in anderen Fällen treten sie zu dessen Prozeßführungsbefugnis aus eigenem Recht hinzu.

1. Die ausschließliche gesetzliche Prozeßstandschaft

Als ausschließliche gesetzliche Prozeßstandschaften werden diejenigen Fälle bezeichnet, in denen das Gesetz die Befugnis zur Geltendmachung einer bestimmten Rechtsposition im eigenen Namen ausschließlich Personen zuweist, die nicht Inhaber oder Träger dieser Rechtsposition sind[136].

Da den Rechtsinhabern jeweils die Prozeßführungsbefugnis entzogen ist, stellt die Zuweisung der ausschließlichen Prozeßstandschaft an Rechtsfremde das notwendige Korrelat dar, um dennoch die Möglichkeit der Rechtsverfolgung zu eröffnen. Die Fallgruppen ausschließlicher Prozeßstandschaften ent-

[136] LÜKE, Prozeßführungsbefugnis, S. 10, weist darauf hin, daß man vom Standpunkt des formellen Parteibegriffs konsequenterweise von "Prozeßführungsbefugten oder Prozeßgeschäftsführer kraft Amtes" anstatt von Parteien kraft Amtes sprechen müßte.

sprechen deshalb denjenigen, in denen die Rechtsinhaber nicht prozeßführungsbefugt sind.

Im einzelnen ist der Testamentsvollstrecker nach § 2212 BGB zugunsten des Nachlasses prozeßführungsbefugt, gemäß § 265 Abs. 2 ZPO der Veräußerer einer streitbefangenen Sache, gemäß § 1629 Abs. 3 BGB ein Elternteil für Unterhaltsansprüche des Kindes im Trennungs- oder Scheidungsfall, ferner der Überweisungsgläubiger einer gepfändeten Forderung nach § 841 ZPO.

Rechtsprechung und Lehre haben, gestützt auf § 116 ZPO[137], für zahlreiche Konstellationen der Vermögensverwaltung aufgrund gesetzlichen oder hoheitlichen Verwaltungsauftrags die Rechtsfigur der "Partei kraft Amtes" entwikkelt, die Prozesse zugunsten der verwalteten Vermögensmasse als Partei im eigenen Namen führen dürfe. Neben dem Testamentsvollstrecker, dessen Prozeßführungsbefugnis als Partei in § 2212 BGB ausdrücklich geregelt ist, zählen sie dazu auch den Zwangsverwalter nach § 152 ZVG, der Nachlaßverwalter gemäß § 1985 BGB und überwiegend auch den Insolvenzverwalter im Liquidationsfall.

2. *Die konkurrierende gesetzliche Prozeßstandschaft*

Unter konkurrierender gesetzlicher Prozeßstandschaft wird die gesetzliche Eröffnung der Prozeßführungsbefugnis für Rechtsfremde verstanden, ohne daß der Inhaber der streitigen Rechtsposition von seiner Prozeßführungsbefugnis ausgeschlossen ist.

Diese Form der Prozeßstandschaft erscheint insbesondere als Alleinklagebefugnis über gemeinschaftlich von mehreren innegehaltene Rechtspositionen. Daneben finden sich auch Prozeßstandschaften für gänzlich Rechtsfremde.

(1) Eine Alleinklagebefugnis zur Geltendmachung von gemeinschaftlichen Rechten wird etwa § 432 Abs. 1 S. 2 BGB entnommen. Die Vorschrift bestimmt, daß ein einzelner Mitgläubiger einer unteilbaren Forderung Leistung an alle verlangen kann. Sie soll auch für den prozessualen Bereich dahin gel-

---

[137] § 116 ZPO: "Prozeßkostenhilfe erhalten auf Antrag ... eine Partei kraft Amtes, wenn die Kosten aus der verwalteten Vermögensmasse nicht aufgebracht werden können und den am Gegenstand des Rechtsstreits wirtschaftlich Beteiligten nicht zuzumuten ist, die Kosten aufzubringen..."

ten, daß ein Mitgläubiger im eigenen Namen das Verfahren führen und die Verurteilung des Schuldners auf Leistung an alle Mitgläubiger erwirken kann[138].

Ebenso ist ein einzelner Miterbe berechtigt, gemäß § 2039 S. 2 BGB von Dritten die Herausgabe von Nachlaßgegenständen an alle Erben zu verlangen[139].

Nach § 1011 BGB kann ein Miteigentümer nach Bruchteilen die Ansprüche aus dem Eigentum Dritten gegenüber, etwa Unterlassungs- oder Wiederherstellungsansprüche, in Ansehung der ganzen Sache geltend machen; das Verlangen auf Herausgabe richtet sich nach § 432 BGB und ist daher als Herausgabe an alle zu formulieren[140].

Nach § 1077 BGB können sowohl der Gläubiger als auch der Nießbraucher einer verzinslichen Forderung vom Schuldner Zahlung an beide verlangen, nach § 1281 BGB Gläubiger und Pfandgläubiger einer noch nicht fälligen Forderung[141].

Im Ehegüterrecht sind nach den §§ 1422, 1428, 1429, 1431, 1454 Satz 2, 1487 I BGB die einzelnen Ehegatten unter bestimmten Voraussetzungen berechtigt, Ansprüche des anderen Teils im eigenen Namen gerichtlich geltend zu machen[142].

Bei der BGB-Gemeinschaft hat jeder Teilhaber das Recht zur Klage in Ausübung des Notgeschäftsführungsrechts gemäß § 744 Abs. 2 BGB[143].

Im Gesellschaftsrecht steht einzelnen Gesellschaftern sowohl von Personen-, als auch von Kapitalgesellschaften mit der gesellschaftsrechtlichen Sozialklage (*actio pro socio*) die Befugnis zu, im eigenen Namen Ansprüche der Gesellschaft gegen die Geschäftsführung geltend zu machen[144].

---

[138] ROSENBERG/SCHWAB-GOTTWALD, S. 236

[139] ZÖLLER-VOLLKOMMER, Vor § 50 Rn 23

[140] ZÖLLER-VOLLKOMMER, Vor § 50 Rn 23, 27

[141] ROSENBERG/SCHWAB-GOTTWALD, S. 236

[142] MÜKO-LINDACHER, Anh § 52 Rn 12ff

[143] ZÖLLER-VOLLKOMMER, Vor § 50 Rn 23; BGH JZ 1985, 888

[144] dazu näher Abschnitt 3 V.

Im einzelnen ist bei diesen Klagebefugnissen aus Mitberechtigung oft streitig, ob die vorgenannten Vorschriften die materiellrechtliche Zuweisung eines eigenen Teilhaberechts enthalten, welches als eigenes Recht ohne Rückgriff auf die Konstruktion einer Prozeßstandschaft prozessual durchgesetzt werden kann, oder ob die zugewiesene Klagebefugnis als prozeßrechtliche Standschaft zu werten ist.

Im ersteren Sinn argumentiert etwa SCHELLHAMMER, die Geltendmachungsbefugnisse aus Miteigentum gemäß §§ 432, 1011 und 2039 BGB seien materiellrechtliche Befugnisse, der Kläger mache daher eigene Rechtspositionen geltend[145]. Die herrschende Ansicht geht demgegenüber von einer gesetzlichen Prozeßstandschaft aus, da der Mitberechtigte auch materiellrechtlich nicht alleine verfügungsbefugt sei[146]. In gleicher Weise ist umstritten, ob die alternativen Prozeßführungsbefugnisse von Gläubiger und Nießbraucher nach § 1077 BGB und von Gläubiger und Pfandgläubiger nach § 1281 BGB Klagebefugnisse aus eigenem materiellem Recht oder in gesetzlicher Prozeßstandschaft darstellen[147].

(2) Eine Prozeßstandschaft über ausschließlich fremde Rechte eröffnet das Gesetz etwa mit § 10 Abs. 2 UrhG dem Herausgeber oder Verleger eines anonym erschienenen Werkes.

Gemäß § 80 Abs. 2 UrhG können bei Chor-, Orchester- und Bühnenaufführungen die gewählten Vorstände der mitwirkenden Künstlergruppen deren urheberrechtliche Ansprüche geltend machen.

---

[145]SCHELLHAMMER, Rn 1223; so auch RGZ 119, 168; BGH NJW 59, 1684

[146]MÜKO-LINDACHER, Vor § 50 Rn 52 mwN; BGHZ 44, 370; BGH NJW 81, 1097; BGH NJW 85, 2825

[147]vgl. FN 133 und 141

IV. Gewillkürte Prozeßstandschaft über fremde Rechte

1. Zulässigkeit

Nach der Rechtsprechung und der herrschender Auffassung in der Literatur kann die Befugnis, ein fremdes Recht im eigenen Namen gerichtlich geltend zu machen, unter bestimmten Voraussetzungen auch durch die Ermächtigung oder Erlaubnis des Rechtsträgers des streitigen Rechts begründet werden[148].

Schon Ende des letzten Jahrhunderts hatte KOHLER die Möglichkeit einer Klage für fremde Rechnung, aber im eigenen Namen, erwogen. Er sah keine Hinderungsgründe für eine solche "Prokuratur", sofern die Gefahr des Mißbrauchs, etwa durch Vorschieben eines mittellosen Klägers, ausgeschlossen sei[149].

Die Anerkennung der gewillkürten Prozeßstandschaft erfolgte insbesondere durch die Rechtsprechung des Reichsgerichts. In seiner ersten wichtigen Entscheidung aus dem Jahre 1910 leitete es die Zulässigkeit der Geltendmachung eines fremden Rechts im eigenen Namen kraft bloßer Ermächtigung des Rechtsträgers aus dem Grundsatz der Vertragsfreiheit und der Vorschrift des § 185 Abs. 1 BGB (Verfügungsermächtigung) her[150]. Diese Auffassung wurde in nachfolgenden Entscheidungen als feststehende Rechtsprechung des Reichsgerichts bestätigt[151].

Mit Urteil vom 5.1.1918 schränkte das Reichsgericht die Zulassung der gewillkürten Prozeßstandschaft dahingehend ein, daß es über die Ermächtigung durch den Träger des streitigen Rechts auch ein eigenes rechtsschutzwürdiges Interesse des Standschafters an der gerichtlichen Geltendmachung im eigenen Namen verlangte. Ein Rechtsschutzinteresse müsse jeder Klage zugrundeliegen; in prozessual außergewöhnlichen Situationen wie Feststellungsklage oder Klage auf künftige Leistung verlange das Gesetz ausdrücklich die Darlegung des Rechtsschutzinteresses. Dies müsse auch gelten, wenn ausnahmsweise ein

---

[148] MÜKO-LINDACHER, Vor § 50 Rn 55 mwN; a. A. etwa FRANK, S. 321; NIKISCH, S. 121; ablehnend auch BOEKEN/KRAUSE, S. 421; KOCH, Prozeßstandschaft, S. 815; SAAGE, S. 88

[149] KOHLER, Succession, S. 103ff

[150] RGZ 73, 306

[151] RGZ 78, 87; 94, 137

Nichtberechtigter einen einem anderen zustehenden Anspruch einklagen wolle[152].

Die nachfolgende Rechtsprechung und überwiegend auch die Wissenschaft haben sich diese Auffassung zu eigen gemacht[153]. Andere Autoren halten etwa im Fall der Klage eines materiellrechtlich zur Einziehung Ermächtigten das Erfordernis eines eigenen Interesses des Standschafters für nicht für erforderlich[154]. So führt LARENZ aus, es sei inkonsequent, die materiellrechtliche Einzugsermächtigung im Interesse des Rechtsinhabers zuzulassen, für die Ermächtigung zur Prozeßführung hingegen zusätzlich ein eigenes Interesse des Ermächtigten zu verlangen, welches nur selten vorliege[155].

Ob auch bei unübertragbaren Rechten eine gewillkürte Prozeßstandschaft zulässig ist, soll davon abhängen, ob der Zweck der Unübertragbarkeit auch einer Prozeßführungsermächtigung entgegensteht. Bei Rechten, die wegen ihres höchstpersönlichen Charakters nicht abtretbar sind, ist dies zu bejahen. Soll die Unübertragbarkeit dagegen sicherstellen, daß der ursprüngliche Gläubiger und kein anderer die Leistung erhält, so soll dies eine Prozeßführungsermächtigung nicht hindern, sofern der Standschafter Leistung an den Rechtsträger beantragt[156].

2. Die Ermächtigung

Die Wirksamkeit einer Ermächtigung zur Prozeßführung wird nach bürgerlichem Recht beurteilt, da sie entsprechend der Ermächtigung gemäß § 185 Abs. 1 BGB eine einseitige Willenserklärung darstelle, die regelmäßig außerhalb eines Prozesses erteilt werde[157].

Für ihre Erteilung ist daher weder Prozeßfähigkeit erforderlich, noch die Erklärung durch einen Rechtsanwalt für Streitgegenstände mit Anwaltszwang. Die Ermächtigung kann ausdrücklich oder auch konkludent erteilt werden. Nach Auffassung des BGH kann eine stillschweigende Ermächtigung schon

---

[152] RGZ 91, 390, 396, 398

[153] näher sogleich unten IV. 3.

[154] ROSENBERG, S. 137; RÜßMANN, S. 527ff; STATHOPOULOS, S. 141; LARENZ, S. 600

[155] LARENZ, S. 600

[156] STEIN/JONAS-BORK, Vor § 50 Rn 43a mwN

[157] STEIN/JONAS-BORK, Vor § 50 Rn 43; MÜKO-LINDACHER, Vor § 50 Rn 56

darin liegen, daß der Rechtsinhaber mit der Prozeßführung "ersichtlich einverstanden" ist[158]. Auch eine unwirksame Abtretung kann als wirksame Ermächtigung gedeutet werden[159]. Unter Umständen kann die Vollmachterteilung auch qua Verbandssatzung durch vorbehaltlosen Beitritt als Mitglied erfolgen[160]. Bis zur Klageerhebung ist Widerruf möglich[161].

3. Das eigene Interesse des Standschafters

Die Prozeßführung in Prozeßstandschaft ist nach herrschender Ansicht und gefestigter Rechtsprechung nur zulässig, wenn der Standschafter ein eigenes Interesse an der Prozeßführung hat[162].

Zum Teil wird hier ein eigenes "rechtliches und nicht nur wirtschaftliches Interesse" verlangt[163], nach anderer Ansicht kann auch ein wirtschaftliches Interesse des Standschafters genügen[164]. Die praktischen Auswirkungen dieser Unterscheidung werden dadurch abgemildert, daß das Erfordernis des rechtlichen Interesses "nach seiner Aufgabe" großzügig ausgelegt wird[165]. Ausreichend soll sein, daß die Entscheidung die eigene Rechtslage des Standschafters beeinflußt[166].

Ein hinreichendes Interesse hat etwa der Gesellschafter einer BGB-Gesellschaft, der im eigenen Namen einen allen Gesellschaftern zukommenden Anspruch einklagt, weil er an diesem Anspruch selbst materiell mitberechtigt

---

[158]BGH NJW 1979, 924

[159]OLG Köln MDR 1979, 935

[160]THOMAS/PUTZO, § 51 Rn 3 mwN; BGHZ 48, 12, 15; 87, 1

[161]MÜKO-LINDACHER, Vor § 50 Rn 56; LÖBL, S. 319ff: soweit nicht Ermächtigung im Interesse Dritter erteilt wurde

[162]vgl. nur MÜKO-LINDACHER, Vor § 50 Rn 55 mwN; ZÖLLER-VOLLKOMMER, Vor § 50 Rn 44 mit zahlreichen Beispielen aus der Rechtsprechung

[163]BAUMBACH-HARTMANN, Grundz § 50 Rn 30 mwN; SCHELLHAMMER, Rn 1233 mwN

[164]JAUERNIG, ZPR, S. 66; ZÖLLER-VOLLKOMMER, vor § 50 Rn 44 mwN

[165]STEIN/JONAS-BORK, Vor § 50 Rn 42: " Der Begriff des rechtlichen Interesses, der ein unbestimmter Rechtsbegriff ist, muß dabei nach seiner Aufgabe ausgelegt werden, einerseits dem Interessierten zur Erleichterung der Rechtsverfolgung oder -verteidigung die Herrschaft als Partei über einen Prozeß zu sichern, der ihn wirtschaftlich vielleicht stärker trifft als den Rechtsträger, andererseits dem Gegner vermeidbare Nachteile möglichst zu ersparen und Mißbräuchen entgegenzutreten."

[166]THOMAS/PUTZO, § 51 Rn 34; ROSENBERG/SCHWAB-GOTTWALD, S. 238

ist[167]. Ferner ist der Pächter, der im eigenen Namen von Dritten nach § 985 BGB die Herausgabe der Pachtsache fordert, aufgrund seines Besitzrechts selbst hinreichend an dem Rechtsstreit interessiert[168]. Auch ein Bauträger, der Mängelgewährleistungsrechte an den Bauherren bereits abgetreten hatte, hat ein anerkennenswertes eigenes Interesse an der Prozeßführung, weil er für Planungs- und Bauaufsichtfehler unmittelbar einstehen muß[169].

Beispiele aus der Rechtsprechung belegen allerdings, daß selbst ein nur wirtschaftliches eigenes Interesse des Standschafters nicht stets notwendige Voraussetzung ist. So ist nach ständiger Rechtsprechung die Übertragung der Prozeßführungsbefugnis der Eigentümergemeinschaft an den Verwalter oder des Hauseigentümers an die Hausverwaltung zulässig[170], obwohl in diesen Fällen regelmäßig nur der Rechtsträger ein besonderes Interesse an der Prozeßführung durch den Standschafter hat.

Mit Urteil vom 19.1.1989 erkannte der BGH das rechtliche Interesse einer Großbrauerei an, zeichenrechtliche Unterlassungsansprüche einer Mineralwasserfirma im eigenen Namen geltend zu machen, weil die Brauerei enge gesellschaftsrechtliche Beziehungen zu der Mineralwasserfirma habe. Diese "besonderen Beziehungen zum Rechtsinhaber" seien zur Begründung eines schutzwürdigen Interesses an Rechtsverfolgung im eigenen Namen hinreichend[171].

Es scheint daher, daß unter Umständen auch allein schutzwürdige Belange des Ermächtigenden die Fremdprozeßführung zu rechtfertigen vermögen[172].

Nicht schutzwürdig ist jedoch das bloße Interesse des Rechtsinhabers, den eigenen Namen aus dem Prozeß herauszuhalten[173].

---

[167]BGH NJW 1988, 1585

[168]BGH NJW-RR 1986, 158

[169]BGHZ 70, 389

[170]vgl. BGHZ 74, 258; 81, 35; BGH JZ 1986, 768; KG OLGZ 1992, 59; BGH BB 1986, 1948 mwN; zustimmend STEIN/JONAS-BORK, Vor § 50 Rn 42a; BAUMBACH-HARTMANN, Grundz § 50 Rn 41, 49

[171]BGH NJW-RR 1989, 690

[172]MüKO-LINDACHER, Vor § 50 Rn 61

[173]MüKO-LINDACHER, Vor § 50 Rn 62 mwN; RGZ 91, 397

4. Mißbrauchsschutz

Die Übertragung der Prozeßführungsbefugnis durch Vereinbarung bewirkt die Zuweisung der Parteirolle an den Standschafter, der das ihm fremde Recht im eigenen Namen gerichtlich geltend macht.

Die damit verbundenen Mißbrauchsmöglichkeiten veranlassen einige Autoren, das Rechtsinstitut der gewillkürten Prozeßstandschaft grundsätzlich abzulehnen[174]. Nach anderer Ansicht ist schon die erteilte Ermächtigung wegen Gesetzesumgehung[175] oder unter Umständen wegen Sittenwidrigkeit nichtig[176].

Die herrschende Meinung versucht, Mißbrauchsgefahren durch Überprüfung des anerkennenswerten "schutzwürdigen" Interesses des Standschafters an der Prozeßführung im eigenen Namen zu minimieren[177]. Als nicht schutzwürdig wird das Interesse etwa angesehen, wenn der Gegner durch die gewillkürte Prozeßstandschaft unbillig benachteiligt würde, z. B. durch eine zur Zeit der Ermächtigung voraussehbare Uneinbringlichkeit des Kostenerstattungsanspruchs[178].

Die Tatsache, daß späterer Vermögensverfall die Fortdauer der gewillkürten Prozeßstandschaft nicht hindern soll[179], zeigt die Grenzen der Schutzmöglichkeiten auf, da sie die rechtzeitige und hinreichend konkrete Erkennbarkeit eines drohenden Vermögensverfalls auch für das Gericht voraussetzen.

Daß die Verschiebung der Parteirolle aus prozeßtaktischen Gründen noch nicht *per se* zur Unzulässigkeit der Standschafterklage führt, verdeutlicht ein Urteil des BGH vom 2.10.1987. Der BGH räumte zunächst ein, es könne unterstellt

---

[174]KOCH, Prozeßstandschaft, S. 810f; FRANK, S. 322ff; zu älteren Stimmen vgl. ROSENBERG/SCHWAB-GOTTWALD, S. 241 FN 41

[175]HEINTZMANN, S. 98; BGH NJW 1986, 850 ; 1987, 2018; NJW 1989, 1933; Hamm NJW-RR 1992, 736

[176]MÜKO- LINDACHER, Vor § 50 Rn 56 mwN

[177]ZÖLLER-VOLLKOMMER, Vor § 50 Rn 42, 44; MÜKO-LINDACHER, Vor § 50 Rn 59; THOMAS/PUTZO, § 51 Rn 34, 35a; JAUERNIG, ZPR, S. 66; RGZ 166, 218, 238; BGHZ 4, 153, 165; BGH LM Nr. 1 (GSZ), 8, 16 zu § 185 BGB; BGH MDR 1956, 154; BGH NJW 1957, 1838, 1839

[178]BGH NJW 1986, 850; BGH NJW 87, 2018; BGH NJW 1989, 1933; BGH NJW 1990, 1117; BGH NJW-RR 1990, 506; JAUERNIG, ZPR, S. 66; ZÖLLER-VOLLKOMMER, Vor § 50 Rn 44 mwN

[179]BGH NJW-RR 1989, 1932

werden, daß die eingeschlagene Verfahrensweise den Zweck verfolge, der Mutter der Klägerin eine günstigere Beweislage über ihr im Prozeß streitiges Recht zu verschaffen. Dieser Zweck sei als solcher jedoch nicht mißbilligenswert, er könne auch durch eine ebenfalls zulässige Abtretung erreicht werden. Das auf der Hand liegende Interesse des ermächtigenden Rechtsinhabers könne im Rahmen der Beweiswürdigung angemessen berücksichtigt werden[180].

Im Ergebnis scheint im Rahmen der Beurteilung der Schutzwürdigkeit des Interesses als Voraussetzung der Zulässigkeit der Rechtsverfolgung in gewillkürter Prozeßstandschaft eine Gesamtwürdigung aller beteiligten Interessen und Schutzgüter zu erfolgen.

V. Die Klagebefugnis für Feststellungsklagen

Für die Zulässigkeit der Feststellungsklage ist gemäß § 256 ZPO ein "rechtliches Interesse" des Klägers daran erforderlich, daß ein Rechtsverhältnis "durch richterliche Entscheidung alsbald festgestellt werde".

Die Rechtsprechung und Teile der Literatur sehen das Erfordernis des Feststellungsinteresses in der Person des Klägers als abschließend an. So führt WEBER aus, der Zweck der Abwehr von Popularklagen werde schon mit der Voraussetzung des eigenen rechtlichen Interesses erreicht. Damit werde die Prozeßführungsbefugnis im Bereich der Feststellungklage überflüssig und sei nicht als besondere Sachurteilsvoraussetzung zu fordern[181].

Diese Ansicht öffnete den Weg dafür, auch Feststellungsklagen über Rechtsverhältnisse zwischen Dritten als zulässig anzusehen, sofern der Kläger nur ein eigenes anerkennenswertes Interesse an dieser Feststellung habe[182].

Im Schrifttum stößt diese Auffassung zunehmend auf Ablehnung. Auch im Feststellungsrechtsstreit bedürfe es zur sachgerechten Begrenzung der Klage-

---

[180] BGH NJW-RR 1988, 127

[181] WEBER, S. 19

[182] THOMAS/PUTZO, § 256 ZPO Rn 9 mwN; BGHZ 83, 122, 125; BGH WM 1990, 2128, 2130; BGH NJW 1993, 2539, 2540; BGH NJW-RR 87, 1522

befugnis des engen Rückbezugs auf das materielle Recht[183]. Anderenfalls sei nicht erklärbar, warum gerade der Beklagte zugunsten des Klägers verurteilt werde[184]. Mit der Ersetzung der Klagebefugnis durch das Feststellungsinteresse werde die Feststellungsklage vom materiellrechtlichen Bezug gelöst und zum eigenständigen Institut des Prozeßrechts erklärt[185].

MICHAELIS weist zudem darauf hin, daß die vom Bundesgerichtshof entschiedenen Fälle vorgeblicher Drittrechtsfeststellungen zumeist doch unmittelbar auch Rechtsbeziehungen zwischen den Parteien betrafen[186].

Auch nach Ansicht von GRUNSKY und HENCKEL ist bei der Erhebung von Feststellungsklagen stets die Prozeßführungsbefugnis zu prüfen, mit der Besonderheit gegenüber Leistungsklagen allerdings, daß es nicht auf die Verfügungsbefugnis über das streitbefangene Recht, sondern über das zu schützende Recht ankäme[187]. Unter den Voraussetzungen der gesetzlichen oder gewillkürten Prozeßstandschaft kann deshalb auch die Feststellungsklage zum Schutz fremder Rechte zulässig sein[188].

VI. Die Klagebefugnis für Gestaltungsklagen

Die Klagebefugnis für Gestaltungsklagen läßt sich nicht ohne weiteres aus den für Leistungs- oder Feststellungsklagen geltenden Grundsätzen herleiten. Zum einen läßt sich die Antragsbefugnis für gerichtliche Gestaltungen nur schwer in die Gestalt eines Anspruchs auf Rechtsgestaltung pressen[189], der ohne weiteres einem "Gestaltungsrechtsträger" zuzuordnen wäre. Zum anderen wirken zahlreiche Gestaltungsurteile *erga omnes*; dieses Eingreifen in die Rechtsverhältnisse Dritter gebietet Zurückhaltung bei der Bestimmung des Kreises der Klagebefugten.

---

183 LÜKE, Feststellung, S. 576; ZÖLLNER, S. 491; MICHAELIS, S. 460f; HENCKEL, Parteilehre, S. 86ff

184 ZÖLLNER, S. 490ff

185 ZÖLLER-GREGER, § 256 Rn 3b

186 MICHAELIS, S. 445ff

187 GRUNSKY, S. 265

188 HENCKEL, Parteilehre, S. 89

189 HENCKEL, Parteilehre, S. 95; näher zum Streitstand um die Struktur von Gestaltungsrechten etwa WEBER, S. 39f

Diese Besonderheiten scheinen den Gesetzgeber veranlaßt zu haben, die für Gestaltungsklagen Prozeßführungsbefugten gesetzlich abschließend zu bestimmen[190].

So können gemäß §§ 1447, 1448, 1469 BGB nur die Ehegatten Klage auf Aufhebung der Gütergemeinschaft erheben. Der Antrag auf Erlaß eines Scheidungsurteils ist gemäß § 1564 S. 1 BGB nur den jeweiligen Ehegatten möglich. Zur Erhebung der Erbunwürdigkeitsklage gemäß § 2342 BGB ist gemäß § 2341 BGB jeder berechtigt, dem der Wegfall des Erbunwürdigen zustatten käme.

Im Bereich des Gesellschaftsrechts kann etwa gemäß § 133 HGB jeder Gesellschafter einer oHG Klage auf Aufhebung der oHG erheben. Die Entziehung der Geschäftsführerbefugnis nach § 117 HGB, bzw. der Vetretungsmacht nach § 127 HGB kann nach diesen Vorschriften nur auf Antrag aller übrigen Gesellschafter gemeinsam erfolgen.

Die zivilprozessuale Abänderungsklage können gemäß § 323 I ZPO nur die Parteien des Vorprozesses erheben. Die Vollstreckungsabwehrklage kann gemäß § 767 Abs. I ZPO nur vom Vollstreckungsschuldner erhoben werden. Die Drittwiderspruchsklage schließlich kann gemäß § 771 Abs. 1 ZPO jeder erheben, der behauptet, ihm stehe ein die Veräußerung hinderndes Recht am Gegenstand der Zwangsvollstreckung zu.

Umstritten ist die Zulässigkeit der gewillkürten Prozeßstandschaft im Prozeß um Gestaltungsrechte[191]. Nach Henckel bestehen insoweit keine Bedenken, da der Standschafter seine Gestaltungslegitimation sachlich aus dem Gestaltungsrecht eines vom Gesetz als klagebefugt Angesehenen herleite[192].

---

[190] vgl. Überblick bei WEBER, S. 20ff; die einzige Ausnahme bilde die Anfechtungsklage gegen ein Ausschlußurteil im Aufgebotsverfahren gemäß § 957 Abs. 2 ZPO. Hier habe " der Gesetzgeber wohl vergessen zu regeln, welche Personen diese Klage erheben dürfen." (ebda. S. 21)

[191] vgl. HENCKEL, Parteilehre, S. 114 mit Überblick über den Meinungsstand

[192] HENCKEL, Parteilehre, S. 115; WEBER, S. 40

VII. Die Klagebefugnis von Verbänden und Interessengruppen

Unter Verbänden werden Zusammenschlüsse unterschiedlicher Organisationsform von (natürlichen oder juristischen) Personen zur Förderung gemeinsamer Interessen verstanden, insbesondere wirtschaftlicher, sozialer, kultureller oder politischer Art[193].

Sofern diese Zusammenschlüsse als juristische Person konstituiert und damit selbst rechtsfähig sind[194], haben sie aus allgemeiner Teilnahme am Rechts- und Wirtschaftsverkehr eigene Rechtspositionen inne, die nach allgemeinen Grundsätzen der Prozeßführungsbefugnis über eigene Rechte geltend gemacht werden können.

Davon zu unterscheiden ist die Frage, in welchem Umfang welche Verbände Prozesse zur Förderung der selbstgesetzten Verbandsziele führen dürfen, ohne daß sie vom Gegenstand des Rechtsstreits in ihren eigenen Rechten als juristische Person betroffen sind. Als Ausnahme von dem Grundsatz, daß jedermann ohne weiteres (nur) zur Prozeßführung über eigene Rechte befugt ist, bedürfen solche eigentlichen Verbandsklagerechte einer besonderen gesetzlichen Regelung (nachfolgend 1.).

Ferner kann ein Verband unter bestimmten Voraussetzungen ermächtigt werden, die Rechte seiner Mitglieder in gewillkürter Prozeßstandschaft geltend zu machen (nachfolgend 2.).

Die Prozeßführung von Interessengruppen ohne eigene Rechtspersönlichkeit zur Geltendmachung von Gruppeninteressen im eigenen Namen ist grundsätzlich unzulässig (dazu nachfolgend 3.)

1. Klagebefugnis von Verbänden aus Gesetz

Das deutsche Recht erkennt nur wenigen Verbänden bzw. Verbandsarten ein eigenes Klagerecht über Verbands- oder Allgemeininteressen zu. Die gesetzli-

---

[193] CREIFELDS, S. 1362 "Verbände"

[194] zur Rechts- und Parteifähigkeit bestimmter Vereinigungen ohne juristische Persönlichkeit vgl. oben Abschnitt 2 Kap. 1 I. 1.

chen Regelungen begrenzen zugleich die möglichen Rechtsfolgenbegehren auf Unterlassungsansprüche.

Mit § 13 Abs. 2 UWG wird rechtsfähigen Verbänden zur Förderung gewerblicher Interessen, rechtsfähigen Verbraucherschutzverbänden und Industrie- und Handalskammern sowie Handwerkskammern ein Klagerecht auf Unterlassung wettbewerbswidriger Praktiken durch Marktteilnehmer eingeräumt. Nach § 13 Abs. 2 steht denselben Verbänden ein Unterlassungsanspruch gegen den Verwender rechtswidriger Allgemeiner Geschäftsbedingungen zu.

Der Kreis klageberechtigter Verbände ist durch inhaltliche Änderungen der genannten Vorschriften im Laufe der Zeit zunehmend eingeengt worden, um einer mißbräuchlichen Verwendung des Verbandsklagerechts durch Abmahnvereine zu begegnen, deren eigentliches Ziel nicht die Marktkontrolle, sondern die Erzielung von Einkünften aus Abmahnungsprozessen war[195].

So sah § 13 UWG in der Fassung des UWG vom 26.6.1969 noch alle "Verbände zur Förderung gewerblicher Interessen" als klagebefugt an. Seit Inkrafttreten des Gesetzes vom 25.7.1994 sind Wettbewerbsverbände nur noch klagebefugt, "soweit ihnen eine erhebliche Anzahl von Gewerbetreibenden angehört, die Waren oder gewerbliche Leistungen gleicher oder verwandter Art auf demselben Markt vertreiben, soweit sie insbesondere nach ihrer personellen, sachlichen und finanziellen Ausstattung imstande sind, ihre satzungsgemäßen Aufgaben der Verfolgung gewerblicher Interessen tatsächlich wahrzunehmen".

Ferner ist die Verbandsklage nur noch gegen eine Handlung eröffnet, die geeignet ist, den Wettbewerb auf diesem Markt "wesentlich" zu beeinträchtigen, § 13 Abs. 2 Nr. 2 a.E. UWG.

Nach § 33 S. 2 GWB, § 12 S. 2 RabattG, § 2 Abs. 1 S. 2 ZugabeVO sind rechtsfähige Verbände zur Förderung gewerblicher Interessen ferner befugt, einen Anspruch auf Unterlassung wegen Verstößen gegen das Gesetz gegen Wettbewerbsbeschränkungen, das Rabattgesetz oder die Zugabeverordnung geltend zu machen.

Verbraucherschutzverbände sind gemäß § 13 Abs. 2 Nr. 1 AGBG heutiger Fassung dann zur Klage wegen Unterlassung von Wettbewerbsverstößen und

---

[195] eingehende Erörterung etwa in BGH BB 1988, 1617

des Gebrauchs unwirksamer allgemeiner Geschäftsbedingungen berechtigt, wenn sie über mindestens zwei im Aufgabenbereich des Verbraucherschutzes tätige Unterverbände oder fünfundsiebzig natürliche Personen als Mitglieder verfügen. Ausreichend ist, daß der Verbraucherschutz wesentlicher Vereinszweck ist, so daß hierunter auch Mietervereine[196] oder Automobilclubs[197] fallen können.

Seit je her ist umstritten, ob die nach den vorgenannten Vorschriften berechtigten Verbände aus ihnen damit zugewiesenem eigenem materiellem Recht klagen[198] oder die Rechte ihrer Mitglieder in gesetzlicher Prozeßstandschaft geltend machen[199].

Der Einordnung als Klage aus eigenem Recht steht entgegen, daß der Verband als solcher durch Verstöße gegen Wettbewerbs- oder Verbraucherschutzbestimmungen nicht beeinträchtigt ist. Es fällt daher schwer, die gesetzlichen Unterlassungsansprüche als materielle Rechte zu qualifizieren, zudem als materielle Rechte gerade des Verbandes, der sich seinerseits nur den Schutz kollektiver oder fremder Rechte zur Aufgabe gemacht hat[200].

Als gesetzliche Prozeßstandschaft läßt sich das Verbandsklagerecht konstruktiv kaum fassen, weil es den Nachweis eines konkreten Anspruchs eines bestimmten Verletzten nicht erfordert[201]. BETTERMANN spricht deshalb vorsichtiger von einem Prinzip der Repräsentation bei der Wahrnehmung von Gruppeninteressen, das für die Begründung und Begrenzung von Verbandsklagerechten wesentlich sei[202].

Eine weitere, im Vordringen begriffene Auffassung sieht die gesetzliche Klagebefugnis als *tertium* an, als Klagebefugnis ohne Bezug auf materielle Rechte[203]. Der Verband mache weder ein eigenes Interesse, noch bei ihm gebün-

---

196 BGH NJW 1993, 1061

197 BGH NJW-RR 1988, 1443

198 URBANCZYK, S. 127f; WOLF, S. 13, 67; ROSENBERG/SCHWAB-GOTTWALD, S. 243f; JAUERNIG, ZPR, S. 65 mwN; BGHZ 89, 2

199 MAROTZKE, S. 189ff; BERG, S. 463; BAUMBACH-HARTMANN, Grundz § 50 Rn 47; GRUNSKY, S. 267f

200 STEIN/JONAS-BORK, Vor § 50 Rn 40

201 URBANCYK, S. 42

202 BETTERMANN, S. 144

203 ZÖLLER-VOLLKOMMER, Vor § 50 Rn 58 mwN

delte Individualinteressen seiner Mitglieder geltend, sondern übe eine Aufgreifzuständigkeit im öffentlichen Interesse aus[204].

2. Prozeßführungsbefugnis aus Ermächtigung durch die Verbandsmitglieder

Außerhalb gesetzlicher Klagebefugnisse können rechtsfähige Verbände in gewillkürter Prozeßstandschaft aufgrund einer Ermächtigung sämtlicher Mitglieder vorgehen. Das erforderliche schutzwürdige Eigeninteresse des Verbandes besteht jedoch nur, wenn die Rechtsverfolgung zu den satzungsmäßigen Aufgaben des Verbandes gehört[205].

Die Frage, ob die erforderliche Ermächtigung auch durch bloße Anerkennung einer entsprechenden Bestimmung der Verbandssatzung erteilt werden kann, wird nicht einheitlich beantwortet[206]. Die Rechtsprechung tendiert dahin, eine Satzungsermächtigung für die Geltendmachung von Unterlassungsansprüchen durch den Verband als hinreichend anzusehen[207], für die Geltendmachung von Schadensersatzansprüchen der Mitglieder hingegen eine gesonderte Ermächtigung zu verlangen[208].

3. Prozeßführungsbefugnis nicht rechtsfähiger Verbände oder Interessengruppen

Nicht rechtsfähige Verbände, etwa schlichte Interessenvereinigungen, besitzen bereits keine aktive Parteifähigkeit. Daher kann ihnen auch keine Klagebefugnis zustehen. Als prozessuale Gestaltungsmöglichkeiten zur "gebündelten" Geltendmachung kollektiv gestreuter Einzelinteressen kommen nur gemeinschaftliche Klagen aller Rechtsbetroffenen oder Musterprozesse in Betracht[209].

---

[204] MüKo-Lindacher, Vor § 50 Rn 72f mwN

[205] BGH MDR 1956, 152 m. zust. Anm. Pohle; Zöller-Vollkommer, Vor § 50 Rn 60 mwN

[206] vgl. Zöller-Vollkommer, Vor § 50 Rn 60 mwN

[207] BGH MDR 56, 152; BGHZ 48, 15

[208] BGHZ 89, 2

[209] näher etwa Hass, S. 63ff; Wunderlich, Vorgehen, 2270ff

VIII. Klagebefugnisse hoheitlicher Stellen

Vereinzelt sind hoheitliche Stellen im deutschen Zivilprozeß prozeßführungsbefugt.

(1) Neben den Ehegatten kann nach § 1316 Abs.1 Nummer 1 BGB die zuständige Verwaltungsbehörde im Verfahren auf Eheaufhebung antragsberechtigt sein.

Die Vorschrift hat das frühere Klagerecht des Staatsanwalts gemäß § 24 EheG ersetzt. Zur Begründung führt die Entwurfsbegründung an, damit werde das Eheschließungsrecht optisch "entkriminalisiert", ferner werde die Staaatsanwaltschaft zugunsten ihrer eigentlichen Funktion als Strafverfolgungsbehörde von fremden Aufgaben entlastet[210].

Eine dogmatische Aufarbeitung der Antragsbefugnis der Verwaltungsbehörde steht noch aus. Da sich das eigenständige Antragsrecht inhaltlich an der bislang der Staatsanwaltschaft zustehenden Klagebefugnis orientiert, sollen die dazu entwickelten unterschiedlichen Auffassungen kurz referiert werden:

Der BGH geht von einer Prozeßführungsbefugnis als Partei kraft Amtes aus, somit von gesetzlicher Prozeßstandschaft[211]. Diese Auffassung setzt jedoch voraus, daß die hoheitliche Stelle ein fremdes materielles Recht geltend macht.

THIERE weist im Anschluß an JAUERNIGS Theorie des Institutionenschutzes darauf hin, daß die Möglichkeit, eine nichtige Ehe gerichtlich auflösen zu lassen, mit einem materiellen Recht kaum vergleichbar sei. Für dieses sei die Freiheit kennzeichnend, es gegebenenfalls auch nicht geltend zu machen. Die Klagebefugnis des Hoheitsträgers solle jedoch eher die Pflicht des Staates umsetzen, im öffentlichen Interesse die Institution Ehe zu schützen[212]. In das Schema einer Prozeßstandschaft über fremde Rechte lasse sich diese Klagebefugnis nicht einfügen.

---

[210] BT-Drucksache 13/4898, S. 20

[211] BGH NJW 1975, 872

[212] THIERE, S.231ff; JAUERNIG, Materielles Recht, 331f

Die Schwierigkeiten einer eindeutigen Stellungnahme belegt schließlich die Auffassung von BORK. Er erklärt zum einen, der Staatsanwalt handele als prozessuale Partei kraft Amtes[213], zum anderen stellt er dessen Prozeßführungsbefugnis in den Zusammenhang mit Verbands- und Popularklagen, weil sie nicht "erkennbar genug auf ein eigenes materielles Recht der Partei bezogen oder mit hinreichender Sicherheit aus einem materiellen Recht abzuleiten" sei[214].

(2) Gemäß § 25 Heimarbeitsgesetz kann ein Bundesland, vertreten durch die oberste Arbeitsbehörde oder eine von ihr bestimmte Stelle, im eigenen Namen den Anspruch eines Heimarbeiters auf Nachzahlung des Minderbetrages bei Unterschreitung des Mindestlohnes gerichtlich geltend machen und Leistung an ihn verlangen.

Ergänzend bestimmt § 14 des Gesetzes über die Festsetzung von Mindestarbeitsbedingungen, daß ein Bundesland im eigenen Namen den Anspruch eines Arbeitnehmers aus Mindestarbeitsbedingungen gerichtlich geltend machen kann. Nach § 15 desselben Gesetzes steht dem Bundesland, sofern das Arbeitsverhältnis zumindest teilweise durch Mindestarbeitsbedingungen geregelt ist, auch die Prozeßführungsbefugnis für sonstige Ansprüche aus dem Arbeitsverhältnis zu, die dem Arbeitnehmer aufgrund anderer gesetzlicher Vorschriften zustehen[215].

Bei einer Klage nach diesen Vorschriften handelt das Bundesland in gesetzlicher Prozeßstandschaft, da es den Anspruch des einzelnen Arbeitnehmers geltend macht[216].

---

[213] STEIN/JONAS-BORK, vor § 50 Rn 35

[214] STEIN/JONAS-BORK, vor § 50 Rn 40

[215] zur praktischen Bedeutung dieser Vorschrift allerdings SCHAUB, S. 172: "Hiervon ist in der BRD noch niemals Gebrauch gemacht worden."

[216] MAUS/SCHMIDT, § 25 Rn 11 mwN

IX. Klagebefugnis für jedermann

Eine Klagebefugnis für jedermann (Popularklage), ohne daß dieser eine ihn für die Eigenprozeßführung qualifizierende Beziehung zum Streitstoff nachweisen müßte, besteht in seltenen, stets gesetzlich bestimmten Ausnahmefällen.

Nach §§ 22, 81 Patentgesetz kann ein Patent aus den in § 21 Abs. 1 PatG genannten sachlichen Gründen heraus (fehlende Patentfähigkeit des Gegenstandes, widerrechtliche Entnahme aus anderen Patenten, fehlende Übereinstimmung von Patentanmeldung und Patentgegenstand) gerichtlich für nichtig erklärt werden. Die Antragsberechtigung für das gerichtliche Verfahren ist nicht auf bestimmte Personen beschränkt, sondern steht jedermann zu[217]. Der Kläger muß allerdings namentlich eindeutig bezeichnet sein[218].

Nach § 55 Abs. 2 Nr. 1 Markengesetz ist "jede Person" befugt, eine Klage auf Löschung von Marken aus dem Markenregister wegen Verfalls zu erheben.

B. Die Bedeutung der Auswahl des richtigen Klägers

Teil A ging der Frage nach, wen das deutsche Recht in Bezug auf einen bestimmten Streitstoff als den richtigen Kläger ansieht, darüber auf sein Rechtsschutzgesuch hin eine gerichtliche Entscheidung zu erhalten. Damit ist allerdings nur eine Seite des Verhältnisse von Streitstoff, Kläger und Urteil dargestellt.

Die volle Bedeutung des deutschen Konzeptes des "richtigen Klägers" erschließt sich erst unter Berücksichtigung der mit der Auswahl als richtiger Kläger verbundenen Rechtsfolgen. So ist die Bedeutung für das Verfahren davon abhängig, an welcher Stelle im Verfahren die Eigenschaft als richtiger Kläger überprüft wird. Die subjektive Reichweite eines erstrittenen Urteils gibt erst Aufschluß darüber, ob und in welchem Umfang die Auswahl richtiger Kläger eine endgültige Streitentscheidung herbeiführen kann.

---

[217] BENKARD-ROGGE, § 81 PatG Rn 3

[218] BGH GRUR 1988, 809

Allgemeiner gesagt, erschließt sich die Bedeutung der deutschen Auswahl richtiger Kläger daraus, welche Rechte und Pflichten allgemein mit der Parteistellung verbunden sind (die sogenannten "Funktionen" des Parteibegriffs[219], dazu nachfolgend I.), an welcher Stelle und auf welche Weise die Prozeßführungsbefugnis im Verfahrensgang überprüft wird (nachfolgend II.) und wie weit die subjektive Rechtskraft eines Urteils reicht (nachfolgend III.).

I. Die Funktionen des Parteibegriffs

Zunächst ist es für die Stellung des richtigen Klägers kennzeichnend, daß er als Kläger Partei des Rechtsstreits ist. Seine Rechte und Pflichten, seine Stellung im Verfahren werden deshalb durch die allgemein mit dem Parteibegriff verbundenen Funktionen bestimmt.

Im deutschen Recht gewinnt diese Feststellung besondere Bedeutung, da mit der Möglichkeit der Klage in gesetzlicher oder gewillkürter Prozeßstandschaft andere Personen als der Träger des streitigen Rechts als Kläger auftreten und für das Verfahren legitimiert sein können, daß es insoweit zu einer Verschiebung der Parteistellung kommen kann.

1. Grundsätzliche Funktionen des Parteibegriffs

Die Eigenschaft als Partei gibt die Subjekte des Prozeßverhältnisses an, damit diejenigen Personen, die durch ihre Anträge über Inhalt, Gang und durch Anerkenntnis, Vergleich oder Klagerücknahme über Beendigung des Verfahrens bestimmen können.

Ferner sind die Verhältnisse der Parteien grundsätzlich maßgeblich für die Bestimmung der zuständigen Gerichtsbarkeit, des Gerichtsstandes, des Rechts zur Richterablehnung wegen Befangenheit, der Abgrenzung zur Möglichkeit der Vernehmung einer Person als Zeuge, für die Gewährung von Prozeßkostenhilfe und für die Verpflichtung zu einer eventuellen Sicherheitsleistung[220].

---

[219] vgl. HENCKEL, Parteilehre, S. 125

[220] ROSENBERG/SCHWAB-GOTTWALD, S. 201

Insbesondere ist der Parteibegriff auch maßgeblich zur Anknüpfung der Prozeßfolgen wie Rechtshängigkeit und Rechtskraft, Kostenlast und Vollstrekkung[221].

Diese herkömmlichen Funktionen der Parteistellung haben sich auf Grundlage des materiellen Parteibegriffs entwickelt und sind von diesem aus zu verstehen. Sie gehen davon aus, daß die Parteien diejenigen sind, um deren Rechte es im Verfahren geht. Die Parteifunktionen sind deshalb nicht ohne weiteres damit zu vereinbaren, daß die Parteistellung rein formal durch Benennung in der Klageschrift erworben wird, ohne daß es auf die Beziehung zwischen dem auftretenden Kläger und dem Gegenstand des Rechtsstreits ankäme.

So sind etwa das Ablehnungsrecht gegenüber dem Richter, die Unzulässigkeit der Zeugenaussage durch eine Partei oder die Rechtskraftwirkung des Urteils darauf zugeschnitten, daß im Prozeß der Rechtsinhaber als Partei auftritt. Für bestimmte Parteifunktionen ist es wiederum sinnvoll, allein an die formale Parteistellung anzuknüpfen, etwa für die Kostenlast. Gerade der falsche Kläger muß gehalten sein, selbst die Kosten seiner fehlerhaften Anrufung des Gerichts und die dabei entstandenen Kosten des Gegners tragen.

Nur zum Teil wird dieser Systemwiderspruch, der mit der Entwicklung des formalen Parteibegriffs *extra legem* entstanden ist, dadurch folgenlos, daß bestimmte Parteifunktionen erst eine Rolle spielen, wenn die Begründetheitsprüfung der Klage ansteht und der aufgetretene Kläger bereits auf seine Klagebefugnis hin überprüft worden ist. Im übrigen versuchen Rechtsprechung und Literatur, Wertungswidersprüche durch Anknüpfungskorrekturen zu beseitigen oder abzumildern.

2. *Anknüpfungskorrekturen*

Probleme bereitet die Bestimmung der genannten Parteifunktionen aus der Stellung als Kläger insbesondere, wenn ein Kläger als Prozeßstandschafter über ein fremdes Rechtsverhältnis auftritt. Die gesetzliche oder gewillkürte Zuweisung der Klagebefugnis an Prozeßstandschafter beinhaltet zugleich die Zuweisung der Parteistellung an Rechtssubjekte, die nicht die Rechtsträger sind.

---

[221] ZÖLLER-VOLLKOMMER, Vor § 50 Rn 5

In diesem Fall kann auch die Zulässigkeitsprüfung nicht erreichen, daß die Person des (berechtigten) Klägers mit derjenigen übereinstimmt, um deren Rechte es geht.

Daher ist insbesondere bei Fremdprozeßführung zu prüfen, ob nicht nach dem Zweck der einzelnen Parteifunktion ausnahmsweise auf materiellrechtliche Beziehungen zwischen Streitgegenstand und Rechtsträger zurückzugreifen ist[222].

Im einzelnen differenzieren Lehre und Rechtsprechung wie folgt[223]:

(1) Gemäß § 41 ZPO ist ein Richter von der Ausübung des Richteramtes unter anderem ausgeschlossen, wenn er selbst Partei des Rechtstreits ist oder zu einer Partei im Verhältnis eines Mitberechtigten, Mitverpflichteten oder Regreßpflichtigen steht. Gemäß § 42 ZPO steht den Parteien das Recht zu, einen Richter wegen Besorgnis der Befangenheit abzulehnen.

In beiden Fällen ist nach allgemeiner Auffassung der Begriff der Partei weit zu verstehen und umfaßt grundsätzlich alle Personen, auf die sich die Rechtskraft des Urteils erstreckt[224].

Insbesondere für Fälle von Prozeßstandschaft soll es nach Sinn und Zweck von § 41 ZPO nicht (nur) auf das Verhältnis des Richters zu der formellen Partei, sondern zu den Subjekten des streitigen Rechtsverhältnisses ankommen[225].

(2) Nach ganz herrschender Auffassung kann jede Person, die nicht Prozeßpartei ist, als Zeuge vernommen werden[226]. Ein Rechtsträger kann daher, wenn er einen Standschafter zur Prozeßführung ermächtigt hat, als Zeuge in eigener Sache aussagen. Den damit verbundenen Gefahren will die herrschende Meinung im Rahmen der Würdigung der Zeugenaussage be-

---

[222] MüKo-Lindacher, Vor § 50 Rn 3

[223] Die Rechtskrafterstreckung auf den Rechtsträger im Standschafterprozeß wird nachfolgend unter III. 3 gesondert dargestellt.

[224] Baumbach-Hartmann, § 41 Rn 6ff mwN, § 42 Rn 59; Thomas/Putzo, § 41 Rn 2, § 42 Rn 10

[225] Henckel, Parteilehre, S. 133f

[226] Heintzmann, S. 79 mwN; Zöller-Greger, § 373 Rn 5 mit zahlreichen Rechtsprechungsnachweisen

gegnen[227]. Liegt eine Mißbrauchsabsicht auf der Hand, kann die Klage in Prozeßstandschaft als solche unzulässig sein[228].

Nach Ansicht von RÜßMANN ist in Auslegung der §§ 445ff ZPO nach den beteiligten Interessen im Standschafterprozeß der Rechtsinhaber den Regeln der Parteivernehmung zu unterwerfen und damit vom Einverständnis des Gegners abhängig zu machen[229].

(3) Soweit das Zeugnisverweigerungsrecht auf die nahen persönlichen Beziehungen des Zeugen zu einer Partei des Rechtsstreits gegründet ist, meint das Gesetz in § 383 Nr. 1 bis 3 ZPO zunächst die formellen Prozeßparteien.

Nach überwiegender Auffassung ist jedoch auch eine entsprechende Beziehung zum Träger des streitigen Rechts im Standschafterprozeß hinreichend. HENCKEL hält § 383 ZPO aufgrund der zugrundeliegenden Interessenwertung unmittelbar für anwendbar, andere Autoren gehen jedenfalls von einer analogen Anwendbarkeit aus[230]. Umgekehrt steht den Verwandten eines Standschafters kein Zeugnisverweigerungsrecht zu[231].

HEINTZMANN hält persönliche Beziehungen zu einem nicht als Partei auftretenden Rechtsträger nicht für ausreichend. Der den § 383 ZPO zugrundeliegende Gedanke des Gewissenskonflikts umfasse erheblich mehr Fälle als die gesetzlich angeführten. § 384 ZPO belege, daß der Gesetzgeber sich dessen auch bewußt gewesen sei. Eine Erweiterung des Kreises der Zeugnisverweigerungsberechtigten contra legem sei deshalb grundsätzlich nicht zulässig[232].

(5) Die Gewährung von Prozeßkostenhilfe bestimmt sich nach den persönlichen Verhältnissen der Parteien[233].

---

[227]BAUMBACH-HARTMANN, Übers § 373 Rn 21, 8; SCHELLHAMMER, Rn 1230: Die Zeugenaussage des Berechtigten "ist auch nicht mehr wert als seine Parteiaussage"; BGH NJW-RR 1988, 127; kritisch FRANK, S. 326, RÜßMANN, S. 544

[228]vgl oben Abschnitt 2 Kap. 2 III. 4.

[229]RÜßMANN, S. 543ff

[230]THOMAS/PUTZO, § 383 Rn 3 mwN

[231]ZÖLLER-GREGER, § 383 Rn 2; THOMAS/PUTZO, § 383 Rn 3

[232]HEINTZMANN, S. 80ff

[233]RÜßMANN, S. 545f

Im Falle einer Prozeßstandschaft sind nach allgemeiner Auffassung jedoch auch die Vermögensverhältnisse des Rechtsträgers zu berücksichtigen[234].

(6) Ein Anspruch auf Erstattung von Prozeßkosten gegenüber der unterliegenden Partei besteht grundsätzlich nur zwischen den Parteien des Prozeßrechtsverhältnisses.

Die Zulässigkeit der gewillkürten Prozeßstandschaft steht deshalb unter dem Vorbehalt, daß sie nicht der gezielten Vereitelung des möglichen Erstattungsanspruchs durch Vorschieben eines mittellosen Standschafters dient[235].

In anderen Fällen, in denen eine Vereitelungsabsicht zumindest nicht nachweisbar ist, bleibt dem Gegner allenfalls ein materiellrechtlicher Kostenerstattungsanspruch gegenüber dem Rechtsträger, den er gegebenenfalls in einem weiteren Rechtsstreit durchsetzen muß[236].

II. Die Überprüfung im Verfahren

Da nicht jedermann eine gerichtliche Entscheidung über einen beliebigen von ihm vorgetragenen Streitstoff erhalten soll, der Erwerb der Klägerstellung andererseits nicht von dem Verhältnis des Klägers zu diesem Streitstoff abhängt, muß die Klagebefugnis während des Verfahrensgangs oder an dessen Ende in der gerichtlichen Entscheidung überprüft werden.

Von der Ausgestaltung dieser Prüfung hängt es ab, welche Parteibefugnisse nur dem richtigen Kläger zukommen und wovor das Erfordernis der Klagebefugnis im einzelnen Schutz bieten kann.

---

[234] THOMAS/PUTZO, § 51 Rn 42; BGH JR 1953, 385

[235] BGHZ 96, 151

[236] THOMAS/PUTZO, § 51 Rn 43; RÜßMANN, S. 548

1. Die Verfahrensausgestaltung

Das Verfahren des deutschen Zivilprozesses ist (für jeden Instanzenzug) als einheitliches Verfahren ausgestaltet und nicht, wie noch der gemeinrechtliche Prozeß, in verschiedene Verfahrensabschnitte gegliedert, die erst durch Zwischenurteile, etwa zur Eröffnung der Hauptverhandlung oder in Form des früheren Beweisurteils, eröffnet würden.

Die Verfahrenseinheit wird durch das Rechtsschutzgesuch des Klägers eröffnet und regelmäßig durch Endurteil abgeschlossen. Nach dem Grundsatz der Einheit der mündlichen Verhandlung gelten alle in einer Instanz aufeinanderfolgenden mündlichen Verhandlungen als zusammenhängend und gleichwertig[237]. Die so verstandene mündliche Verhandlung endet gemäß § 296a ZPO erst mit dem Verhandlungstermin, auf den das Urteil ergeht.

2. Prüfungsumfang während des Verfahrens

(1) Das wirksam eingeleitete Verfahren führt nicht notwendig zur Verhandlung und Entscheidung über den Streitstoff selbst. Zur Verhandlung "zur Sache" und insbesondere zur Entscheidung über den Streitstoff selbst sind die Gerichte nur verpflichtet, wenn die Klage als zulässig angesehen wird.

Die Zulässigkeitsvoraussetzungen werden umschrieben als die prozessualen Voraussetzungen der Möglichkeit des Erfolgs des Prozesses[238], bzw die "prozessrechtlichen Bedingungen der Zulässigkeit des Verfahrens im Hinblick auf ein Sachurteil"[239].

Neben den Erfordernissen der Zuständigkeit des angerufenen Gerichts, der Existenz, Partei- und Prozeßfähigkeit der Parteien, Fehlen anderweitiger Rechtshängigkeit oder rechtskräftiger Entscheidung der Streitsache stellt nach heute ganz herrschender Ansicht auch die Prozeßführungsbefugnis eine Zulässigkeitsvoraussetzung dar[240].

---

[237] BAUMBACH-HARTMANN, Übers § 253 Rn 3

[238] ANDERS/GEHLE, Rn 77

[239] BAUMBACH-HARTMANN, Grundz § 253 Rn 13

[240] ROSENBERG/SCHWAB-GOTTWALD, S. 239; JAUERNIG, ZPR, S. 64; HEINTZMANN, S. 60 ("Sachverhandlungsvoraussetzung"); anders noch der gemeinrechtliche Prozeß, vgl. oben Abschnitt 1 III. sowie NEUNER, Sp. 115; BRUNS ordnet die Prozeßführungsbefugnis dem (materiellrechtlichen) Begriff der Sachlegitimation zu, erkennt die Prüfung als "Sachurteilsvorausset-

LÜKE sieht in der Prüfung der Klagebefugnis als Zulässigkeitsvoraussetzung ein "allgemeines Prinzip unserer Rechtsordnung", daß nämlich nur derjenige Klage erheben dürfe, der von der zu erwartenden Entscheidung in seinem Rechtskreis berührt werden könne[241].

Da das Fehlen von Zulässigkeitsvoraussetzungen die sachliche Entscheidung über den Streitstoff ausschließt, werden sie auch als Sachurteilsvoraussetzungen bezeichnet[242]. Sofern eine Heilung von Zulässigkeitsmängeln während des Verfahrens nicht möglich ist, machen die Sachurteilsvoraussetzungen jedoch schon jede Verhandlung und Beweisaufnahme zur Sache selbst unzulässig. In diesem Fall ist es nicht ganz korrekt, von Sachurteilsvoraussetzungen zu sprechen; diese sind dann auch Sachverhandlungsvoraussetzungen.

(2) Die Zulässigkeitsvoraussetzungen sind gemäß § 56 ZPO grundsätzlich von Amts wegen und vor der Frage nach der Begründetheit zu prüfen[243].

Dieser Grundsatz des Prüfungsvorranges wird mit der unterschiedlichen Reichweite der Rechtskraft begründet, wenn die Klage entweder, mit sog. Prozeßurteil, als unzulässig oder durch Sachurteil als unbegründet abgewiesen wird[244]. Im ersten Fall umfasse die Rechtskraft nur die Feststellung, daß das Rechtsschutzgesuch aus prozessualen Gründen unzulässig war. Es hindere nicht die erneute Klagerhebung nach Beseitigung des prozessualen Mangels. Ein Sachurteil hingegen stelle die streitige Rechtsbeziehung selbst abschließend fest, so daß seine Rechtskraft eine erneute Klage darüber zwischen diesen Parteien ausschließe.

Prüfungsvorrang bedeutet aber nicht eigener Verfahrensabschnitt, sondern nur gedankliche Ordnung. Da die meisten Zulässigkeitsvoraussetzungen erst im Zeitpunkt der letzten mündlichen Verhandlung vorliegen müssen, hindert ihr Fehlen auch nicht ohne weiteres die Verhandlung zur Sache.

---

zung eigener Art" aber jedenfalls im Interesse methodischer Vereinfachung an (ZPR, S. 69, und Besprechung, S. 190)

[241] LÜKE, Prozeßführungsbefugnis, S. 14

[242] ZÖLLER-GREGER, Vor § 253 Rn 9

[243] für eine flexible Handhabung, wenn die Klage jedenfalls unbegründet ist, sprechen sich HENCKEL, Parteilehre, S. 193, und BRUNS, ZPR, S. 68f, aus

[244] BAUMBACH-HARTMANN, Grundz § 253 Rn 14 mwN; JAUERNIG, Prüfungsvorrang, S. 289ff

Zur Verfahrensvereinfachung bestehen die Möglichkeiten, gemäß § 280 ZPO gesondert über die Zulässigkeit der Klage zu verhandeln und gegebenenfalls durch Zwischenurteil zu entscheiden oder nach Ermessen das Gericht das Verfahren bis zur Heilung fehlender Zulässigkeitsvoraussetzungen auszusetzen.

(3) Die Prüfung der Prozeßführungsbefugnis erfolgt grundsätzlich allein auf Grundlage des Vortrags des Klägers. Ausnahmen können sich jedoch ergeben, wenn der Gegner etwa das Vorliegen einer Ermächtigung zur Prozeßstandschaft bestreitet[245].

Macht der Kläger eigene Rechte geltend, ist eine gesonderte Prüfung der Prozeßführungsbefugnis nicht erforderlich. Die Geltendmachung fremder Rechte bedarf hingegen einer besonderen Rechtfertigung, die auch entsprechend festzustellen ist[246].

Ein praktisches Problem ergibt sich daraus, daß die Prozeßführungsbefugnis auf das Verhältnis des Klägers zu einem streitigen Recht oder Anspruch bezogen ist.

Der Kläger beantragt jedoch keine Entscheidung über bestimmte materielle Rechte, sondern über einen Streitgegenstand, bestehend aus Antrag und Lebenssachverhalt[247]. Eine rechtliche Würdigung seines Sachvortrags muß der Kläger nicht leisten, insbesondere muß er sich gerade nicht auf ein Recht berufen.

Die Prozeßführungsbefugnis ist auch nicht Bestandteil des Streitgegenstandes, da sie ihn nicht individualisiert[248]. Sie ist eine Befugnis zur gerichtlichen Geltendmachung von rechtlichen Positionen, nicht Gegenstand oder Inhalt des Streits selbst.

---

[245] HEINTZMANN, S. 53

[246] ROSENBERG/SCHWAB-GOTTWALD, S. 239; BLOMEYER, S. 236; ZÖLLER-VOLLKOMMER, Vor § 50 Rn 18

[247] ROSENBERG/SCHWAB-GOTTWALD, S. 534

[248] HENCKEL, Parteilehre, S. 194f: "Der Streitgegenstand soll das Streitprogramm abgrenzen von anderen möglichen Prozeßgegenständen, dient also der Individualisierung, Vereinzelung des Streitstoffes... (Seine) subjektiven Grenzen können nur durch die Subjekte des streitigen Rechtsverhältnisses bestimmt werden... Die Prozeßführungsbefugnis hat keine den Streitgegenstand individualisierende Funktion."

Daher ist im Rahmen der Zulässigkeitsprüfung eine rechtliche Qualifikation der Klagebegründung durch das Gericht erforderlich[249]. Diese Prüfung zur Sache darf nach Auffassung des Bundesgerichtshofes allerdings nicht weiter gehen, als es für die Beurteilung der Prozeßführungsbefugnis unerläßlich ist[250].

Grundsätzlich gilt hier, daß zur Begründetheit alle Fragen nach dem Erwerbstatbestand des behaupteten Rechts zählen, etwa Wirksamkeit einer behaupteten Abtretung oder der behauptete Erwerb eines Rechts infolge Erbschaft; im Rahmen der Zulässigkeit sind hingegen die Fragen nach dem Erwerbstatbestand der Befugnis zur Geltendmachung des behaupteten Rechts zu beantworten, etwa die Eigenschaft als Konkursverwalter, als Elternteil oder als Erbe[251].

(4) Die Zulässigkeitsvoraussetzung der Prozeßführungsbefugnis muß im Zeitpunkt der Entscheidungsfindung, d. h. am Ende der letzten mündlichen Verhandlung vorliegen. Bis zu diesem Zeitpunkt ist eine Heilung fehlender Prozeßführungsbefugnis möglich, etwa durch nachträgliche Ermächtigung zur Prozeßführung in Prozeßstandschaft oder durch nachträglichen Erwerb des streitigen Rechts.

3. Überprüfung im Sachurteil

Die subjektive Zuständigkeit des auftretenden Klägers zur gerichtlichen Geltendmachung des streitigen Rechts bzw. zum Verlangen der begehrten Rechtsfolge wird - mit der Prozeßführungsbefugnis - im Rahmen der Zulässigkeitsprüfung beurteilt. Diese Prüfung erfolgt auf Grundlage des vom Kläger lediglich behaupteten materiellen Anspruchs, dessen Existenz (und Beweisbarkeit) unterstellt.

Im Rahmen der Begründetheit wird nur noch überprüft, ob der geltend gemachte Anspruch tatsächlich für diejenige Person besteht, zu deren Gunsten er behauptet wurde. Hier kann sich nun erweisen, daß der auftretende Kläger

---

[249] daran entzündet sich die Kritik von BRUNS, Besprechung, S. 190; das identische Problem stellt sich allerdings auch für andere streitgegenstandsbezogene Zulässigkeitsvoraussetzungen.

[250] BGHZ 31, 284f; BGHZ 36, 187; BERG, S. 462

[251] HEINTZMANN, S. 47ff

materiellrechtlich nicht berechtigt war, weil er den Erwerbstatbestand des für sich behaupteten Rechts nicht erfüllt (Geltendmachung einer nicht wirksam abgetretenen Forderung durch den Zessionar, Nachlaßforderung durch Nichterben etc.). Denkbar ist auch, daß das in Prozeßstandschaft geltend gemachte Recht dem behaupteten Rechtsinhaber nicht zustand.

III. Die Reichweite der subjektiven Rechtskraft

Das nicht mit Rechtsmitteln angefochtene oder anfechtbare Endurteil erwächst in materielle Rechtskraft, soweit das Gericht über den vorgebrachten prozessualen Anspruch entschieden hat. Wurde die Klage wegen fehlender Prozeßführungsbefugnis durch sogenanntes Prozeßurteil als unzulässig abgewiesen, ist die materielle Rechtskraft auf die gerichtliche Feststellung beschränkt, daß dieser Kläger für den konkreten Streitstoff nicht klagebefugt war[252].

Die materielle Rechtskraft schließt jede neue Verhandlung und Entscheidung über die rechtskräftig festgestellte Rechtsfolge aus[253]. Diese Rechtkraftsperre gilt grundsätzlich zwischen den Prozeßparteien (nachfolgend 1.) und bestimmten Rechtsnachfolgern (2.), ferner unter Umständen auch gegenüber weiteren Dritten. Insbesondere kommt eine Erstreckung der subjektiven Rechtskraft auf die Träger eines streitigen Rechts in Betracht, wenn der Prozeß von gesetzlich oder gewillkürt bestimmten Prozeßstandschaftern geführt wurde (3.). Wenig geklärt ist die Reichweite des Urteils aus einer Verbandsklage (4). Die Urteile in manchen Verfahren entfalten schließlich Bindungswirkung gegenüber jedermann (4.)

1. Rechtskraftwirkung zwischen den Prozeßparteien

Gemäß § 325 I ZPO wirkt das rechtskräftige Urteil "für und gegen die Parteien".

Obgleich unter dem materiellen Parteibegriff entstanden, bezieht sich der Begriff der Parteien in § 325 ZPO nach allgemeiner Auffassung zunächst allein

---

[252] BAUMBACH-HARTMANN, § 322 Rn 60 mwN

[253] THOMAS/PUTZO, § 322 Rn 8 mwN

auf die Prozeßparteien des der gerichtlichen Entscheidung vorangegangenen Verfahrens[254]. Denn nur sie hatten qua Verfahrensteilnahme die Möglichkeit, Einfluß auf den Ausgang des Prozesses zu nehmen und ihren Rechtsstandpunkt in ausreichender Weise zu wahren[255].

2. Rechtskrafterstreckung auf Rechtsnachfolger

Gemäß § 325 Abs. 1 ZPO erfaßt die subjektive Rechtskraft des Urteils auch Personen, die nach Eintritt der Rechtshängigkeit entweder Rechtsnachfolger der Parteien geworden sind oder den Besitz der streitbefangenen Sache in qualifizierter Weise erlangt haben.

Der Begriff des Rechtsnachfolgers meint grundsätzlich sowohl Einzel-, als auch Gesamtrechtsnachfolge[256].

Eine grundsätzliche Einschränkung stellt § 235 Abs. 2 ZPO dar, wonach ein gutgläubiger Rechtsnachfolger nicht von der Rechtskrafterstreckung erfaßt wird. Der gute Glaube muß sich auf die fehlende Rechtshängigkeit und auf die Verfügungsberechtigung des Veräußerers beziehen[257].

3. Rechtskrafterstreckung des Standschafterurteils auf den Rechtsträger

Die Rechtskrafterstreckung eines in Prozeßstandschaft durch einen Rechtsfremden erstrittenen Urteils ist in bestimmten Fällen umstritten.

Einigkeit besteht, daß der Rechtsträger, der einen Standschafter von sich aus zur Prozeßführung in gewillkürter Prozeßstandschaft ermächtigt hat, stets auch die Wirkungen des gegenüber dem Prozeßstandschafter ergangenen Urteils gegen sich gelten lassen muß[258].

---

[254] HENCKEL, Parteibegriff, S. 450f; anders noch ders., Parteilehre, S. 139

[255] STEIN/JONAS-LEIPOLD, § 325 Rn 1; BERGER, S. 133f

[256] STEIN/JONAS-LEIPOLD, § 325 Rn 14f; vgl. dazu auch die Sonderregelungen der §§ 326, 327 ZPO

[257] zu Meinungsstreitigkeiten und Differenzierungen im einzelnen vgl. MÜKO-GOTTWALD, § 325 Rn 82ff; STEIN/JONAS-LEIPOLD, § 325 Rn 34ff

[258] ROSENBERG/SCHWAB-GOTTWALD, S. 242; ZÖLLER-VOLLKOMMER, Vor § 50 Rn 54 mwN; BGH NJW-RR 87, 127; BGH NJW 93, 3073

Nach allgemeiner Ansicht wirkt das Urteil des Standschafterprozesses auch in nahezu allen Fällen der ausschließlichen gesetzlichen Prozeßstandschaft für und gegen den Rechtsträger[259], etwa das von einem Insolvenzverwalter erwirkte Urteil für und gegen den Gemeinschuldner.

Umstritten ist hingegen insbesondere die Rechtskrafterstreckung im Falle der Alleinprozeßführung über Mitberechtigungen, etwa gemäß §§ 432, 1011, 2039 BGB. Nach Auffassung der Rechtsprechung und Teilen der Literatur werden die nicht am Prozeß beteiligten Mitberechtigten nicht von der Rechtskraft des Standschafterurteils erfaßt[260]. Die Zulassung der Prozeßstandschaft solle nur das Eigeninteresse des jeweiligen Klägers schützen, nicht in die Rechtsausübungsautonomie der Mitberechtigten eingreifen. Den überwiegenden Interessen der Mitberechtigten sei der Schutz des Gegners vor mehrfacher Verfahrensführung unterzuordnen[261].

Nach anderer Ansicht berücksichtigt die herrschende Auffassung die Interessen des Prozeßgegners nicht hinreichend. Grundsätzlich habe sich die Rechtskraft in allen Fällen gesetzlicher Prozeßstandschaft auf den oder die Träger des streitigen Rechts zu erstrecken[262]. Nur wegen der Rechtskrafterstreckung sei es für den Prozeßgegner zumutbar, gegen den Prozeßstandschafter und nicht gegen den Rechtsträger selbst prozessieren zu müssen. Die Interessen des Rechtsträgers daran, sein Recht selbst gerichtlich geltend machen zu können, seien nicht erst bei der Bestimmung der subjektiven Rechtskraftgrenzen, sondern schon eine Stufe davor zu berücksichtigen; sofern die Bindung des Rechtsträgers an das Urteil unzumutbar ist, dürfe der Dritte im Regelfall nicht prozeßführungsbefugt sein[263].

Mit Urteil vom 28.6.1985 hat der BGH einen Mittelweg zur angemessenen Berücksichtigung der beteiligten Interessen aufgezeigt, indem er für den Fall

---

[259] SINANIOTIS, S. 78ff; CALAVROS, S. 56ff; ROSENBERG/SCHWAB-GOTTWALD, S. 241f

[260] SINANIOTIS, S. 78ff; ROSENBERG/SCHWAB-GOTTWALD, S. 241; BERG, S. 465f; MÜKO-GOTTWALD, § 325 Rn 38ff mwN; RGZ 119, 169; BGHZ 44, 307

[261] MÜKO-GOTTWALD, § 325 Rn 38ff

[262] BERGER, S. 141, 249; GRUNSKY, S. 264; HEINTZMANN, S. 83ff, 90; ZÖLLER-VOLLKOMMER, Vor § 50 Rn 39

[263] GRUNSKY, S. 264

der Mitberechtigung nach § 1011 BGB eine Bindung der nicht klagenden Miteigentümer an das Urteil dann annimmt, wenn diese der Klageerhebung zugestimmt hatten. Dies soll selbst dann gelten, wenn die Zustimmung weder im Prozeß, noch sonst nach außen hin erteilt wurde[264]. Die Literatur hat diese dogmatisch nicht näher begründete Entscheidung teils aufgenommen[265], teils abgelehnt[266].

4. Rechtskraft bei Verbandsklagen

Die subjektive Reichweite der Entscheidung über eine Verbandsklage ist in Begründung und Ergebnis wenig geklärt. Zwar besteht weithin Übereinstimmung, daß sich die Rechtskraft des Urteils nur auf die Prozeßparteien erstreckt. Andererseits herrscht auch weitgehende Einigkeit darüber, daß es etwa einem Wettbewerbsstörer nicht zugemutet werden soll, sich gleichwohl mit einer unbestimmten Vielzahl von Mitbewerbern und nach ihrem Zweck berufenen Verbänden auseinandersetzen zu müssen[267]. Daher wird überwiegend argumentiert, nach Abschluß eines Verfahrens fehle weiteren Verfahren anderer Kläger über denselben Wettbewerbsverstoß das Rechtsschutzinteresse, weil ein weiterer Vollstreckungstitel nicht mehr erforderlich sei[268]. Nach KÖHLER entfällt die Wiederholungsgefahr nur, wenn der Wettbewerbsstörer gegenüber den klagewilligen Dritten eine strafbewehrte Unterlassungserklärung abgibt[269]. MAROTZKE weist darauf hin, daß diese Auffassung den Wettbewerbsstörer gerade dann nicht zu schützen vermag, wenn er besonders schutzwürdig sei, weil er den ersten Prozeß gewonnen habe. Der Beklagte könne sich des Erfolges noch so vieler gewonnener Verfahren um denselben Streitstoff nicht sicher sein, solange noch irgendjemand aus seiner bloßen Eigenschaft als Mitbewerber oder Verband eine eigene Klagebefugnis habe. Deshalb müsse der mit der Verbandsklage geltend gemachte Streit gegenüber allen darüber Klagebefugten Wirkung entfalten[270].

---

[264]BGH NJW 1985, 2825

[265]THOMAS/PUTZO, § 325 Rn 4; ZÖLLER-VOLLKOMMER, vor § 50 Rn 54

[266]STEIN/JONAS-LEIPOLD, § 325 Rn 58; eine solche Möglichkeit der Rechtskrafterstreckung kraft Zustimmung führen jedenfalls nicht an MÜKO-GOTTWALD, § 325 Rn 39; ZÖLLER-VOLLKOMMER, §325 Rn 9; WIECZOREK/SCHÜTZE-HAUSMANN, Vor § 50 Rn 63

[267]MAROTZKE, S. 170ff, weist anhand zahlreicher Fälle mit bis zu 26 parallelen Unterlassungsverfahren nach, daß es sich hierbei keineswegs um ein akademisches Problem handelt.

[268]HADDING, Verbände, S. 311

[269]KÖHLER/PIPER-KÖHLER, § 13 Rn 9

[270]MAROTZKE, S. 181, 187

5. Urteilswirkung erga omnes

Insbesondere bei verschiedenen Statussachen ordnet das Gesetz ohne Rücksicht auf die Verfahrensbeteiligung die Rechtskraftwirkung gegenüber jedermann an. Dazu zählen etwa Urteile, die das Bestehen einer Ehe oder eines Eltern-Kind-Verhältnisses feststellen[271].

Gegenüber jedermann wirken auch Urteile auf Gestaltungsklagen hin. Dogmatisch wird hierin allerdings keine Rechtskrafterstreckung gesehen, sondern eine eigenständige Urteilswirkung aus der gerichtlichen Befugnis, mit der Scheidung einer Ehe oder der Auflösung einer Handelsgesellschaft eine objektive Rechtslage zu schaffen[272].

Kapitel 3: Die Vertretung in der Verfahrensführung

Der Parteibegriff abstrahiert von der Person desjenigen, der als Verfahrensführer tatsächlich vor Gericht erscheint. Die Parteistellung ist weder davon abhängig, wer die Verfahrenshandlungen in eigener Person wahrnimmt, noch davon, ob die Partei sie in eigener Person auch nur vornehmen kann.

Die Zurechnungsverbindung zwischen der Person des richtigen Klägers und der Person des Verfahrensführers stellt das deutsche Recht mit dem Rechtsinstitut der (hier: prozessualen) Stellvertretung her.

I. Die Voraussetzungen der prozessualen Handlungsfähigkeit

Die wirksame Verfahrensführung vor Gericht setzt in der Person des Verfahrensführers Prozeßfähigkeit und Postulationsfähigkeit voraus.

---

[271] Überblick bei MüKo-Gottwald, § 325 Rn 6

[272] Stein/Jonas-Leipold, § 325 Rn 7 mwN

(1) Die Prozeßfähigkeit ist gemäß § 51 Abs. 1 ZPO die "Fähigkeit einer Person, vor Gericht zu stehen". Damit ist die rechtliche Befähigung gemeint, die für die Prozeßführung erforderlichen Prozeßhandlungen selbst oder durch selbstbestimmte Vertreter wirksam vorzunehmen oder entgegenzunehmen[273].

Prozeßfähig ist grundsätzlich, wer nach bürgerlichem Recht geschäftsfähig ist, §§ 51 Abs. 1, 52 ZPO.

Daher ist in aller Regel jeder Erwachsene prozeßfähig, hingegen fehlt insbesondere Minderjährigen die Prozeßfähigkeit. Sofern Minderjährige nach bürgerlichem Recht als für bestimmte Rechtsgeschäfte geschäftsfähig angesehen werden, etwa hinsichtlich eines selbständigen Erwerbsgeschäftes nach § 112 BGB oder eines Dienst- oder Arbeitsverhältnisses nach § 113 BGB, folgt daraus auch ihre Prozeßfähigkeit über den Gegenstand der partiellen Geschäftsfähigkeit. Ferner sieht das Prozeßrecht nach § 607 Abs. 1 ZPO Minderjährige ab dem 16. Lebensjahr für Ehesachen als prozeßfähig an.

Wegen krankhafter Störung der Geistestätigkeit im Sinne von § 104 Abs. 2 BGB geschäftsunfähige Erwachsene sind gemäß §§ 51 Abs. 1, 52 ZPO ebenfalls prozeßunfähig.

Eine bemerkenswerte systematische Ausnahme erleidet der Gleichlauf von Geschäftsfähigkeit und Prozeßfähigkeit, indem nach § 53 ZPO Personen, die im Prozeß durch einen Betreuer oder Pfleger vertreten werden, ungeachtet ihrer fortbestehenden Geschäftsfähigkeit nicht prozeßfähigen Personen gleichgestellt werden.

Auch die juristischen Person kann als solche nicht vor Gericht stehen, sondern nur über ihre gesetzlichen Vertretungsorgane handeln. Diese haben, wie § 26 Abs. 2 S.1 BGB für den Verein als die Grundform juristischer Personen formuliert, die Stellung eines gesetzlichen Vertreters. Auch wenn die Frage nach der Prozeß(un)fähigkeit juristischer Personen teilweise für verfehlt erachtet wird[274], gelten die Vorschriften der ZPO über Prozeßfähigkeit als prozessuale Handlungsfähigkeit in eigener Person und über die Rechte und Pflichten der gesetzlichen Vertreter jedenfalls analog[275].

---

[273] WIECZOREK/SCHÜTZE-HAUSMANN, § 51 Rn 4; THOMAS/PUTZO, § 51 Rn 2

[274] MÜKO-LINDACHER, § 51 Rn 23

[275] WIECZOREK/SCHÜTZE-HAUSMANN, § 51 Rn 23

(2) Als Postulationsfähigkeit wird die Verhandlungsfähigkeit in Bezug auf bestimmte Gerichte oder bestimmte Verfahren bezeichnet. Gemäß § 78 Abs. 1 ZPO sind vor den Landgerichten, den Oberlandesgerichten und dem Bundesgerichtshof nur zugelassene Rechtsanwälte postulationsfähig; gemäß § 78 Abs. 2 ZPO besteht ferner auch vor den Amtsgerichten für bestimmte Familiensachen Anwaltszwang.

II. Arten und Voraussetzungen der Vertretung

Unter den Arten der Prozeßvertretung wird herkömmlich zwischen der gesetzlicher Vertretung und Vertretung aufgrund Prozeßvollmacht (oder gewillkürter Stellvertretung) unterschieden[276].

1. Die gesetzliche Vertretung

Gesetzlich vertreten wird der prozeßunfähige Kläger in der Verfahrensführung. Das deutsche Recht bestimmt insoweit für bestimmte prozeßunfähige Personen unmittelbar gesetzliche Vertreter, etwa die Eltern gemäß § 1629 Abs. 1 BGB als gesetzliche Vertreter des minderjährigen Kindes, oder läßt durch die Gerichte aufgrund Gesetzes Vertreter einsetzen, etwa gemäß § 1897 BGB einen Betreuer für betreuungsbedürftige Personen.

Über die gesetzlich zugewiesene Vertretungsbefugnis hinaus ist eine gesonderte Prozeßermächtigung nicht erforderlich. Der Umfang der Vertretungsbefugnis ergibt sich unabhängig vom Willen des Vertretenen in der Regel aus dem sachlichen Recht, für gerichtlich bestellte Betreuer aus dem ihnen gerichtlich zugewiesenen Aufgabenkreis[277].

Der gesetzliche Vertreter handelt stets im Namen der Partei, die sowohl im Rubrum der Klageschrift als auch des Urteils an erster Stelle erscheint[278]. Die

---

[276] vgl. etwa BAUMBACH-HARTMANN, Übers § 78 Rn 4ff; ROSENBERG/SCHWAB-GOTTWALD, S. 287, 291

[277] ROSENBERG/SCHWAB-GOTTWALD, S. 289

[278] nach LOCHER/MES, II.H.1, etwa mit der Formel: "Klage des minderjährigen Kindes X., vertreten durch seine Mutter Y."

Angabe von Namen und Adresse des gesetzlichen Vertreters ist gesetzlich nur als Soll-Vorschrift ausgestaltet[279], in der Praxis sind sie schon für die Zustellung in der Regel erforderlich.

Sofern der gesetzliche Vertreter nicht selbst postulationsfähig ist, muß er sich seinerseits anwaltlich vertreten lassen, im übrigen ist ihm diese Möglichkeit freigestellt[280].

2. Vertretung aufgrund Vollmacht

Allen selbst prozeßfähigen Personen steht es offen, andere Personen durch Erteilung einer Prozeßvollmacht die Ausübung der Verfahrensführung zu übertragen.

(1) In Prozessen mit Anwaltszwang muß, im übrigen kann Vertretung durch einen bei dem Prozeßgericht postulationsfähigen Rechtsanwalt erfolgen.

Im Außenverhältnis berechtigt die Prozeßvollmacht den Anwalt zu allen den Rechtsstreit betreffenden Rechtshandlungen, §§ 81, 83 Abs. 1 ZPO. Der Begriff der Prozeßhandlungen ist weit zu verstehen, er meint jede Handlung, die das Betreiben des Verfahrens einschließlich seiner Entscheidung oder die Beendigung des Verfahrens betrifft[281]. Er umfaßt unter anderem auch die Befugnis des Vollmachtnehmers, seinerseits einen Vertreter oder einen Bevollmächtigten für die höheren Instanzen zu bestellen[282].

Im Innenverhältnis zwischen Vollmachtgeber und Vollmachtnehmer sind beliebige Einschränkungen möglich, der vor Gericht auftretende Rechtsanwalt ist stets an die Weisungen seines Mandanten gebunden[283].

(2) In Prozessen ohne Anwaltszwang kann die Verfahrensführung auf beliebige prozeßfähige Personen übertragen werden, § 79 ZPO.

---

[279] vgl. §§ 130 Nr. 1, 253 Abs. 2 Nr. 1, Abs. 4 ZPO

[280] JAUERNIG, ZPR, S. 61

[281] BAUMBACH-HARTMANN, § 81 Rn 3 mwN

[282] § 81 ZPO

[283] ROSENBERG/SCHWAB-GOTTWALD, S. 296

In diesem Fall wird die Vollmachterteilung nicht vermutet, sondern ist gemäß § 80 Abs. 1 ZPO dem Gericht zu den Akten einzureichen.

Der Umfang der Vollmacht kann gemäß § 83 Abs. 2 ZPO auch im Außenverhältnis auf einzelne Prozeßhandlungen beschränkt werden. Ohne ausdrückliche Beschränkung ist auch die einem gewillkürten Dritten erteilte Prozeßvollmacht dahin auszulegen, daß sie zur Erteilung von Untervollmacht berechtigt[284].

III. Rechtsfolgen der Vertretung

Der vor Gericht auftretende Stellvertreter ist nicht selbst Partei. Er ist in seiner Verfahrensstellung jedoch in mancher Hinsicht der Stellung als Partei angenähert.

(1) So ist er (gegebenenfalls neben der Partei) selbst Subjekt der Verfahrenspflichten wie der Pflicht zu erscheinen oder der Pflicht zu wahrheitsgemäßen Vortrag. Für eine prozeßunfähige Partei ist gemäß § 455 ZPO deren gesetzlicher Vertreter als Partei zu vernehmen.

Ungeachtet der Vertretung ist gemäß § 141 ZPO stets die persönliche Ladung der Partei möglich. Gemäß § 141 Abs. 3 S. 2 ZPO kann die Partei allerdings auch in diesem Fall einen zur Aufklärung des Tatbestandes geeigneten und zur Abgabe aller gebotenen Erklärungen ermächtigten Vertreter entsenden.

(2) Insbesondere die Urteilswirkungen treffen hingegen nur die Prozeßparteien, nicht deren Vertreter[285].

---

[284] BAUMBACH-HARTMANN, § 79 Rn 1 mwN

[285] ROSENBERG/SCHWAB-GOTTWALD, S. 299

ABSCHNITT 3: FALLGRUPPEN

Die Fallgruppen gehen auf einzelne Aspekte der Bestimmung des richtigen Klägers näher ein, die aus rechtsvergleichender Sicht besonderes Interesse verdienen und im Zuge der systematischen Darstellung nicht hinreichend abgehandelt werden konnten.

I. Die Anerkennung vorprozessualer Abtretungen

1. Die Klagebefugnis des Zessionars

Nach deutschem Recht ist die vorprozessuale Abtretung von Forderungen grundsätzlich auch dann zulässig, wenn die Abtretung der gerichtlichen Geltendmachung durch den Zessionar dienen soll.

Abtretbare Forderungen sind gemäß § 398 BGB alle umlauffähigen Vermögensbestandteile[286], insbesondere etwa vertragliche Sachleistungs- und Geldforderungen. Ausgenommen sind bestimmte, auch ohne Zusammenhang mit einem drohenden oder beabsichtigten Rechtsstreit nicht abtretbare Forderungen gemäß § 399 BGB (Ausschluß der Abtretung bei Inhaltsänderung oder Vereinbarung) oder § 400 BGB (Ausschluß bei unpfändbaren Forderungen). Unzulässig kann ferner die Abtretung von Vergütungsforderungen sein, wenn dadurch das Arztgeheimnis oder sonstige Datenschutzbestimmungen verletzt werden[287].

Zulässig und wirksam ist die Forderungsabtretung auch unter auflösenden Bedingungen oder Befristungen oder vertraglichen Innenbindungen, sog. Zweckabreden, zwischen Zedent und Zessionar über die Verwertung der übertragenden Forderung, etwa die Abrede der treuhänderischen Einziehung und Abführung des Erlöses an den Zedenten (Inkassozession)[288].

---

[286] PALANDT-HEINRICHS, § 398 Rn 1

[287] BGH NJW 1989, 1932

[288] PALANDT-HEINRICHS, § 398 Rn 20ff, 26ff

Unzulässig ist gemäß § 157 Abs. 1 Satz 2, Abs. 3 ZPO allerdings die Abtretung an Personen, die die Einziehung fremder oder ihnen nur zum Zwecke der Einziehung abgetretener Forderungen gewerbsmäßig betreiben und dafür keine besondere Zulassung besitzen[289].

Durch die Forderungsübertragung wird der Zessionar Inhaber der Forderung; nach ganz herrschender Meinung ist er deshalb stets aus eigenem Recht zur gerichtlichen Einziehung der Forderung prozeßführungsbefugt[290].

Vereinzelt wird, entsprechend der Standschafterklage des Einzugsermächtigten, ein eigenes rechtliches Interesse des Inkassozessionars an der gerichtlichen Geltendmachung der Forderung verlangt, da dieser wirtschaftlich in fremdem Interesse klage[291].

Der Bundesgerichtshof fordert hingegen, anders als bei der gewillkürten Prozeßstandschaft, für den Inkassozessionar kein eigenes rechtliches Interesse an der Prozeßführung[292]. In ständiger Rechtsprechung grenzt er Inkassozession und Einziehung in Prozeßstandschaft jedoch ungeachtet der Form der Parteivereinbarung autonom danach ab, ob eine uneingeschränkte Auskehrung des eingezogenen Betrages an den Zedenten das eigentliche Ziel der Abtretung sei oder ob die Parteien der Abtretung zugleich die überschießende Außenstellung des Treuhänders als Forderungsinhaber gewollt oder hingenommen hätten. Im ersten Fall liege eine bloße Einzugsermächtigung vor, die den Ermächtigten nur bei legitimem eigenem Interesse als Standschafter zur Prozeßführung berechtige[293].

2. *Mißbrauchskontrolle*

Die Möglichkeit der vorprozessualen Abtretung bei treuhänderischer Innenbindung setzt den Schuldner der Gefahr aus, daß die Abtretung nur erfolgte oder als durchgeführt behauptet wird, um über den Wechsel des rechtlichen Forderungsinhabers Prozeßvorteile aus der Verlagerung der Parteistellung zu erlangen.

---

[289]etwa nach dem Rechtsberatungsgesetz, vgl. näher ZÖLLER-GREGER, § 157 Rn 1, 8f

[290]HENCKEL, Einziehungsermächtigung, S. 644; WUNDERLICH, Vorgehen, S. 2271

[291]Köln MDR 1991, 1985

[292]BGH NJW 1980, 951 mwN

[293]BGH WM 1985, 613

Sind die mit der Abtretung verfolgten Zwecke als mißbräuchlich zu werten, ist die Abtretung gemäß § 138 BGB nichtig. Die Rechtsprechung hat insbesondere Abtretungen die Anerkennung versagt, die dem Gegner durch Vorschieben eines mittellosen Klägers die Einbringlichkeit eines eventuellen Prozeßkostenerstattungsanspruchs vereiteln sollten[294].

II. Klagebefugnis bei Veräußerung der Streitsache im Prozeß

(1) Das gemeine Recht ging, in Konsequenz des zugrundegelegten materiellen Parteibegriffs, davon aus, daß eine Abtretung der streitbefangenen Sache stets einen Parteiwechsel zur notwendigen Folge habe. Denn wenn die Parteien die Subjekte des streitigen Rechtsverhältnisses sind, ändert sich mit der Person des Eigentümers der streitbefangenen Sache auch das Subjekt des Prozesses[295].

Wegen der offenkundigen Benachteiligung des Prozeßgegners durch einen solchen Parteiwechsel infolge der schlichten Rechtsübertragung[296] war die Veräußerung der streitbefangenen Sache noch nach gemeinem deutschen Recht grundsätzlich unzulässig[297].

"Allein dieses Mittel war", wie KOHLER formulierte, "ein heroisches; indem es viel weiter griff, als das Bedürfnis ging, schnitt es in das Civilrecht ein, so daß eine Reihe von civilistischen Funktionen lahmgelegt und die Erreichung einer Reihe civilistischer Interessen unmöglich gemacht wurde... Und dies ist ein um so misslicherer Zustand, als es in der Macht eines Jeden steht, durch Prozeßerhebung das Recht eines Andern in Streit zu ziehen und es mithin in der Hand eines Jeden stünde, den Rechtsverkehr einer Sache zu unterbinden"[298].

---

[294] BGH WM 1980, 342; BGHZ 96, 151, 153; FRANK, S. 323f mwN FN 8

[295] HENCKEL, Parteibegriff, S. 449f, 452

[296] WETZELL, S. 44 mwN: "...würde der Gegner ... durch jede Succession in eine nachtheiligere Lage kommen; ... als Verklagter vermöchte er sich zwar gegen den nicht mehr zur Sache legitimirten bisherigen Kläger mit Erfolg zu vertheidigen, bliebe aber einer neuen Klage des Successors ausgesetzt."

[297] WETZELL, S. 46 mwN; vgl. auch den rechtshistorischen Überblick von HENCKEL, Parteibegriff, S. 452ff

[298] KOHLER, Succession, S. 99

Die Civilprozeßordnung vom 30.1.1877 hob daher das Veräußerungsverbot auf, § 236 Abs. 1 CPO. Zum Schutz des Gegners schloß sie gemäß § 236 Abs. 2 CPO jedoch auch die Rechtsfolge des Parteiwechsels aus, die sich nach dem noch herrschenden materiellen Parteibegriff daraus unmittelbar ergeben hätte.

(2) In § 265 ZPO des heutigen deutschen Rechts wirken diese Grundsatzentscheidungen fort. Gemäß § 265 Abs. 2 ZPO hat die nunmehr zulässige Veräußerung der streitbefangenen Sache oder der Abtretung des geltend gemachten Anspruchs "auf den Prozeß keinen Einfluß".

Die Begriffe der Veräußerung und der Abtretung werden weit ausgelegt und umfassen grundsätzlich[299] jeden Einzelrechtsübergang unter Lebenden, der einen Wechsel der materiellen Rechtszuständigkeit zur Folge hat[300]. § 265 ZPO wird daher auch auf Fallgestaltungen der Verpfändung, Nießbrauchbestellung oder Pfändung und Überweisung der streitbefangenen Sache angewendet[301].

Der Rechtsnachfolger ist nicht berechtigt, ohne Zustimmung des Gegners den Prozeß als Hauptpartei anstelle des Rechtsvorgängers zu übernehmen, § 265 Abs. 2 S. 2 ZPO.

Der Rechtsvorgänger bleibt daher, obschon materiellrechtlich nicht mehr Träger des streitigen Rechts, grundsätzlich der richtige Kläger. Er ist allerdings gehalten, bei Aufdeckung der Veräußerung den Klageantrag auf Leistung an seinen Rechtsnachfolger umzustellen, um eine Abweisung der Klage als unbegründet zu vermeiden[302].

---

[299]soweit nicht gemäß §§ 239 bis 243 ZPO Sonderregeln greifen (Verfahrensunterbrechung bei Tod, Konkurs, Prozeßunfähigkeit, Nacherbfolge, Nachlaßpflegschaft und Testamentsvollstreckung)

[300]BAUMBACH-HARTMANN, § 265 Rn 7ff mwN; umstritten ist, ob auch ein bloßer Wechsel der Prozeßführungsbefugnis unter § 265 ZPO fällt, vgl. HEINTZMANN, S. 28f mwN; BÖTTICHER, S. 295ff gegen RGZ 135, 291; HELLWIG, Lehrbuch, S. 341

[301]MÜKO-LINDACHER, Vor § 50 Rn 45; ZÖLLER-VOLLKOMMER, Vor § 50 Rn 22, jew. mwN

[302]statt aller MÜKO-LINDACHER, Vor § 50 Rn 45; insoweit ist die Formulierung des Gesetzes, die Abtretung habe auf den Prozeß keinen Einfluß, nicht ganz zutreffend.

§ 265 Abs. 2 ZPO stellt daher, sofern der Gegner der Prozeßübernahme durch den Erwerber nicht zustimmt, nach heutiger Auffassung die Anordnung einer gesetzlichen Prozeßstandschaft dar[303].

Zweck der Regelung ist es zum einen, den Kläger nicht um die Früchte seiner bisherigen Prozeßführung zu bringen, zum anderen das Interesse des Gegners, den laufenden Rechtsstreit wirksam mit seinem ersten Prozeßgegner durchführen zu können und nicht gegen einen neuen Gegner von neuem beginnen zu müssen[304].

(3) Eine modifizierte Regelung gilt gemäß § 266 BGB für Rechtsstreitigkeiten um Grundstücksrechte. Im Falle der Veräußerung ist der Rechtsnachfolger ohne Zustimmung des Gegners berechtigt und auf Verlangen des Gegners sogar verpflichtet, den Rechtsstreit in der derzeitigen Lage zu übernehmen und als Hauptpartei fortzuführen.

(4) Die Regelungen werden vervollständigt durch die Anordnung der Erstrekkung der Rechtskraft des von dem Veräußerer erstrittenen Urteils auf den Erwerber als Rechtsnachfolger, § 325 Abs. 1 ZPO[305].

Sofern diese im Interesse des Gegners angeordnete Rechtskrafterstreckung nicht gesichert ist, weil einem gutgläubigen Erwerber gemäß § 325 Abs. 2 ZPO die streitigen Rechtspositionen nicht entgegengehalten werden können, kann der Prozeßgegner dem Veräußerer als bisherigem Kläger den Einwand entgegensetzen, dieser sei zur Geltendmachung des Anspruchs nicht mehr befugt.

---

[303] ZÖLLER-VOLLKOMMER, Vor § 50 Rn 22; THOMAS/PUTZO, § 51 Rn 24; MÜKO-LINDACHER, Vor § 50 Rn 45; zum Ausschluß des Parteiwechsels ist § 265 ZPO nicht mehr erforderlich, weil die Änderung der Rechtszuständigkeit nach dem heute herrschenden formellen Parteibegriff keine unmittelbare Auswirkung auf die Parteistellung hat, vgl. HENCKEL, Parteibegriff, S. 455ff mwN; BRUNS, ZPR, S. 67, sieht in § 265 ZPO die Rechtstechnik der Vorziehung der Rechtskraftwirkung auf den Zeitpunkt der Verfügung

[304] vgl. etwa BAUMBACH-HARTMANN, § 265 Rn 2 mwN; BERG, S. 463; BGHZ 72, 241; BAG DB 84, 2567; BGHZ 117, 146

[305] vgl. HENCKEL, Parteibegriff, S. 461ff, zu den Grenzen der Rechtskrafterstreckung, wenn schon die ursprüngliche Prozeßführungsbefugnis des prozesseröffnenden Klägers auf einer Prozeßstandschaft beruhte

Die dem Veräußerer mit § 265 Abs. 2 ZPO zugewiesene Prozeßführungsbefugnis bewirkt zugleich eine Rechtshängigkeitssperre für den Erwerber[306].

Wenn der Erwerber den Prozeß mit Zustimmung des Gegners und der Veräußerers übernimmt, übernimmt er ihn im derzeitigen Stand. Die bisherigen bindenden Verfahrenshandlungen des Veräußerers muß er gegen sich gelten lassen[307].

III. Klagebefugnis zugunsten der Insolvenzmasse

(1) Nach der bis zum Jahresende 1998 gültigen Konkursordnung blieb der Gemeinschuldner Inhaber seines zur Konkursmasse gehörenden Vermögens, verlor jedoch gemäß § 6 KO mit dem Eröffnungsbeschluß seine materiellrechtliche Verfügungsbefugnis über die Massebestandteile an den Konkursverwalter[308].

Die ganz herrschende Meinung sah den Konkursverwalter prozessual als Partei kraft Amtes und damit als ermächtigt an, Prozesse zugunsten der Konkursmasse im eigenen Namen führen. Die Vertretertheorie ging davon aus, der Konkursverwalter sei gesetzlicher Vertreter des Gemeinschuldners[309].

Sofern anstelle des Konkursverfahrens ein Vergleichsverfahren gewählt wurde, setzte das Konkursgericht einen Vergleichsverwalter ein, dessen Aufgabe gemäß § 39 VerglO in der Überwachung der Geschäfts- und Lebensführung des Gemeinschuldners bestand. Der Gemeinschuldner war nicht grundsätzlich, sondern nach Ermessen des Konkursgerichts nur hinsichtlich bestimmter Geschäfte nicht verfügungsbefugt. Die gerichtlichen Verfügungsverbote galten zudem nicht, soweit der Vergleichsverwalter der vorgesehenen Verfügung des

---

306 THOMAS/PUTZO, § 265 Rn 12

307 BAUMBACH-HARTMANN, § 265 Rn 24

308 § 6 KO: "(Abs. 1) Mit der Eröffnung des Verfahrens verliert der Gemeinschuldner die Befugnis, sein zur Konkursmasse gehöriges Vermögen zu verwalten und über dasselbe zu verfügen. - (Abs.2) Das Verwaltungs- und Verfügungsrecht wird durch einen Konkursverwalter ausgeübt."

309 zum Meinungsstreit im einzelnen und zu weiteren Theorien vgl. KILGER/SCHMIDT, § 6 KO Nr. 2 mit zahlreichen Nachweisen

Gemeinschuldners zugestimmt hatte. Sofern der Vergleichsverwalter seinerseits mit Wirkung für und gegen den Gemeinschuldner handeln konnte, wurde er allgemein als dessen Vertreter angesehen[310].

(2) Die zum 1.1.1999 vollständig in Kraft getretene Insolvenzordnung hat Liquidation und Sanierung in einem Insolvenzverfahren vereinheitlicht. Der Insolvenzverwalter ist nun sowohl für die Verwertung und Verteilung der Masse als auch für die Überwachung des Gemeinschuldners in einer eventuellen Sanierungsphase zuständig.

Daher bestimmt zum einen § 80 InsO, daß mit der Eröffnung des Insolvenzverfahrens das Recht des Schuldners, das zur Insolvenzmasse gehörende Vermögen zu verwalten und über es zu verfügen, auf den Insolvenzverwalter übergeht[311]. Zum anderen bleibt dem Gemeinschuldner gemäß § 270 Abs. 1 InsO die die Verwaltungs- und Verfügungsbefugnis über die Insolvenzmasse erhalten, wenn das Insolvenzgericht die Eigenverwaltung unter Aufsicht eines Sachwalters anordnet[312]. Als Sachwalter kann gemäß § 271 S. 2 InsO der bisherige Insolvenzverwalter bestellt werden.

Diese Differenzierung der Befugnisse von Gemeinschuldner und Insolvenzverwalter je nach Verfahrensanordnung gibt der Literatur Anlaß, ungeachtet der inhaltlichen Vergleichbarkeit von § 6 KO und § 80 Abs. 1 InsO die Rechtsstellung des Insolvenzverwalters im Hinblick auf eine einheitliche Qualifikation für alle Ausgestaltungen des Insolvenzverfahrens zu überdenken.

Die vorherrschenden Ansichten im aufkommenden Schrifttum vertreten zum einen die bisherige Konstruktion der Partei kraft Amtes. Diese Meinung wird damit begründet, der Insolvenzverwalter handele in Ausführung eines privaten Amtes nicht für bestimmte Personen, sondern für ein bestimmtes Sondervermögen, welches er als unabhängiges Organ der Rechtspflege im allseitigen Interesse verwalte[313].

---

[310] KILGER/SCHMIDT, § 20 VglO Nr. 3ff mwN

[311] § 80 InsO: "(Abs. 1) Durch die Eröffnung des Insolvenzverfahrens geht das Recht des Schuldners, das zur Insolvenzmasse gehörende Vermögen zu verwalten und über es zu verfügen, auf den Insolvenzverwalter über."

[312] § 270 InsO: "(Abs. 1) Der Schuldner ist berechtigt, unter der Aufsicht eines Sachwalters die Insolvenzmasse zu verwalten und über sie zu verfügen, wenn das Insolvenzgericht in dem Beschluß über die Eröffnung des Insolvenzverfahrens die Eigenverwaltung anordnet..."

[313] BREUER, S. 13; BORK, S. 30

Nach anderer Ansicht ist der Insolvenzverwalter schon im Hinblick auf seine Aufgabe im Sanierungszeitraum als Vertreter des Gemeinschuldners einzuordnen. Dem widerspreche es nicht, daß er gegenüber dem Insolvenzgericht als Amtsträger fungiere, ähnlich der Rechtsstellung des gerichtlich als Vertreter eingesetzten Vormunds eines Minderjährigen[314].

IV. Klagebefugnis zugunsten des Nachlasses

1. Übersicht

Stirbt der Kläger, so geht sein Vermögen gemäß § 1922 BGB als Ganzes auf den oder die Erben über. Diese werden materiellrechtlich Rechtsnachfolger des Erblassers. Damit erlangen sie jedoch nicht notwendig die volle Verfügungsbefugnis über den Nachlaß.

Zum einen kann der Erblasser einen Testamentsvollstrecker oder -verwalter bestimmen oder bestimmen lasssen, auf den während seiner Amtszeit die Verfügungsbefugnis über die Nachlaßgegenstände übergeht[315]. Die Verwaltungs- und Verfügungsbefugnis des Testamentsvollstreckers oder -verwalters kann inhaltlich beschränkt werden, sie kann etwa nur für bestimmte Teile des Nachlasses oder nur für bestimmte Zeit angeordnet werden. Soweit sie jedoch reicht, können die Erben über den Nachlaß nicht verfügen, § 2211 BGB.

Zum anderen sind mehrere Erben auch ohne Einsetzung eines Testaments- oder Nachlaßverwalters bis zur Aufteilung des Nachlasses, der Erbauseinandersetzung, nur gemeinsam an den Nachlaßgegenständen berechtigt und nur gemeinschaftlich zu Verfügungen über Nachlaßgegenstände befugt[316]. Um drohende Nachteile durch Nachlässigkeit einzelner Miterben zu vermeiden, sieht § 2039 BGB vor, daß jeder Miterbe zum Nachlaß gehörende Ansprüche gegen Dritte allein fordern kann, inhaltlich jedoch nur Leistung an alle Erben.

---

[314] HESS/PAPE, S. 212ff, 220; HESS/OBERMÜLLER, Rn 708; vermittelnd WEINBÖRNER, S. 88: Amts- und Vertretertheorie schlössen sich nicht aus

[315] § 2205 BGB

[316] vgl. §§ 2032, 2033 Abs. 2, 2040 BGB

2. Die Klagebefugnis des Testamentsvollstreckers

Gemäß § 2212 BGB kann ein der Verwaltung eines eingesetzten Testamentsvollstreckers unterliegendes Recht nur von dem Testamentsvollstrecker gerichtlich geltend gemacht werden. Als Partei kraft Amtes macht der Testamentsvollstrecker dieses Recht in Ausübung seiner Verwaltungsbefugnis im eigenen Namen geltend. Er wird daher nach h. M. nicht als Vertreter, sondern als gesetzlicher Prozeßstandschafter der Erben angesehen, die mit dem Todesfall Inhaber des Nachlaßvermögens werden und während der Testamentsvollstreckung bleiben.

Damit die Rechtswirkungen der Prozeßführung nicht ihn persönlich treffen, gibt der Testamentsvollstrecker in der Parteibezeichnung an, für welches Sondervermögen er streitet, etwa "XY, handelnd als Testamentsvollstrecker des am ... verstorbenen Erblassers E".

3. Die Klagebefugnis von Miterben

Sofern keine Testamentsvollstreckung angeordnet wurde, sind nach dem Erbfall die Erben aus eigenem Recht klagebefugt.

Mehreren Erben stehen die im Nachlaß befindlichen Forderungen bis zur Auseinandersetzung nur gemeinschaftlich zu. Die Berechtigung einzelner Erben, gemäß § 2039 S. 2 BGB alleine von dem Verpflichteten Leistung an alle Miterben zu verlangen, besteht jedoch auch im Prozeß. Jeder Miterbe ist daher über Nachlaßforderungen alleine prozeßführungsbefugt.

V. Die gesellschaftsrechtliche Sozialklage

Nach deutschem Recht ist die Klage einzelner Gesellschafter auf Leistung an die Gesellschaft für sogenannte Sozialansprüche zulässig, also Ansprüche der Gesellschaft gegen einzelne Gesellschafter oder Geschäftsführer auf Förderung des Gesellschaftszwecks bzw. auf Ersatz eines zugefügten Schadens.

Diese sogenannte *actio pro socio* ist für alle Personen- und Kapitalgesellschaften mit Ausnahme der Aktiengesellschaft anerkannt[317]. Die Diskussion um ihre Herleitung, die dogmatische Verortung und ihre Voraussetzungen im einzelnen ist jedoch noch nicht beendet.

Die ältere Rechtsprechung leitete die Prozeßführungsbefugnis des einzelnen Gesellschafters zunächst aus einem Geltendmachungsrecht zugunsten der Gesamthand analog § 432 BGB her[318] . Dem steht allerdings entgegen, daß das Recht der Personengesellschaften über die Bestimmungen zur Geschäftsführung oder Notgeschäftsführung hinaus einzelne Gesellschafter gerade nicht zur alleinigen Geltendmachung von Gesamthandsansprüchen ermächtigt.

Die überwiegende Literatur sieht deshalb den Gesellschaftsvertrag als Grundlage der *actio pro socio* an. Der Gesellschaftsvertrag sei dahin auszulegen, daß zur Sicherung oder Förderung des Gesellschaftszwecks auch der einzelne Gesellschafter zur Klage gegen nicht vertragstreue Gesellschafter berechtigt sei[319]. Ulmer sieht die *actio pro socio* durch die gewohnheitsrechtliche Anerkennung notwendigen Minderheitenschutzes begründet[320].

Dogmatisch wurde die *actio pro socio* zunächst als Klage aus eigenem Recht konstruiert, da jeder Gesellschafter gegen die anderen Gesellschafter einen eigenen Anspruch auf Erfüllung des Gesellschaftsvertrages und Förderung des Gesellschaftszweck habe[321]. Nach neuerer Rechtsprechung und der Literatur stellt sie einen Fall der Prozeßstandschaft dar, da der einzelne Gesellschafter Ansprüche geltend mache, die originär der Gesellschaft selbst zustünden[322].

Praktisch am bedeutsamsten und theoretisch am wenigsten geklärt ist die Frage, ob es sich bei der *actio pro socio* um ein allgemeines Recht des einzelnen Gesellschafters oder eine Hilfszuständigkeit für den Fall handelt, daß die Willensbildung zur Rechtsverfolgung im Rahmen der normalen Kompetenzabgrenzungen nicht funktioniert. Erstere Auffassung vertreten etwa HOPT/BAUMBACH/DUDEN[323], während andere Autoren den Vorrang der

[317] K. SCHMIDT, S. 525ff, 530ff; MÜKO-LINDACHER, Vor § 50 ZPO Rn 50 mwN

[318] RGZ 70, 32; 86, 66; PAWLOWSKI, S. 381 mwN

[319] SCHÜTZ, S. 35f; STEIN/JONAS-BORK, vor § 50 Rn 37a

[320] MÜKO-ULMER, § 705 BGB Rn 172

[321] BGH WM 1956, 88; BGHZ 25, 47

[322] BGH NJW 1985, 2830; K. SCHMIDT, S. 527; HADDING, Einzelklagebefugnis, S. 164

[323] HOPT/BAUMBACH/DUDEN, § 109 Rn 32

gesetzlich oder satzungsgemäß vorgegebenen Zuständigkeiten der Willensbildung betonen und die *actio pro socio* nur bei deren Versagen gestatten wollen[324]. Dabei bleibt allerdings regelmäßig offen, ob die gegebenenfalls fehlende Schutzbedürftigkeit des einzelnen Gesellschafters zur Unzulässigkeit der Klage oder zu deren Unbegründetheit führen soll.

[324] K. SCHMIDT, S. 527; HADDING, S. 164; HÄSEMEYER, S.279

TEIL 2: DAS FRANZÖSISCHE RECHT

ABSCHNITT 1: HISTORISCHE ENTWICKLUNGEN

I. Bas-Empire und Feudalzeit

Nach dem Niedergang des römischen Reichs behielt die Justiz auf dem Territorium des heutigen Frankreich das römische Aktionensystem zunächst bei. Die *actio* ist zum einen ein materielles Klagerecht; zum anderen eröffnet sie demjenigen, der sich auf sie beruft, erst den Zugang zu Gericht[325]. Die Begrenzung der Klagerechte nur für bestimmte Fallkonstellationen wird durch die Entwicklung der sog. *condictio generalis* abgeschwächt, die jedermann zustand, der ein legitimes eigenes Interesse verteidigte[326].

Gegenüber der Klage durch einen Procurator, der nach römischem Recht eine eigene *actio* geltend machte, die ihre Begründung im Recht des Vertretenen gegen den Beklagten hatte, zeigte sich die Rechtspraxis zunehmend ablehnend[327].

Die Eroberung des Territoriums durch fränkische und germanische Stämme führt ab dem 5. Jhd. n. Chr. zu zunehmender Rechtszersplitterung, da diese ihre eigenen Rechte einführen, etwa die *lex Salia* oder die *lex Ripuaria*, und auf ihre Angehörigen anwenden.

Das römische Recht wandelt sich, soweit es noch angewandt wird, zum sog. Vulgarrecht, teils aus schlichter Unkenntnis über seinen Inhalt, teils durch Vermischung mit lokalen Bräuchen. Diese Vielfalt wurde kaum geringer, als

---

[325] vgl. dazu Teil 1 Abschnitt 1 I.

[326] MOREL, S. 29 mwN; vgl. auch HÉBRAUD, Observations, S. 243f

[327] Nach Ansicht zahlreicher Autoren ist bereits im Bas-Empire die Maxime *"Nul ne plaide par procureur, hormis le Roi"* entstanden, vgl. GLENN, S. 64 mwN

unter den Karolingern die Rechtsanwendung wieder nach dem Territorialitätsprinzip erfolgte[328].

Die Jahrtausendwende ist durch den Verfall der Königsmacht und die Entwicklung zur Feudalgesellschaft gekennzeichnet. Die freien Barone sahen sich keinem Richter unterworfen. Sie setzten ihre Rechte gegebenenfalls mittels des Fehderechts in eigener Gewalt durch. Eine Streitentscheidung durch Gerichte war zunächst nur möglich, wo sich der Adel freiwillig auf das Verfahren einließ[329].

Der Prozeß der Lehenszeit war in Vorverfahren und Beweisverfahren gegliedert. Das Verfahren begann mit dem *ajournement* oder der *semonse*. Beide gingen nicht vom Kläger, sondern vom Gerichtsherrn aus, der den Beklagten für einen bestimmten Tag vor Gericht zitierte. *Ajournement* und *semonse* konnten ganz allgemein gefaßt sein, durchaus auch ohne Angabe der Person des Klägers, oder zugleich den Gegenstand des Rechtstreits enthalten[330].

An den Antrag des Klägers auf Ausstellung des *ajournement* scheinen dabei nur geringe Anforderungen gestellt worden zu sein[331].

Dem eigentlichen Beweisverfahren war ein Legitimationsverfahren vorgeschaltet, sofern die Parteien nicht unmittelbar auf den Streit eingingen. Dieses diente zur Überprüfung des Gegenstandes des Rechtsstreits und der Legitimation der beteiligten Parteien[332].

Da das Grundmodell der Entscheidungsfindung der Zweikampf war, konnte auch der Kläger überprüfen lassen, ob er mit dem richtigen Gegner um die richtige Sache stritt. Bei Grundstücksangelegenheiten etwa erfolgte die Überprüfung durch Augenschein der Parteien, dessen Ergebnis von einem Gerichtsdiener protokolliert wurde[333].

---

[328] HÜBNER/CONSTANTINESCO, S. 1

[329] STEIN, S.168f

[330] STEIN, S. 204f

[331] STEIN, S. 204 mit einem Beleg aus dem 13. Jahrhundert (zit. als Et. I. Ch. 56): *"Se aucun se plaint d'un autre à la Justice d'heritage, la justice li doit mettre jour."*

[332] STEIN, S.217

[333] STEIN, S. 218f

Der Beklagte konnte etwa in Streitigkeiten um Lehenssachen bestreiten, daß er die Streitsache zu Lehen trage oder der Kläger sein Lehnsherr war. Letztere Behauptung mußte er durch die Bestätigung des wirklichen Lehensherren belegen. Dem Kläger stand dagegen nur eingeschränkt der Gegenbeweis offen. Der Beweis der Lehenspflichtigkeit hinsichtlich eines bestimmten Gutes wurde mit den *gages de bataille* (Zweikampf) geführt[334].

Eine Vertretung vor Gericht war dem Verfahren durch Zweikampf grundsätzlich fremd. Einen Stellvertreter, der dann *avoué* hieß, konnten die Parteien nur aus folgenden Gründen stellen: Mangel eines Gliedes, Alter von sechzig Jahren, fallende Sucht, lange und dauernde Krankheit oder weibliches Geschlecht[335].

II. Die Aufnahme des römisch-kanonischen Prozesses

Mit dem Wiedererstarken der Königsmacht ab dem 13. Jhd. gewinnt auch die Rechtsprechung des Königshofes zunehmend an Einfluß. Schon im 13. Jhd. erließ der König auf Gesuch Bewilligungen verschiedenster Art, die sich bald auf prozessuale Verhältnisse, bald auf allerlei anderes bezogen. Da die Gesuche immer häufiger und bedeutender wurden, gründeten die Könige eine eigene Institution, die *Requêtes de l'Hostel du Roi*, und beauftragten ihre Kanzler mit der Bearbeitung[336].

Die königlichen Erlasse, *Lettres de la Chancellerie*, werden bald in Formularsammlungen zusammengefaßt, die nur noch von den Rechtskundigen verwaltet und angewendet werden können. Das Verfahren orientiert sich von nun an vorwiegend am römisch-kanonischen Recht, wohl auch beeinflußt durch das Studium des justizianischen Rechts an der im Jahre 1200 gegründeten Universität von Paris[337].

---

[334]STEIN, S. 223f

[335]STEIN, S. 227

[336]STEIN, S. 477

[337]HÜBNER/CONSTANTINESCO, S. 2

Der neue Typ des französischen Prozesses geht von einem einheitlichen Verfahren aus, in welchem die Bestandteile Klage, Verteidigung und Beweis für jeden einzelnen Streitpunkt abgearbeitet werden[338].

Es beginnt mit der Bitte des Klägers auf Erlaß eines *ajournement*, welches die Parteien und den Gegenstand des Verfahrens festlegt. Am Tag der Ladung stellten sich die Parteien (sog. *présentation*), entweder persönlich oder durch einen gehörig legitimierten *procureur*. Dieser bedurfte, neben der Vereinbarung mit dem Vertretenen, jeweils einer *Lettre de Grâce* der Chancellerie[339].

Darauf folgte der Legitimationsabschnitt. Er verläuft im wesentlichen nach dem hergebrachten Recht durch Überprüfung der Richtigkeit der Parteien und des Gegenstandes. Die Einwendungen gegen die Legitimation werden *dilationes* genannt, da sie den Beginn des Hauptverfahrens verzögern oder ausschließen können[340].

Die Klage wird bei der *présentation* oder, wenn eine *dilatio* gefordert war, nach deren Ablauf vorgebracht. Sie enthält nunmehr einen bestimmten Antrag (*petitum*) und eine Geschichtserzählung zu dessen Begründung[341].

Insbesondere hier wirkte sich nun das Studium des römischen Rechts aus. Die französischen Juristen übernahmen sowohl die Namen und Begriffe der römischen *actiones*, als auch das System der Einbindung materieller Rechtspositionen in einzelne Klagerechte[342].

Auch die Verteidigung kann dilatorische Einreden (*exceptiones dilatoires*) enthalten, für die nach römisch-kanonischem Muster einzeln ein Urteil gefordert wird.

Die eigentliche Verteidigung tritt erst ein, wenn die *dilatoriae* abgehandelt sind. Sie kann weitere Exceptionen zum Inhalt haben, die den Beklagten von

---

[338] STEIN, S. 532f

[339] STEIN, S. 478 mwN: *"Lettre de Grâce a playder par procureur"*; diese Genehmigung wurde zwar in der Regel erteilt (*"A procureur faut grâce"*), jedoch nur gegen Zahlung einer Geldsumme, vgl. CABALLERO, S. 251 mwN

[340] etwa die *dilatoi garendi* muß erbeten werden "*avant que riens y ait respondu en la cause contre son demandeur*", STEIN, S. 539 mwN

[341] STEIN, S. 532f, 541

[342] STEIN, S. 540f

der Einlassung zur Sache entheben, etwa die *exceptio procuratorii vel fundationis* gegen die ordnungsgemäße Vertretung des Klägers.

Die Frage, wann die Litiscontestation eintritt, scheint sich im Lauf der Zeit zu verschieben. Zunächst hindern sämtliche Einreden die Streitbefestigung; zunehmend werden zumindest die peremtorischen Einreden als Bestandteil des Streits zur Sache angesehen[343].

III. Vom 16. Jahrhundert bis zur Revolution

Nach der allgemeinen Durchsetzung des am römisch-kanonischen Recht orientierten Prozesses beginnen die französischen Juristen, sich den Unzulänglichkeiten des Vorbildes und ihren eigenen Traditionen zuzuwenden.

Die für das Zivilrecht zu beobachtende Aufteilung der Juristenschulen in solche des französischen Landrechts (*droit coutumier*) und solche des *droit écrit* unter stärker römischrechtlichem Einfluß bleibt im Prozeßrecht jedoch aus, da die *coutumes* nahezu keine Verfahrensbestimmungen enthalten[344].

Das Prozeßrecht bleibt das Recht der Rechtsgelehrten. Es entstehen Gesetzesbearbeitungen, Formelbücher und förmliche Lehrbücher, die eine erste Phase wissenschaftlicher Bearbeitung einleiten. Der Fortschritt fällt gleichwohl eher gering aus, da die großen Anreize zu einer Neuordnung des Verfahrens fehlten[345].

Das *ajournement* behält seine bisherige Stellung. Es wird von den Gerichtsdienern ausgebracht. Es soll schriftlich abgefaßt sein (*libellé*) und enthält Gericht, Zeit und den Gegenstand des Rechtsstreits (*les conclusions et sommairement les moyens de la demande*); sein Inhalt bedingt den Inhalt des Prozesses[346].

---

[343] STEIN, S. 542ff mwN

[344] STEIN, S. 601

[345] STEIN, S. 603, 630

[346] STEIN, S. 633

Die Zulassung der Prokuration wechselt mit den politischen Zielen des Königshofes. Schon im frühen französischen Prozeß beruhte sie auf der Zulassung durch den Gerichtsherrn. Durch *Ordonnance vom 23. Okt. 1274* werden die *advocats* als förmlicher Stand anerkannt und zum mündlichen Vortrag des Rechtsstreits ermächtigt[347]. Mit *Ordonnance von 1528* untersagt Francois I. jegliche Vertretung vor Gericht, um seine Kontrolle über die Stände abzusichern[348]. Ausgenommen ist hiervon nur die Krone selbst: "*Nul en France ne plaide par procureur, hormis le roi*"[349]. Mit Edikt vom 12. Juli 1695 wurde dieses Verbot wieder aufgehoben[350].

Die *procureurs* hatten nunmehr, einmal für das Verfahren zugelassen, die Leitung des Prozesses für ihren Mandanten inne. Andererseits sind sie auch in ihrer Person unter Strafandrohung zu persönlichem Erscheinen vor Gericht verpflichtet[351].

Unter den *procureurs* wird (noch bis 1970) zwischen dem einfachen *avoué* und dem höher qualifizierten *avocat* unterschieden. Dem *avoué* oblag stets die ganze Führung der Sache bis zum Plädoyer, die Ladung, Klage, Verteidigung, Sammlung der Beweisstücke, Beweisführung. Den mündlichen Hauptvortrag hat er aber nur über die "*causes qui sont provisoires d'instruction*"; alle anderen Sachen werden von den *avocats* vorgetragen[352].

Die eigentliche Klageschrift (*demande*) mußte das *ajournement* zur Grundlage haben und sollte die zur Begründung des geltend gemachte Begehrens notwendigen Tatsachen enthalten. Die Angabe eines bestimmten Klagerechts (*actio*) war, in Ablösung der römischrechtlichen Konzeption, nicht erforderlich. Wenn die Parteien durch einen *procureur* vertreten waren, erfolgte die Mitteilung der *demande* nur von *procureur* zu *procureur*.

Die Verteidung enthält alles, was der Klage entgegensteht, unter anderem die den Legitimationspunkt betreffenden Exzeptionen. Man unterschied etwa zwischen *exceptiones peremtoires proprement dites* und den *défenses au fond*. Erstere betreffen etwa die *legitimatio ad causam*, die Einrede der Verjährung

---

[347]STEIN, S. 481ff

[348]STEIN, S. 590ff, 595, 633; CABALLERO, S. 251 mwN

[349]CABALLERO, S. 251

[350]STEIN, S. 633

[351]STEIN, S. 633f

[352]STEIN. S. 637f

etc. Diese *exceptiones* wurden auch *fins de non-recevoir* genannt, da sie die Verhandlung zur Hauptsache hinderten.

Das aus dem römischen Recht übernommene Klagerecht scheint sich recht bald von der Begrenzung auf bestimmte Klagegründe gelöst zu haben[353]. Mitte des 18. Jhd. umschreibt POTHIER die *action* als "*le droit que chacun a de poursuivre en jugement ce qui lui appartient, ou ce qui lui est dû: actio est jus persequendi judicio*"[354].

IV. Das Verfahren unter dem *Code de procédure 1806*

Die Verfasser des mehrfach reformierten, in seinen Grundzügen jedoch bis 1975 in Kraft befindlichen *Code de procédure* beschränkten sich im wesentlichen auf die Regelung des formalen Verfahrensganges.

Dieser ist gekennzeichnet durch die Dispositionsmaxime, die Grundsätze der Öffentlichkeit und Mündlichkeit der Verhandlung sowie die Einheitlichkeit des Verfahrens. Der Prozeßbetrieb liegt weitgehend in den Händen der Parteien[355].

Die Eventualmaxime gilt nur im Hinblick auf die *exceptiones*, die vor der Verteidigung zur Sache in bestimmter Reihenfolge vorgetragen werden müssen[356]. Den *exceptiones* gleichgestellt sind die *fins de non-recevoir* (Gründe für die Nichterlangbarkeit einer Sachentscheidung), zu denen verschiedene prozessuale und materiellrechtliche Einreden gehören, etwa das Fehlen eines Klagerechts (*action*) oder Verjährtheit des materiellen Rechts[357].

In einem zunächst vorgeschlagenen allgemeinen Teil zum *Code de procédure* (Titre Ier: *Des actions*) war eine Definition des Klagerechts vorgesehen: "*Le droit de poursuivre devant les tribunaux ce qui nous est du, ou ce qui nous appartient, s'appelle action et l'exercice de ce droit, demande*". Dieses Pro-

---

[353] vgl. GLENN, S. 63

[354] zitiert nach CORNU/FOYER, S. 321

[355] vgl. Überblick bei FERID/SONNENBERGER, Band I/1, S. 59

[356] MOREL, S. 49ff

[357] MOREL, S. 54ff

jekt wurde fallengelassen, weil man die eher doktrinalen Begriffe nicht als für eine gesetzliche Regelung geeignet ansah[358].

So blieb es der unter dem Einfluß der Aufklärung und des Naturrechts aufblühenden Wissenschaft vorbehalten, die Grundgedanken des Prozeßrechts und die ihm eigenen Rechtsinstitute über den bloßen Verfahrensablauf hinaus zu entwickeln. Diese als materielles Prozeßrecht verstandenen Themenkreise rücken zum Ende des 19. Jhd. in den Vordergrund des Interesses. Die theoretische Abhandlung der Klagen (*théorie de l'action*) und der Urteile (*théorie des jugements*) erfolgt nicht mehr lediglich ergänzend und am Rande der Darstellung des Verfahrens, sondern erlangt eigenständige Bedeutung[359].

Für die vorliegende Arbeit sind insbesondere die Untersuchungen zum französischen Klagerecht (*action*) von Interesse, da dieses Prozeßinstitut über die Zulässigkeit einer Klage und damit über den richtigen Kläger entscheidet.

Nach klassischer Auffassung hat die *action* vier Voraussetzungen, die mit *droit*, *intérêt*, *qualité* und *capacité* bezeichnet werden[360].

Die Voraussetzung des *droit* meint das Bestehen einer dem Kläger günstigen Rechtsposition. In diesem Sinn ist die *action* mit dem geltend gemachten Recht identisch: "*L'action enfin, c'est le droit lui-même mis en mouvement; c'est le droit à l'état de guerre au lieu d'être à l'état de paix*"[361]. Das Bild wurde von zahlreichen Autoren aufgegriffen[362]. Mit SAVIGNY könnte man auch formulieren, die *action* wird als das materielle Recht "im Zustand der Verteidigung" verstanden[363].

Zu Beginn des 20. Jhd. wenden sich MOREL und TISSIER gegen das Verständnis der *action* als das "*droit en mouvement*". Sie arbeiten heraus, daß eine *action* als Klagerecht auch dann besteht, wenn die behauptete Rechtsposition

---

[358]vgl. CORNU/FOYER, S. 321 mwN

[359]ENDRES, S. 69

[360]GARSONNET/CÉZAR-BRU, S.530; ebenso noch CRÉMIEU, S. 48ff

[361]DEMOLOMBE, zitiert nach CORNU/FOYER, S. 322f mit Anm.

[362]vgl. etwa GARSONNET/CÉZAR-BRU, S. 521: "L'action n'est autre chose que le droit luimême ... qui se met en mouvement dès qu'il est méconnu"; CUCHE, S. 193: "Il n'y a pas en somme entre le droit et l'action d'autre différence à notre époque que celle de l'état dynamique et de l'état statique du droit ... L'action, c'est donc le droit qui est passé de la puissance à l'acte."

[363]SAVIGNY, S.527

nicht begründet ist. Die Behauptung einer materiellen Rechtsposition sei nur die Basis des Klagerechts, nicht ihr Inhalt[364]. Die *action* sei deshalb eine selbständige Befugnis auf Verurteilung, ein Weg ("*une voie de droit*"), den die Rechtsordnung zur gerichtlichen Entscheidung über behauptete Rechtspositionen zur Verfügung stelle[365].

Diese Auffassung setzt sich allgemein durch. Bis zur gesetzlichen Regelung durch den *Nouveau Code de procédure civile* im Jahre 1976 bleibt jedoch umstritten, welche Bedeutung die Begriffe *intérêt*, *qualité*, *capacité* und Repräsentationsbefugnis (*pouvoir de représentation*) im einzelnen haben, in welchem Verhältnis sie zueinander und zur action *stehen*, und wie sich ihr Fehlen auf die Klage auswirkt.

Weitgehende Übereinstimmung besteht noch hinsichtlich des *intérêt*, der allgemein als Voraussetzung der *action* angesehen wird: "*Pas d'intérêt, pas d'action*".

Intérêt à agir hat eine Person, wenn sie im Verfahren ein eigenes, rechtlich anerkanntes Interesse geltend macht. Im einzelnen muß der *intérêt* des Klägers rechtlich anerkennenswert (*intérêt légitime, juridique*) und gegenwärtig und konkret (*intérêt né et actuel* bzw. *intérêt positif et concret*) sein. In subjektiver Hinsicht muß er gerade den Kläger persönlich und direkt angehen (*intérêt personnel et direct*). Die Geltendmachung fremder Interessen gibt dem jeweiligen Kläger daher grundsätzlich kein Klagerecht.

Die Voraussetzung der *qualité* wird allgemein als die subjektive Befugnis angesehen, ein bestimmtes Begehren im Verfahren geltend zu machen. Nach MOREL stellt sie deshalb einen Teilaspekt des *intérêt* dar und fällt regelmäßig mit dem *intérêt personnel et direct* zusammen[366]. Die Frage, ob ein Repräsentant hinreichende Vertretungsbefugnis besitzt, scheint er als eine Frage der *capacité* anzusehen[367]. Diese sei nicht Voraussetzung der *action*. So könne auch ein Minderjähriger ein Klagerecht haben, er könne es nur nicht selbst im Prozeß ausüben[368].

---

[364] GLASSON/TISSIER, S. 426

[365] MOREL, S. 26ff; GLASSON/TISSIER, S. 443

[366] MOREL, S. 30, 33

[367] vgl. MOREL, S. 34: "Le représentant légal ou conventionnel agit au nom du représenté; c'est le dernier seul qui est partie au procès."; andererseits jedoch ders., S. 33: "C'est celui-là seul dont le droit a été méconnu, ou son représentant, qui a qualité pour agir."

[368] MOREL, S. 30

Eine andere Auffassung knüpft an den allgemeinen Sprachgebrauch an, nach welchem ein Repräsentant "*ès qualité de (tuteur etc.)*" im Verfahren für den von ihm Repräsentierten auftritt[369]. Für diese Auffassung, die ganz überwiegend auch die Rechtsprechung vertritt[370], beinhaltet *qualité* die Befugnis zur Verfahrensführung entweder aus eigenem *intérêt* oder aus gehöriger Ermächtigung zur Geltendmachung fremder Interessen. Nach ihr zählt die Frage der Vertretungsmacht (*pouvoir de représentation*) somit zur *qualité* und nicht zur *capacité*[371].

Da auch diese Ansicht die *qualité* zu den Voraussetzungen der *action* zählt, bleibt unklar, in wessen Person das Klagerecht im Falle der Repräsentation entsteht.

Die *capacité* hingegen ist nach allgemeiner Ansicht seit der Jahrhundertwende keine Voraussetzung der *action* - und damit Sachentscheidungsvoraussetzung - mehr, sondern entsprechend der deutschen Prozeßfähigkeit eine Voraussetzung für die Rechtswirksamkeit der Prozeßhandlung.

Auch die jüngere Doktrin hat die verschiedenen begrifflich-dogmatischen Ansätze hinsichtlich der Bestandteile des Klagerechts weiterverfolgt und insbesondere für das Verhältnis von *intérêt*, *qualité* und Vertretungsmacht nicht zu einer einheitlichen Konzeption oder Terminologie gefunden.

---

[369] vgl. GARSONNET/CÉZAR-BRU, S. 543: "La qualité ... est la faculté légale d'agir en justice; c'est le titre auquel on figure dans un acte juridique ou dans un procès."

[370] CABALLERO, S. 256 mit umfassenden Nachweisen

[371] vgl. SOLUS/PERROT, S. 245: "... la qualité s'apprécie en la personne du représentant, lequel doit justifier du pouvoir qui l'habilite à agir au nom d'autrui."; GARSONNET/CÉZAR-BRU, S. 543: "Ont seuls qualité: le propriétaire ou titulaire du droit litigieux; personne physique ou morale, ou son mandataire légal ou conventionnel; ses créanciers.."; PIÉDELIÈVRE, S. 233

ABSCHNITT 2: DER RICHTIGE VERFAHRENSFÜHRER IM HEUTIGEN RECHT

Die unterschiedlichen Auffassungen um die Abgrenzung zwischen Klagerecht (*action*) und Vertretung (*représentation*) wirken auch nach der gesetzlichen Regelung der Voraussetzungen der *action* durch den zum 1.1.1976 in Kraft getretenen *Nouveau Code de procédure* (NCPC) nach. Daher erscheint es für das französische Recht in besonderer Weise angebracht, nicht lediglich nach dem richtigen Kläger in Parteistellung, sondern nach dem richtigen Verfahrensführer und den jeweiligen Auswirkungen seines Handelns zu fragen.

Entsprechend dem Darstellungsgang für das deutsche Recht soll zunächst untersucht werden, wer als möglicher Verfahrensführer in Betracht kommt (Kapitel 1). Anschließend ist darzustellen, unter welchen Voraussetzungen mögliche Verfahrensführer als richtige Verfahrensführer angesehen werden und welche Folgen damit verbunden sind (Kapitel 2 und 3).

Kapitel 1: Die möglichen Verfahrensführer

Die gerichtliche Geltendmachung von Streitstoffen ist nach französischem Recht entweder als Partei oder als Repräsentant der Partei möglich.

I. Der Kläger als Verfahrensführer

Die Möglichkeit der Verfahrensführung als Kläger und somit als Partei besteht in den Grenzen des französischen Parteibegriffs. Sie zeigen auf, wer Partei sein kann, wie die Parteistellung erworben wird und wonach sie bestimmt wird.

1. Die Voraussetzungen der Parteifähigkeit

Unter dem Oberbegriff der "*capacité d'ester en justice*" (der Fähigkeit, vor Gericht zu stehen), behandelt das französische Prozeßrecht die Fragen der "*capacité de jouissance*", entsprechend der deutschen Parteifähigkeit, und die "*capacité d'exercice*", ähnlich der deutschen Prozeßfähigkeit.

Die *capacité de jouissance*, d. h. die Fähigkeit, Subjekt einer Prozeßhandlung zu sein, steht grundsätzlich jeder existenten natürlichen oder juristischen Person (*personne morale*) zu[372]. Die Frage nach der Parteifähigkeit des nasciturus wird nicht gestellt[373], wohl deshalb, weil für ihn die Eltern im eigenen Namen klageberechtigt sind[374].

Rechtsfähige Gesellschaften können nach ihrer Gründung auch vor Eintragung und nach ihrer Auflösung noch in der Liquidationsphase parteifähig sein[375].

Vereinigungen ohne eigene Rechtspersönlichkeit ("*groupements de fait*") kann nur passive Rechts- und Parteifähigkeit zukommen[376].

2. Der Anknüpfungspunkt der Parteistellung

Die Parteien des Verfahrens (*parties à l'instance*) werden definiert als "*les personnes entre lesquelles se crée le lien de l'instance*"[377]. Da die *instance* gemäß Art. 53 NCPC durch die Einreichung der Klageschrift begründet wird[378], ist unter *instance* das Prozeßverhältnis zwischen den Parteien zu verstehen[379].

Die Definition der Partei und des Klägers aus dem Prozeßrechtsverhältnis läßt offen, zwischen welchen Personen dieses Verhältnis, der *lien de l'instance*, im

---

[372] VINCENT/GUINCHARD, S. 368

[373] vgl. etwa die Darstellung zur Parteifähigkeit bei JURISCLASSEUR-LOBIN, Fasc. 126-4 Nr. 3ff

[374] dazu näher unten Abschnitt 2 Kapitel 1 I. 2 und Kapitel 3 II. 3

[375] JURISCLASSEUR-LOBIN, Fasc. 126-4 Nr. 16, 18 mwN

[376] VINCENT/GUINCHARD, S. 368f mwN

[377] VINCENT/GUINCHARD, S. 363; CORNU/FOYER, S. 496

[378] Art. 53 NCPC: "La demande initiale est celle par laquelle un plaideur prend l'initiative d'un procès en soumettant au juge ses prétentions. Elle introduit l'instance."

[379] VINCENT/GUINCHARD, S. 357ff

konkreten Fall entsteht. Wenn Art. 53 NCPC denjenigen als Kläger ansieht, der die Initiative für einen Prozeß ergreift, indem er sein Begehren dem Richter vorlegt (oder vorlegen läßt), muß dieses Begehren nicht notwendig darin bestehen, daß er für sich selbst Rechtsschutz begehrt.

Nach französischem Recht können insbesondere gesetzliche oder gerichtlich bestellte Vertreter von Minderjährigen, geschäftsunfähigen Erwachsenen, Konkursgläubigern etc. im eigenen Namen Prozesse zugunsten der von ihnen Repräsentierten führen. Ihre Repräsentantenstellung wird zwar dadurch kenntlich, daß sie den Prozeß "*ès qualité de (tuteur etc.)*" führen, die Namen der Vertretenen müssen jedoch weder in den Schriftsätzen, noch im Urteilsrubrum angeführt werden[380]. Unter Umständen kann auch jeglicher Hinweis bei den Parteiangaben fehlen[381]. Die Parteien lassen sich daher nicht danach bestimmen, in wessen Name der Prozeß geführt wird.

Einige Autoren stellen darauf ab, welche Person in der *instance* handelt und an die Verfahrenspflichten gebunden ist. CORNU/FOYER u. a. kommen deshalb in Fällen der Repräsentation im Klagerecht zu einer Verdoppelung des Parteibegriffs: Der Repräsentant sei *partie agissante*, der Repräsentierte *partie intéressée*[382]. Sie gründen ihre Auffassung darauf, daß sich in diesen Fällen auch die Wirksamkeitsvoraussetzungen und Auswirkungen des Prozeßrechtsverhältnisses verdoppelten oder zumindest aufteilten[383].

Nach wohl herrschender Terminologie gilt der Repräsentant nicht als Partei. Begründungen dafür lassen sich allerdings kaum finden[384]. Der *lien de l'instance* scheint sich, sofern der Repräsentierte nicht genannt ist, über die materielle Wirkung der Repräsentation auf ihn zu erstrecken. Hier ist zu berücksichtigen, daß das französische Institut der *représentation* nicht zu einer Tren-

---

[380] VINCENT/GUINCHARD, S. 377: "La personne représentée, par example le mineur, ne figurera en nom dans la procédure"; näher unten Abschnitt 2 Kap. 3 II. 3.

[381] etwa bei der Klage des Schiffskapitäns, Kommissionärs etc; dazu unten Abschnitt 2 Kap. 3 II. 3.

[382] CORNU/FOYER, S. 511: "La représentation dans l'action entraine ... un dédoublement de la notion de partie en cause ... Le représenté est partie intéressée sans être partie agissante. Le repésentant partie agissante est - en principe - personnellement désintéressée. Chacun des deux est, en un sens, partie..."; ebenso JURISCLASSEUR-LOBIN, Fasc. 126-4 Nr. 52

[383] CORNU/FOYER, S. 512ff

[384] symptomatisch etwa PIÉDELIÈVRE, S. 233: "En effet, le représentant légal ou conventionnel agit au nom du représenté: c'est ce dernier seul qui est *veritablement* partie au procès." (Hervorhebung nicht im Original)

nung von Innen- und Außenverhältnis gelangt ist und eben auch nicht notwendig Handeln in fremdem Namen voraussetzt[385]. Im Ergebnis ist scheint daher derjenige Partei zu sein, für den eine Rechtsfolge begehrt wird.

Die Unklarheiten setzen sich bei dem Versuch fort, die Personen des "wirklichen" Handelnden mit dem Begriff des *dominus litis* zu umschreiben. Nach VINCENT/GUINCHARD ist der Repräsentant der *"véritable dominus litis"*[386], nach SOLUS/PERROT der Repräsentierte[387].

Dennoch findet der Parteibegriff in Lehre und Rechtsprechung wenig Aufmerksamkeit. Ungeachtet des stark an Begrifflichkeiten und Systematisierungen ausgerichteten Charakters der französischen Rechtstheorie existieren nur Ansätze einer Parteilehre[388]. In der Wissenschaft wird der Parteibegriff regelmäßig in der Lehre vom Prozeßverhältnis (*théorie de l'instance*) abgehandelt[389].

3. Der Erwerb der Klägerstellung

Der Erwerb der Stellung als Kläger (*demandeur* oder *plaideur* genannt[390]) gründet sich daher auf die Auslegung der Klagebegründung, für wen Rechtsschutz begehrt wird.

Daneben kann die Klägerstellung auch durch Beitritt in ein bereits anhängiges Verfahren auf Klägerseite begründet werden (*intervention volontaire principale*)[391]. Dessen Zulässigkeit ist, wie bei jeder Klage, davon abhängig, daß der Beitrittswillige ein eigenes Klagerecht hat[392].

---

[385] HÜBNER/CONSTANTINESCO, S. 151; SCHWEICKERT, S. 46

[386] VINCENT/GUINCHARD, S. 378

[387] SOLUS/PERROT, S. 253

[388] VINCENT/GUINCHARD, S. 363: "La doctrine a peu approfondie cette question"; DERRIDA, S. 80 mwN: Le "vide législatif a son pendant dans la doctrine spécialisée récente, la notion laissant aller de soi et ne pas soulever de difficulté particulière."

[389] vgl. etwa VINCENT/GUINCHARD, S. 362ff; CORNU/FOYER, S. 495ff

[390] vgl. Artt. 53, 55 NCPC

[391] CORNU/FOYER, S. 519

[392] Art. 329 NCPC

4. Verfahrensführung durch den Kläger

Zur wirksamen Durchführung der Verfahrenshandlungen in eigener Person bedarf der Kläger der *capacité d'exercice*, entsprechend der deutschen Prozeßfähigkeit. Vor dem *Tribunal de Grande Instance* und den meisten Rechtsmittelgerichten ist er nicht selbst postulationsfähig, sondern muß sich durch Rechtsanwälte vertreten lassen[393].

5. Zusammenfassung

Der französische Parteibegriff ist nicht im deutschen Sinne ein formeller Parteibegriff, da die Prozeßparteien unter Rückgriff auf den Gegenstand des Rechtsstreits und dessen Beteiligte bestimmt werden. Andererseits erscheint auch eine Charakterisierung als materieller Parteibegriff, nach den Beteiligten des behaupteten Streitstoffs, nicht zutreffend, da Art. 53 NCPC denjenigen als Kläger ansieht, der die Initiative ergreift, durch Anrufung des Gerichts den Prozeß zu eröffnen. Diesen Widerspruch löst die neuere Literatur durch die Verdoppelung des Parteibegriffs auf, wenn die Person des im eigenen Namen auftretenden Verfahrensführers und diejenige des vom Streitstoff Betroffenen auseinanderfallen. Die Bezeichnungen *partie à l'instance* und *partie au jugement* weisen auf die Person desjenigen hin, um dessen Rechte und Pflichten es im Verfahrensgang einerseits, aus dem Urteil andererseits geht. Der französische Parteibegriff läßt sich daher als funktioneller Parteibegriff charakterisieren.

Da der Erwerb der Parteistellung nach keiner Auffassung davon abhängig ist, daß der Kläger eine zur Verfahrensführung legitimierende Beziehung zum vorgebrachten Streitstoff behauptet, unterscheidet auch das französische Recht auf andere Weise als durch die Zuweisung der Parteistellung zwischen richtigen und falschen Klägern (dazu nachfolgend Kapitel 2).

---

[393] zu Prozeß- und Postulationsfähigkeit näher unten Abschnitt 2 Kapitel 3 I.

II. Der représentant als Verfahrensführer

Bei der Verfahrensführung durch einen Vertreter unterscheidet das französische Recht zwischen der *représentation à l'action* und der *représentation à l'instance*.

Die *représentation à l'action* stellt die umfassende Ausübung eines fremden Klagerechts durch einen Repräsentanten dar. Sie kann gesetzlich angeordnet oder durch Vereinbarung mit dem Inhaber der *action* begründet werden.

Die bloße Vertretung in den einzelnen Verfahrenshandlungen (*représentation à l'instance*) durch einen Prozeßbevollmächtigten ist jederzeit möglich und bei Gerichten mit Anwaltszwang vorgeschrieben.

Die nähere Darstellung von Voraussetzungen und Rechtsfolgen beider Repräsentationsformen ist Gegenstand von Kapitel 3.

Kapitel 2: Der richtige Kläger

Entsprechend der Untersuchung des deutschen Rechts soll die französische Lehre vom richtigen Kläger unter den beiden Gesichtspunkten untersucht werden, wen zum einen das französische Recht in Bezug auf einen bestimmten Streitstoff als richtigen Kläger ansieht (nachfolgend A.), zum anderen ist die Bedeutung dieser Auswahl für das Gerichtsverfahren und das Urteil zu untersuchen (nachfolgend B.).

A. Die Auswahl des richtigen Klägers

Die Darstellung der Auswahl des richtigen Klägers soll einen Überblick darüber bieten, wen das französische Recht als befugt ansieht, einen dem Prozeß vorgegebenen Streitstoff in Parteistellung geltend zu machen. Dafür werden zunächst der Auswahlmodus im Überblick (nachfolgend I.), sodann das Klagerecht für den Regelfall der Leistungsklagen im einzelnen (II., III.) und für Feststellungs-, Verbands- und Gruppenklagen etc. (IV.-VII.) untersucht.

I. Der Auswahlmodus im Überblick

1. Das französische Klagerecht (action)

(1) Die Abgrenzung zwischen richtigen und falschen Klägern erfolgt durch die Prüfung, ob dem Kläger ein Klagerecht (eine *action en justice* oder verkürzt *action*[394]) zusteht. Gemäß Art. 30 NCPC ist die *action* das Recht, vor Gericht zur Sache gehört zu werden und darüber eine Entscheidung zu erhalten: *"L'action est le droit, pour l'auteur d'une prétention, d'être entendu sur le fond de celle-ci afin que le juge la dise bien ou mal fondée"*.

Das Klagerecht besteht nur unter bestimmten Voraussetzungen, die teils auf den Streitstoff, teils auf den Zeitpunkt der gerichtlichen Geltendmachung und teils auf die Person des Rechtssuchenden bezogen sind. Liegen diese Voraussetzungen vor, wird die *action* grundsätzlich als unabhängig von einen konkreten Gerichtsverfahren bestehend angesehen, in welchem sie sich nur aktualisiert[395].

(2) Die subjektiven Voraussetzungen der *action* gibt Art. 31 NCPC an: *"L'action est ouverte à tous ceux qui ont un intérêt légitime au succès ou au rejet d'une prétention, sous réserve des cas dans lesquels la loi attribue le droit d'agir aux seules personnes qu'elle qualifie pour élever ou combattre une prétention, ou pour défendre un intérêt déterminé"*.

---

[394]Der Begriff der *action* wird sowohl zur Bezeichnung der Klage (*"introduire une action..."*), als auch zur Bezeichnung des Klagerechts (*"action en justice, droit d'agir"*), als auch zur Bezeichnung verschiedenener Klagearten (*"action possessoire"*, *"action paulienne"* etc.) verwendet. Entsprechend dem üblichen Sprachgebrauch soll im folgenden der Begriff der action zur Bezeichnung des französischen Klagerechts gebraucht werden, soweit nicht anders vermerkt oder durch Bennung der einzelnen Klageart ergänzt.

[395]vgl. ENCYCLOPÉDIE-VINCENT "Action" Nr. 1: L'action "s'actualise dans une procédure"; CORNU/FOYER, S. 313

Auf Klägerseite kommt mithin nur demjenigen das Klagerecht zu, der ein legitimes Interesse (*intérêt légitime*) am Erfolg seines Begehrens hat oder zur Prozeßführung über dieses Begehren besonders gesetzlich qualifiziert ist (in diesem Sinn *qualité* besitzt).

(3) Die Voraussetzungen *intérêt (légitime)* und *qualité* definiert der NCPC nicht näher. Ihr Inhalt und Verhältnis zueinander sind der Bestimmung durch Lehre und Rechtsprechung überlassen, welche in weiten Teilen an den Meinungsstreit vor Inkrafttreten des NCPC zum Jahresanfang 1976 anknüpfen[396].

Für das Verständnis des sogleich zu referierenden Meinungsstandes ist zunächst der allgemein anerkannte Bedeutungsgehalt beider Begriffe zu umreißen.

Der Begriff des *intérêt* faßt verschiedene Aspekte zusammen, die als generelle Voraussetzungen des Rechtsschutzbedürfnisses angesehen werden. Eingebürgert hat sich die Unterteilung in *intérêt positif et concret*, *intérêt juridique*, *intérêt né et actuel* und *intérêt personnel et direct*.

Diese Aspekte kann man grob damit umschreiben, daß die begehrte Entscheidung dem Kläger tatsächlich nützlich sein muß (*intérêt positif et concret*), daß das Interesse des Klägers den Schutz durch die Rechtsordnung verdient (*intérêt juridique*), daß nicht nur künftige oder eventuelle Streitpunkte bestehen (*intérêt né et actuel*) und daß gerade der Kläger von dem Gegenstand und Ausgang des Verfahrens in seiner Sphäre unmittelbar betroffen ist (*intérêt personnel et direct*)[397].

Der Begriff der *qualité* bezeichnet nach allgemeiner Ansicht die Befugnis einer Person, einen Prozeß über den Streitstoff führen zu dürfen[398].

---

[396] vgl. Abschnitt 1 IV.

[397] ENCYCLOPÉDIE-VINCENT "Action" Nr. 20ff mwN

[398] vgl. etwa SOLUS/PERROT, S. 243: "La qualité est le pouvoir en vertu duquel une personne exerce l'action en justice"; VINCENT/GUINCHARD, S. 100: (La qualité est) "le droit de solliciter du juge l'examen de sa prétention".

(4) Hinsichtlich des Verhältnisses von *intérêt* und *qualité* als subjektive Klagerechtsvoraussetzungen ist im einzelnen zwischen drei begrifflichen Konzepten zu unterscheiden:

(a) Nach SOLUS/PERROT, PIEDELIÈVRE und einigen Gerichtsentscheidungen ist die *qualité* als Befugnis zur Ausübung der *action* ein aliud gegenüber dem *intérêt*. Während mit *intérêt* die Zweckmäßigkeit der Klageerhebung beurteilt werde, sei die *qualité* eine Frage des "*pouvoir*", also der Befugnis oder Rechtsmacht zur Ausübung der *action*[399]. SOLUS/PERROT sehen die *qualité* nicht als Voraussetzung der *action*, sondern als Voraussetzung deren Ausübung ("*exercice de l'action*"). Dies hat nach ihrem Verständnis zur Folge, daß in den Fällen, in denen jemand als Repräsentant für fremde Rechnung klagt, die *qualité* in der Person des Repräsentanten vorliegen muß[400].

Diese Auffassung ist mit der heute herrschenden Meinung und der gesetzlichen Konzeption des NCPC kaum vereinbar: Gemäß Art. 117, 122 NCPC ist der "*pouvoir*", die Repräsentationsbefugnis, als Wirksamkeitsvoraussetzung von Prozeßhandlungen zu unterscheiden von der *qualité* als Zulässigkeitsvoraussetzung der Klage[401].

(b) Nach VINCENT u. a. stellt die *qualité* einen Teilaspekt des *intérêt* dar, den *intérêt personnel et direct*[402]. Dieses persönliche und direkte Interesse ergebe

[399]SOLUS/PERROT, S. 245: "l'intérêt étant fonction de l'utilité que présente l'exercice de l'action, alors que la qualité est une question de pouvoir"

[400]SOLUS/PERROT, S. 244; PIÉDELIÈVRE, S. 222; Civ. 2e, 5.1.1977, Gaz. Pal. 1977.1.Somm.79; Rennes, 3.11.1972, J.P.C. 1975.JP.17909: "...le restaurateur ne pouvait agir qu'en vertu du mandat que lui avait été donné, étant sans qualité pour agir de ce chef en son nom personnel."

[401]ENCYCLOPÉDIE-VINCENT "Action" Nr. 87; allerdings hält der NCPC seine begrifflichen Unterscheidungen selbst nicht konsequent durch. Nach Art. 415 NCPC müssen *"le nom du représentant et sa qualité"* dem Gericht angegeben werden. Auch in Art. 531 NCPC bezeichnet *qualité* die Verfahrensberechtigung des Repräsentanten. Bei der Wertung der unterschiedlichen Begriffsverwendungen innerhalb des NCPC ist jedoch zu berücksichtigen, daß der Schwerpunkt der Änderungen gegenüber dem bis 1975 geltenden Code de procédure von 1804 bei der gesetzlichen Regelung der *action en justice* gemäß den Art. 30ff NCPC liegt und unter eingehender Auseinandersetzung mit den verschiedenen Klagerechtstheorien erfolgte (WIEDERKEHR, S. 949ff). Abweichende Begriffsverwendung in Sondermaterien dürfen deshalb als Nachhall älterer Konzeptionen anzusehen sein.

[402]ENCYCLOPÉDIE-VINCENT "Action" Nr. 82; VINCENT/GUINCHARD, S. 100ff; GUIDE JURIDIQUE "Action en justice", Rn 11

sich regelmäßig daraus, daß die Durchsetzung eigener Rechtspositionen begehrt werde, im übrigen aus gesetzlicher Anordnung[403].

Diese Auffassung scheint ganz überwiegend auch die Rechtsprechung zu vertreten[404], die sich allerdings in der Regel nicht durch terminologische Sorgfalt auszeichnet.

(c) Nach CORNU/FOYER u. a. ist der Begriff der *qualité* auf die Fälle beschränkt, in denen das Gesetz den Kreis der zulässigen Kläger ausdrücklich festlegt. Fehlt eine gesetzliche Anordnung, sei die Klageberechtigung unmittelbar anhand des *intérêt direct et personnel* zu prüfen[405].

Diese Ansicht, die zunehmend vertreten wird, hat insbesondere den Wortlaut von Art. 31 NCPC für sich.

(5) Der Meinungsstreit illustriert die enge Verbindung der Begriffe *intérêt* und *qualité* und der ihnen zugeordneten Funktionen. Er erklärt, warum die Abgrenzung insbesondere in der Rechtsprechung "*fort indécise*" bleibt[406]. Die praktischen Auswirkungen dieses Meinungsstreits sind freilich gering, da unter den unterschiedlichen Begriffen weitgehend identische Gesichtspunkte überprüft werden.

Der Meinungsstreit wird ferner dadurch entschärft, daß die Literatur für die Untersuchung der subjektiven Voraussetzungen des Klagerechts mit den Kategorien *action banale* und *action attitrée* eine weitere Unterteilung entwickelt hat, die einer Stellungnahme zum Verhältnis von *intérêt* und *qualité* nicht bedarf.

In Anlehnung an CORNU/FOYER werden Klagen allgemein als "*actions attitrées*" bezeichnet, wenn der Kreis der richtigen Kläger durch Gesetz näher

---

[403] VINCENT/GUINCHARD, S. 102ff; ENCYCLOPÉDIE-VINCENT "Action" Nr. 85f

[404] CABALLERO, S. 256 mit umfassenden Nachweisen

[405] JURISCLASSEUR-LOBIN, Fasc. 126-3 Nr. 3, 10; CORNU/FOYER, S. 336ff

[406] VINCENT/GUINCHARD, (22. Auflage), S. 43; vgl. auch GLASSON/TISSIER, S. 437 FN 1: "Les expressions `n'avoir pas qualité pour agir` sont employées aussi souvent dans d'autres sens et désignent soit le défaut de capacité, soit le défaut de pouvoir, soit le défaut d'intérêt, ou pour un groupement ou une collectivité, le défaut de personnalité. Il règne ici encore une grande confusion de langage."

bestimmt ist[407]. Fehlt eine gesetzliche Anordnung, wird die Bezeichnung "*action banale*" verwendet[408].

Diese Einteilung hat sich durchgesetzt, weil sie der gesetzlichen Systematik und auch dem Gedankengang der Praxis entspricht, zunächst nach gesetzlichen Vorgaben für die Person des Verfahrensberechtigten zu suchen[409].

Sie soll deshalb der nachfolgenden Untersuchung zugrundegelegt werden. Zugleich legt sie es nahe, die Begriffe *intérêt personnel* und *qualité* im Sinne von CORNU/FOYER zu gebrauchen, indem sich bei der *action banale* die Klagebefugnis nach dem *intérêt* des Klägers bestimmt, bei der *action attitrée* nach der gesetzlich zugewiesenen *qualité*.

2. Dogmatische Herleitung und Einordnung der action

(1) Aus rechtsgeschichtlicher Sicht ist das heutige französische Klagerecht aus der im 13. Jahrhundert mit dem kanonischen Recht aufgenommenen römischen *actio* entwickelt worden. Diese wurde schon bald nicht als Voraussetzung für den Gerichtszugang, sondern als Voraussetzung für Verhandlung und Entscheidung zur Sache verstanden.

Seit dem Ende des 19. Jahrhunderts ist sie von dem Erfordernis eines zugrundeliegenden Rechts gelöst worden, ihre subjektiven Voraussetzungen haben sich seitdem gänzlich im Begriff des eigenen Interesses eines Klägers konzentriert.

Die Entscheidung über die Anerkennung eines konkreten Interesses stützt sich jedoch auf die Wertungen des materiellen Rechts. Insoweit sind auch die Begriffe *intérêt* und *qualité* "materiellrechtlich vorgebildet"[410]. Die *action* stellt, mit den Worten von VINCENT/GUINCHARD, die Verbindung zwischen dem

---

[407] CORNU/FOYER, S. 335ff; VINCENT/GUINCHARD, S. 104; JURISCLASSEUR-LOBIN, Fasc. 126-1 Nr. 2

[408] CORNU/FOYER, S. 335ff

[409] VINCENT/GUINCHARD, S. 104; JURISCLASSEUR-LOBIN, Fasc. 126-3 Nr. 3, 7ff

[410] BRUNS, ZPR, S. 61

materiellen Recht und dem Prozeß her, um die Sanktion (des materiellen Rechts) zu sichern[411].

(2) Die Rechtsnatur der *action* ist wenig geklärt. Nach überwiegender Auffassung stellt sie eher eine Freiheit (*liberté*) oder eine Möglichkeit (*faculté*) als ein eigentliches Recht dar[412].

MOREL charakterisiert die *action* als einen vom Recht vorgesehenen Weg, der es ermöglicht, sich zur Anerkennung und gegebenenfalls zum Schutz seiner Rechte an die Gerichte zu wenden[413].

MOTULSKY hingegen sieht die *action* als ein subjektives Recht eigener Art mit prozessualem Inhalt, welches nicht dem Gegner, sondern dem Richter gegenüber bestehe[414]. Ohne diesen Gedanken in allen Einzelheiten zu folgen, beruht die gesetzliche Regelung der *action* in Art. 30 NCPC - welche die *action* ebenfalls als ein Recht (*droit*) definiert - im wesentlichen auf der Konzeption MOTULSKYS[415].

Kennzeichnend für das französische Klagerecht ist seine Unabhängigkeit von einem konkreten Prozeß. Die *action* existiert grundsätzlich unabhängig von der tatsächlichen Einleitung eines Gerichtsverfahrens und kann dieses, etwa bei Klagerücknahme, überdauern[416].

Für die nähere Darstellung bedient sich die französische Wissenschaft insbesondere der Abgrenzung von *action* und materiellem Recht[417]. Insoweit besteht allgemeine Einigkeit, daß es zum einen materielle Rechte ohne Klagerecht gebe, etwa Rechte unter aufschiebender Bedingung, zum anderen Klagerechte ohne zugrundeliegendes subjektives Recht. So lasse sich etwa bei Nichtigkeits- oder Auflösungsklagen nicht sagen, der Kläger mache eine materielle

---

[411] VINCENT/GUINCHARD, S. 73: "Les liens qui subsistent entre l'action et le droit substantiel tiennent au fait que l'action réalise la jonction entre le droit substantiel et la procédure pour en assurer la sanction."

[412] VINCENT/GUINCHARD, S. 75

[413] MOREL, S. 23f: "On peut définir l'action *une voie de droit par laquelle une personne s'adresse aux tribunaux pour obtenir la reconnaissance et s'il a lieu, la protection de son droit.*"

[414] MOTULSKY, S. 98

[415] WIEDERKEHR, S. 949ff

[416] CORNU/FOYER, S. 313

[417] vgl. CORNU/FOYER, S. 312; VINCENT/GUINCHARD, S. 72ff

Rechtsposition geltend[418]. Die Anerkennung eines Persönlichkeitsrechts oder eines Rechts auf Beeinträchtigungsfreiheit ist in Frankreich jedenfalls umstritten. Insoweit gebe es "*actions sans droit*", einen Rechtsstreit gleichsam um die Einhaltung des objektiven Rechts (*contentieux objectif*)[419].

II. Die *action banale*

Bei der *action banale*, der Klage ohne gesetzliche Festlegung der verfahrenslegitimierten Personen, steht das Klagerecht nur demjenigen zu, der gemäß Art. 31 NCPC einen *intérêt légitime* am Erfolg seines Begehrens hat.

Als subjektive Verfahrensvoraussetzung, d. h. zur Bestimmung der Person des Verfahrensberechtigten, zielt der in Art. 31 NCPC genannte *intérêt légitime* nach allgemeiner Auffassung auf den als sog. *intérêt personnel et direct* bezeichneten Teilaspekt des *intérêt* als Verfahrensvoraussetzung[420].

Nach Ansicht der Autoren, welche die *qualité* als eigenständige bzw. abschließende Voraussetzung zur Bestimmung der verfahrenslegitimierten Personen ansehen, fällt bei der *action banale* die *qualité* mit dem *intérêt personnel et direct* jedenfalls zusammen[421].

Die Anforderungen *personnel* (persönlich) und *direct* (direkt) beziehen sich auf das Verhältnis des Klägers zum Gegenstand des Rechtsstreits. Ein persönliches Interesse am Rechtsstreit hat der Kläger nicht, wenn er fremde oder Kollektivinteressen geltend macht[422]. Ein direktes Interesse hat er nur, wenn ihn der Gegenstand und Ausgang des Rechtsstreits unmittelbar in seiner (Rechts-)Sphäre betreffen[423].

---

[418] ENCYCLOPÉDIE-VINCENT "Action" Nr. 2

[419] MOTULSKY, S. 91ff

[420] vgl. oben Abschnitt 2 Kapitel 2 A. I. 1

[421] vgl. oben FN 81

[422] VINCENT/GUINCHARD, S. 102; CORNU/FOYER, S. 339

[423] CORNU/FOYER, S. 340: "Etre directement intéressé, ce n'est pas nécessairement être, parmi d'autres, le premier intéressé. C'est être concerné par l'issue du litige, dans le champs proche de ses conséquences, dans la sphère immédiate de ses répercussions dommageables ou avantageuses. La notion même d'intérêt désigne celui qui a subi l'atteinte ou celui qui profitera de l'avantage."; VINCENT/GUINCHARD, S. 102

Der erforderliche *intérêt direct et personnel* besteht insbesondere, wenn der Kläger ein eigenes Interesse verfolgt, das durch eine materielle Rechtsregel geschützt ist. Für die *action banale* wird daher häufig auch formuliert, die Klageberechtigung stehe dem "*titulaire du droit litigieux*", dem Inhaber des streitigen Rechts, zu[424].

Das erforderliche persönliche und direkte Interesse kann in der Geltendmachung eigener subjektiver Rechte oder in der Geltendmachung einer eigenen, materiellrechtlich sanktionierten Beeinträchtigung bestehen.

1. Geltendmachung eigener subjektiver Rechte

Die persönliche und direkte Betroffenheit in einem eigenen Interesse ist unproblematisch, wenn der Kläger ein eigenes *droit subjectif* (subjektives Recht) verteidigt[425]. Als *droits subjectifs* werden Rechtspositionen anerkannt, die dem Rechtssubjekt eine bestimmte Handlungssphäre sichern[426], etwa Eigentumsrechte und vertraglich begründete Rechte[427].

2. Geltendmachung eigener Beeinträchtigung

Die körperliche Unversehrtheit, den Gebrauch des Namens, die Freiheit der wirtschaftlichen Betätigung etc. versteht das französische Recht überwiegend (noch) als "*libertés (publiques ou privées)*", als Freiheit vor Beeinträchtigung, und nicht als subjektive Rechte[428]. Hier ist eine erst allmähliche Transformation zur Anerkennung als echte Rechtspositionen zu beobachten[429].

Beispielsweise setzt der allgemeine Schadensersatzanspruch keine Rechtsverletzung voraus[430]. Gemäß Art. 1382 C.civ. ist jeder, der einem anderen Schaden zugefügt hat, verpflichtet, diesen auszugleichen.

---

[424]vgl. SOLUS/PERROT, S. 218; MOREL, S. 34; GASSIN, S. 252: "La qualité est la possibilité d'être titulaire du droit litigieux."

[425]VINCENT/GUINCHARD, S. 102; CORNU/FOYER, S. 340; SOLUS/PERROT, S. 218, 249; GIVERDON, S.86

[426]FERID/SONNENBERGER, Band I/1, S. 204ff mwN; MOTULSKY, S. 90

[427]VINCENT/GUINCHARD, S. 94f

[428]ENCYCLOPÉDIE-VINCENT "Action" Nr. 41f; VINCENT/GUINCHARD, S. 94f

[429]VINCENT/GUINCHARD, S. 94f; MOTULSKY, S. 92ff

[430]vgl. FERID/SONNENBERGER, Band I/1, S. 215; ENCYCLOPÉDIE-VINCENT "Action" Nr. 48

Nur im Ergebnis werden solche materielle Rechtspositionen als verfahrenslegitimierende Titel subjektiven Rechten gleichgestellt[431].

Der erforderliche *intérêt personnel et direct* besteht in diesen Fällen jedoch nicht in der Verletzung einer subjektiven Rechtsposition, sondern ergibt sich unmittelbar aus der Beeinträchtigung in einem geschützten Rechtsgut. So resultiert die Klagebefugnis für Schadensersatzforderungen aus der Behauptung des persönlich erlittenen Schadens[432], nicht aus einem "Recht auf Beeinträchtigungsfreiheit".

Allgemeiner formuliert begründet die materielle Leistungsnorm, auf die der Kläger sich als "*titulaire*" beruft, nicht sein persönliches Interesse an der Klage, sondern sie bestätigt lediglich die rechtliche Anerkennung dieses Interesses zu seinen Gunsten[433]. Die Formel, klageberechtigt sei der "*titulaire du droit litigieux*", ist deshalb in diesen Fällen ungenau.

Die gedachte Selbständigkeit des *intérêt* gegenüber dem materiellen Recht erweist sich insbesondere am Beispiel der sogenannten Konkubinenrechtsprechung, die Klagen eines nichtehelichen Lebensgefährten bei Unfalltod des Partners gegen den Schädiger betrifft[434]. Die ältere Rechtsprechung verneinte in solchen Fällen bereits das Klagerecht, da dem nichtehelichen Partner ein materiellrechtlicher Schadensersatzanspruch nicht zustehen könne. Nach jüngerer Auffassung hat der Kläger durchaus einen anerkennungswürdigen *intérêt* an der Prozeßführung. Ob ein Ersatzanspruch bestehe, sei eine Frage der Begründetheit.

---

[431] MOTULSKY, S. 92ff; CORNU/FOYER, S. 340: " ... l'intéressé en direct est souvent celui qui serait le titulaire du droit litigieux, si ce droit était judiciairement reconnu."

[432] VINCENT/GUINCHARD, S. 94: "... lorsque une atteinte est portée à l'une de ces libertés (publiques ou privées), on ne peut dire vraiment qu'un droit subjectif a été méconnu; l'action sanctionne la violation d'un **Fehler! Verweisquelle konnte nicht gefunden werden.**; *il y a un intérêt lésé* et la loi accorde une action en réparation."; SOLUS/PERROT, S. 200

[433] vgl. HÉBRAUD, Jurisprudence, 393: "le recours à la justice se présente parfois ... comme une prérogative principale, permettant d'obtenir des résultats qui, lorsqu'ils prennent une certaine consistance et une certaine régularité, sont ensuite entérinés comme constituant eux-mêmes des droits."

[434] ENCYCLOPÉDIE-VINCENT "Action" Nr. 44f mwN; FERID/SONNENBERGER, Band I/1, S. 212f mwN

3. Geltendmachung von Mitberechtigungen

(1) Bei der Gesamtgläubigerschaft (*solidarité entre créanciers*) folgt die Einzelklageberechtigung aus dem materiellen Recht. Gemäß Art. 1197 C.civ. liegt eine Solidarobligation nur vor, wenn die Vereinbarung ausdrücklich jedem Gläubiger das Recht gibt, die Gesamtforderung geltend zu machen.

(2) Die mehrheitliche Berechtigung an Sachen oder Rechten (*indivision, copropriété*) ist im französischen Recht stets als Bruchteilsgemeinschaft ausgestaltet. Daher kann jeder Eigentümer sowohl über seinen Anteil am Vermögen insgesamt als auch über seinen Anteil an einzelnen Sachen verfügen[435]. Zur Verfügung, insbesondere auch zur Prozeßführung, über die Sachgesamtheit ist er nur in gesetzlich besonders geregelten Einzelfällen berechtigt[436].

Auch im übrigen müssen, vorbehaltlich gesetzlicher Sonderregelungen, bei Personen- oder Vermögensverbindungen ohne eigene Rechtspersönlichkeit grundsätzlich alle Rechtsinhaber gemeinsam Klage erheben.

(3) Die Identifikation des Klageberechtigten kann Schwierigkeiten bereiten, wenn eine materielle Rechtsposition gespalten ist, etwa durch die Übertragung von Nutzungsrechten.

Die Rechtsprechung beurteilt diese Fälle danach, ob die im Prozeß streitige Rechtsposition zum Bestand der Befugnisse des Eigentümers oder zum Bestand der zur Nutzung übertragenen Rechte zählt. Grundsätzlich gehen etwa bei der Vereinbarung eines *usufruit* (Nießbrauch) alle Rechtspositionen auf den Nießbraucher über, die zum Schutz seines dinglichen Rechts notwendig sind. So ist der an einem Grundstück Nutzungsberechtigte allein und aus eigenem Recht für Besitzklagen etc. legitimiert, für Verfahren über Rechte aus dem Eigentum nur der Eigentümer[437].

Bei der Forderungsverpfändung können nach allgemeiner Auffassung weder der Schuldner, noch der Pfandgläubiger die Forderung nach Fälligkeit einseitig einziehen oder einklagen. Ersterer wird durch das dem Gläubiger einge-

---

[435] FERID/SONNENBERGER, Band 2, S. 622

[436] dazu unten Abschnitt 2 Kapitel 3 II. 2

[437] GASSIN, S. 55f mwN; WUNDERLICH, Prozeßstandschaft, S. 85 mwN

räumte Pfandrecht gehindert, diesem steht daraus noch keine Verfügungsbefugnis zu. Eine Einziehung soll nur im gegenseitigen Einverständnis möglich sein[438].

In der Regel wird daher zwischen Schuldner und Gläubiger vereinbart, dieser dürfe die Forderung selbständig einziehen. Die rechtliche Einordnung einer solchen Einziehungsermächtigung ist umstritten[439]. Nach einer Auffassung agiert der Gläubiger als *mandant* und damit Repräsentant des Schuldners, er klagt deshalb nicht aus eigener *action*. Nach anderer Auffassung kann der Einziehungsauftrag als Anweisung des Verpfänders an den Drittschuldner zur Zahlung an den Pfandgläubiger ausgelegt werden. Nach dieser Ansicht hat der Pfandgläubiger einen eigenen materiellen Zahlungsanspruch gegen den Drittschuldner und daraus gegebenfalls eine eigene *action* zur gerichtlichen Durchsetzung.

III. Die *action attitrée*

Als *action attitrée* wird die Klage bezeichnet, wenn das Klagerecht per Gesetz näher bestimmten Personen übertragen wurde[440].

Dabei stellt die Literatur nicht darauf ab, ob die besondere gesetzliche Vorschrift prozessrechtlichen Charakter hat. Der Begriff der *action attitrée* wird für alle diejenigen Fälle verwendet, in denen aufgrund gesetzlicher Vorschrift der Kreis der Verfahrensberechtigten nicht mit denjenigen identisch ist, die nach den Grundsätzen der *action banale* einen hinreichenden *intérêt (personnel et direct)* an der Verfahrensführung in Parteistellung haben.

Nach der Begrifflichkeit des NCPC ist für diese Personen der Terminus der *qualité* zur Bezeichnung ihrer Verfahrenslegitimation reserviert, vgl. Art. 31 NCPC.

---

[438] ENCYCLOPÉDIE COMM.-DERRUPPÉ "Nantissement des créances" Nr. 12 mwN

[439] zum Meinungsstand und den im folgenden referierten Ansichten näher WUNDERLICH, Prozeßstandschaft, S. 80ff; FERID/SONNENBERGER, Band 2, S. 692

[440] VINCENT/GUINCHARD, S. 104: "Parfois la loi réserve l'action (ou la défense) à certaines personnes; on parle alors d'action attitrée..."

Die gesetzliche Bestimmung kann den zur Klageerhebung berechtigten Personenkreis gegenüber allgemeinen Grundsätzen der *action banale* und des *intérêt personnel et direct* einschränken, sie kann ihn umgekehrt auch erweitern oder verschieben[441].

Nicht immer ergibt sich allerdings die *qualité* allein aus der Erfüllung der spezialgesetzlichen Anforderungen. Während etwa bei der Scheidungsklage jeder Ehegatte ohne weiteres *qualité* besitzt, der gesetzliche "Titel" zur Begründung des Klagerechts somit hinreichend ist, muß der Kläger in anderen Fällen weitere Voraussetzungen erfüllen, zumeist zusätzlich seinen *intérêt* an einer Sachentscheidung dartun[442].

LOBIN merkt an, daß der gesetzliche Titel meist dann für die Verfahrenslegitimation hinreichend ist, wenn die Rechtsvorschrift den Kreis der Klageberechtigten gegenüber allgemeinen Grundsätzen begrenzt. Ziel des Gesetzgebers sei es, bestimmte Belange bestimmter Personen vor Einmischung seitens Außenstehender zu schützen[443].

Nach CORNU/FOYER handelt es sich bei hinreichenden Titeln zumeist nur um die gesetzliche Festlegung dessen, der ohnehin "*le prémier intéressé*" an der gerichtlichen Sachentscheidung ist[444].

Wenn das Spezialgesetz den klageberechtigten Personenkreis gegenüber allgemeinen Grundsätzen erweitert, so spricht dies dafür, daß ein Kläger ergänzend einen eigenen *intérêt* am Ergebnis des Verfahrens haben muß[445].

Die *action attitrée* kann, wie auch die *action banale*, bestimmten Personen die gerichtliche Geltendmachung eigener Interessen oder Rechtspositionen ermöglichen. Im Gegensatz zur *action banale* kann die gesetzliche Festlegung der Klageberechtigten bei der *action attitrée* jedoch auch Personen oder Personengruppen zur Geltendmachung fremder oder kollektiver Interessen ermächtigen[446].

---

[441] JURISCLASSEUR-LOBIN, Fasc. 126-3 Nr. 14

[442] VINCENT/GUINCHARD, S. 104; CORNU/FOYER, S. 337; JURISCLASSEUR-LOBIN, Fasc. 126-3 Nr. 8

[443] JURISCLASSEUR-LOBIN, Fasc. 126-3 Nr. 14f

[444] CORNU/FOYER, S. 337

[445] JURISCLASSEUR-LOBIN, Fasc. 126-3 Nr. 56

[446] JURISCLASSEUR-LOBIN, Fasc. 126-3 Nr. 56ff, unterscheidet zwischen dem "intérêt du titulaire du title légal dans l'action exercée pour son propre compte" und dem "intérêt dans l'action

1. Titel zur Geltendmachung eigener Interessen

(1) Unter diese Fallgruppe fallen zunächst alle gesetzlichen Regelungen, welche die Klagebefugnis gegenüber allgemeinen Grundsätzen eingrenzen. Denn in diesen Fällen wird eine Auswahl nur unter denjenigen Personen getroffen, die nach den Regeln der *action banale* auch den *intérêt personnel* an der Prozeßführung hätten.

Als Beispiele werden insbesondere (Feststellungs- oder Gestaltungs-)Klagen aus dem Familienrecht genannt[447]:

Hierzu zählt etwa das Klagerecht des Kindes für die Klage auf Feststellung der Vaterschaft gemäß Art. 340-2 Satz 1 C.civ.: *"L'action (en recherche de paternité) n'appartient qu'à l'enfant"*.

Gemäß Artt. 230, 237, 270 C.civ. können alleine die Ehegatten einzeln oder gemeinsam die Scheidungsklage erheben.

Die Unwirksamkeit von Rechtsgeschäften Volljähriger unter Betreuung können gemäß Art. 510-1 C.civ. nur der Betreute oder dessen Betreuer geltend machen[448].

(2) Eine Erweiterung des Kreises der Klageberechtigten gegenüber den an dem streitigen Rechtsverhältnis materiellrechtlich Beteiligten gewährt etwa Art. 184 C.civ.[449]. Danach steht die Ehenichtigkeitsklage allen offen, die an der Nichtigkeit einer aus bestimmten Gründen fehlerhaft geschlossenen Ehe ein Interesse haben ("... *tous ceux qui y ont intérêt*"). Das Klagerecht "für alle" setzt hier den Nachweis eines eigenen, allerdings auch rein wirtschaftlichen oder rein moralischen, Interesses voraus.

---

attitrée exercée pour le compte d'autrui"; VINCENT/GUINCHARD, S. 102ff, unterscheiden zwischen der Verteidigung des eigenen intérêt personnel, des intérêt personnel d'autrui, eines intérêt collectif und des intérêt général

[447] weitere Beispiele finden sich etwa bei JURISCLASSEUR-LOBIN, Fasc. 126-3 Nr. 18ff

[448] Art. 510-1 C.civ.: "Si le majeur en curatelle a fait seul un acte pour lequel l'assistance du curateur était requise, lui-même ou le curateur peuvent en demander l'annulation. L'action en nullité s'éteint par le délai prévu par l'article 1304...".

[449] Art. 184 C.civ.: "Tout mariage contracté en contravention aux dispositions contenues aux articles 144, 146, 147, 161, 162 et 163, peut être attaqué soit par les époux eux-mêmes, soit par tous ceux qui y ont intérêt, soit par le ministère public."

(3) Ein gesetzliches Klagerecht aus der sog. *action oblique* gemäß Art. 1166 C.civ.[450] ermöglicht einem Gläubiger, seine Interessen gegenüber einem Schuldner durch Ausübung eines diesem gegenüber einem Drittschuldner zustehenden Forderungsrechts zu wahren.

Diese Befugnis steht ihm dann zu, wenn der Schuldner zahlungsunfähig ist und die Eintreibung eigener Forderungen vernachlässigt[451].

Nach dem Wortlaut von Art. 1166 C.civ. üben die Gläubiger zwar nur die *action* des Schuldners aus , sie können auch nur Leistung an diesen verlangen[452]. Die Vorschrift wird jedoch ganz überwiegend dahin ausgelegt, daß die Gläubiger die Rechte des Schuldner im eigenen Namen geltend machen und Erfüllung unmittelbar an sich verlangen können[453]. Art. 1166 C.civ. überläßt dem Gläubiger daher nicht nur das Recht, die *action* des Schuldners auszuüben, sondern weist ihm selbst eine originäre *action* zu[454].

Diese eigene *action* steht den Gläubigern nur zum Schutz ihrer eigenen Interessen zu[455]. Daher ist die Frage, ob die Position der Gläubiger durch das Verhalten des Schuldners gefährdet ist, Bedingung ihres Klagerechts und nicht erst im Rahmen der Begründetheit zu prüfen[456].

---

[450] Art. 1166 C.civ.: "Néanmoins les créanciers peuvent exercer tous les droits et actions de leur débiteur, à l'exception de ceux qui sont exclusivement attachés à la personne."

[451] JURISCLASSEUR-LOBIN, Fasc. 126-3 Nr. 60; Cass. civ. 3e 19.6.1969, Bull. civ. 1969 III, Nr. 498

[452] GUIDE JURIDIQUE "Action oblique": "L'action oblique ou action indirecte est celle intentée par un créancier, au nom et pour le compte de son débiteur, insolvable et négligent."

[453] JURISCLASSEUR-LOBIN, Fasc. 126-3 Nr. 60; ENCYCLOPÉDIE-VINCENT "Action" Nr. 94; Cass. civ. 1re 9.12.1970, J.C.P. 1971 II, 16920: Ausnahme nur für Arrestverfahren; a. A. Civ. 1re, 9.12.1970, J.C.P. 1971.II.16920; MAZEAUD/MAZEAUD/CHABAS, S. 1051, 1062: "C'est l'action de son débiteur essentiellement qu'exerce le créancier quand il agit par voie oblique. Mais le créancier agit en même temps en son nom propre, en vue de sauvegarder son intérêt personnel."

[454] SOLUS/PERROT, S. 252; ENCYCLOPÉDIE-VINCENT "Action" Nr. 94; VINCENT/GUINCHARD, S. 103

[455] Civ. 11.7.1951, D. 1951.586

[456] JURISCLASSEUR-LOBIN, Fasc. 126-3 Ziff. 60 mwN

Art. 1166 C.civ. zählt somit zu den nicht hinreichenden Titeln; die Gläubiger müssen, über ihre Gläubigerstellung hinaus, einen qualifizierten eigenen *intérêt* nachweisen[457].

Inwieweit Art. 1166 C.civ. auch zum Übergang der materiellen Rechtsposition des Schuldners gegenüber dem Drittschuldner führt, ist umstritten[458].Nach wohl herrschender Auffassung bleibt der Schuldner Inhaber seiner materiellen Rechte, "*titulaire du droit litigieux*"[459].

Die Befugnis nach Art. 1166 C.civ. führt im Ergebnis zur Verdoppelung der Klagerechte[460]. Macht nur der Gläubiger von seiner *action* Gebrauch, so erwächst die gerichtliche Entscheidung gegenüber dem am Verfahren nicht beteiligten Schuldner nicht in Rechtskraft[461].

(4) Die *action paulienne* gemäß Art. 1167 C.civ. gestattet es einem Gläubiger, Rechtshandlungen seines Schuldners für nichtig zu erklären, die seine Befriedigungsmöglichkeit am Vermögen des Schuldners vereiteln würden[462].

Eines Titels gegen den Schuldner bedarf es dabei ebensowenig wie einer vorgängigen Pfändung bestimmter Gegenstände. Die Vorschrift erklärt sich, wie auch die *action oblique*, aus der französischen Konzeption der *gage commun*, eines schuldrechtlichen Generalpfandrechts des Gläubigers über das Vermögen seines Schuldners[463].

---

[457] CORNU/FOYER, S. 338; JURISCLASSEUR-LOBIN, Fasc. 126-3 Nr. 60; GARSONNET/CÉZAR-BRU, S. 560ff

[458] vgl. VINCENT/GUINCHARD, S. 103 mwN

[459] GASSIN, S. 101; CORNU/FOYER, S. 336; SOLUS/PERROT, S. 252; HÉBRAUD in Anm. zu Cass. civ. 11.7.1951, Rev. trim. dr. civ. 1951, 544: "l'action oblique est indirecte quant au fond et directe quant à la forme... l'exercice de l'action crée un lien procédural direct entre le créancier et le sous-débiteur"

[460] CORNU/FOYER, S. 349

[461] VINCENT/GUINCHARD, S. 104 mwN; GASSIN, S. 104

[462] Art. 1167 C.civ.: (Les créanciers) "... peuvent aussi, en leur nom personnel, attaquer les actes faits par leur débiteur en fraude de leur droits."

[463] WUNDERLICH, Prozeßstandschaft, S. 77

(5) Eine weitere Gruppe von gesetzlichen Klagerechten über eigene Interessen leitet sich aus vorprozessualer *subrogation* her. Die Rechtsfigur der *subrogation* besteht in der Einsetzung in die Rechte anderer[464].

Gesetzlich wird sie insbesondere durch berechtigte Zahlung auf fremde Schuld begründet, vgl. Art. 1251-3° C.civ.: *"La subrogation a lieu de plein droit ... au profit de celui qui, étant tenu avec d'autres ou pour d'autres au paiement de la dette, avait intérêt de l'acquitter"*[465].

So erhält etwa der Versicherer, der den Versicherungsnehmer befriedigt hat, dessen Ersatzansprüche im Wege der *subrogation.* Diese Rechte, darunter auch das Klagerecht (*action*) des Versicherungsnehmers, kann er im eigenen Namen geltend machen.

Ob der *subrogé* (d. i. der eingesetzte Dritte) Träger der zur Ausübung auf ihn übergegangen materiellen Rechtspositionen wird, ist streitig[466]. Der Code civil sieht die *subrogation* nicht im Zusammenhang mit der vertraglichen Abtretung (*cession de créance*)[467].

Sicher ist jedoch, daß er in die Rechtsposition nur in dem Umfang eigesetzt wird, in dem er tatsächlich Zahlung geleistet hat. Im übrigen bleibt der *subrogéant* allein (Rechtsinhaber und) klagebefugt.

Das für das Klagerecht erforderliche eigene Interesse des *subrogé* ist in seiner Zahlung begründet[468]. Zu einem rechtlich geschützten Interesse schlägt es durch diejenigen Rechtsnormen um, die die *subrogation* gestatten[469].

---

[464] ENCYCLOPÉDIE CIV.-PONSARD/BLONDEL "Subrogation" Nr. 1: "Dans son sens le plus étendu, la subrogation est la substitution d'une chose ou d'une personne à une autre personne ou une autre chose."

[465] Nach JURISCLASSEUR-LOBIN, Fasc. 126-3 Nr. 61, drückt diese Bestimmung einen allgemeinen Rechtssatz aus; vgl. auch ENCYCLOPÉDIE CIV.-PONSARD/BLONDEL "Subrogation" Nr. 3: "Le terme de subrogation est plus spécialement résevé, par le code civil et par l'usage, à une forme particulière de substitution d'une personne dans les droit attachés à la créance dont un autre était titulaire, comme conséquence du paiement effectué par la première entre les mains de la seconde."

[466] HEINSHEIMER, Anm. zu Art. 1249-1252 mwN; JURISCLASSEUR-LOBIN Fasc. 126-3 Nr. 61

[467] HÜBNER/CONSTANTINESCO, S. 164

[468] Civ 1re, 2.12.1992, Rev. trim. 1993.824 obs. MESTRE

[469] GASSIN, S. 92

2. Titel zur Geltendmachung der Interessen anderer

Gewerkschaften sind berechtigt, zugunsten einzelner Mitglieder die Einhaltung tariflicher Rechte gerichtlich geltend zu machen[470]. Sie handeln dabei nicht in Vertretung des Arbeitnehmers, sondern aufgrund eigener *action*[471]. Der Arbeitnehmer hat jedoch die Möglichkeit, der Verfahrensführung durch die Gewerkschaft zu widersprechen[472].

Darüber hinaus steht ihnen auch ein Klagerecht zugunsten der Rechte bestimmter besonders benachteiligter Arbeitnehmergruppen zu, ohne daß es auf deren Mitgliedschaft ankäme. Dazu zählen insbesondere Heimarbeiter, ausländische Arbeitnehmer und Zeitarbeitnehmer[473].

Gemäß Art. 245 des Gesetzes vom 24.7.1966 hat ein Aktionär oder eine Gruppe von Aktionären die Befugnis, anstelle der untätigen Organe einer Handelsgesellschaft im eigenen Namen Klage wegen Gesellschaftsansprüchen zu erheben (*action sociale ut singuli* bzw. *ut plures*).

Aufgrund ihres Ausnahmecharakters sind die zugrundeliegenden gesetzlichen Vorschriften restriktiv auszulegen und nicht auf andere Vereinigungen übertragbar[474].

3. Titel zur Geltendmachung von Kollektivinteressen

(1) Zur Geltendmachung bestimmter Kollektivinteressen sind insbesondere Gewerkschaften (*syndicats*) und Standesvertretungen (*ordres professionnels*) gesetzlich befugt[475].

Die Klageberechtigung ist dabei auf Interessen beschränkt, die als Kollektivinteressen gerade des Berufsstandes gelten, deren Überwachung der jeweiligen Standesvertretung obliegt. In diesem Rahmen steht ihr für die Geltendmachung

---

[470] Art. L 135-4 Code de travail

[471] CORNU/FOYER, S. 414f

[472] CORNU/FOYER, S. 415

[473] Artt. L 721-19, L 341-6-2, L 122-3-16 Code de travail

[474] JURISCLASSEUR-LOBIN, Fasc. 126-3 Nr. 74

[475] JURISCLASSEUR-LOBIN, Fasc. 126-3 Nr. 97ff mit Überblick über die gesetzliche Regelung

der kollektiven Interessen eine eigene *action* zu, die sich nicht aus der Vertretung der Einzelinteressen der Mitglieder ableitet[476].

(2) In vergleichbarem Umfang sind staatlich anerkannte Interessenverbände, etwa Verbraucherschutzverbände oder *ligues antialcooliques*, klageberechtigt[477].

(3) Nach französischem Recht kann eine Wohnungseigentümergemeinschaft als juristische Person anerkannt werden (*syndicat*). Dieses Syndikat hat gemäß Art. 15 des Gesetzes vom 10.7.1965 *"qualité pour agir en justice"*[478]. Diese Zuweisung begründet insbesondere ein eigenes Klagerecht des Eigentümersyndikats für alle Angelegenheiten, die das Gemeinschaftseigentum oder das Grundstück insgesamt betreffen.

Zur Geltendmachung von Interessen einzelner Miteigentümer ist das Syndikat ebenfalls berechtigt. Nach herrschender Auffassung handelt es dabei jedoch in Repräsentation des jeweiligen Sondereigentümers, mithin aus fremder *action*[479].

IV. Die Klagebefugnis für Feststellungsklagen

(1) Allgemeine Feststellungsklagen werden erst in jüngerer Zeit und eher zögernd anerkannt[480]. Aus dogmatischer Sicht ist dies verständlich, da das französische Klagerecht einen aktuellen Streit, eine gegenwärtige Beeinträchtigung voraussetzt.

---

[476] JURISCLASSEUR-LOBIN, Fasc. 126-3 Nr. 98; CORNU/FOYER, S. 404f

[477] dazu näher unten Abschnitt 2 Kapitel 2 A. Vi. 2

[478] Art. 15 des Gesetzes vom 10.7.1965: "Le syndicat a qualité pour agir en justice, tant en demandant qu'en défendant, même contre certains des copropriétaires; il peut notamment agir conjointement ou non avec un ou plusieurs de ces dernières, en vue de la sauvegarde des droits afférents à l'immeuble."

[479] JURISCLASSEUR-LOBIN, Fasc. 126-3 Nr. 77ff mwN

[480] JURISCLASSEUR-LOBIN, Fasc, 126-2 Nr. 58, SOLUS/PERROT, S. 213, und andere weisen insoweit ausdrücklich auf die "liberale" Haltung des deutschen Rechts und seine gesetzliche Anerkennung einer allgemeinen Feststellungsklage hin.

Das Erfordernis des *intérêt* wird insoweit aufgelockert, als auch eine künftige Beeinträchtigung oder die bloße Gefahr einer Beeinträchtigung unter Umständen genügen soll[481]. Die verringerten Anforderungen beziehen sich somit auf das Erfordernis eines *intérêt né et actuel*, die Feststellungsklage erscheint im wesentlichen als ein Mittel vorbeugenden Rechtsschutzes[482].

Für den *intérêt personnel et direct* scheinen keine Besonderheiten zu gelten. Die allgemeine Feststellungsklage ist deshalb nur bei einer möglichen Betroffenheit des Klägers aus eigenen Rechtspositionen zulässig.

(2) In manchen Fällen eröffnet das Gesetz ausdrücklich für bestimmte Materien die Möglichkeit, gerichtliche Feststellung zu beantragen, etwa auf gerichtliche Feststellung der Abstammung. In diesen Fällen bestimmt das Gesetz zugleich, wer klageberechtigt ist. Hier gelten deshalb die allgemeinen Grundsätze der *action attitrée*[483].

V. Die Klagebefugnis für Gestaltungsklagen

Die Kategorie einer Gestaltungsklage ist im französischen Recht nicht geläufig. Die Verfahrenslegitimation für solche Klagen, etwa auf Ehescheidung, ist weithin gesetzlich geregelt, wie die bereits angeführten Beispiele zur *action attitrée* aufzeigen[484]. Die rechtgestaltende Wirkung eines Urteils gegenüber jedermann wird unmittelbar als Frage der Rechtskrafterstreckung angesehen.

---

[481] JURISCLASSEUR-LOBIN, Fasc, 126-2 Nr. 62; CORNU/FOYER, S. 355

[482] ENCYCLOPÉDIE-VINCENT "Action" Nr. 70 und CORNU/FOYER, S. 355, sprechen insoweit auch von *"actions préventives"*

[483] vgl. Abschnitt 2 Kap. 2 III. 1. mit Beispielen

[484] vgl. wiederum Abschnitt 2 Kap. 2 III. 1.

VI. Das Klagerecht von Verbänden und Interessengruppen

Als Verbände nehmen insbesondere Gewerkschaften (*syndicats*), berufsständische Vereinigungen (*ordres professionnels*) und die sogenannten *associations* am französischen Gesellschafts- und Rechtsleben teil.

Die Gründung einer *association* als mit eigener Rechtspersönlichkeit ausgestatteter Interessenvereinigung war früher von einer staatliche Genehmigung abhängig. Mit Urteil vom 16.7.1971 hat der *Conseil constitutionnel* die entsprechende Gesetzesvorschrift für verfassungswidrig erklärt, weil sie gegen die Vereinigungsfreiheit verstoße. Aufgrund des Gesetzes Nr. 71-604 vom 20.7.1971 unterscheidet man nunmehr zwischen *associations qualifiées*, deren Gemeinnützigkeit durch Gesetz oder Dekret besonders anerkannt ist, und den *associations non qualifiées*.

Wie jede andere juristische Person sind die Verbände zur gerichtlichen Verteidigung ihrer eigenen "persönlichen" Rechte befugt und können etwa Verletzungen des Verbandseigentums geltend machen. Differenziert wird hingegen hinsichtlich der Frage, inweiweit die Verbände auch zur Geltendmachung von Einzelinteressen ihrer Mitglieder oder Verbandsinteressen berechtigt sind.

1. Geltendmachung von Mitgliederinteressen

Ein eigenes Klagerecht über die Interessen einzelner Mitglieder kann einem Verband nur aufgrund gesetzlicher Regelung zustehen.

Solche Regelungen sind rar. Praktisch bedeutsam ist nur das Recht der Gewerkschaften, zugunsten ihrer Mitglieder die Einhaltung von tarifvertraglichen Regelungen geltend zu machen. Die Befugnis steht unter dem Vorbehalt, daß der Arbeitnehmer der Prozeßführung durch die Gewerkschaft nicht widerspricht[485].

Anerkannte Verbraucherschutzverbände können gemäß Art. L. 422-1 *Code de consommation* den durch Verletzung verbraucherschützender Bestimmungen erlittenen persönlichen Schaden von mindestens zwei Verbrauchern geltend machen. Voraussetzung ist jedoch eine schriftliche Ermächtigung durch die

---

[485] dazu oben Abschnitt 2 Kap. 2 III. 2.

Verbraucher. Rechtstechnisch klagt der Verbraucherverband daher nicht aus eigenem Klagerecht, sondern als bloßer Repräsentant des Verbrauchers[486]. Dieses Modell hat sich jedoch nicht bewährt, da die Verbraucherverbände den umständlichen und verantwortungsreichen Weg zu scheuen scheinen[487].

2. Geltendmachung von Verbandsinteressen

(1) Die Geltendmachung von Verbandsinteressen steht grundsätzlich den Gewerkschaften, Berufsvereinigungen und den *associations qualifiées* zu.

Als *associations qualifiées* anerkannt sind etwa Verbände zum Schutz von Ursprungsbezeichnungen, zum Schutz der Familie, zum Kampf gegen Rassismus, Verbraucherschutzverbände oder die *ligues antialcooliques*[488].

Ihr Klagerecht basiert in der Regel auf mehr oder weniger expliziten gesetzlichen Regelungen. Daraus hat sich als allgemeiner Rechtsgrundsatz durchgesetzt, daß jede *association qualifiée* ein Klagerecht zur Durchsetzung der Verbandsinteressen hat.

Warum es einer ausdrücklichen gesetzlichen Grundlage nicht notwendig bedarf, ohne bei der Geltendmachung von kollektiven Interessen durch Verbände vom allgemeinen Erfordernis des *intérêt personnel* abzurücken, hat THIERE für die *syndicats* anschaulich beschrieben: "M. E. ist der Grund in erster Linie darin zu sehen, daß die französischen Gerichte zum einen die *syndicats* immer als die gesetzlich anerkannten und auch als die tatsächlichen Repräsentanten ihrer Berufszweige angesehen haben und zum anderen die Ziele der Gewerkschaften anläßlich ihrer Zulassung fest umrissen worden sind... Aufgrund seiner repräsentativen Stellung ist es auch möglich, den Verband mit dem Kollektiv in der Weise zu identifizieren, wie es Solus/Perrot tun ('*une réalité autonome, ... qui s'identifie à la collectivité elle-même*') und daraus den Schluß zu ziehen, das fremde *intérêt collectif* sei trotz seiner Fremdheit ein *intérêt direct et personnel* des Verbandes"[489].

---

[486] VINCENT/GUINCHARD, S. 115; CORNU/FOYER, S. 415

[487] ausführlich BORÉ, S. 270f; VINCENT/GUINCHARD, S. 115

[488] vgl. JURISCLASSEUR-LOBIN, Fasc. 126-3 Nr. 130ff mwN

[489] THIERE, S.97f mwN

Dadurch gewinnt das Verbandsinteresse Kontur als Interesse einer bestimmten Gruppe gegenüber allgemeinen gesellschaftlichen Interessen, die Trennlinien zwischen Verbandsinteressen und den Interessen der Mitglieder bleiben allerdings unscharf[490].

(2) Umstritten ist das Klagerecht der *associations non qualifiées* für Verbandsinteressen.

Nach einer Auffassung sind die nicht anerkannten *associations* nur zur Verteidigung ihres *intérêt personnel et direct* in ihrer Eigenschaft als juristische Person berechtigt[491]. Die Cour de cassation verweigert etwa nicht anerkannten Jägerverbänden das Klagerecht gegen Wilderer. Der Verlust der Jagderlaubniseinnahme und die Kosten von Überwachung und Neubesatz seien kein *intérêt personnel et direct* des Jägerverbandes[492].

Nach anderer Ansicht ist auch den nicht besonders anerkannten Verbänden ein Klagerecht zur Verfolgung kollektiver Interessen im Rahmen der Verbandsziele zuzugestehen. Der Staat sei nicht in der Lage, die zunehmenden gesellschaftlichen Interessen auf andere Art hinreichend zu schützen[493].

Der Meinungsstreit in Literatur und Rechtsprechung verliert dadurch an Bedeutung, daß in zahlreichen Gerichtsentscheidungen auch eine Beeinträchtigung in den Verbandszielen als hinreichender *intérêt personnel* des Verbandes angesehen wird[494].

3. Die Klagebefugnis von Interessengruppen

Interessenvereinigungen ohne eigene Rechtspersönlichkeit werden als "*groupements de fait*" bezeichnet. Als solche verfügen sie über keine eigenen aktiven Klagerechte[495].

---

[490] JURISCLASSEUR-LOBIN, Fasc. 126-3 Nr. 143

[491] CORNU/FOYER, S. 410; VINCENT/GUINCHARD, S. 116f

[492] Crim. 31.1.1968, J.C.P.1968 II, 15688; Crim. 19.11.1969, Bull. crim. 723; Crim. 20.1.1971, Bull. crim. Nr. 18

[493] JURISCLASSEUR-LOBIN, Fasc. 126-3 Nr. 154 mwN

[494] Rechtsprechungsüberblick bei JURISCLASSEUR-LOBIN, Fasc. 126-3 Nr. 155ff

[495] VINCENT/GUINCHARD, S. 368f mwN

Insbesondere wird die Möglichkeit einer Gruppenklage zwar lebhaft diskutiert[496]; *de lege lata* ist sie jedoch nicht anerkannt[497].

VII. Klagebefugnisse hoheitlicher Stellen

Nach französischem Recht ist der *ministère public* (Staatsanwalt) in zahlreichen Fällen klagebefugt.

Gesetzlich bestimmt ist sein Klagerecht insbesondere in Angelegenheiten der Abstammung und der Betreuung, in Ehenichtigkeitsverfahren und in Insolvenzsachen[498].

Darüber hinaus kann er nach Art. 423 NCPC in allen Fällen Klage erheben, in denen der *ordre public* beeinträchtigt ist[499]. Diese Bestimmung bestätigt die bisherige Rechtsprechung, nach welcher der *ministère public* etwa zivilprozessuale Verfahren über die Eintragung einer Gesellschaft in das Handelsregister, auf Zivilstrafe wegen Wohnungsleerstandes oder auf Anerkennung einer Ehe einleiten durfte[500]. Da der *ordre public* sich nicht nur auf die öffentliche Ordnung im engeren Sinne beziehe, sondern auch den Schutz der Schwachen und Armen beinhalte, ließ die *Cour de Nancy* die Klage des *ministère public* zugunsten einer Armenhilfeorganisation in einer Erbschaftsstreitigkeit zu[501].

Ist das Klagerecht einzelgesetzlich eingeräumt, so wird dadurch der für die *action* erforderliche *intérêt* unwiderleglich vermutet und bedarf im Prozeß keines Nachweises. Bei der Berufung auf die Generalklausel des Art. 423 NCPC hingegen muß der *ministère public* nachweisen, daß durch den von ihm

---

[496]vgl. CABALLERO, S. 273ff; MARTIN/MARTIN, Nr. 7ff

[497]VINCENT/GUINCHARD, S. 120f

[498]Art. 422 NCPC; Artt. 184, 190 C.civ.; Artt. 4, 11 des Insolvenzgesetzes vom 25.1.1985

[499]Art. 423 NCPC: "En dehors de ces cas (sc. einzelgesetzlicher Zuweisung des Klagerechts), il peut agir pour la défense de l'ordre public à l'occasion des faits qui portent atteinte à celuici."

[500]MIGUET, Fasc. 110 Nr. 67ff mwN

[501]Cour de Nancy, 6.12.1950, D.1952.Somm.39

beanstandeten Sachverhalt allgemeine Interessen verletzt wurden, zu deren Verteidigung er berufen ist[502].

Das Klagerecht des *ministère public* besteht zumeist neben den Klagerechten der im konkreten Fall unmittelbar Betroffenen[503], gelegentlich ist es gegenüber deren Klagerecht subsidiär[504].

VIII. Klagebefugnisse für jedermann

Eine Popularklagemöglichkeit existiert im französischen Recht grundsätzlich nicht.

Als einzige Ausnahme wird insoweit die Klage eines Steuerzahlers anstelle einer Kommune gemäß Art. R 316 *Code des communes* genannt. Der Kläger muß kein *intérêt direct et personnel* nachweisen, die Klagezulassung ist zur Vermeidung von Mißbrauch allerdings von der Genehmigung des Verwaltungsgerichts abhängig, welches in summarischer Prüfung auch die Erfolgsaussichten berücksichtigt[505].

B. Die Bedeutung der Auswahl des richtigen Klägers

Teil A ging der Frage nach, wen das französische Recht als richtigen Kläger zur Geltendmachung eines bestimmten Streitstoffs ansieht. Im folgenden sollen nun die Folgen dieser Auswahl dargestellt werden, da sich aus ihnen erst die Ausgestaltung der Klagebefugnis im System des französischen Zivilprozesses und die mit der Auswahl verbundenen Ziele erkennen lassen.

---

[502] CORNU/FOYER, S. 395

[503] z. B. gemäß Art. 184 C.civ.: "Tout mariage contracté en contravention aux dispositions contenus aux articles 144, 146, 147, 161, 162 et 163, peut être attaqué soit par les époux eux-mêmes, soit par tous ceux qui y ont intérêt, soit par le ministère public."

[504] z. B. gemäß Art. 1153-1 NCPC: "Le ministère public représente l'Etat dans les actions en recherche de paternité exercées en l'absence d'héritiers ou lorsque ceux-ci ont renoncé à la succession."

[505] näher VINCENT/GUINCHARD, S. 108, 120

Im einzelnen sind die Funktionen des französischen Parteibegriffs (nachfolgend I.), die Überprüfung der Eigenschaft als richtiger Kläger im Verfahrensgang (II.) und die Reichweite der subjektiven Rechtskraft (III.) zu untersuchen.

I. Die Funktionen des französischen Parteibegriffs

Hinsichtlich der Funktionen des französischen Parteibegriffs ist zunächst an die Ergebnisse zu dessen Inhalt in Kapitel 1 I. zu erinnern: Zum einen hatte sich ergeben, daß der Erwerb der Parteistellung nicht notwendig davon abhängt, in wessen Namen, sondern für wen Rechtsschutz begehrt wird. Zum anderen ließ sich ein generelles Desinteresse des französischen Rechts an einem klaren Parteibegriff beobachten. Die im Vordringen begriffene Unterscheidung zwischen *partie à l'instance* und *partie au jugement* ließ schließlich die Charakterisierung des französischen Parteibegriffs als eines funktionalen Parteibegriff zu, da die Parteistellung in verschiedenen Regelungszusammenhängen unterschiedlich angeknüpft wird.

Gleichwohl liegt auch dem französischen Recht ein strenges Konzept über die Funktionen des Parteibegriffs zugrunde, nach welchem ihm zum einen Funktionen für das Verfahren zukommen, so die Zuweisung der Darlegungs- und Beweislast, der Erscheinungs- und Mitwirkungspflicht, der Pflicht zu loyalem Prozeßverhalten, des Rechts zur Ablehnung des Gerichts wegen Befangenheit und die Abgrenzung zur Zeugenstellung[506]. Zum anderen ist der Parteibegriff maßgeblich für die Rechtshängigkeit, Rechtskraft, Kostenlast oder das Recht zur Einlegung von Rechtsmitteln[507].

---

[506] VINCENT/GUINCHARD, S. 363; COUCHEZ, S. 162

[507] VINCENT/GUINCHARD, S. 363; CORNU/FOYER, S. 499ff

II. Die Überprüfung im Verfahren

1. Die Verfahrensausgestaltung

Das gewöhnliche Zivilverfahren beginnt mit der Einreichung der Klageschrift (*demande en justice*) bei Gericht und wird, vorbehaltlich Klagerücknahme, Vergleich oder des Erlöschens durch Fristversäumnis[508], mit dem Urteilsspruch des Instanzenzuges beendet[509].

Jeder Instanzenzug wird als eigenständiges Verfahrensverhältnis (*instance*) zwischen den Parteien angesehen. Nach überkommener Auffassung war das Verfahrensverhältnis privatrechtlicher Natur, entsprechend dem römischrechtlichen Prozeßvertrag der *litis contestatio*. Nach neuerer Ansicht wird das Verfahrensverhältnis zwischen den Parteien gesetzlich begründet und ist hoheitlicher Natur.

Die *instance* stellt eine prozessuale Einheit dar, der Gang der Verhandlungen entspricht im wesentlichen dem deutschen Recht[510]. Die Grundsätze der streitigen Verhandlung, der Mündlichkeit und der Öffentlichkeit wurden vom NCPC beibehalten.

Der für das alte Recht charakteristische Parteibetrieb ist erheblich eingeschränkt. Gemäß Art. 3 NCPC wacht der Richter über den ordentlichen Verfahrensablauf. Er kann den Parteien Fristen auferlegen, verfahrensleitende Verfügungen treffen und selbständig bestimmte Beweiserhebungen anordnen.

Eine Pflicht zu alsbaldigem und gleichzeitigen Vortrag aller Angriffs- oder Verteidigungsmittel (Eventualmaxime) läßt sich kaum erkennen. Der Gegner kann sich allerdings schadensersatzpflichtig machen, wenn er Einwendungen gegen die Zulässigkeit der Klage (*fins de non-recevoir*) verspätet vorbringt[511].

---

[508] "*Peremption de l'instance*" gemäß Artt. 386, 393 NCPC

[509] Art. 1 NCPC: "Seules les parties introduisent l'instance, hors les cas oú la loi en dispose autrement. Elles ont la liberté d'y mettre fin avant qu'elle ne s'éteigne par l'effet du jugement ou en vertu de la loi."

[510] BÖTTGER/REINECKER, S. 57; näher auch HÜBNER/CONSTANTINESCO, S. 230f; FERID/SONNENBERGER, Band I/1, S. 62f

[511] Art. 123 NCPC

2. Prüfungsumfang während des Verfahrens

(1) Die wirksam erhobene Klage führt nur zur Entscheidung in der Sache, wenn bestimmte Sachurteilvoraussetzungen vorliegen. Insoweit spricht das französische Recht von *recevabilité* bzw. *irrecevabilité* (Erreichbarkeit bzw. Nichterreichbarkeit) der Klage. Die *irrecevabilité* hat gemäß Art. 122 NCPC zur Folge, daß das Gericht die Klage nicht "*au fond*", d. h. auf ihre Begründetheit hin, überprüft.

Zu den Unzulässigkeitsgründen zählen gemäß Art. 122 NCPC das Fehlen des Klagerechts (*action*), darunter das Fehlen von *qualité* oder *intérêt*, Verjährung, Versäumung von Klagefristen und Vorliegen einer rechtskräftigen Entscheidung[512].

Das Gericht prüft die Sachurteilsvoraussetzungen von Amts wegen, wenn sie den *ordre public* berühren, Art. 125 NCPC[513]. Das Fehlen des für die Verfahrensführung erforderlichen *intérêt* kann stets von Amts wegen festgestellt werden.

Wenn eine Heilung möglich erscheint, ist erst der Zeitpunkt des Urteilsausspruchs für die Feststellung maßgeblich, ob die Klage unzulässig ist, Art. 126 NCPC. Eine Heilung kann auch dadurch erfolgen, daß die Person mit *qualité pour agir* dem Verfahren beitritt[514].

(2) Subjektive Sachurteilsvoraussetzungen sind *intérêt* und/oder *qualité*. Als Bestandteile des Klagerechts müssen sie in der Person desjenigen vorliegen, dessen *action* im Verfahren geltend gemacht wird. Wenn daher ein Repräsentant eine fremde *action* geltend macht, ist die Klage nach h. M. nur zulässig, wenn der Repräsentierte in seiner Person hinreichendes *intérêt personnel et direct* bzw. *qualité* für die Prozeßführung hat.

---

[512] Art. 122 NCPC: "Constitue une fin de non-recevoir tout moyen qui tend à faire déclarer l'adversaire irrecevable en sa demande, sans examen au fond, pour le défaut de droit d'agir, tel le défaut de qualité, le défaut d'intérêt, la préscription, le délai préfix, la chose jugée."

[513] im Regelfall berührt die Frage der *qualité* nicht den *ordre public*, vgl. Bourges 4.6.1980, Gaz. Pal. 1980.764

[514] Art. 126 NCPC: "Dans le cas où la situation donnant lieu à fin de non-recevoir est susceptible d'être régularisée, l'irrecevabilité sera écartée si sa cause a disparu au moment où le juge statue. - Il en est de même lorsque, avant toute forclusion, la personne ayant qualité pour agir devient partie à l'instance."

Wenn die Rechtsordnung ausnahmsweise Personen eine eigene *action* über fremde materielle Rechte verleiht, können sich die subjektiven Voraussetzungen verdoppeln. So muß der Gläubiger, der mit der *action oblique* die Forderungen seines Schuldners gegenüber dessen (Dritt-) Schuldner geltend macht, zum einen nachweisen, daß er an der Prozeßführung *intérêt* hat. Dieses *intérêt* besteht, wenn sein Schuldner zahlungsunfähig ist und durch Säumigkeit in der Forderungseinziehung das Vermögen des Gläubigers gefährdet[515]. Zum anderen muß er, ebenfalls als Zulässigkeitsvoraussetzung, nachweisen, daß seinem Schuldner gegenüber dem Drittschuldner ein Klagerecht zusteht, daß dessen Forderung gewissermaßen klagereif ist[516].

(3) Gemäß Art. 30 NCPC ist die *action* als das Recht definiert, vom Richter eine Sachentscheidung zu erhalten. Die bloße Behauptung einer *action* genügt daher nicht, um eine Entscheidung zur Sache zu erhalten. Dementsprechend müssen auch ihre Voraussetzungen *intérêt* und *qualité* tatsächlich vorliegen.

GASSIN hat die Grundlage der Prüfung des Klagerechts damit umschrieben, es müsse die Möglichkeit bestehen, daß der Kläger Inhaber des streitigen Rechts sei[517]. CORNU/FOYER sprechen von dem "*droit prétendu*" oder "*droit hypothetique*", anhand dessen das Klagerecht zu beurteilen sei[518].

Stets muß der Kläger nur die Fakten vortragen; deren rechtliche Würdigung obliegt dem Richter[519]. Daher ist auch Aufgabe des Richters, den Sachvortrag des Klägers daraufhin zu qualifizieren, auf welche rechtliche Grundlage das Begehren des Klägers gestützt werden kann und wer hinsichtlich dieses Rechts ein Klagerecht hat.

Bei dieser Qualifikation bereitet die Abgrenzung des Prüfungsumfanges zur Zulässigkeit gegenüber der Sachprüfung theoretisch und in der gerichtlichen Praxis Schwierigkeiten, weil der Gedanke einer Schlüssigkeitsprüfung nicht herausgearbeitet zu sein scheint[520].

---

[515] JURISCLASSEUR-LOBIN, Fasc. 126-3 Nr. 60; VINCENT/GUINCHARD, S. 103

[516] CORNU/FOYER, S. 338

[517] GASSIN, S. 252: "La qualité est la possibilité d'être titulaire du droit litigieux."

[518] CORNU/FOYER, S. 318

[519] MARTIN, S. 36

[520] vgl. SOLUS/PERROT, S. 196 mit zahlr. Rechtsprechungsnachweisen; VIATTE, S. 470

Unter Verweis darauf, daß sich die *qualité* nur unter Bezug auf das in den Streit geführte Recht beurteilen lasse und deshalb die rechtliche Würdigung des Klagegrundes (*l'examen du fond*) zumindest in Teilen voraussetze, wird die Abgrenzung als delikat bezeichnet[521].

Umstritten ist insbesondere der Prüfungsumfang bei durch Abtretung, Subrogation oder Erbfolge erworbenen Rechtspositionen. Nach Gassin ist zur Begründung der *qualité* in diesen Fällen auch der Erwerbstatbestand und die Wirksamkeit des Erwerbs der geltend gemachten Rechtsposition zu klären[522]. Nach wohl herrschender Ansicht genügt es auch hier zur Begründung des Klagerechts, daß der Kläger sich auf eine (nunmehr) eigene Rechtsposition beruft.

3. Überprüfung im Sachurteil

Die *action* gewährt das Recht auf eine Entscheidung zur Sache. Eine Überprüfung der Verfahrenslegitimation ist daher im Sachurteil nicht mehr denkbar.

III. Die Reichweite der subjektiven Rechtskraft

Gemäß Art. 500 NCPC erwächst ein Urteil in Rechtskraft, wenn es mit vollstreckungshindernden Rechtsmitteln nicht oder nicht mehr angreifbar ist.

Die Wirkung der Rechtskraft (*autorité de la chose jugée*) besteht positiv darin, daß der Kläger, dessen Recht anerkannt wurde, dieses Recht zwangsweise durchsetzen kann. Der negative Aspekt besteht darin, daß über denselben Gegenstand von denselben Parteien keine erneute Sachentscheidung verlangt werden kann[523]. Gemäß Art. 122 NCPC ist die *chose jugée* Zulässigkeitshindernis (*fin de non-recevoir*) für eine neue Klage. Dogmatisch führt die Rechtskraft zum Erlöschen der *action*.

---

[521] GIVERDON, S. 86

[522] GASSIN, S. 256ff; insbes. für die action oblique: JURISCLASSEUR-LOBIN, Fasc. 126-3 Nr. 60 mwN; Civ. 11.7.1951, D.1951.586

[523] ENCYCLOPÉDIE-PERROT "Chose jugée" Nr. 1; VINCENT/GUINCHARD, S. 167

Die Rechtskraft erstreckt sich auf denjenigen Teil des Rechtsstreits, der mit Endurteil entschieden wurde. Art. 480 NCPC zählt dazu ausdrücklich auch Entscheidungen über die Wirksamkeit des Verfahrens (*exceptions de procédure*) und Zulässigkeitsfragen (*fins de non-recevoir*).

Gleichwohl hindern Entscheidungen über die Wirksamkeit oder Zulässigkeit der Klage die Parteien nicht, dieselbe Klage nach Behebung des Hindernisses nochmals zu erheben und gegebenfalls eine Sachentscheidung zu erlangen[524].

Hinsichtlich der Reichweite der subjektiven Rechtskraft ist zu unterscheiden:

1. Rechtskraftwirkung zwischen den Parteien

Gemäß Art. 1351 C.civ. entfaltet das Urteil Rechtskraft nur zwischen denjenigen Personen, die in einer bestimmten Eigenschaft (*qualité*) die Klage (*demande*) erhoben hatten.

Die Rechtskraft erfaßt zunächst also nur die Verfahrensparteien, die am Verfahren selbst teilgenommen haben, sei es durch Klageerhebung oder nachträglichen Beitritt[525].

Rechtsprechung und Lehre haben die seit 1806 geltende Vorschrift des Art. 1351 C.civ. und ihre Wirkung allerdings erheblich modifiziert. Sie haben sich dabei insbesondere durch das Konzept der *représentation* und die gesetzlich vorgesehene Möglichkeit der *tierce opposition* inspirieren lassen.

2. Rechtskrafterstreckung auf repräsentierte Personen

Von der Rechtskraft des Urteils werden ferner nach allgemeiner Ansicht diejenigen Personen erfaßt, die im Verfahren mit Befugnis repräsentiert werden[526].

---

[524] VINCENT/GUINCHARD, S. 136; ENCYCLOPÉDIE-VINCENT "Action" Nr. 25 mwN

[525] ENCYCLOPÉDIE-PERROT "Chose jugée" Nr. 109

[526] ENCYCLOPÉDIE-PERROT "Chose jugée" Nr. 112ff mwN; VINCENT/GUINCHARD, S. 892f

Hier hat nun das französische Recht den Begriff der *représentation* gegenüber dem allgemeinen, bisher dargestellten Sprachgebrauch erweitert, um zu einer möglichst umfassenden Rechtskrafterstreckung zu gelangen[527].

Zu den Repräsentierten zählen deshalb nicht nur die *représentés* aufgrund gesetzlicher Vorschrift oder Mandatsübertragung, sondern auch die *ayants cause* (Rechtsnachfolger), die *cointéressés* (Mitberechtigte) und *créanciers* (Gläubiger)[528].

Alle diese Personenkreise können in ihren Interessen durch ein Urteil betroffen sein, an welchem sie nicht teilgenommen haben. So kann eine Entscheidung gegenüber dem Erblasser den erwarteten Nachlaß künftiger Erben mindern, der Kündigungsstreit des Hauptmieters die Rechtsstellung des Untermieters beeinträchtigen, oder Gläubigern kann durch ein Urteil zugunsten eines anderen Gläubigers Haftungsmasse des Schuldners entzogen werden.

Sie werden als an das Urteil gebunden angesehen, weil ihre Interessen durch den auftretenden Kläger als hinreichend vertreten erachtet werden, weil sie in einer engen Beziehung zum Kläger stehen, bzw. weil der Kläger berechtigterweise über ihre Interessen mitverhandelt[529].

Der NCPC hat diese Rechtsprechung bestätigt, indem er in Art. 583 NCPC "*les créanciers et autres ayant causes d'une partie*" als durch die Prozeßpartei vertreten ansieht.

Einzelrechtsnachfolger gelten als repräsentiert für diejenigen Prozeßhandlungen, die der Entstehung ihres eigenen Rechts zeitlich vorangegangen sind. Ab der Entstehung ihres eigenen Rechts gelten sie als Dritte[530]. Der Rechtskraft eines Urteils gegenüber dem Rechtsvorgänger bei Abtretung im Prozeß können sie gegebenfalls durch Erhebung der sog. *tierce opposition* entgehen.

---

[527] TOMASIN, S. 95

[528] VINCENT/GUINCHARD, S. 893f mwN; ENCYCLOPÉDIE-PERROT "Chose jugée" Nr. 123ff; TOMASIN, S. 94f mwN

[529] Civ. 1re, 28.1.1964, Bull. civ. I Nr. 51; Soc, 26.5.1965, D.1965, Somm.117; Civ. 1re, 13.10.1967, Bull. civ. I Nr. 265; TOMASIN, S. 95: "La représentation ... n'est que l'ébauche maladroite d'un instrument permettant au juge de doser, en l'absence de directives légales, la communauté d'intérêt existant entre certains individus afin de restreindre les recours inopportuns."

[530] VINCENT/GUINCHARD, S. 894 mwN

Bei der *action oblique* wirkt das von den Gläubigern erstrittene Urteil nur dann gegenüber dem Schuldner, dessen Rechte geltend gemacht wurden, wenn dieser dem Verfahren beigetreten war[531].

In den Fällen der *indivision* oder *copropriet́é* gelten die Mitberechtigten als durch den Verfahrensführenden in ihrem Klagerecht repräsentiert, wenn sie der Prozeßführung nicht widersprochen haben[532]. Nach mancher Ansicht kann die Rechtskraft in diesen Fällen von *"représentation imparfaite"* - da keine ausdrückliche Mandatserteilung erforderlich ist - nur zugunsten, nicht zuungunsten der Repräsentierten wirken[533].

Bei der *coobligation solidaire* erstreckt sich die Rechtskraft des von einem Mitberechtigten erstrittenen Urteils "*en raison même de la nature de ces obligations*" auf alle übrigen Mitberechtigten. Diese Wirkung ergebe sich aus der "*idee de communauté d'intérêts*". Einer zusätzlichen Repräsentationsfiktion bedarf es nach überwiegender Ansicht nicht[534].

3. Rechtskraft bei Verbandsklagen

Die Reichweite der Rechtskraft des von einem Verband über kollektive Interessen erstrittenen Urteils wird weder in Kommentaren, noch in Monographien zur *autorité de la chose jugée* erörtert. Wenn man, mit THIERE[535], davon ausgeht, daß das französische Recht die Verbände aufgrund ihrer Repräsentativität als klageberechtigt ansieht, legt dies die Bindung auch der Inhaber der repräsentierten Interessen an das Urteil nahe.

4. Urteilswirkung erga omnes

(1) Nur vereinzelt sehen gesetzliche Regelungen Rechtskraftwirkung gegenüber jedermann vor, etwa für Urteile auf Feststellung der Nationalität oder der Vaterschaft, vgl. beispielhaft Art. 311-10 C.civ.: "*Les jugements rendus en matière de filiation sont opposables même aux personnes qui n'y ont point été*

---

[531] VINCENT/GUINCHARD, S. 104 mwN; SCHWEICKERT, S. 112f mwN

[532] Civ 3e, 17.7.1985, Bull. civ. III Nr. 111

[533] ENCYCLOPÉDIE-PERROT "Chose jugée" Nr. 116 mwN; SCHWEICKERT, S. 60f mwN

[534] TOMASIN, S. 88 mwN

[535] oben FN 165

parties". Ob sich daraus ein allgemeiner Rechtsgrundsatz für Statusklagen herleiten lasse, wird diskutiert[536].

(2) Für alle Urteile wird die Reichweite der subjektiven Rechtskraft durch den Grundsatz der "*opposabilité du jugement*" gegenüber Dritten ergänzt. Er besagt, daß ein Urteil wie jeder andere Rechtsakt zwischen bestimmten Parteien als soziale Tatsache grundsätzlich auch von allen Dritten zu beachten ist, mag es sich auch mittelbar auf deren Rechte oder Interessen auswirken[537].

Hier hat sich in jüngerer Zeit die Unterscheidung zwischen Rechtskraft i. e. S. (*autorité de la chose jugée*) nur zwischen den Parteien und der Wirksamkeit (*efficacité*) des Urteils *erga omnes* herausgebildet[538]. Unter dem Gesichtspunkt der mittelbaren Auswirkung könne man sagen, jedes Urteil habe absolute Wirkung (*opposabilité absolue*)[539].

Schutz gegen diese Wirkung bietet Dritten das Verfahren der sog. *tierce opposition* (Drittwiderspruchsklage[540]) gemäß Artt. 579ff NCPC, mit welcher sie ein unrichtiges Urteil nach dessen Erlaß angreifen können. Das Urteil in diesem Verfahren beseitigt nicht das Ausgangsurteil, sondern nur dessen *opposabilité* gegenüber dem Verfahrensführer der *tierce opposition*, Art. 591 NCPC.

Diese im französischen Recht herausgehobenen Urteilswirkungen erklären auch, warum der subjektiven Rechtskraft von Feststellungs- und Gestaltungsurteilen kaum Aufmerksamkeit geschenkt wird.

---

[536] ENCYCLOPÉDIE-PERROT "Chose jugée" Nr. 145

[537] TOMASIN, S. 76 mwN

[538] TOMASIN, S. 40ff

[539] ENCYCLOPÉDIE-PERROT "Chose jugée" Nr. 134, 140ff; VINCENT/GUINCHARD, S. 890f

[540] DOUCET/FLECK übersetzen "tierce opposition" mit Drittwiderspruchsklage, Interventionsklage, Widerspruchsklage

Kapitel 3: Die Repräsentation in der Verfahrensführung

Die Rechtsfigur der Repräsentation nimmt im französischen Zivilprozeß breiten Raum für die Konstruktion verschiedenartiger Formen des Handelns in fremdem Interesse ein. Als ihre Wesenszüge werden das Handeln in fremdem Namen und für fremde Rechnung angegeben[541].

In der Rechtswirklichkeit ist das französische Konzept der Repäsentation allerdings durch eine bemerkenswerte Unschärfe gekennzeichnet. Wie bereits dargestellt, hat erst der 1976 in Kraft getretenen NCPC weitgehend klargestellt, daß die Repräsentationsbefugnis nicht Bestandteil des Klagerechts ist, sondern nur die Rechtsmacht zu deren Ausübung im Verfahren[542].

Ferner bestehen, wie im folgenden näher ausgeführt wird, zahlreiche Ausnahmen vom Erfordernis des Handelns in fremdem Namen.

I. Die Voraussetzungen der prozessualen Handlungsfähigkeit

Unter *capacité d'exercice* wird die rechtliche Befähigung verstanden, die zur Rechtsverfolgung vor Gericht erforderlichen Handlungen in eigener Person durchzuführen, *partie agissante* zu sein[543].

(1) Sie folgt in der Regel aus der zivilrechtlichen Geschäftsfähigkeit[544] und fehlt insbesondere Minderjährigen unter 18 Jahren bzw. unter 16 Jahren[545] sowie nicht geschäftsfähigen Erwachsenen (*incapable majeurs*).

---

[541] ENCYCLOPÉDIE CIV.-PETEL "Représentation" Nr. 23ff

[542] vgl. oben Abschnitt 2 Kap. 2 I. 1.; anders noch etwa GASSIN, S. 58ff; SOLUS/PERROT, S. 243f; GARSONNET/CEZAR-BRU, Bd. I, S. 543f: "La qualité est la faculté légale d'agir en justice; c'est le titre auquel on figure dans un acte juridique ou dans un procès. Ont seuls qualité: le proprietaire ou titulaire du droit litigieux; personne physique ou morale, ou son mandataire légal ou conventionnel..."

[543] CORNU/FOYER, S. 497: La capacité d'exercice est "l'aptitude à faire valoir soi-même ses droits et intérêts en justice (à être *partie agissante*) ..." (Hervorhebung im Original)

Die *capacité d'exercice* kann auch lediglich hinsichtlich bestimmter Verfahrensgegenstände fehlen. So wird etwa der Gemeinschuldner in der Liquidationsphase eines Insolvenzverfahrens für die Masse betreffende Verfahrens als nicht prozeßfähig angesehen[546].

Nach französischer Auffassung ist ferner die juristische Person nicht im Besitz der *capacité d'exercice*, weil sie nicht selbst vor Gericht ihren Willen ausdrücken kann[547].

(2) Vor dem *Tribunal de grande instance*, dessen Zuständigkeiten in etwa denen der deutschen Landgerichte entsprechen[548], und den meisten Rechtsmittelgerichten sind die Parteien nicht postulationsfähig[549]. Sie haben jedoch stets das Recht zu mündlichen Stellungnahmen[550].

II. Die Arten der Repräsentation und ihre Voraussetzungen

Dogmatisch unterscheidet das französische Recht zunehmend zwischen der Vertretung im Klagerecht (*représentation à l'action*) und der Vertretung (nur) in den Verfahrenshandlungen (*représentation à l'instance*).

Die Unterscheidung beruht auf der Beobachtung, daß bestimmte Arten von prozessualen Stellvertretern gegenüber den Vertretenen eigene Entscheidungsbefugnisse haben. So kann etwa der Repräsentant eines Minderjährigen selbst entscheiden, ob und insbesondere wie (z. B. Bestimmung des Prozeßziels,

---

[544]vgl. CORNU/FOYER, S. 497: "Il reste, qu'à de rares discordances près, les incapacités processuelles se déterminent comme les incapacités matérielles dont elles ne sont normalement que les prolonguements."

[545]gemäß Art. 476ff C.civ. können Minderjährige ab 16 Jahren durch Heirat oder Entscheidung des Vormundschaftsgerichts die Stellung als *mineur émancipé* erlangen, welche ihnen, bis auf Tätigkeiten als Kaufmann, die volle zivilrechtliche Geschäftsfähigkeit verleiht.

[546]vgl. VINCENT/GUINCHARD, S. 370; CORNU/FOYER, S. 497f

[547]JURISCLASSEUR-LOBIN, Fasc. 126-4 Ziff. 21

[548]dazu näher HÜBNER/CONSTANTINESCO, S. 16

[549]vgl. i. e. VINCENT/GUINCHARD, S. 847ff

[550]Art. 441 Abs. 1 NCPC: "Même dans les cas où la représentation est obligatoire les parties, assistées de leur représentant, peuvent présenter elles-mêmes des observations orales."

Beendigung durch Vergleich etc.) er einen Prozeß für Rechnung des Minderjährigen führen will[551].

Insoweit hat diese Art von Stellvertretern eine eigene und nicht nur eine abgeleitete Kompetenz zur Verfahrensführung[552]. Ihre Repräsentanz bezieht sich deshalb in der rechtlichen Konstruktion nicht nur auf die weisungsgebundene Ausübung einzelner Prozeßhandlungen vor Gericht, sondern auf die Ausübung des Klagerechts (*action*) des Vertretenen mit allen sich daraus ergebenden Verfahrensbefugnissen[553].

Da die Übertragung der weitgehend eigenständigen Verfahrensführung auf einen Repräsentanten auch durch gewillkürte Vereinbarung möglich ist, hat das französische Recht alle Fälle solcher Vertretung im Klagerecht, gleich ob auf Gesetz oder Parteivereinbarung beruhend, dogmatisch in der Figur der *représentation à l'action* systematisiert.

Der Unterschied zwischen der *représentation à l'action* und der *représentation à l'instance* wird insbesondere im Hinblick auf Verfahren mit Anwaltszwang herausgestellt, in welchen der *représentant à l'action* seinerseits einen Rechtsanwalt als *représentant à l'instance* beauftragen muß[554].

Die Repräsentationsbefugnis kann sowohl durch Gesetz, als auch durch vertragliche Vereinbarung begründet werden. Die übliche Unterscheidung von *représentation légale* (dazu nachfolgend 1.) und *représentation conventionnelle* (nachfolgend 2.) zielt allerdings darauf, ob die Vertretung notwendig oder der Repräsentierte selbst prozeßfähig ist. Das Erfordernis des Handelns in fremdem Namen wird anschließend gesondert untersucht (3.).

---

[551] ENCYCLOPÉDIE CIV.-PÉTEL "Représentation" Nr. 21: "Certains représentants sont dotés des pouvoirs propres, c'est-à-dire qu'ils décident eux-mêmes de l'opportunité d'agir pour le compte de la personne représentée; il s'agit, en particulier, des représentants légaux."

[552] GIVERDON, S. 87: "Le représentant légal est, en effet, investi d'un pouvoir propre. Il a une compétence personnelle et non plus une compétence dérivée."

[553] vgl. VINCENT/GUINCHARD, S. 371f: La représentation à l'action "touche à l'exercice même de l'action en justice à la place du titulaire empeché ou incapable (représentation *ad agendum*); la (représentation à l'instance) est plus limitée dans son objet: il ne s'agit que de confier à autrui le soin d'accomplir, à sa place et en son nom, les actes de la procédure, actes qui composent l'instance: c'est la représentation *ad litem*." (Hervorhebungen im Original)

[554] CORNU/FOYER, S. 511; VINCENT/GUINCHARD, S. 373f mwN: "L'administrateur qui representera le mineur en qualité de partie à l'instance pourra demander l'assistance d'un avocat et devra recourir à lui dans les procédures où la constitution d'avocat est obligatoire. La représentation à l'action est ainsi bien distinguée de la représentation à l'instance."

1. représentation légale

Die Repräsentation gilt als *représentation légale*, wenn sie gesetzlich vorgeschrieben ist, weil dem Inhaber einer *action* die "*capacité d'exercice*" fehlt.

Diese gesetzliche Repräsentationsbefugnis im Klagerecht folgt stets aus einer konkreten Rechtsnorm. Sie kann bestimmen, daß der Repräsentant aus eigener Entscheidungsbefugnis oder nur nach Genehmigung durch weitere Stellen, etwa des Vormundschaftsgerichts oder des Familienrats, zur Prozeßführung berechtigt ist.

(1) Nicht geschäftsfähige Minderjährige werden vor Gericht gemäß Art. 389-3ff C.civ. durch den gesetzlichen Vertreter (*administrateur légal*), in der Regel die Eltern, repräsentiert. In bestimmten Fällen werden besondere Pfleger (*tuteurs*) eingesetzt, Art. 390 C.civ.

Art. 464 C.civ. stellt klar, daß der *tuteur* grundsätzlich ohne besondere Genehmigung (*"sans autorisation"*) zugunsten des Vermögens des Minderjährigen Klage erheben darf. Für Grundstücksstreitigkeiten und Klagen über nichtvermögensrechtliche Rechtspositionen bedarf er jedoch der vorgängigen Erlaubnis des Familienrats[555], der vom Familienrichter aus vier bis sechs Verwandten zusammengestellt wird. Bei Gefahr im Verzug kann das Familiengericht die Erlaubnis des Familienrats auch durch eine eigene Genehmigung ersetzen, Art. 468 C.civ.

(2) Die Vaterschaftsklage des minderjährigen Kindes darf gemäß Art. 340-2 C.civ. nur die Mutter ausüben; ist die Mutter unbekannt, wird das Kind von einem *tuteur* repräsentiert.

(3) Die Repräsentation des erwachsenen Geschäftsunfähigen (*incapable majeur*) unter Pflegschaft erfolgt durch einen gerichtlich bestellten *tuteur*, der gemäß Art. 495 C.civ. auch zur Prozeßvertretung berechtigt ist.

Daneben besteht die Möglichkeit der Betreuung (*curatelle*) gemäß Art. 508ff C.civ.. Die Betreuung wird angeordnet, wenn eine Person der Beratung oder Kontrolle für ihre Rechtsgeschäfte bedarf, ohne geschäftsunfähig zu sein.

---

[555] Art. 464 C.civ.: "Le tuteur peut, sans autorisation, introduire en justice une aactohn relative aux droits patrimoniaux du mineur... L'autorisation du conseil de la famille est toujours requise pour les actions extrapatrimoniaux."

Gemäß Art. 510 C.civ. kann der Betreute diejenigen Rechtsgeschäfte, für die ein *tuteur* der Zustimmung des Familienrats bedürfte, nur unter Mitwirkung (*assistance*) des *curateur* durchführen. Eine prozessuale Repräsentationsbefugnis erwächst dem *curateur* daraus jedoch nicht, zumal er nicht gegen den Willen des Betreuten handeln darf.

(4) Im Insolvenzverfahren wird vom Gericht ein Gläubigervertreter (*"représentant des créanciers"*[556]) eingesetzt, um die Interessen der Gläubiger zu wahren. Dieser hat gemäß Art. 46 Abs. 1 des Gesetzes vom 5.1.1985 *"seul qualité pour agir en leur nom et dans leur intérêt"*.

Die gesetzliche Formulierung legt die Interpretation nahe, der Gläubigervertreter habe ein eigenes Klagerecht in seiner Person. Nach heute überwiegender Ansicht und nach der Terminologie des 1975 eingeführten NCPC ist der Begriff der *qualité* ein notwendiger Bestandteil der *action*, nicht des für eine Repräsentation im Klagerecht erforderlichen *pouvoir*.

Gleichwohl wird der Gläubigervertreter nach allgemeiner Ansicht als *représentant* angesehen. Begründet wird dies insbesondere damit, daß er ausschließlich in fremdem Interesse handele. Ferner bedürfe er für seine Verfahrenslegitimation einer besonderen, vom Insolvenzgericht erteilten Beauftragung. Diese Merkmale seien der *représentation* wesenseigen[557].

(5) Als Fall der *représentation légale à l'action* wird im französischen Recht auch die Vertretung juristischer Personen angesehen. Das Klagerecht selbst stehe der juristischen Person zu. Diese sei jedoch nicht handlungsfähig. Das durch Satzung bestimmte Organ übe deshalb im Verfahren das Klagerecht der juristischen Person aus[558].

2. *représentation conventionnelle*

(1) Die "vertragliche" Repräsentation wird grundsätzlich durch Erteilung eines Mandats zur Prozeßführung begründet. Das französische Recht unterscheidet hier nicht zwischen Auftrags- und Vertretungsverhältnis[559].

---

[556] Art. 10 des Gesetzes vom 5.1.1985

[557] VINCENT/GUINCHARD, S. 106f; CORNU/FOYER, S. 366: "maladroitement nommé qualité"

[558] VINCENT/GUINCHARD, S. 113; CORNU/FOYER, S. 513; Cass. 18.11.1995, D. 1995.101

[559] SCHWEICKERT, S. 46

Als Rechtsgeschäft setzt die Mandatserteilung voraus, daß der Mandant selbst geschäftsfähig ist. Die Mandatserteilung zur Vertretung im Klagerecht (*représentation à l'action*) kann an jede beliebige geschäftsfähige Person erfolgen. Sie muß allerdings schriftlich sein und den Umfang der erteilten Ermächtigung genau umschreiben[560].

Fehlt dem Repräsentanten die Postulationsfähigkeit für das Prozeßgericht, so muß er seinerseits einen Rechtsanwalt mit der *représentation à l'instance* beauftragen.

(2) Als *représentation conventionnelle* werden auch gesetzliche Repräsentationsbefugnisse zugunsten Prozeßfähiger angesehen, etwa das Recht des Kapitäns gemäß Art. 10 des Dekrets Nr. 69-679, für den Reeder dessen Schiff und Ladung betreffende Rechtspositionen geltend zu machen[561].

(3) Eine Vertretungsvermutung besteht bei der Klage eines Miteigentümers (*indivision conventionnelle*). Hier ist der Geschäftsführer im Rahmen seiner Verwaltungsbefugnisse gemäß Art. 1873-6 C.civ. berechtigt, aus eigenem Klagerecht und im eigenen Namen Klage hinsichtlich des gesamten Gegenstandes zu erheben; die übrigen Miteigentümer müssen "*à titre purement énonciatif*" lediglich angeführt werden. Da der Geschäftsführer nicht nur seinen eigenen Eigentumsanteil verteidigt, repräsentiert er nach allgemeiner Auffassung die übrigen Miteigentümer[562].

3. Zum Erfordernis des Handelns in fremdem Namen

Seit alters her gilt im französischen Recht die Regel *"nul ne plaide par procureur"*. Sie bedeutete zunächst, daß jeder Kläger persönlich vor Gericht erscheinen und an dem durch seine mündlichen Elemente geprägten Verfahren teilnehmen mußte[563]. Seit dem 16. Jahrhundert, mit der Entwicklung zum schriftlichen Prozeß, wird sie als Formvorschrift dahin angesehen, daß sich

---

[560] VINCENT/GUINCHARD, S. 374; SOLUS/PERROT, Bd. 3, S. 30f

[561] VINCENT/GUINCHARD, S. 377

[562] CORNU/FOYER, S 513

[563] GLASSON/TISSIER, S. 556ff

kein Kläger hinter einem - nun zugelassenen - Repräsentanten verstecken darf, sondern namentlich auf den prozessualen Schriftstücken genannt sein muß[564].

In diesem Sinn wird die traditionelle Regel auch heute als Verpflichtung verstanden, die wahren Parteien des Rechtsstreits aufzudecken und auf den Schriftsätzen anzugeben[565]. Ihr Geltungsbereich ist allerdings eingeschränkt:

(1) Nach allgemeiner Ansicht muß ein *représentant légal* nicht den Namen des Vertretenen angeben[566], wenngleich dies üblich sei[567].

Es ist auch unschädlich, wenn der *représentant légal* nicht angibt, *"ès qualité de tuteur"* das Verfahren zu führen[568].

(2) Im Insolvenzverfahren ist die Angabe der repräsentierten Gläubiger nicht erforderlich, weil der Gläubigervertreter nicht einzelne Gläubiger, sondern die Gläubiger in ihrer Gesamtheit und damit ein *intérêt collectif* vertritt[569].

(3) Bei der *représentation conventionnelle* ist der Offenbarungsgrundsatz in aller Regel zu beachten[570] und durch zahlreiche Einzelvorschriften des NCPC abgesichert[571]. So hatte die *Cour de cassation* mit Urteil vom 12.5.1981 die

---

564 CABALLERO, S. 252f

565 VINCENT/GUINCHARD, S. 376

566 VINCENT/GUINCHARD, S. 377: "Il faut, en outre qu'il ait représentation conventionnelle, ce qui signifie à l'inverse que l'exigence posée par la maxime n'aura pas à jouer dans toutes les hypothèses òu le mandataire tire son pouvoir de représentation de la loi ou du juge: la personne représentée, par exemple le mineur, ne figurera *en nom* dans la procédure." (Hervorhebung im Original); ebenso GASSIN, S. 217 mwN; CORNU/FOYER, S. 514; Soc. 28.4.1955, Bull. civ. IV Nr. 345; a. A. ohne Begründung Dijon 9.12.1975, Bull. civ. 1976 I, Nr. 441

567 CORNU/FOYER, S. 514; Soc., 28.4.1955, Bull. civ. IV Nr. 345

568 Civ 1re, 6.11.1985, Bull. civ. I Nr. 291

569 VINCENT/GUINCHARD, S. 106f mwN

570 Soc., Gaz Pal. 1942.2.177: "... la maxime `nul en France ne plaide par procureur' ne permet pas à la personne, chargée de conduire une action en justice pour le compte d'une autre personne, d'agir personnellement au nom de celle-ci" ; Civ, Gaz. Pal. 1940.1.26; Com., Bull. civ. IV 1980 Nr. 397

571 VINCENT/GUINCHARD, S. 375f mit Überblick über die verstreuten gesetzlichen Regelungen

von einer Gesellschaft im eigenen Namen erhobenen Klage auf Schadensersatz an ihre Tochtergesellschaft als unzulässig abgewiesen[572].

Auch hier bestehen jedoch Gruppen von Ausnahmen:

So ist traditionell anerkannt, daß der Schiffskapitän Rechtspositionen des Reeders im eigenen Namen geltend machen darf[573]. Diese Rechtsprechung wurde mit Art. 10 des Dekret Nr. 69-679 hinsichtlich der Passivlegitimation positivrechtlich bestätigt. In Abwesenheit des Kapitäns kann wiederum der Ladungsempfänger im eigenen Namen Rechtspositionen des Reeders geltend machen[574].

Eine Verwertungsgesellschaft kann im eigenen Namen Unterlassung der Verletzung von Urheberrechten ihrer Mitglieder verlangen, ohne daß deren Namen im Rubrum aufgeführt werden müßten[575].

Der Kommissionär ist stets zur Klage im eigenen Namen berechtigt, gleichgültig, ob er den Ausführungsvertrag im eigenen oder im Namen des Kommittenten abgeschlossen hat[576].

Aktionäre, die mindestens 20% der Anteile an einer Kapitalgesellschaft halten, können gemäß Art. 245 des Gesetzes vom 24.7.1966 und Art. 200 des Dekrets vom 23.3.1967 im Namen eines unter ihnen Klage gegen die Geschäftsführer oder das Direktorium erheben[577].

In diesen Fällen liegt es nahe, den Repräsentanten eine Verfahrenslegitimation zur Prozeßführung im eigenen Namen aus eigenem Recht zu unterstellen.

---

[572]Cass. com., 12.5.1981, Bull civ. IV Nr. 221: ebenso Rennes, 3.11.1972, J.P.C. 1975.JP.17909: "...le restaurateur ne pouvait agir qu'en vertu du mandat que lui avait été donné, étant sans qualité pour agir de ce chef en son nom personnel."

[573]Req. 24.1.1910, D. P. 1911 I, 471: "...la maxime `nul en France ne plaide par procureur' ... reçoit exception en matière maritime où les actions sont valablement intentées par ou contre le capitaine..."

[574]Aix 1.12.1948, D. 1949 Somm. 33: "Le consignataire du navire étant substitué au capitaine, peut, selon les usages mariotimes reconnus par une jurisprudence établie, agir en justice en son nom pour le compte de l'armateur sans que puisse lui être opposée la règle `Nul en France ne plaide par procureur`."

[575]Cass. soc. 20.12.1949, J.C.P.1950.II.5419

[576]ENCYCLOPÉDIE-VINCENT "Action" Nr. 285 mwN

[577]VINCENT/GUINCHARD, S. 377

Diese Erklärung wird jedoch allgemein mit der Begründung abgelehnt, die genannten Personen hätten keinerlei eigenes Interesse an der Prozeßführung; daher könne es sich nur um Fälle der Ausübung eines fremden Klagerechts handeln, wenngleich im eigenen Namen (insoweit ***représentation imparfaite***)[578]. Nach anderer Auffassung handelt es sich um eine Handlungsform *sui generis*[579].

Die beschränkte Bedeutung der Offenbarungspflicht zeigt sich im übrigen in ihrer Sanktion: Ihre Einhaltung ist nicht von Amts wegen zu prüfen und kann in der Revisionsinstanz nicht mehr geltend gemacht werden. Ihre Heilung ist durch schlichte Ergänzung der Namen der Repräsentierten möglich.

III. Rechtsfolgen der Repräsentation

Ob der vor Gericht auftretende Repräsentant selbst Partei ist, beschäftigt das französische Recht wenig[580]. Betont wird hingegen allgemein, daß der Repräsentant in eigener Person der Träger bestimmter Verfahrensrechte und -pflichten ist. So beziehen sich die Pflichten zur Verfahrensmitwirkung und loyalem Prozeßverhalten auf einen gegebenfalls vorhandenen Repräsentanten[581]. Sowohl Repräsentant als auch der Repräsentierte können persönlich geladen werden, Art. 197 NCPC.

Auch die Parteien der unmittelbaren Urteilswirkungen, d. h., wer aus dem Urteil berechtigt ist oder gegebenfalls die Verfahrenskosten zu tragen hat, ergeben sich nicht stets aus dem Rubrum. Insbesondere in den Fällen der ***représentation légale*** kann das Urteil von einem gesetzlichen Repräsentanten erstritten worden sein, der den Prozeß geführt hat und allein im Rubrum erwähnt ist. Die Urteilswirkungen bestehen in diesen Fällen ausschließlich zugunsten oder zum Nachteil des Vertretenen. Konstruktiv wird die Entstehung der Urteilswirkungen in einer anderen als der im Rubrum angeführten Person durch die materielle Wirkung der Repräsentation hergestellt.

---

[578] STORCK, S. 237 mwN zum Meinungsstand

[579] STORCK, S. 237 mwN

[580] vgl. oben Abschnitt 2 Kap. 1 I.

[581] CORNU/FOYER, S. 514

ABSCHNITT 3: FALLGRUPPEN

I. Die Anerkennung vorprozessualer Abtretungen

1. Klagebefugnis des Zessionars

Die vorprozessuale Abtretung ist in Frankreich grundsätzlich zulässig. Gegenstand der Abtretung kann die Forderung in ihrem gesamten Bestand oder in Teilen sein, sie kann auch zur Einziehung oder zu Sicherungszwecken erfolgen[582].

Mit der Forderung selbst geht auch das Klagerecht darüber auf den Zessionar über, dieser kann die Forderung deshalb aus eigener *action* gerichtlich gegenüber dem Schuldner geltend machen.

2. Mißbrauchskontrolle

Die Gefahren einer Forderungsabtretung zu Prozeßzwecken werden unter anderem darin gesehen, daß der Forderungskauf häufig spekulativen Zwecken diene und der Schuldner sich deshalb einer besonders unerbittlichen Eintreibung ausgesetzt sehe[583].

Um diesen Gefahren zu begegnen, untersagt das französische Recht zum einen gemäß Art. 1597 C.civ. die Abtretung streitbefangener Rechte (*"droits et actions litigieux"*) an Personen der Rechtspflege, unter anderem an Richter und Rechtsanwälte.

Zum anderen ist ein Schuldner gemäß Art. 1699 C civ. berechtigt, sich von einer abgetretenen streitbefangenen Forderung durch bloße Erstattung des vom Zessionar an den Zedenten entrichteten Kaufpreises einschließlich Kosten und Zinsen zu befreien.

---

[582] ENCYCLOPÉDIE CIV.-RIEG "Cession de créance", Nr. 4ff

[583] ENCYCLOPÉDIE CIV.-LEBRUN "Cession de droits litigieux" Nr. 3 mwN

Die Vorschrift versteht unter *droits litigieux* nicht nur Forderungen, über die bereits ein Rechtsstreit anhängig ist, sondern auch solche Forderungen, deren Geltendmachung nach den Umständen des Falls voraussichtlich zu einem Gerichtsverfahren führen wird[584].

II. Klagebefugnis bei Veräußerung der Streitsache im Prozeß

(1) Die Zession einer streitbefangenen Sache bewirkt zunächst nur im Innenverhältnis zwischen Veräußerer und Erwerber, daß die *res litigiosa* in das Vermögen des Erwerbers übergeht. Gegenüber Dritten, etwa dem Prozeßgegner des Zedenten, erwirbt der Zessionar die Sache erst mit der förmlichen Mitteilung der Zedenten (*signification*) oder der mit öffentlicher Urkunde (*acceptation*) vom Zessionar erklärten Annahme[585].

Bis dahin bleibt der Zedent nach außen hin Rechtsinhaber und damit auch allein richtiger Kläger. Der Zessionar ist an die Rechtskraft der Entscheidung gebunden[586].

(2) Umstritten sind die Folgen einer während des Prozesses erfolgten und publik gemachten Übertragung der streitbefangenen Sache. Im einzelnen lassen sich drei Auffassungen unterscheiden:

a) Der Zedent bleibt allein Prozeßpartei, das Urteil entfaltet Rechtskraft auch gegenüber dem Erwerber. Das Urteil wirke auf die Rechtslage im Zeitpunkt der Klageerhebung zurück. Diese Auffassung wird mit dem Schutz des Gegners vor Verfahrensbehinderungen durch Rechtsübertragung zu Prozeßzwecken begründet[587].

---

[584] ENCYCLOPÉDIE CIV.-LEBRUN "Cession de droits litigieux" Nr. 1 mwN

[585] ENCYCLOPÉDIE CIV.-RIEG "Cession de créance" Nr. 117ff; BERNSTORFF, Forderungsabtretung, S. 545

[586] WUNDERLICH, Prozeßstandschaft, S. 91f mwN

[587] MIGUET, S. 328f mwN; SCHWEICKERT, S. 96f mwN

b) Nach wohl herrschender Auffassung bleibt der Zedent Prozeßpartei, der Zessionar kann dem Prozeß jedoch als Partei beitreten und selbständig Berufung einlegen. Der Zedent habe demgegenüber keine schützenswerten Interessen, da er über das veräußerte Recht nicht mehr verfügen könne[588].

Tritt der Zessionar dem Rechtsstreit nicht bei, gilt er ab dem Entstehungszeit seines eigenen Rechts auch nicht als durch den Zedenten repräsentiert. Er kann deshalb, als Dritter im Verhältnis zu den Urteilsparteien, mit der *tierce opposition* die Rechtsbindung an das ergangene Urteil zu verhindern suchen[589].

c) Nach einer dritten Ansicht führt die Rechtsübertragung während des Prozesses zum Erlöschen der Instanz, wenn der Erwerber sie nicht aufnimmt. Der Veräußerer habe keine Verfügungsbefugnis über die fremde Sache und damit auch keine action mehr[590].

III. Klagebefugnis zugunsten der Insolvenzmasse

1. Übersicht

Das französische Insolvenzrecht wurde mit Gesetz Nr. 85-98 vom 25.1.1985 (im folgenden: InsG) umfassend neu geregelt[591]. Gemäß Art. 1 Abs. 1 dient das Insolvenzverfahren dazu, das Unternehmen zu sanieren und seine Tätigkeit zu erhalten.

Der Verfahrenseröffnung folgt deshalb in der Regel eine sechsmonatige (und bis zu 18monatige) Beobachtungsphase, in der der Gemeinschuldner seine Verwaltungs- und Verfügungsbefugnis grundsätzlich behält. In dieser Zeit wird ihm vom Insolvenzgericht ein *administrateur judiciaire* beigeordnet.

---

588 Civ. 1e, 28.1.1964, Bull. civ. I Nr. 51; Civ. 2e, 29.3.1971, Bull. civ. II Nr. 136; SCHWEICKERT, S. 96 mwN

589 Civ. 2e, 17.11.1977, D.1978.I.R.413; Civ. 2e, 20.6.1979, D.1980.I.R.51; ENCYCLOPÉDIE "Chose jugée" Nr. 124 mwN; SCHWEICKERT, S. 96 mwN

590 MIGUET, S. 328 mwN

591 Überblick bei HÜBNER/CONSTANTINESCO, s. 237ff

Die Gläubiger müssen ihre Forderungen bei dem vom Gericht ernannten Gläubigervertreter (*représentant des créanciers*, Art. 46 InsG) anmelden. Das Eröffnungsurteil unterbricht auch laufende Einzelvollstreckungsverfahren gegen den Gemeinschuldner, Art 47 InsG.

Ist die Sanierung (entweder schon bei Verfahrenseröffnung oder nach Abschluß der Beobachtungsphase) aussichtslos, so setzt das Gericht gemäß Art. 148-4 InsG einen Liquidator ein, der seine Aufgaben sowohl als *administrateur* als in Repräsentation der Gläubiger wahrnimmt. Nunmehr werden sämtliche Schulden aus der Zeit vor und während des Insolvenzverfahrens fällig. In diesem Verfahrensabschnitt ist der Schuldner gemäß Art. 152 InsG jeglicher Verfügungs- und Verwaltungsbefugnis enthoben.

2. *Klagebefugnis von Gemeinschuldner und administrateur judiciaire in der Beobachtungsphase*

Der Gemeinschuldner bleibt in der Beobachtungsphase grundsätzlich materiell und prozessual verfügungsbefugt[592]. Er kann daher auch selbst als Kläger Aktivprozesse zugunsten der verfahrensbefangenen Vermögensgegenstände führen.

Begrenzt werden seine Befugnisse durch die "*droits et actions*" (Art. 32 InsG) des *administrateur*. Dieser hat zum einen die ausschließliche Verwaltungs- und Verfügungsbefugnis für bestimmte Maßnahmen gemäß Art. 26ff InsG, zum anderen kann er sich, wenn die Geschäftsführung des Gemeinschuldners der Unternehmenssanierung zuwiderläuft, vom Konkursgericht die Leitung aller oder bestimmter Geschäfte übertragen lassen[593].

Soweit die Befugnisse des *administrateur* reichen, ist der Gemeinschuldner nicht mehr verfügungsbefugt und nicht mehr prozeßfähig.

Umstritten war zunächst, ob der *administrateur* im Prozeß zugunsten der Masse aufgrund eigenen Klagerechts legitimiert ist oder als Repräsentant des Gemeinschuldners dessen Klagerechte ausübt. Der Wortlaut von Art. 32 InsG deutet auf ein eigenes Klagerecht des *administrateur* hin. Mit Urteil vom 26. Okt. 1978 hat sich die Cour de cassation jedoch für das Repräsentationsmodell

---

[592] ENCYCLOPÉDIE CIV.-BARRET "Faillite" Nr. 32

[593] SONNENBERGER, S. 380

ausgesprochen mit der Begründung, daß anderenfalls das Eingreifen des *administrateur* in ein laufendes Verfahren zu unerwünschten gerichtlichen Zuständigkeitsveränderungen führe[594].

3. Die Klagebefugnis des représentant des créanciers

Mit Eröffnung des Insolvenzverfahrens bestimmt das Konkursgericht neben dem *administrateur judiciaire* auch einen *représentant des créanciers*, der die Interessen der Gläubiger und des Gemeinschuldners gegenüber Dritten wahrnimmt.

Diese Gestaltung ersetzt die frühere Konstruktion, nach der die Gläubiger in ihrer Gesamtheit eigene Rechtspersönlichkeit hatten und durch aus ihren Reihen bestimmte Vertreter handelten[595].

Gemäß Art. 46 InsolvenzG hat nun der *représentant des créanciers* "*seul qualité*", im Namen und im Interesse der Gesamtheit der Gläubiger zu handeln und Prozesse zu führen.

Auch hier legt die gesetzliche Formulierung nahe, der Gläubigervertreter habe ein eigenes Klagerecht. Denn nach Art. 31 NCPC begründet die gesetzlich zugewiesene *qualité* die *action* in der Person des Inhabers der *qualité*. Für diese Auslegung spricht auch, daß der Gläubigervertreter die vertretenen Gläubiger auf den Prozeßstücken nicht namentlich nennen muß[596].

Gleichwohl soll es sich nach allgemeiner Ansicht konstruktiv um einer Fall von *représentation* handeln, d. h. der bloßen Ausübung der *action* anderer. Begründet wird dies insbesondere damit, daß der *représentant des créanciers* nicht im eigenen, sondern ausschließlich im kollektiven Interesse aller Gläubiger und demjenigen des Gemeinschuldners tätig werde. Ferner bedürfe er für seine Verfahrenslegitimation einer besonderen, vom Konkursgericht erteilten Beauftragung. Diese Merkmale seien der *représentation* wesenseigen[597].

---

[594]Civ. 2e 26.10.1978, Gaz. Pal. 1979.1.43

[595]ENCYCLOPÉDIE COMM.-BARRET "Faillite" Nr. 44f; VINCENT/GUINCHARD, S. 106

[596]VINCENT/GUINCHARD, S. 107 mwN

[597]VINCENT/GUINCHARD, S. 106f; CORNU/FOYER, S. 366 ("maladroitement nommé qualité")

4. Klagebefugnis des mandataire-liquidateur

In der Liquidationsphase ist der Gemeinschuldner ohne Verwaltungs- und Verfügungsbefugnis. Seine "*droits et actions*" betreffend die Konkursmasse werden in dieser Phase von dem gerichtlich eingesetzten *liquidateur* ausgeübt, Art. 152 InsG.

Der *liquidateur* ist gemäß Art. 148-1 Insolvenzgesetz *mandataire judiciaire*. Als solcher ist er eigenständiges Justizorgan im Sinne von Art. 47 NCPC und somit "*ès qualité de liquidateur*" selbst Partei eines Aktivprozesses zugunsten der Insolvenzmasse[598].

Zur Grundlage seiner Verfahrenslegitimation stellt die Cour de cassation lediglich fest: "*Le liquidateur trouve dans les pouvoirs qui lui sont conférés par la loi en vue de la défense de l'intérêt collectif des créanciers qualité pour exercer une action...*"[599]. Die verwendete Formulierung "*exercer une action*" (so auch Art. 152 InsG) wird allerdings üblicherweise im Zusammenhang mit Repräsentationsverhältnissen gebraucht.

Zugleich fungiert der *liquidateur* in bestimmten Fällen als Repräsentant der Gläubiger. Gemäß Artt. 148-3 Abs. 1 S. 2, 148-4 Abs. 3 S. 2 InsG kann er "*introduire les actions qui relèvent de la compétence du représentant des créanciers*". In dieser Eigenschaft handelt er nicht als Justizorgan, sondern übt das Klagerecht der Gläubiger aus.

Im Ergebnis ist festzuhalten, daß alle zur Verwaltung der Kokursmasse berufenen Personen als Repräsentanten des Gemeinschuldners bzw. der Gläubiger angesehen werden. Daß dem *liquidateur* in dieser Eigenschaft selbst Parteistellung zukommen kann, scheint dem Repräsentationsmodell nicht entgegenzustehen.

---

[598]DERRIDA, S. 83ff; vgl. auch TGI Saint-Gaudens 8.4.1992, Bull. inf. C. cass. 1992, Nr. 1891: "Le liquidateur, chargé de la réalisation de l'actif, agit comme organe de la procédure, et non au titre de ses fonctions de représentant des créanciers."

[599]Com 21.11.1993, D. 1994.57

IV. Klagebefugnis zugunsten des Nachlasses

1. Übersicht

Nach französischem Erbrecht erwirbt der Erbe den Nachlaß unmittelbar mit dem Erbfall. Hat der Erblasser einen oder mehrere Testamentsvollstrecker (*exécuteur testamentaire*) bestimmt, so erlangen diese insoweit Besitz an den Nachlaßgegenständen, als es der Erblasser angeordnet hat. Ihr Amt endet zwingend spätestens nach Ablauf eines Jahres.

Sofern mehrere Erben existieren, erwerben diese den Nachlaß in gemeinschaftlicher Berechtigung (*indivision légale*). Die *indivision légale* ist als Bruchteilseigentum ausgestaltet, jeder Erbe kann über seinen Anteil grundsätzlich allein verfügen.

Die *indivision* ist grundsätzlich auf Auflösung angelegt. Infolgedessen war die Rechtsgemeinschaft bis 1976 gesetzlich gar nicht geregelt; die in das Erbrecht neu eingeführten Vorschriften der Artt. 815ff C.civ. gelten auch für gesetzliche Eigentumsgemeinschaften aus anderen Entstehungsgründen. Zugleich erfuhr auch die vertragliche Rechtsgemeinschaft (*indivision conventionnelle*) an anderer Stelle eine gesetzliche Regelung.

Gegenüber der früheren Rechtspraxis ist zum einen der Grundsatz der jederzeitigen Auflösbarkeit auf Verlangen eines Miterben eingeschränkt worden, zum anderen können die Erben die Fortsetzung auf Dauer oder bestimmte Zeit nunmehr vertraglich vereinbaren (*indivision conventionnelle*, Artt. 1873-1ff C-civ.).

2. Die Klagebefugnis des exécuteur testamentaire

Der Erblasser kann einen *exécuteur testamentaire* einsetzen, dessen Befugnisse im Regelfall weniger weit als diejenigen eines Testamentsvollstreckers nach deutschem Recht reichen[600].

Die Einsetzung wird als Mandaterteilung verstanden. Dementsprechend kann der Testamentsvollstrecker im Rahmen der ihm übertragenen Aufgaben "*ès*

---

[600] HÜBNER/CONSTANTINESCO, S. 204

qualité de exécuteur testamentaire" als Repräsentant der Erben Aktivprozesse zugunsten des Nachlasses führen.

Im Rahmen seiner Befugnisse ist der Testamentsvollstrecker allein verfügungsbefugt[601]. Die Erben sind insoweit als nicht prozeßfähig anzusehen.

3. Klagebefugnis von Miterben

(1) Vorbehaltlich der Anordnung einer Testamentsvollstreckung kann jeder einzelne Erbe zivilrechtlich und prozessual über seinen eigenen Anteil verfügen. Im Prozeß darüber beruht seine Verfahrenslegitimation daher auf eigener *action*. Dies gilt auch für Berechtigungen, die der Erbe nur zusammen mit anderen Erben ausüben kann, etwa Klagen auf Besitzeinräumung[602]. Das erstrittene Urteil wirkt grundsätzlich nicht für und gegen die anderen Erben.

(2) Unter bestimmten Voraussetzungen kann ein Erbe auch mit Wirkung für und gegen die Miterben handeln.

Zwar erfordern gemäß Art. 815-3 Satz 1 C.civ. Verwaltungsmaßnahmen grundsätzlich die Einigkeit aller Gemeinschaftsmitglieder. Diese können jedoch einem oder mehreren unter ihnen ein allgemeines oder auf bestimmte Geschäfte zugeschnittenes Verwaltungsmandat erteilen. Nimmt ein Erbe die Verwaltung ohne ausdrückliche Vollmacht in seine Hand, so unterstellt das Gesetz bei fehlendem Widerspruch der Miterben ein *mandat tacite*, Art. 815-3 a. E. C.civ.

Im Prozeß tritt der verwaltende Erbe deshalb hinsichtlich seines Anteils aus eigenem Recht, im übrigen als *mandataire* der Miterben auf. Aufgrund dieser Repräsentation oder, mangels *mandat*, gegebenenfalls Repräsentationsfiktion wirkt das Urteil auch für und gegen die Miterben[603].

Wenn ein Miterbe nicht in der Lage ist, seinen Willen zu äußern, kann ein anderer Miterbe sich gemäß Art. 815-4 C.civ. vom Gericht ermächtigen lassen, diesen zu repräsentieren. Diese Möglichkeit besteht auch, wenn ein Miterbe seine Zustimmung trotz Gefährdung der Nachlaßinteressen verweigert,

---

[601] Art. 1026 C.civ.

[602] Civ. 3e, 9.3.1982, Bull. civ. III Nr. 63

[603] vgl. oben Abschnitt 3 II. 3

Art. 815-5 C.civ., oder für Maßnahmen der Notgeschäftsführung, Art. 815-6 C.civ. Auch insoweit wirkt die Ermächtigung in den prozessualen Bereich, der klagende Miterbe tritt als ermächtigter Repräsentant der jeweiligen Miterben auf.

Zusammenfassend läßt sich feststellen, daß die Verfahrenslegitmation der verschiedenen zur Geltendmachung von Nachlaßforderungen berechtigten Personen entweder unmittelbar aus eigenem Recht oder aus einer für den konkreten Fall gerichtlich oder vertraglich erteilten Repräsentationsbefugnis über fremde Rechte hergeleitet wird.

V. Die gesellschaftsrechtliche Sozialklage

Die gesellschaftsrechtliche Sozialklage (*action sociale ut singuli bzw. ut plures*) ist für Kapitalgesellschaften mit Gesetz vom 26.7.1966 gesetzlich geregelt worden[604].

Mit Gesetz vom 5.1.1988 wurde die Möglichkeit der *action sociale* auch für alle anderen zivil- oder handelsrechtlichen Gesellschaften (*associations*) anerkannt[605].

Darüber hinaus können Aktionäre, die mindestens 20% der Anteile an einer Kapitalgesellschaft halten, gemäß Art. 245 des Gesetzes vom 24.7.19966 in Verbindung mit Art. 200 des Dekrets vom 23.3.1967 im Namen eines unter ihnen Klage gegen die Geschäftsführer oder das Direktorium erheben[606].

Gegenstand der Klage ist der gesamte Anspruch der Gesellschaft, nicht lediglich der auf den klagenden Gesellschafter entfallende Anteil an der Forderung.

---

[604] für Aktiengesellschaften in Art. 245, für Gesellschaften mit beschränkter Haftung (S.A.R.L.) in Art. 52 Abs. 3

[605] Art. 1843-5 C.civ.: "Outre l'action en réparation du préjudice subi personnellement, un ou plusieurs associés peuvent intenter l'action sociale en responsabilité contre les gérants. Les demandeurs sont habilités à poursuivre la réparation du préjudice subi par la societé; en cas de condamnation, les dommages-intérêts sont alloués à la societé..."

[606] VINCENT/GUINCHARD, S. 377

Die Klagebefugnis setzt voraus, daß der Kläger während des gesamten Rechtsstreits Anteilsinhaber ist, im übrigen ist sie an keine besonderen Voraussetzungen in der Person des Klägers gebunden[607]. Der Kläger muß allerdings nachweisen, daß die Gesellschaft, deren Rechte er geltend macht, insoweit einen hinreichenden *intérêt* hat[608].

Dogmatisch sehen die gesetzlichen Vorschriften die klagenden Gesellschafter nicht nur als Repräsentanten der Gesellschaft, sondern weisen ihnen ein eigenes Klagerecht zu[609].

---

[607] JURISCLASSEUR-LOBIN, Fasc. 126-3 Nr. 64ff mwN; ENCYCLOPÉDIE-VINCENT "Action" Nr. 111

[608] VINCENT/GUINCHARD, S. 105

[609] JURISCLASSEUR-LOBIN, Fasc. 126-3 Nr. 63f; VINCENT/GUINCHARD, S. 105

TEIL 3: DAS ENGLISCHE RECHT

ABSCHNITT 1: HISTORISCHE ENTWICKLUNGEN

Die Geschichte eines einheitlichen englischen Rechts beginnt mit der Eroberung Englands durch die Normannen im Jahre 1066. Vor diesem Zeitpunkt war das Land unter verschiedenen germanischen Stämmen aufgeteilt; über ihr Recht ist wenig bekannt[610]. Die Zeit ab 1066 läßt sich, gerade auch für die untersuchte Frage der Klagebefugnis, in die Epochen der Entwicklung des *common law*, der *equity*-Rechtsprechung ab dem 15. Jahrhundert und der Reformperiode ab 1832 einteilen, welche noch im 19. Jahrhundert die wesentlichen Grundzüge des heutigen englischen Zivilprozesses schuf.

I. Die Entwicklung des *common law*

Nach der Eroberung durch die Normannen brachte man Streitigkeiten gewöhnlich noch vor die lokalen Volksgerichte der Landbarone oder die neu eingerichteten Kirchengerichte. Jene entschieden nach lokalem Gewohnheitsrecht, die Kirchengerichte nach kanonischem Recht.

Der König übte die "Hohe Gerichtsbarkeit" in eigenen Angelegenheiten aus. Für andere Streitfälle sah er sich nur ausnahmsweise als zuständig an, wenn der Reichsfriede gefährdet war oder die normale Gerichtsbarkeit nicht funktionierte[611]. Dementsprechend war die Zuständigkeit der von Heinrich II. im Jahre 1178 am Königshof von Westminster institutionalisierten königlichen Gerichte zunächst auf die drei Fallgruppen königliche Finanzsachen, Grundeigentum und Grundbesitz sowie auf solche Strafsachen beschränkt, die den Reichsfrieden gefährden[612].

---

[610] DAVID/GRASMANN, S. 438

[611] DAVID/GRASMANN, S. 440f

[612] DAVID/GRASMANN, S. 441

In der Folgezeit erweiterten allerdings diese Gerichte ihre Zuständigkeit aus verschiedenen Gründen immer weiter, bis sie gegen Ende des Mittelalters die Gerichtsgewalt allein und nach ihrem einheitlichen Recht *(comune ley)* für England ausübten.

Zum einen trachtete der König danach, seine Machtstellung als oberster Gerichtsherr gegenüber den lokal rechtsprechenden Lehensherren zu stärken[613]. Die königliche Justizverwaltung war wegen der Einnahmen aus ihrer Rechtspflege interessiert, eine steigende Anzahl von Fällen an sich zu ziehen[614]. Und nicht zuletzt drängten die Rechtssuchenden auf eine solche Erweiterung, da die königlichen Gerichte ihnen wirksameren Rechtsschutz gewähren konnten. Nur sie konnten etwa das Erscheinen von Zeugen vor Gericht oder die Vollstreckung ergangener Urteile gewährleisten[615].

Wer um königlichen Rechtsschutz nachsuchte, wandte sich zunächst an den Kanzler und bat ihn um die Ausstellung eines sog. *writ* (lat. *breve*) im Namen des Königs[616].

Ein solcher *writ* bestand in einem schriftlichen Befehl des Königs an den Sheriff oder einen anderen lokalen Gerichtsherrn zur Ergreifung bestimmter Maßnahmen. Er enthielt Name und Wohnort der Parteien, eine kurze Umschreibung des Streitverhältnisses aufgrund der Angaben des Klägers und als wichtigsten Teil den je nach den Umständen auf Vorladung des Beklagten, Rückgabe weggenommener Sachen an den Kläger etc. lautenden Befehl des Königs[617].

Als Beispiel sei der *writ praecipe quod reddat* zitiert, der das eigentumsähnliche Verfügungs- und Nutzungsrecht des Lehensmannes am Lehens-

---

[613]PETER, S. 63

[614]MAITLAND, S. 80: "If we look for the motive which induced this stealing of business we may find it in the fact that the staff of the courts and to some extent the judges are paid by fees derived from the litigants."

[615]DAVID/GRASMANN, S. 442

[616]vgl. MAITLAND, S. 5: "From of old the rule has been that no one can bring an action in the king's court of common law without the king's writ; we find this rule in Bracton - *Non potest quis sine brevi agere* (Bract. f. 413 b). That rule we may indeed say has not been abolished even in our own day."

[617]vgl. PETER, S. 18ff mit Beispielen; dort auch Anh. I und II

gut Dritten gegenüber schützte und den Gegner direkt vor das königliche Gericht bringen konnte. Er lautet in der von GLANVILL überlieferten Fassung[618]:

"Der König an den Sheriff... Befiehl dem N., dem R. in gehöriger Weise und ohne Verzug eine Hufe Landes im Dorf Y. zurückzugeben, von der R. klagt, daß der erwähnte N. sie ihm gewaltsam vorenthalte. Und wenn er (N.) es nicht tut, so lade ihn durch gute Gerichtsboten vor, damit er am Tage nach dem weißen Sonntag beim Orte Z. vor mir oder meinen Richtern erscheine, um darzutun, warum er es nicht getan hat. Und halte dort die Gerichtsboten und dieses Schreiben (zu meiner Verfügung). Für die richtige Ausfertigung ..."

Allerdings konnte ein Rechtssuchender nicht für jeden gewünschten Fall einen *writ* erhalten. In den Anfängen seiner Gerichtsbarkeit hatte der König die Rechtsprechungshoheit der Landesbarone zu achten und sah sich veranlaßt, sein Eingreifen aus den jeweiligen Umständen des Einzelfalls zu rechtfertigen[619]. Erst bei Wiederholungen einer solchen Fallgestaltung ließ sich ein *writ* ohne weitere Prüfung ausstellen, sofern der Rechtssuchende das Vorliegen dieser Fallkonstellation behauptete[620]. Gleichwohl stellte sich das *writ*-System als wirksames Instrument heraus, die Zuständigkeiten der königlichen Gerichte zu erweitern und die Justiz allmählich zu zentralisieren[621].

Weil nun der Antrag auf Ausstellung eines *writ* für einen neuen Falltyp für den Rechtssuchenden stets die Gefahr der Ablehnung mit sich trug, griffen sowohl die Rechtssuchenden, als auch der Kanzler gern auf anerkannte *writs* (sog. *breve de cursu*) zurück, um die Zuständigkeit der Gerichte des *common law* zu begründen.

Die ursprünglich von Fall zu Fall aufgesetzten Texte der writs erstarrten so frühzeitig zu festen Formularen für die häufigsten Klagearten. Ihr Wortlaut hat sich seit ihrer jeweiligen Einführung kaum mehr verändert. Seit dem 15.

---

618 in der Übersetzung von PETER, S. 24; dort S. 23 auch der Wortlaut des in lateinischer Sprache abgefassten Originaltextes

619 DAVID/GRASMANN, S. 443

620 Als erste Generalermächtigung erteilte das Statute of Westminster II von 1285 dem Kanzler die Befugnis zur Ausstellung von *writs* in vergleichbaren Fällen (*in consimili casu*), vgl. etwa BERNSTORFF, Einführung, S. 3 mwN

621 MAITLAND, S. 11; PETER, S. 18

Jahrhundert kann man von einem *numerus clausus* der Klageformeln sprechen[622].

Schon GLANVILL führt in seinem vor 1190 erschienenen *"Tractatus de legibus et consuetudinibus regni Angliae"* rund 75 verschiedene *writs* auf[623]; die erste Liste der anerkannten, ohne besondere Prüfung ausgestellten *brevia de cursu* aus dem Jahre 1227 enthält 56 Klageformulare für bestimmte Fallkonstellationen, im Jahre 1832 sind es 76 verschiedene *writs*[624].

So wie ein *writ* nur für bestimmte Fallkonstellationen gewährt wurde, so war auch mit jedem *writ* ein spezielles gerichtliches Verfahren verbunden, das die Abfolge der Prozeßhandlungen, die Behandlung von Vorfragen, die Vertretung der Parteien, die Zulassung und Verwertung von Beweisen u. a. bestimmt. Ein Versäumnisurteil war nur in manchen Verfahrensarten möglich, ferner bestanden erhebliche Unterschiede im Ablauf der Hauptverhandlung oder in der Möglichkeit der Zwangsvollstreckung[625]. Jedem *writ* entsprach daher eine ihm eigene Verfahrensart (sog. *form of action*).

Die sorgfältig unterschiedenen *forms of action* enthielten primär die Verfahrensregeln für verschiedene Fallgruppen von Streitstoffen. Zugleich wurden nach dieser prozessualen Systematik auch die Präzedenzfälle für die materiellrechtliche Beurteilung dieser Fallgruppen gesammelt[626]. Ihrer Entwicklung schenkte das *common law* allerdings lange Zeit wenig Aufmerksamkeit. Mit der berümten Formulierung von MAINE kann man daher sagen, daß das materielle Recht "in den Zwischenräumen des Verfahrens versteckt" schien[627].

Da die *writs* die möglichen Klagegründe konkret umschrieben, konnte nur derjenige Rechtssuchende einen bestimmten *writ* erhalten, der behauptete, in einer entsprechenden Lage zu sein, z. B. Lehensmann, Gläubiger eines

---

622 PETER, S. 73

623 PETER, S. 20 mwN

624 DAVID/GRASMANN, S. 443; nach MAITLAND, S. 9, "about 72 forms of action"

625 MAITLAND, S. 2ff

626 vgl. MAITLAND, S. 4: "Each procedural pidgeon-hole contains its own rules of substantive law"; ebda., S. 10: "... a full history of (the forms of action) would be a full history of English private law."

627 MAINE, zit. nach MAITLAND, S. 1: "So great is the ascendary of the Law of Actions in the infancy of Courts of Justice, that substantive law has at first the look of being gradually secreted in the interstices of procedure."

Schuldvertrages, Eigentümer eines Pfandes nach Erfüllung der gesicherten Schuld etc.

Im Verfahren wurde nur noch überprüft, ob die Behauptungen des durch den *writ* zugelassenen Klägers zutrafen.

Ähnlich wie im römischen Aktionensystem fiel die Frage nach der Verfahrenslegitimation daher mit der Entscheidung über die Zulassung als Kläger und die Eröffnung des Verfahrens zusammen.

II. Die *equity*-Rechtsprechung

Die Konzentration des *common law* auf die Prozeßformalien und die alsbaldige Erstarrung in den anerkannten *forms of action* brachten zum Teil erhebliche Ungerechtigkeiten oder Rechtsschutzlücken mit sich.

So konnte es vorkommen, daß für bestimmte Fallkonstellationen schlechthin keine geeignete *form of action* zur Verfügung stand oder gewährt wurde.

Ähnlich schwer wog der Grundsatz, daß die Wahl des richtigen *writ* durch den Kläger unwiderruflich war. Er konnte also allein durch die Wahl der falschen Klageform unterliegen und seinen Anspruch insgesamt verwirken[628]. Hinzu kam, daß es dem rechtssuchenden Laien unmöglich war, sich in der Vielfalt der lateinischen Klageformeln zurechtzufinden, die in der Praxis zudem mit altfranzösischen Namen bezeichnet wurden. Auch juristische Hilfe konnte schnell versagen, wenn das Gericht nach Maßgabe der im Prozeß festgestellten Tatsachen einen anderen als den gewählten *writ* für richtig hielt[629].

Für die enttäuschten Parteien lag es nahe, sich in letzter Instanz unmittelbar an den König als der Quelle aller Gerechtigkeit und Gnade zu wenden und ihn um Hilfe zu bitten. So kam es seit dem 14. Jahrhundert immer häufiger vor, daß Untertanen den König persönlich um sein Eingreifen baten *"for the love of God and in the way of charity"*[630].

---

[628] MAITLAND, S. 4

[629] PETER, S. 37f

[630] DAVID/GRASMANN, S. 449

In der Regel wurden solche Gesuche dem Kanzler vorgelegt, der sie an den König und dessen Ratgeber weiterleitete. Seit den Rosenkriegen (1453 - 1485), die den König davon abhielten, zu Gericht zu sitzen, entschied der Kanzler mehr und mehr als selbständiger Richter im Namen und mit Vollmacht des Königs. Seine Entscheidung nach Billigkeit *(equity)* im Einzelfall führten mit der Zeit zu eigenständigen Billigkeitslehren, welche die Rechtsgrundsätze des *common law* ergänzten und deren Ergebnisse korrigierten[631].

Ab Anfang des 16. Jahrhunderts wurde von der königlichen Prärogative ausgiebig Gebrauch gemacht. Seit 1529 ist der Kanzler nicht mehr Beichtvater des Königs, sondern meist ein Jurist, der die Gesuche nach einem vom kanonischen Recht inspirierten schriftlichen, geheimen und inquisitorischen, Verfahren prüfte. Institutionalisiert wird seine Tätigkeit im Court of Chancery, dem zunächst nur der Kanzler selbst, ab 1729 als ranghöchster Untergebener auch der Vorsitzende des zentralen Appellationsgerichts angehören[632].

Die *equity*-Rechtsprechung hat sowohl eigene Verfahrens-, als auch eigene materiellrechtliche Regeln und Institute entwickelt. So konnte nach *common law* die Erfüllung vertraglicher Ansprüche nicht gerichtlich durchgesetzt, sondern lediglich Schadensersatz verlangt werden. Jedenfalls nach Billigkeitsempfinden war ein Schuldner jedoch verpflichtet, seinen Zusagen auch unmittelbar nachzukommen. Die *equity* gewährte dem Gläubiger deshalb vor ihrem Gericht den Anspruch auf Vertragserfüllung (*specific performance*)[633].

Ein weiteres Beispiel stellt das *equity*-Institut des *trust* dar, eine Vermögensüberantwortung zugunsten Dritter mit treuhänderischer, nur *in equity* durchsetzbarer Innenbindung gegenüber den Begünstigten[634].

Den daraus entstehenden Konflikt zweier Rechtszweige mit unterschiedlichen Rechtsprechungsorganen, Verfahren und auch materiellen Rechtssätzen löste König James I. im Jahre 1616 zugunsten der *equity*. Seitdem gilt der Grundsatz, daß *equity*-Regeln Vorrang haben. Die Gerichtsgewalt des Kanzlers wurde aber auf diejenigen Fälle beschränkt, in denen das *common law* keinen

---

[631] DAVID/GRASMANN, S. 449f

[632] WALKER & WALKER, S. 42 (aufgrund der in späteren Auflagen stark verkürzten Darstellung wird die 4. Auflage von 1976 in Bezug genommen)

[633] WALKER & WALKER, S. 49; HENRICH, S. 33

[634] HENRICH, S. 35

ausreichenden Rechtsbehelf gewähren konnte. Sie soll nicht dazu dienen, das *common law* zu ändern, sondern im Dienste der Gerechtigkeit zu ergänzen. Diese nur lückenfüllende Funktion der *equity* ist etwa in der Maxime *"equity follows the law"* ausgedrückt[635].

Der Zugang zur *equity*-Gerichtsbarkeit des Kanzlers erfolgte durch Ausstellung eines für alle Fälle einheitlichen *writ of subpoena*[636]. Verschiedene *forms of action* hat die einzelfallbezogene *equity*-Rechtsprechung nicht entwickelt[637].

Die Gewährung des Gerichtszugangs setzte voraus, daß der Rechtssuchende geltend machte, in einem eigenen anerkennenswerten *"interest"* - als Gegenbegriff zu den vor den *common law*-Gerichten durchsetzbaren *legal rights* oder *legal titles* - beeinträchtigt zu sein.

Grundsätzliche Einschränkungen ergaben sich insbesondere aus dem Charakter der *equity* als ergänzendem Billigkeitsbehelf. Rechtsschutz *in equity* wurde nur gewährt, wo das *common law* augenfällig versagte. Ferner mußte sich der Rechtssuchende, der eine Billigkeitsentscheidung begehrte, nach der Beurteilung des Kanzlers selbst untadelig verhalten haben, er mußte mit "sauberen Händen" kommen[638].

Im Ergebnis setzte der Zugang zur *equity*-Rechtsprechung somit voraus, daß der Rechtssuchende für eine behauptete Beeinträchtigung eigener Interessen nach gesundem Gerechtigkeitsverständnis eine gerichtliche Entscheidung erhalten sollte, die ihm das *common law* nicht gewährte.

Diese Abwägung traf der Kanzler unter Berücksichtigung des konkreten Streitstoffs und aller Umstände des Einzelfalles. Er entschied damit zugleich über die Möglichkeit der Prozeßeröffnung für den Rechtssuchenden sowie über seine subjektive Legitimation zur Prozeßführung und den Erhalt eines Urteils zur Sache.

---

[635] DAVID/GRASMANN, S. 461; BERNSTORFF, Einführung, S. 5f mwN

[636] Damit lädt der Kanzler den Beklagten unter Androhung einer Geldstrafe (*sub poena centum librarum*) vor sein Gericht; vgl. etwa DAVID/GRASMANN, S. 464

[637] DAVID/GRASMANN, S. 464

[638] "He who comes into Equity must come with clean hands"; vgl. HALSBURY'S LAWS "Equity" Vol. 16 para 750f

III. Die Prozeßreformen ab 1832

(1) Mit der Zeit wuchs die equity, die seit dem 17. Jahrhundert ebenfalls ihren Präjudizien folgte, allerdings zu einem Normensystem heran, das der Praxis des *common law* an Formalismus und Pedanterie in nichts nachstand[639]. Ihre Billigkeitsregeln wurden im Lauf der Jahrhunderte ebenso zwingend wie die Rechtssätze des *common law* und standen auch den gewandelten allgemeinen Billigkeitsvorstellungen allmählich kaum noch näher[640].

Der bestehende Verfahrensdualismus erforderte mitunter in einer einzelnen Angelegenheit die Durchführung von zwei Prozessen vor verschiedenen Gerichten. So war die Verurteilung zur Vertragserfüllung als *equity*-Rechtsbehelf nur vor dem Gericht des Kanzlers erreichbar, Verzugsschaden als nach *common law* anerkannter Schadensersatzanspruch nur vor den *common law*-Gerichten[641].

Zudem zeigte sich immer deutlicher, daß die erstarrten und in ihrer Rechtsanwendung fehlerträchtigen *forms of action* des *common law* der Rechtspraxis nicht mehr gerecht wurden und die Anpassung an die wachsenden Anforderungen des Handelsverkehrs und der modernen Zivilgesellschaft nicht zuließen[642]. Zahlreiche *forms of action* kamen wegen ihrer völlig veralteten Verfahren zunehmend außer Gebrauch[643].

Die weitgehende Beseitigung dieser Mißstände verdankt das englische Recht den einschneidenden Prozeß- und Justizreformen des 19. Jahrhunderts.

(2) Mit dem *Uniformity of Process Act 1832* wurden die überkommenen Verfahrensarten der *personal actions*[644] - *debt, detinue, covenant, account, tre-*

---

[639] WALKER & WALKER, S. 45

[640] DAVID/GRASMANN, S. 452

[641] DAVID/GRASMANN, S. 465

[642] JEREMY BENTHAM beschrieb das seinerzeitige Rechtssystem mit drastischen Worten als "a fathomless and boundless chaos, made up of fiction, tautology, technicality and inconsistency and the administrative part of it a system of exquisitely contrived chicanery which maximises delay and the denial of justice" (zit. nach JACOB, Judicature Acts, S. 302)

[643] MAITLAND, S. 6f

[644] Das englische Recht hatte zur Grobgliederung der verschiedenen Klagearten die römische Einteilung von Klagen in actiones in rem, in personam und mixtae übernommen. Als personal

spass, case, trover, assumpsit, replevin - in ein einheitliches Verfahren zusammengefaßt und ein einheitlicher *writ* vorgeschrieben.

Weiterhin hatte der Kläger jedoch in seinem Klageantrag zu erwähnen, auf welche der alten Klagen er sich inhaltlich stütze[645].

Auch dieses Erfordernis fiel mit dem *Common Law Procedure Act 1852*. Er sah ausdrücklich vor, daß im klageeröffnenden *writ* die Erwähnung einer der früheren Klageformen nicht mehr erforderlich war[646].

Die 64 verschiedenen Klageformen der *real actions* und *mixed actions* führte der Real Property Limitation Act 1833 zunächst auf vier Klageformen zurück, die durch den Common Law Procedure Act 1860 ebenfalls endgültig vereinheitlicht wurden[647].

Die Abschaffung der *forms of action* rückte nunmehr die Bestimmung des richtigen Klägers in das unmittelbare Interesse der Praxis. Hatten bislang die *forms of action* selbst angegeben, wer unter Berufung auf welchen Streitstoff das gerichtliche Verfahren führen durfte und ein Urteil darüber erhalten sollte, so bedurfte es dafür jetzt neuer, eigenständiger Grundsätze.

Die *forms of action* wirkten hier insoweit nach, als sie nicht nur zur Sammlung von Verfahrensregeln, sondern zugleich zur Sammlung von materiellen Rechtssätzen gedient hatten. Zur Darstellung des Klagegrundes (der *"cause of action"*) griff ein Rechtssuchender daher weiterhin auf die für sein Begehren zu einer bestimmten *form of action* ergangenen Präzedenzfälle zurück[648].

Die Betrachtung verschob sich jedoch vom Primat der Verfahrensformen zu den gleichsam dahinterliegenden materiellen Rechtssätzen. Rechtsprechung

---

actions galten nach MAITLAND, S. 7, solche "whereby a man claims a debt, a personal duty, or damages in lieu thereof; and likewise, whereby a man claims a satisfaction in damages for some injury done to his person or property". Maitland weist allerdings darauf hin, daß diese Einteilung dem englischen Recht nie wirklich angemessen war und mit dem System der forms of action überkreuz lag, ebda., S. 74.

645 MAITLAND, S. 8

646 MAITLAND, S. 8

647 MAITLAND, S. 8

648 MAITLAND, S. 80f: "...the form of action remains of vital importance to the pleader for each action retains its own precedents, and although the choice of the proper form need no longer made in the choice of the writ it is merely deferred until the declaration."

und Lehre gingen deshalb verstärkt dazu über, die in den "Zwischenräumen des Verfahrens" gesammelten materiellen Rechtssätze zu systematisieren und für die Beurteilung der Verfahrenslegitimation nunmehr unmittelbar heranzuziehen[649].

Diese im wesentlichen seit 1832 unternommenen Arbeiten gipfeln in A. V. DICEYS *"Treatise on the Rules for the Selection of the Parties to an Action"* von 1870, welcher auf 509 Buchseiten 108 Leitsätze zur Auswahl der richtigen Parteien enthält.

Die zeitgenössischen Autoren unterscheiden zwischen Klagen aus *contract* (Vertrag) und Klagen aus *tort* (Delikt). Für beide Gruppen werden zunächst allgemeine Grundsätze dargestellt, anschließend die richtigen Parteien in bestimmten Fallkonstellationen (Geschäftsherr und Stellvertreter, Gesellschaften, Eheleute, Konkursverwaltung, Testamentsverwalter).

Grundsätzlich erwächst das Klagerecht (*the right to bring an action* oder *right of action*[650] genannt) nur den Vertragsparteien[651] bzw. demjenigen, der selbst verletzt ist[652]. Allen Klagen ist gemeinsam, daß das Klagerecht weder übertragen noch abgetreten werden kann[653].

Die Darstellung DICEYS und anderer Autoren bis 1875 bleibt durch die strikte Trennung von Klagebefugnissen nach *common law* und *equity*-Rechtsbehelfen gekennzeichnet.

Klagen vor den *common law*-Gerichten *(courts of law)* sind nur wegen Verletzungen eines *common law*-Rechts gestattet[654]. Andererseits berechtigt grund-

---

649 Das Interesse an dieser neuen Fragestellung zeigt das dazu aufkommende Schrifttum. CHITTY widmet in seinem Standardwerk "Chitty's Treatise on Pleading" (7. Aufl. 1844) den "Parties to Actions" 106 von 716 Seiten. LUSH'S "Practice of the Superior Courts of Law" (3. Aufl. 1865) beschreibt die in Bezug auf bestimmte Situationen richtigen Parteien auf 348 Seiten. Zu DICEY'S "Treatise on the Rules for the Selection of the Parties to an Action" (1870) siehe die nachfolgende Darstellung im Text

650 so schon CHITTY, S. 17

651 DICEY, S. 79

652 DICEY, S. 325ff; LUSH, S. 142

653 DICEY, S. 66ff, 115ff, 382

654 DICEY, S. 41f

sätzlich jede nach *common law* anerkannte Rechtsposition ihren Inhaber bzw. Prätendenten zur Prozeßführung[655].

Insbesondere wenn in derselben Angelegenheit eine Person ein *legal interest* oder *legal right* (Rechtsposition nach *common law*) und eine andere Person ein *equitable interest* (Rechtsposition nach *equity*) hat, steht das Klagerecht nur dem Inhaber des *legal right* zu[656].

Die Trennung setzte sich im materiellen Recht dahin fort, daß auch die von der *equity* ent-wickelten Rechtsinstitute wie der vertragliche Erfüllungsanspruch oder bestimmte Einreden vor den *common law*-Courts weiterhin nicht geltend gemacht werden konnten.

Ferner bewirkte die tradierte Formenstrenge, daß die von einer falschen Partei oder von nicht allen notwendigen Parteien erhobene Klage grundsätzlich fehlschlagen mußte[657].

(3) Die Ausräumung auch dieser Verfahrensschwierigkeiten war das Ziel der *Judicature Acts 1873/1875*, auf denen das heutige englische Prozeßrecht im wesentlichen beruht.

Sie beseitigen die Trennung zwischen den *common law*-Gerichten und dem *equity*-Gericht des Kanzlers. Von nun an sind alle Gerichte zuständig, sowohl die vom *common law* als auch die von der *equity* entwickelten Rechtssätze anzuwenden. Im Zuge dieser Vereinheitlichung wird auch das materielle Recht gründlich bereinigt und neu geordnet[658].

Das herkömmliche System der *forms of action* ist damit endgültig überwunden, wenngleich die alten Verfahrensformen zur Bezeichnung bestimmter Anspruchsarten und zur Stoffgliederung weiterhin Verwendung finden[659]. Die

---

[655] DICEY, S. 50ff; CHITTY, S. 1

[656] DICEY, S. 43ff

[657] vgl. DICEY, S. 499ff

[658] DAVID/GRASMANN, S. 454; vgl. auch MAITLAND, S. 81: "This results in an important improvement in the statement of the law - for example in text-books - for the attemption is freed from complexity of conflicting and overlapping systems of precedents and can be directed to the real problem of what are the rights between man and man, what is the substantive law."

[659] darauf zielt die berühmte Warnung von MAITLAND, S. 2: "The forms of action we have buried, but they still rule us from their graves."

Vereinheitlichung der Verfahren berührt allerdings nicht den Dualismus der nach *common law* oder in *equity* begründeten materiellen Rechtspositionen, deren Verhältnis zueinander das englische Recht weiterhin prägt.

Zugleich erhielten die Gerichte mit den *Rules of the Supreme Court* (RSC) und den *Country Court Rules* (CCR) einheitliche Verfahrensordnungen, die ihnen gegenüber der früheren Verfahrensstrenge weite Befugnisse einräumten, das Verfahren nach Zweckmäßigkeitsgesichtspunkten zu gestalten und den Parteien Gelegenheit zur Heilung von Verfahrensfehler zu geben. Unter anderem erhalten sie Ermessensspielraum, die für die umfängliche Streiterledigung notwendigen Parteien selbst zu bestimmen und den nachträglichen Eintritt notwendiger Mitkläger anzuordnen bzw. bis zur Hauptverhandlung zuzulassen[660].

Das Regelverfahren vor allen Gerichten wurde nunmehr einheitlich durch den *writ of summons*, die dem Beklagten zuzustellende Klageschrift, eingeleitet. Nur für das beschleunigte und zwei weitere Sonderverfahren waren abweichende *writs* vorgesehen[661].

(4) Die zum 26. April 1999 in Kraft getretene Reform des Zivilprozeßrechts hat die Regelungen der RSC und der CCR zunächst teilweise durch neuformulierte *Civil Procedure Rules* (CPR) ersetzt[662]. Der Inhalt der neuen Regelungen im Detail darf als bislang wenig geklärt gelten. Gelegentlich fehlt auch eine Neuregelung für ausdrücklich außer Kraft gesetzte frühere Bestimmungen.

Nach CPR Part 1 (*Overriding Objective*) bezweckt die unter die Maxime "*Access to Justice*" gestellte Reform, daß die Gerichte in die Lage versetzt werden sollen, die Fälle "*justly*" zu behandeln. Wie CPR, 1.2 näher ausführt, ist darunter insbesondere die Sicherung der Chancengleichheit aller Parteien, Kostenersparnis, angemessene Fallbehandlung nach der Bedeutung des Falles,

---

[660] JACOB, Judicature Acts, S. 310; JACOB/GOLDREIN, S. 242

[661] vgl. i.e. RSC O.5; JACOB, Fabric, S. 75, bemerkt dazu: "I would suggest that four modes are three too many and that for sake of simplicity they should be reduced to a single mode, which should be made to serve all the functions desired by other modes."

[662] Die fortgeltenden Bestimmungen der RSC und CCR sind in Schedule 2 der CPR enumerativ aufgeführt.

sorgfältige und faire Fallbehandlung sowie die angemessene Verteilung der gerichtlichen Ressourcen auf alle Fälle zu verstehen[663].

An den bisherigen Grundsätzen der Klageerhebung ändert sich wenig. Während des Verfahrens sind dem Gericht jedoch neue Möglichkeiten an die Hand gegeben, die Streitsache verschiedenen Verfahrensarten (*small claims track*, *fast track*, *multi-track*) mit mehr oder weniger eingeschränken Vortrags- und Beweismöglichkeiten und teilweise engen Fristen zuzuordnen und - für den Gegenstand der vorliegenden Untersuchung von besonderem Interesse - wenig aussichtsreiche Klagen oder Streitpunkte bereits im Vorverfahren durch summarisches Urteil abschließend zu entscheiden.

Im Ergebnis führt die Reform daher aus dem Gesichtspunkt der Verfahrensökonomie im wesentlichen zu einer Beschränkung der bisherigen prozessualen Rechte der Parteien je nach der Bedeutung des Falles[664]; die Förderung des erklärten Ziels, die Waffengleichheit der Parteien zu sichern, beschränkt sich auf die Neuregelung der Prozeßkostenhilfe.

Abschnitt 2: Der richtige Verfahrensführer im heutigen Recht

Seit der Abschaffung der *forms of action* und der Anordnung einer einheitlichen Form zur Einleitung des Regelverfahrens schreiben nicht mehr be-

---

[663]CPR, 1.1: "(1) These Rules are a new procedural code with the overriding objective of enabling the court to deal with cases justly. - (2) Dealing with a case justly includes, so far as practicable (a) ensuring that the parties are on an equal footing; (b) saving expense; (c) dealing with the case in ways which are proportionate (i) to the amount of money involved; (ii) to the importance of the case; (iii) to the complexity of the issues; and (iv) to the financial position of each partie; (d) ensuring that it is dealt with expediously and fairly; and (e) allotting to it an appropriate share of the court's resources, while taking into account the need to allot resources to other cases."

[664]so auch die Einschätzung von O'BRIEN, S. 132: "Though it may represent the spirit of the reforms, the phrase `access to justice' is somewhat misleading since the ultimate effect of the programme is not, as the title appears to suggest, to open the doors of the court to potential litigants. Rather, the intention is to restrict access and to husband the court's resources..."

stimmte Klageformen vor, wer ein Verfahren eröffnen darf und über den Streitstoff eine Entscheidung zur Sache erhalten soll.

In welcher Eigenschaft nach heutigem Recht Personen als mögliche Verfahrensführer auftreten können, wird in Kapitel 1 zu untersuchen sein.

Kapitel 2 ist der Darstellung gewidmet, welcher - nach englischem Parteibegriff - Kläger aus welchen Gründen welchen Streitstoff geltend machen darf und wie seine Legitimation im Verfahren überprüft wird.

Die Voraussetzungen und Folgen der Verfahrensführung für andere werden, als funktionelle Alternative der Verfahrensführung durch den Kläger, in Kapitel 3 dargestellt.

Anschließend ist in den Kapiteln 2 und 3 darzustellen, wann und warum mögliche Verfahrensführer als die richtigen Verfahrensführer gelten, wie diese Eigenschaft im Prozeß überprüft wird und welche Bedeutung sie im einzelnen hat.

Kapitel 1: Die möglichen Verfahrensführer

Klageerhebung und Verfahrensführung sind im englischen Recht zunächst durch einen oder mehrere Kläger möglich (dazu nachfolgend I.).

Möglich und gelegentlich zwingend vorgeschrieben ist auch Verfahrensführung durch prozessuale Stellvertreter als Prozeßführung für andere und im Namen anderer (dazu nachfolgend II.).

In bestimmten Fallkonstellationen ist es ferner Personen gestattet, mit gerichtlicher Genehmigung den Namen des Klägers zu benutzen, um dessen Rechtspositionen geltend zu machen ("*to make use of the name of the plaintiff*"). Man kann hier von Handeln "unter" fremdem Namen sprechen (dazu nachfolgend III.).

I. Der Kläger als Verfahrensführer

Die Verfahrenseröffnung und -führung ist zunächst Personen möglich, die als Kläger auftreten. Wie die Stellung als Kläger erworben wird und woran sie anknüpft, beurteilt sich nach dem im folgenden dargestellten englischen Parteibegriff. Ob sie zugleich zur Verfahrensführung *in personam* berechtigt, hängt von weiteren Voraussetzungen ab.

1. Die Voraussetzungen der Parteifähigkeit

Als allgemeine Regel gilt: *"Any person, natural or artificial, may sue or be sued in the English courts"*[665].

Voraussetzung ist lediglich, daß die Person im Zeitpunkt der Klageerhebung als *"legal entitity"* existiert, anderenfalls ist die in ihrem Namen erhobene Klage unwirksam[666].

Natürliche Personen müssen daher im Zeitpunkt der Klageerhebung grundsätzlich leben. Wie sich aus RSC O.15 r.13 ersehen läßt, sind jedoch auch ungeborene Personen parteifähig, sofern ihre möglichen, auch künftigen, Interessen durch das Verfahren berührt werden könnten[667].

Juristische Personen *(artificial persons* oder *legal persons* genannt[668]*)* müssen eingetragen sein.

---

[665] HALSBURY'S LAWS "Practice and Procedure" Vol. 37 para 215

[666] ATKIN`S "Parties to Actions" Vol. 30 para 3 mwN: "If the plaintiff does not exist as a legal entity at the commencement of the action, the action will be a nullity"; ODGERS, S. 22: "Where the plaintiff did not exist as a legal entitiy at the time the writ was issued, the proceedings were and always have been a nullity and should be struck out".

[667] RSC O.15 r.13 regelt, unter welchen Voraussetzungen "any person (including an unborn person) or class who is or may be interested (whether presently or for any future, contingent or unascertained interests) in or affected by the proceedings" durch einen vom Gericht zu ernennenden Prozeßpfleger vertreten werden soll.

[668] vgl. ATKIN'S "Parties to Actions" Vol. 30 para 3; O'HARE/HILL, S. 91; die *artificial persons* umfassen die *incorporated associations* (BUNGE, S. 72), insbesondere *companies* und andere sog. *corporate bodies* (O'HARE/HILL, S. 91); *partnerships* sind keine *legal bodies*, können aber unter ihrem Firmennamen als Kollektivbeschreibung der partners klagen (ebda.)

Unter den Verbänden (*associations*) sind grundsätzlich nur die eingetragenen *corporations* parteifähig. Eine Sonderstellung nehmen Arbeitgeberverbände (*employer associations*) und Gewerkschaften (*trade unions, labour unions*) ein. Obgleich keine juristischen Personen, können sie gemäß dem *Trade Union and Labour Relations (Consolidation) Act 1992* im eigenen Namen gerichtlich auftreten[669].

2. Bezugspunkt und Erwerb der Parteistellung

Nach englischem Recht ist Prozeßpartei (*party to the action*), wer im eigenen Namen in das gerichtliche Verfahren einbezogen ist[670]. Derjenige, der das Verfahren im eigenen Namen einleitete oder auf dessen Seite dem Prozeß beitrat, wurde bislang als "*plaintiff*" (Kläger) bezeichnet[671].

Die CPR haben anstelle dieses Begriffes für den Kläger die Bezeichnung "*claimant*" eingeführt, um sich auch terminologisch vom bisherigen Recht abzusetzen[672]. In den fortgeltenden Bestimmungen der RSC und CCR wird weiterhin der Terminus "*plaintiff*" gebraucht. Da - notwendig - auch die bisherige Rechtsprechung und Literatur stets den überkommenen Begriff des *plaintiff* verwenden, werden auch in der nachfolgenden Darstellung beide Begriffe "*claimant*" und "*plaintiff*" bedeutungsgleich benutzt.

Die originäre Klägerstellung erwirbt ein Rechtschutzbegehrender dadurch, daß er sich in der Klageschrift als Kläger benennt. Die Klageschrift stellt er dem Gegner im Parteibetrieb oder über das Gericht zu und leitet damit das Verfahren zwischen sich und dem Beklagten ein.

Nur wer in ein bereits eröffnetes Verfahren als Kläger eintreten will, sei es neben (z. B. wegen Mitberechtigung am Gegenstand des Rechtsstreits) oder anstelle (z.B. wegen Rechtsnachfolge in die Berechtigung am Gegenstand des Rechtsstreits) des verfahrenseröffnenden Klägers, bedarf einer gerichtlichen

---

[669]dort sect. 10 (1), 10 (2), 12 (2)

[670]vgl. SCA 1981 sect. 151 (1): "... any person who pursuant to or by virtue of the rules of court or any other statutory provision has been served with notice of, or has intervened in, those proceedings."

[671]vgl. Atkin's "Parties to actions" Vol. 30 para 2 mit Überblick über weitere Bezeichnungen für bestimmte Verfahrensarten

[672]CPR, 2.3 (1): "In these Rules ... 'claimant' means a person who makes a claim ..."

Genehmigung *(order)*[673]. Die Erteilung dieser Order setzt voraus, daß das Gericht die Verfahrensteilnahme des weiteren oder neuen Klägers als notwendig erachtet, um eine effektive und vollständige Beurteilung aller Streitfragen zu gewährleisten[674].

3. Der Kläger als Verfahrensführer

In eigener Person kann ein Kläger vor Gericht nur wirksam Prozeßhandlungen ausführen, wenn ihm das *right to conduct litigation* und das *right of audience* zukommen. Beide Voraussetzungen der prozessualen Handlungsfähigkeit werden im Zusammenhang mit der Vertretung näher dargestellt[675].

4. Zusammenfassung

Als Ausgangspunkt der weiteren Untersuchung ist deshalb nochmals zusammenzufassen: Dem englischen Zivilprozeß liegt grundsätzlich ein formeller Parteibegriff zugrunde. Die wirksame Verfahrenseröffnung als Kläger ist nicht von einem bestimmten, qualifizierten Bezug des auftretenden Klägers zu dem von ihm zur Entscheidung gestellten Streitstoff abhängig. Anknüpfungspunkt für die Parteistellung ist lediglich der Name, in welchem das Verfahren eröffnet wird. Zur Abgrenzung zwischen hinsichtlich des konkreten Streitstoffs "richtigen" und "falschen" Klägern bedarf es daher eines weiteren, eigenständigen Auswahl- und Prüfungsschrittes.

Zugleich ist der Parteibegriff auch abstrakt, indem er die prozessuale Handlungsfähigkeit in eigener Person nicht berücksichtigt.

II. Verfahrensführung im Namen des Klägers durch Prozeßvertreter

Die Verfahrensführung durch andere Personen als den Kläger, jedoch in dessen Namen, ist allgemein zulässig und gelegentlich zwingend.

---

[673] vgl. CPR, 19.1, 19.4, RSC O.15 r. 7

[674] vgl. CPR, 19.1 (2) (b), RSC O.15 r.7 (2)

[675] s. unten Abschnitt 2 Kapitel 3 I.

Ein allgemeines Institut der Stellvertretung hat das englische Recht nicht herausgebildet. Der Begriff der Verfahrens- oder Prozeßvertretung soll deshalb als Sammelbegriff zur Darstellung der verschiedenen Fallgruppen des prozessualen Handelns für andere und im Namen anderer dienen, deren Voraussetzungen und Rechtsfolgen nachfolgend unter § 3 dargestellt werden.

III. Verfahrensführung "unter" dem Namen des Klägers

In bestimmten Fallkonstellationen gestattet das englische Recht Personen, den Namen des klageunwilligen oder an der Klage verhinderten Inhabers der streitigen Rechtsposition zu benutzen. In Unterscheidung zur Verfahrensführung in Stellvertretung handelt es sich um Personen, die an den streitigen Rechtspositionen selbst ein rechtlich anerkanntes Interesse haben und daher im Ergebnis für eigene Rechnung streiten. Die Verfahrensführung unter fremdem Namen begründet mit der Klageerhebung die Parteistellung des namentlich Benannten.

Gelegentlich wird der namentlich benannte Kläger ausdrücklich als "*nominal plaintiff*" bezeichnet[676].

Die erforderliche Genehmigung im Einzelfall kann das Gericht von der Leistung einer Kostensicherheit für den benannten Kläger abhängig machen. Je nach Interessenlage ist es auch berechtigt, den tatsächlichen Verfahrensführer unmittelbar in die Kosten zu verurteilen.

Da die Verfahrensführung unter fremdem Namen nach englischem Recht Bestandteil der Lehre vom richtigen Kläger ist, soll sie entsprechend dieser Systematik nachfolgend in Kapitel 2 mit abgehandelt werden.

[676] etwa in *James Nelson & Sons Ltd v. Nelson Line (Liverpool) Ltd* [1906] 2 K.B. 217

Kapitel 2: Der richtige Kläger

Die Lehre vom richtigen Kläger soll unter drei Gesichtspunkten untersucht werden. Zunächst ist darzustellen, wen das englische Recht als richtigen Kläger in Bezug auf einen bestimmten Streitstoff ansieht (nachfolgend A.). Anschließend ist die Bedeutung dieser Auswahl für das Verfahren und das Urteil zu untersuchen (B.).

A. Die Auswahl des richtigen Klägers

Unter dem Gesichtspunkt der Auswahl des richtigen Klägers werden der Auswahlmodus im Überblick sowie im einzelnen die Berechtigung zur Geltendmachung von *legal rights* und *equitable interests* dargestellt (nachfolgend I. - III.). Die Klagebefugnis für Feststellungs-, Gestaltungs- und Gruppenklagen etc. erfährt im Anschluß eine gesonderte Betrachtung (IV. - VIII.).

I. Der Auswahlmodus im Überblick

1. Die Lehre vom proper plaintiff

Das englische Recht faßt die Identifikation des im Hinblick auf einen bestimmten Streitstoff verfahrenslegitimierten Kläger in der Lehre vom *"proper plaintiff"* zusammen[677]. Sie enthält die Zuweisung der Verfahrenslegitimation durch das sogenannte *right of action*, die Anerkennung von Ausnahmen und Ergänzungen nach Ermessen des Gerichts und das Erfordernis des *locus standi* für Feststellungsklagen.

---

[677] ODGERS, S. 26; HALSBURY'S LAWS "Practice and Procedure" Vol. 37 para 216

(1) *Right of action*

Der richtige Kläger ist grundsätzlich derjenige, dem aus dem Streitstoff ein *right of action* zukommt. Gebräuchlich sind auch die Bezeichnungen *right to sue, title to sue* oder *title to bring action.*

Das *right of action* besteht nur für die Geltendmachung solcher Sachverhalte, die eigene materielle Rechtspositionen (*rules of substantive law*) für den Kläger begründen. Man kann daher zunächst sagen, daß das englische Recht die Verfahrensführung in Parteistellung über fremde Rechtspositionen nicht gestattet.

Umgekehrt folgt allerdings nicht aus jeder materiellen Rechtsposition ein *right of action* gegenüber jedem Störer oder Schuldner. Hier differenziert das englische Recht danach, ob die geltend gemachte Rechtsposition den Rechtsregeln des *common law* oder dem Rechtskreis der *equity* entstammt. Nur die nach *common law* begründete *legal rights* verleihen ihrem Inhaber ohne weiteres und gegenüber jedem Schuldner oder Störer ein *right of action.*

(2) Gerichtliche Befugnisse

Ergänzt wird dieser Bestimmungsmodus durch umfangreiche gerichtliche Befugnisse, von sich aus zu bestimmen, wer nach den Umständen des Einzelfalls richtiger Kläger sein soll. Diese Befugnisse folgen im wesentlichen zwei Leitgedanken:

Der erste Leitgedanke der gerichtlichen Befugnisse besteht darin, alle - jedoch nur diese - von einem Streitfall in ihren Rechten betroffenen Personen als Partei des Rechtsstreits vor das Gericht zu bringen, um eine sowohl umfassende, alle beteiligten Interessen berücksichtigende, als auch endgültige und damit prozeßökonomische Streitentscheidung zu erreichen[678].

Zur Verwirklichung dieses Ziels kann das Gericht gemäß CPR, 19.1 auf Antrag oder aus eigenem Entschluß zum einen Personen, deren Verfahrensteilnahme für die effekive und endgültige Klärung aller Streitpunkte erforderlich

---

[678] JACOB, Fabric, S. 80 mwN

ist, als Partei beiladen, zum anderen Kläger, deren Verfahrensteilnahme nicht erforderlich ist, aus dem Verfahren entlassen[679].

Eine Beteiligung auf Klägerseite kann das Gericht allerdings nur anregen, da gemäß CPR, 19.3 (3) niemand gegen seinen Willen zum Kläger gemacht werden darf[680]. Der bisher alleinige Kläger hat jedoch die Möglichkeit, einen die Mitwirkung verweigernden notwendigen Mitkläger durch Klageerweiterung zu verklagen und dadurch seine Verfahrensteilnahme als Partei herzustellen.

Der zweite Leitgedanke der gerichtlichen Befugnisse ist der *equity*-Grundsatz der effektiven Rechtsschutzgewähr. Die Gerichte sind insbesondere berechtigt, Kläger für das Verfahren zu legitimieren, die lediglich eine in *equity* anerkannte Rechtsposition geltend machen, obwohl der *legal title* an dem Streitstoff einer anderen Person zusteht.

Erreicht wird dieses Ziel, indem der Inhaber des (behaupteten) *equitable interest* entweder zur alleinigen Prozeßführung ermächtigt wird, indem ihm die Prozeßführung unter Beiladung des *legal owner* gestattet wird oder indem ihm die Benutzung dessen Namens für die Verfahrensführung gestattet wird.

(3) *Locus standi*

Der Begriff des *locus standi* (oder US-amerikanisch *standing*) wird von angloamerikanischen Autoren definiert als *"the right to bring an action or to be heard on a given forum"*[681], als *"entitlement to judicial relief"*[682] oder als *"the sufficient stake ... to obtain a judicial resolution of (a) controversity"*[683].

---

[679] vgl. CPR, 19.1 (2) und (3): "(2) The court may order a person to be added as a new party if (a) it is desirable to add the new party so that the court can resolve all the matters in dispute in the proceedings; or (b) there is an issue involving the new party and an existing party which is connected to the matters in dispute in the proceedings, and it is desirable to add the new party so that the court can resolve that issue. - (3) The court may order any person to cease to be a party if it is not desirable for that person to be a party to the proceedings."

[680] CPR, 19.3 (3): "Nobody may be added or substituted as a claimant unless (a) he has given his consent in writing; and (b) that consent has been filed with the court."

[681] DICTIONARY OF MODERN LEGAL USAGE, "locus standi", S. 537

[682] CROMWELL, S.1 (für das kanadische Recht)

[683] BLACK'S LAW DICTIONARY "standing to sue doctrine" S. 1405

Damit stellt er eigentlich den Oberbegriff für die Verfahrenslegitimation in allen Klagearten dar. Im englischen Zivilprozeß wird der Terminus des *locus standi* jedoch nur im Zusammenhang mit Feststellungsklagen und bestimmten besonderen Verfahrensarten verwendet[684].

In subjektiver Hinsicht setzt er nicht notwendig die Geltendmachung eines eigenen Rechts, sondern ein je nach Antragsart näher festgelegtes hinreichendes eigenes Interesse an der begehrten Feststellung oder Rechtsfolge voraus.

(4) Ergebnis

Im Ergebnis ist daher für die Verfahrenslegitimation eines auftretenden Klägers entscheidend, ob er ein eigenes materielles Recht geltend macht. Hier bestehen wieder unterschiedliche Voraussetzungen dahingehend, ob der Kläger ein eigenes ***legal right*** oder ein ***equitable interest*** in den Streit führt. Ausnahmen gelten für bestimmte Verfahrens- oder Klagearten, insbesondere die Feststellungsklage.

2. Die Herleitung der Klagebefugnis

(1) Die Entstehung des *right of action* als eigenständiger Rechtsfigur fällt mit der Befreiung des englischen Privatrechts aus den Fesseln der alten *forms of action* zusammen.

Bis zu ihrer Abschaffung mit den *Judicature Acts* hatten die verschiedenen früheren *forms of action* selbst angegeben, wer als (richtiger) Kläger einen bestimmten Streitstoff geltend machen konnte und bei Vorliegen der tatbestandlichen Voraussetzungen auch ein zusprechendes Urteil erhalten sollte.

Die *Judicature Acts* bestimmten demgegenüber, daß die Klagemöglichkeit nicht mehr an die Behauptung bestimmter, in den *forms of action* anerkannter Fallkonstellationen gebunden war. Damit führten sie zum einen den formellen Parteibegriff ein; zugleich eröffneten sie unmittelbar die Frage, welche Bezie-

---

[684] Im Index des White Book (SUPREME COURT PRACTICE)und der meisten Hand- und Lehrbücher zum Zivilprozeß werden die Stichworte *locus standi* oder *standing* nicht geführt; zur Verwendung bei Feststellungsklagen vgl. *Inland Revenue Commissioners v. National Federation of Self-Employed and Small Business Ltd* [1981] 2 All E.R. 93 sowie unten Abschnitt 2 Kapitel 2 A. IV. 1

hung zum Gegenstand des Rechtsstreits einen Kläger für die Verfahrensführung und ein gegebenenfalls zusprechendes Urteil legitimieren soll.

Diese legitimierende Beziehung wurde zunächst weiterhin mit den Kategorien beurteilt, die als Klagegründe (*causes of action*) den *forms of action* unterlegen hatten. Die Praxis benutzte - und benutzt zum Teil noch heute[685] - die Namen der überkommenen *forms of action*, um *causes of action* zu sammeln und darzustellen, in welcher Fallkonstellation einem Kläger ein Klagerecht zukommt[686].

Der wesentliche Unterschied zum System der *forms of action* liegt darin, daß eine *cause of action* nicht nur weiterhin für die im Laufe der Jahrhunderte erstarrten *forms of action* anerkannt wird, sondern grundsätzlich für alle Fallgestaltungen, in denen die Interessen einer Person als rechtlich schutzwürdig erscheinen. Das geschlossene System der *forms of action* wurde so in ein offenes System der *causes of action* umgewandelt.

Eine *cause of action* ist nach der bereits angeführten Umschreibung von LORD DIPLOCK *"simply a factual situation the existence of which entitles one person to obtain from the court a remedy against another person"*[687].

---

[685] z. B. *trespass* und *nuisance* als Klagegründe aus deliktischem Handeln, vgl. CLERK & LINDSELL, S. 909: "The distinction between trespass and nuisance is the old distinction between trespass and case. Trespass is a direct entry on the land of another, and is actionable per se, without proof of special damage, but nuisance is the infringement of the plaintiff's interest in property without direct entry by the defendant, and generally actionable only on proof of special damage."

[686] vgl. dazu DIPLOCK L. J. in *Letang v. Cooper* [1965] 1 Q.B. 232, 243: "The Judicature Act 1873 abolished forms of action. It did not affect causes of action; so it was convenient for lawyers and legislators to continue to use, to describe the various categories of factual situations which entitled one person to obtain from the court a remedy against another, the names of the various "forms of action" by which formerly the remedy appropriate to the particular category of factual situation was obtained. But it is essential to realise that when, since 1873, the name of a form of action is used to identify a cause of action, it is used as a convenient and succint description of a particular factual situation which entitles one person to obtain from the court a remedy against another person. To forget this will indeed encourage the old forms of action to rule us from their graves."

[687] in *Letang v. Cooper* [1965] 1 Q.B. 232, 242; vgl. auch LORD REID in *Central Electricity Board v. Halifax Corporation* [1962] 3 All. E. R. 715: "...if the plaintiff alleges the facts which, if not traversed, would prima facie enable him to recover, then he makes out a cause of action."

Der Terminus der *cause of action* knüpft also unmittelbar an die behaupteten Tatsachen an. Zugleich hat er normativen Charakter, indem er die Berechtigung bezeichnet, aus diesen Tatsachen gerichtliche Abhilfe zu erhalten.

Diese subjektive Berechtigung wird seit CHITTY als *right of action* zugunsten einer bestimmten Person bezeichnet. Der Begriff der *cause of action* findet heute zumeist im Sinne von Streitgegenstand oder Klagegrund Verwendung[688].

Die Beurteilung des *right of action* unmittelbar anhand der vorgetragenen *"factual situation"* läßt erkennen, daß das englische Recht gedanklich nicht zwischen materieller Rechtsposition und der Befugnis zu ihrer Geltendmachung unterscheidet. Die Qualifikation des Tatsachenvortrags auf eine Rechtsposition hin, für die das Recht ein *remedy* vorsieht, ist identisch mit der Frage, ob dem Kläger aus diesem Tatsachenvortrag ein *right of action* zusteht.

Das *right of action* kann deshalb als die Eigenschaft bestimmter materiellrechtlicher Rechtspositionen - in der Regel aller nach *common law* begründeten Rechtspositionen - beschrieben werden, aus sich heraus ihren Inhaber zur gerichtlichen Geltendmachung zu berechtigen.

(2) Die gerichtlichen Korrekturbefugnisse in Form der Ermächtigung zur Klage ohne den Rechtsinhaber nach *common law* oder unter dessen Namen, entstammen dem Rechtskreis der *equity*.

Ihre Anwendung ist dem Gedanken verpflichtet, daß eine gerichtliche Entscheidung über berechtigte Interessen nicht an Verfahrensfehlern oder der Weigerung formaler Rechtsinhaber scheitern soll.

Ob ein geltend gemachtes Interesse, etwa ein *equitable interest*, als für die Prozeßführung legitimierend anerkannt werden soll, beurteilen die Gerichte unmittelbar aus der Würdigung aller Umstände des Einzelfalls.

---

[688]Nach der *cause of action* bestimmt sich etwa, ob der Kläger seinen Antrag noch nach Ablauf der Klagefristen ändern kann (*Dornan v. J. W. Ellis & Co. Ltd* [1962] 1 Q.B. 583), ob der Streit der englischen Gerichtsbarkeit unterliegt (*Read v. Brown* (1888) 22 Q.B.D. 128; *Distillers Co, (Bio-Chemicals) Ltd v. Thompson* [1971] 1 All E.R. 694) oder ob die Klage hinreichende Erfolgsaussichten hat (*Wenlock v. Moloney* [1965] 2 All E.R. 871). - Die CPR haben den Begriff der *cause of action* aufgegeben und sprechen insoweit von "*grounds for bringing or defending a claim*", vgl. CPR, 3.4 (2) (b) gegenüber RSC O.18 r.19 (1) (a).

Sie können damit nach eigenem - wenngleich an eine gefestigte Kasuistik angelehnten - Ermessen im Einzelfall Klagebefugnisse schaffen, die in einem nach *common law* nicht durchsetzbaren, nach Billigkeitsgesichtspunkten aber anerkennungswürdigen Interesse an Abhilfe begründet sind.

(3) Die gerichtlichen Möglichkeiten zur Beiladung notwendiger Mitkläger und der Entlassung nicht notwendiger Mitkläger aus dem Prozeß gemäß RSC O.15 r.6 (heute CPR, 19.1, 19.2) wurden durch die *Judicature Acts* mit dem Ziel eingeführt, Rechtsstreitigkeiten schnell, umfassend und endgültig zu entscheiden. Sie resultieren aus den historischen Erfahrungen mit den Unzulänglichkeiten der früheren *forms of action*[689].

3. Exkurs: Zur Unterscheidung von legal rights und equitable interests

Die Übersicht über die Regeln zur Bestimmung des *proper plaintiff* ergab, daß die Klagebefugnis maßgeblich davon abhängt, ob der Kläger ein *legal right* oder ein *equitable interest* geltend macht[690]. Die Untersuchung der Klagebefugnis im einzelnen wird diesen Differenzierungen folgen. Angesichts der grundlegenden Bedeutung der Unterscheidung von *legal rights* und den ebenfalls als Rechtspositionen verstandenen *equitable interests* soll der weiteren Untersuchung der Klagebefugnis ein kurzer Überblick über den Inhalt beider Rechtsbereiche und ihr Verhältnis zueinander vorangestellt werden.

Der tradierte Rechtsquellendualismus von Rechtspositionen nach *common law* und den aus der *equity*-Rechtsprechung hervorgegangenen *equitable interests* kennzeichnet das englische Recht noch heute. Die *Judicature Acts* vereinheitlichten nur die Verfahren und die gerichtlichen Zuständigkeiten, beseitigten jedoch nicht das eigentümliche Ineinandergreifen von Rechtspositionen und Rechtsbehelfen beider Rechtsgebiete[691].

Die Unterscheidung zwischen *common law* und *equity* verweigert sich einer Abgrenzung nach Rechtsgebieten, Rechtsschutzformen oder anderen abstrak-

---

[689] JACOB/GOLDREIN, S. 242

[690] noch heute gilt der Hinweis von CHITTY, S. 1: "The general rule is, that the action should be brought in the name of the party whose legal right has been affected, ... and therefore a correct knowledge of *legal* rights, and of *wrongs* remediable at *law*, will, in general, direct by whom and against whom an action should be brought." (Hervorhebungen im Original)

[691] vgl. auch die historische Einleitung in Teil 3 Abschnitt 1 III.

ten Kategorien. In knapper Form kann sie allein aus ihrer historischen Entstehung aus den unterschiedlichen Rechtsprechungsbefugnissen der *common law*-Gerichte und der *Courts of Equity* erklärt werden, wie die ebenso zutreffende wie unanschauliche *equity*-Definition von MAITLAND belegt: "*Equity* ist die Gesamtheit derjenigen von den englischen Gerichten angewandten Rechtsregeln, die, hätte es die *Judicature Acts* nicht gegeben, nur von denjenigen Gerichten angewendet würden, die *Courts of Equity* genannt würden"[692]. Diese Definition hat im heutigen Recht nichts von ihrer Gültigkeit verloren[693].

Nachvollziehbar wird die Unterscheidung erst in der Gesamtschau des respektiven Regelungsgehalts und Regelungswillens von *common law* und *equity*[694]. Beide Aspekte sollen mit den für den Gegenstand dieser Untersuchung wichtigsten *equity*-Maximen und einigen Beispielen angerissen werden:

(1) Die Maxime *"Equity follows the law"* besagt, daß die *equity*-Regeln nicht als Gegensatz, sondern als Ergänzung des *common law* in Härtefällen verstanden werden. Anders als das *common law* stellen die *equity rules* kein vollständiges Rechtssystem dar, sondern eine Sammlung von Ergänzungen und Zusätzen[695].

Im Bereich des materiellen Rechts können etwa bestimmte Nutzungsrechte an Grundstücken wie der *estate for life* (Nießbrauch), die nicht mehr zu den vom *common law* zugelassenen Nutzungsformen gehören, weiterhin *in equity* erworben werden[696].

---

[692]MAITLAND, Equity (2. Aufl. 1949), S. 1: "Equity is that body of rules administered by our English courts of justice which, were it not for the operation of the Judicature Acts, would be administered only by those courts which would be known as Courts of Equity." WALKER & WALKER, S. 40, bemerken dazu: "This definition may appear to beg the question but it serves to illustrate that the nature of modern equity can be understood only by reference to its historical origins and development."

[693]vgl. etwa RUTHERFORD/TODD/WOODLEY, S. 28: "Equity is that body of law which is based upon rules developed, prior to 1873, in the Court of Chancery."

[694]Gute Kurzdarstellungen finden sich etwa bei WALKER & WALKER, S. 39-52; HENRICH, S. 27-36

[695]HENRICH, S. 28

[696]Der *numerus clausus* der Grundstücksrechte nach *common law* umfaßt seit der Überarbeitung des Landrechts in den Jahren 1925 und 1926 zwei dingliche Herrschaftsrechte. Die nach früherem Recht anerkannten weiteren Formen dürfen weiterhin vereinbart werden, entfalten jedoch nur *in equity* Wirkung.

Wenn hinsichtlich desselben Gegenstandes verschiedenen Personen Rechte nach *equity* und nach *common law* zustehen, genießen die Rechte nach *common law* sowohl materiellrechtlich als auch prozessual Vorrang. Grundsätzlich ist es dem Inhaber des *legal title* vorbehalten, auch die an dem Gegenstand bestehenden equitable interests anderer Personen zu berücksichtigen und sein Recht entsprechend auszuüben.

Eine ausdrückliche Formulierung hat dieser Vorrang auch in der Maxime *"The legal estate gives priority"* erhalten[697].

(2) Die Maxime *"Equity will not suffer a wrong without a remedy"* weist darauf hin, daß die *equity rules* Rechtsschutzlücken des *common law* ausfüllen wollen.

Als materiellrechtliche Rechtsfiguren haben sich daraus etwa die im *common law* nicht enthaltenen Institute der *specific performance* (Anspruch auf Vertragserfüllung anstelle bloßen Schadensersatzes) oder der *rectification* (Berichtigung eines die mündliche Vereinbarung nicht richtig wiedergebenden Vertrages) entwickelt[698].

Im Verfahrensrecht folgen daraus etwa die bereits genannten gerichtlichen Befugnisse, Kläger aus *equitable interest* zur Prozeßführung darüber zuzulassen, wenn dieses auf andere Weise, insbesondere durch den Inhaber des *legal title*, nicht hinreichend geschützt ist.

(3) Das Zusammenspiel der verschiedenen Maximen läßt sich am Beispiel des *trust* illustrieren, der zu den wichtigsten Rechtsfiguren der *equity* zählt. Er kann als Rechtsbeziehung umschrieben werden, in welcher eine Person Vermögenswerte unter der Verpflichtung erhält, diese oder die daraus erwachsenden Vorteile anderen Personen zuzuwenden[699].

---

[697] HALSBURY'S LAWS "Equity" Vol. 16 para 761ff

[698] Übersicht über *equitable remedies* etwa bei WALKER & WALKER, S. 48ff

[699] WALKER & WALKER, S. 46: "A use or trust may be defined as a relationship in which one person has property vested in him subject to an obligation to permit another person to have the beneficial enjoyment of the property"; rechtsvergleichend NUßBAUM, S. 200; ZWEIGERT/KÖTZ, S. 36f

Heute ist der *trust* im englischen Rechtsleben ein weitverbreitetes Rechtsinstitut zur Bewältigung verschiedenartigster Treuhandverhältnisse, bei denen der Treuhänder (*trustee*) ein Vermögen (*trust*) zugunsten von durch den Treugeber bestimmten Begünstigten (*beneficiaries* oder *cestui que trust*) verwaltet. Als Mittel der Rechtsgestaltung findet er vielfältige Anwendung zur kontrollierten Einräumung von Nutzungsrechten an Sondervermögen, sei es aufgrund Parteivereinbarung oder von Rechts wegen[700].

So bewältigt das englische Recht mit der Konstruktion des *trust* etwa die Vermögensverwaltung im Insolvenzfall oder die Nachlaßverwaltung und -verteilung[701]. Die verschiedenen Nachlaßverwalter (*administrators* oder *executors*) werden unter der Sammelbezeichnung des *personal representative* zusammengefaßt[702].

Von Rechts wegen kann ein *trust* auch ohne (*resulting trust*) oder gegen den Willen der Parteien (*constructive trust*) entstehen, wenn jemand unter bestimmten Voraussetzungen Inhaber eines Vermögensgegenstandes wird, der selbst oder dessen Nutzung nach Parteiabrede oder Treu und Glauben einem anderen gebühren soll[703].

Mit dieser Konstruktion begründet beispielsweise das englische Ehegüterrecht, das grundsätzlich von Gütertrennung ausgeht, das Miteigentum *in equity* des Ehepartners an der mit Mitteln des anderen Ehepartners erworbenen Ehewohnung[704].

Stets ist der *trustee* rechtlich Vollrechtsinhaber des *trust*-Vermögens nach *common law*. Daher ist regelmäßig nur er berechtigt, über das Vermögen zu verfügen oder über dessen Schutz gegenüber Beeinträchtigung durch Dritte zu entscheiden.

Im Innenverhältnis zu den Begünstigten ist er *in equity* verpflichtet, die treuhänderische Bindung zu beachten. Die Begünstigten haben insoweit ein anerkanntes *equitable interest*, welches sie zu gerichtlichem Vorgehen gegen den *trustee* berechtigt, wenn dieser etwa seiner Verpflichtung zur Zahlung wie-

---

[700] näher etwa HENRICH, S. 100ff

[701] dazu näher unten Abschnitt 3 III., IV.

[702] HALSBURY'S LAWS "Executors and Administrators" Vol. 17 para 704f mwN

[703] BERNSTORFF, Einführung, S. 120, 116; HENRICH, S. 100f

[704] BARTOSCH, S. 24ff; *McHardy and Sons v. Warren* (1994) The Times 8.4.1994

derkehrender Beträge aus dem *trust*-Vermögen oder zu dessen vom Erblasser vorgesehener Verteilung nicht nachkommt. Da die treuhänderische Bindung aber nur im Innenverhältnis des *trustee* zu den Begünstigten Wirkung entfaltet, steht letzteren in der Regel kein Recht zu, selbständig gegen ihre *equitable interests* beeinträchtigende Dritte vorzugehen.

Die in den verschiedenartigsten Situationen zur Ergänzung von Rechtsschutzlücken des *common law* anerkannten *equitable interests* stellen sich daher, wiewohl ebenfalls als eigentliche Rechtspositionen anerkannt, als Rechtspositionen von geringerer und nur gegenüber bestimmten Personen bestehender Durchsetzbarkeit dar[705].

Für die weitere Übersicht über *legal rights* und Rechtspositionen *in equity* ist auf die nachfolgende Darstellung der Klagebefugnis im einzelnen zu verweisen, die entsprechend der englischen Darstellungsweise zahlreiche Beispiele zum Rechtscharakter und der Durchsetzbarkeit von Rechtspositionen aus einem Streitstoff enthält.

II. Klagebefugnis aus *legal rights*

1. Grundsatz des right of action aus legal rights

Das englische Recht geht davon aus, daß jedem Kläger hinsichtlich eines (behaupteten) eigenen materiellrechtlichen *legal title (legal right, legal interest, common law right)* auch das *right of action* darüber gegenüber allen Schuldnern bzw. Störern der Rechtsposition zusteht.

So begründete das Gericht in *Read v. Brown*[706] die Klagebefugnis eines Zessionars damit, aufgrund wirksamer Abtretung einer Forderung nach *common law* habe der Kläger *"personally acquired a legal right enforceable by any legal remedy"*.

---

[705]BERNSTORFF, Einführung, S. 86, spricht hier mit aller Vorsicht und in Parenthese von "weniger wertvollen" Rechten.

[706]*Read v. Brown* (1888) 22 Q.B.D. 128

LORD ESHER führte dazu in der genannten Entscheidung aus, die Abtretung nach *common law* übertrage dem Zedenten *"the debt and the legal right to the debt, and it follows from that that he would have a legal right to sue for"*[707].

In der Entscheidung *Williams v. Atlantic Assurance Co.*[708] kam das Gericht zu der Auffassung, die vorgetragene vorprozessuale Abtretung sei nur *in equity* wirksam, nicht *at law*; *"therefore"* habe der klagende Zessionar kein *right to sue* gegenüber dem Schuldner.

Die Darstellung in der Literatur ist in aller Regel auf Sachgebiete bezogen, etwa: *"In actions concerning trust property the trustees usually are the proper plaintiffs, for the legal title is in them"*[709] oder *"In the case of settled land, the legal title is normally in the tenant for life, who is the proper plaintiff"*[710].

Allgemeiner formulieren etwa LANGAN AND HENDERSON die Einheit von materieller Rechtsposition nach *common law* und Klagebefugnis: *"The party about to sue should, ... under the rules of substantive law, have a title to sue"*[711].

2. Beispiele für rights of action aus legal rights

Aus diesem Grundsatz ergibt sich beispielhaft für folgende Personen die Klagebefugnis aus eigenem *legal right*:

(1) Für Ansprüche aus Vertrag ist der richtige Kläger derjenige, mit dem der Vertrag geschlossen wurde oder der die daraus entstandenen Rechte nachträglich förmlich nach *common law ("at law")* erworben hat[712].

---

[707]ebda., S. 131

[708]*Williams v. Atlantic Assurance Company, Ltd* [1933] 1 K.B. 81

[709]HALSBURY'S LAWS "Practice and Procedure" Vol. 37 para 216 mwN

[710]HALSBURY'S LAWS "Practice and Procedure" Vol. 37 para 216 FN 10

[711]LANGAN AND HENDERSON, S. 36; nochmals ist auch der Hinweis von CHITTY, S. 1, anzuführen: "The general rule is, that the action should be brought in the name of the party whose legal right has been affected, ... and therefore a correct knowledge of *legal* rights, and of *wrongs* remediable at *law*, will, in general, direct by whom and against whom an action should be brought." (Hervorhebungen im Original)

[712]HALSBURY'S LAWS "Practice and Procedure" Vol. 37 para 216 mwN FN 2

(2) Hat ein Beauftragter *(agent)* einen Vertrag mit einem Dritten geschlossen, so kann der Geschäftsherr als Vertragspartner vertragliche Ansprüche als eigenen *legal title* geltend machen.

Dies gilt auch, wenn der Beauftragte den Vertrag im eigenen Namen abschließt und den wahren Geschäftsherrn nicht offenlegt *(undisclosed agency)*. Denn auch die *undisclosed agency* berechtigt und verpflichtet nach englischem Recht unmittelbar und vollwirksam den Geschäftsherrn[713].

Ist der Vertrag allerdings *under seal* abeschlossen (beurkundet) worden, sind nur die förmlichen Vertragspartner aus ihm berechtigt oder verpflichtet. Ein eventueller Geschäftsherr kann aus ihm keine materiellen und damit auch keine Klagerechte herleiten[714].

(3) Bei der *action in tort*, der Schadensersatzklage aus deliktischem Handeln vergleichbar, ist der richtige Kläger derjenige, der die Verletzung erlitten oder die daraus entstandenen Kompensationsrechte *at law* erworben hat[715].

(4) Der Entleiher kann gegen den Schädiger der entliehenen Sache aufgrund seines *possessory title* (Besitzrechts) nach *common law* auf Schadensersatz klagen[716].

(5) Bei der *action for the recovery of land*, eine Klage auf Herausgabe von Grundbesitz, ist derjenige klagebefugt, der zum Landbesitz berechtigt ist[717]. Bestehen abgestufte Eigentums- bzw. Besitzverhältnisse, so kommt es auf den Rechtstitel *"to immediate possession of the property"* an, auf das Recht zum unmittelbaren Besitz[718].

---

[713] BERNSTORFF, Einführung, S. 49; HALSBURY'S LAWS "Agency" Vol. 1 (2) para 180 mwN

[714] HALSBURY'S LAWS "Agency" Vol. 1 (2) para 139 mwN

[715] HALSBURY'S LAWS "Practice and Procedure" Vol. 37 para 216 mwN FN 5

[716] *The Winkfield* [1902] P. 42

[717] HALSBURY'S LAWS "Practice and Procedure" Vol. 37 para 216 mwN FN 7

[718] *Hegan v. Carolan* [1916] 2 Irish Rep. 27; *Thompson v. Ward* [1953] 2 Q.B. 153; ODGERS, S. 26f

(6) Der Eigentümer einer zur Nutzung weggebenen Sache hat einen *legal title* gegenüber Beeinträchtigungen, die nicht nur das Besitzrecht des Nutzungsberechtigten, sondern das Eigentum und damit seinen Anspruch auf späteren Rückerhalt der unbeschädigten Sache (*injury to the reversonary interest*) betreffen[719].

(7) Ein *trustee* ist *legal owner*, d. h. Vollrechtsinhaber des *trust*-Vermögens nach *common law*. Der *legal title* hinsichtlich Rechtspositionen aus dem *trust* und daher auch das *right of action* steht deshalb allein dem *trustee* zu[720].

Er ist grundsätzlich allein und ohne Beteiligung der Begünstigten berechtigt, Rechte aus dem *trust*-Vermögen gegenüber Dritten gerichtlich geltend zu machen[721].

(8) Bei durch Vertrag abgetretenen *legal rights* ist für die Verfahrenslegitimation des Zessionars entscheidend, ob die Abtretung unter Beachtung der weitreichenden Inhalts- und Formvorschriften des *Law of Property Act 1925* erfolgte.

Nur dann gilt die Abtretung als sog. *absolute assignment* (auch *assignment at law* oder *legal assignment* genannt). Ein solches *absolute assignment* muß schriftlich und unbedingt sein, eine bestimmte Forderung in ihrem gesamten Bestand umfassen und dem Schuldner angezeigt werden[722].

Sind diese Voraussetzungen erfüllt, so geht die *legal property* an der Forderung auf den Zessionar über und verschafft ihm den hinreichenden *legal title*, die Forderung allein und im eigenen Namen gegenüber dem Schuldner gerichtlich geltend zu machen[723].

---

[719] *Jones v. Llanrwst UDC* [1911] 1 Ch. 393; EVANS, S. 172; CLERK & LINDSELL, S. 849 mwN

[720] HALSBURY'S LAWS "Trusts" Vol. 48 para 941

[721] *Simpson v. Denny* (1878) 10 Ch.D. 28; LANGAN AND HENDERSON, S. 143; HALSBURY'S LAWS "Practice and Procedure" Vol. 37 para 243; ATKIN'S "Parties to Actions" Vol. 30 para 24

[722] *Law of Property Act 1925*, s. 136; zur Auslegung vgl. CHITTY ON CONTRACTS, Vol. I, S. 955ff; CHESHIRE, FIFOOT AND FURMSTON'S, S. 498ff

[723] *Williams v. Atlantic Assurance Company Ltd* [1933] 1 K.B. 81; *Comfort v. Betts* [1891] 1 Q.B. 737; CHITTY ON CONTRACTS, Vol. I, S. 955f mwN; weiter differenzierend CHESHIRE, FIFOOT AND FURMSTON'S, S. 496f

Erfolgte die Abtretung allerdings nur für die Zwecke der Prozeßführung, so wird sie in aller Regel insgesamt nicht anerkannt (*"A bare right to litigate is not assignable"*)[724].

3. right of action und Mitberechtigungen an legal rights

Unter den zahlreichen Formen von Mitberechtigungen sollen hier die gleichstufigen Mitberechtigungen an einem *legal title* untersucht werden, in Abgrenzung zu abgestuften Mitberechtigungen an einem Gegenstand etwa zwischen Eigentümer und Nutzungsberechtigtem einerseits[725], zu abgestuften Mitberechtigungen nach *common law* und *equity* andererseits[726].

Gleichstufige Mitberechtigungen nach *common law* können insbesondere durch Vertrag oder durch Miteigentum begründet sein. Bei vertraglichen Mitberechtigungen ist zwischen Mitberechtigungen *several* (jeder Mitberechtigte kann seinen Anteil geltend machen), *joint and several* (jeder Mitberechtigte kann das Recht in seinem gesamten Bestand geltend machen) und *joint and not several* (alle Mitberechtigte können nur gemeinsam über das Gesamtrecht verfügen) zu unterscheiden.

Für die beiden Fälle der Mitberechtigung *joint and/and not several* hat die CPR 19.2 die schon nach bisherigem Recht bestehenden Handlungsmöglichkeiten in klarer Sprache zusammengefaßt[727]. Im einzelnen sind folgende Verfahrensgestaltungen denkbar:

a) Der Grundsatz der gemeinsamen Prozeßführung

Bei einer Gläubigerstellung *joint and not several* müssen grundsätzlich alle Mitberechtigten gemeinsam das Verfahren führen[728]. Eine solche Mitberech-

---

[724] näher dazu unten Abschnitt 3 I.

[725] vgl. schon oben Abschnitt 2 Kapitel 2 A. II. 2. (5), (6)

[726] näher unter Abschnitt 2 Kapitel 2 A. III.

[727] CPR, 19.2: "(1) Where a claimant claims a remedy to which some other person is jointly entitled with him, all persons jointly entitled to the remedy must be parties unless the court orders otherwise. - (2) If any person does not agree to be a claimant, he must be made a defendant, unless the court orders otherwise. (3)..."

[728] CPR, 19.2 (1); LANGAN AND HENDERSON, S. 138f; BARNARD & HOUGHTON, S. 50; JACOB/GOLDREIN, S. 246

tigung besteht typischerweise etwa zwischen den Teilhabern (*partners*) einer Gesellschaft[729], die deshalb alle Partei eines Rechtsstreits zugunsten einer gemeinsamen Forderung sein müssen[730].

Ansprüche aus Eigentum können regelmäßig nur von allen Miteigentümern gemeinsam geltend gemacht werden. So müssen etwa mehrere für eine Vermögensmasse treuhänderisch eingesetzte *trustees* bzw. *personal representatives*[731] oder mehrere Pächter (*tenants*) eines Grundstücks wegen Besitzstörung[732] notwendig gemeinsam klagen.

b) Alleinklageermächtigungen

(1) Die in der bisherigen Praxis bedeutendste Ausnahme ist die Berechtigung des Klägers, einen die Mitwirkung verweigernden notwendigen Mitberechtigten mit zu verklagen[733].

Nach bisherigem Prozeßrecht mußte das Gericht diesen Verfahrensschritt genehmigen; die erforderliche Genehmigung wurde regelmäßig erteilt, sofern nur der Mitberechtigte die Verfahrensteilnahme als Mitkläger auch auf das Angebot von Kostensicherheit hin verweigerte[734]. Nach dem Wortlaut von CPR, 19.2 (2) scheint eine Genehmigung nicht mehr erforderlich.

Unterläßt der klagende Mitberechtigte die Beteiligung des klageunwilligen Mitberechtigten auf Beklagtenseite, so läuft er Gefahr, daß seine Klage mangels eines ihm allein zustehenden *rights of action* abgewiesen wird[735].

(2) Dem Gericht steht es auf Antrag des Klägers oder aus eigener Initiative auch offen, die Teilnahme weiterer Mitberechtigter für unnötig zu erklären[736].

---

[729] ODGERS, S. 24; *Partnership Act 1890* sect. 2

[730] LINDLEY & BANKS, S. 445

[731] *Latch v. Latch* (1875) L. R. 10 Ch. App. 464

[732] ODGERS, S. 26f

[733] CPR, 19.2 (2) anstelle der bisherigen RSC O.15 r.4 (2) a. E.; *Roche v. Sherrington* [1982] W.L.R. 599; ODGERS, S. 24; ATKIN'S "Parties to Actions" Vol. 30 para 8

[734] *Cullen v. Knowles* [1898] 2 Q.B. 380; ATKIN'S "Parties to Actions" Vol. 30 para 8 mwN

[735] *Latch v. Latch* (1875) L. R. 10 Ch. App. 464

Wie schon bisher, wird es bei der Gewährung dieses Antrags insbesondere berücksichtigen, ob schutzwürdige Interessen des am Verfahren bislang nicht beteiligten Mitberechtigten gefährdet sind und ob eine umfassende Streitklärung ohne seine Mitwirkung erreicht werden kann[737].

(3) Ist bei Klagen aus deliktischem Handeln das verletzte Interesse juristisch und wirtschaftlich teilbar, so kann jeder Mitberechtigte hinsichtlich seines Anteils alleine gerichtlich vorgehen[738].

Unter Umständen kann es daher nicht nur von der Art der Mitberechtigung, sondern auch von der rechtlichen Anspruchsbegründung abhängen, wer als richtiger Kläger anzusehen ist. Ein Beispiel hierfür ist die Entscheidung *Baker v. Barclays Bank.* Einer von zwei *partners* (Gesellschaftern, Firmenteilhabern) hatte durch Fehlverhalten der beklagten Bank mehrere auf beide *partners* und das gemeinsame Konto ausgestellte Schecks veruntreuen können. Der andere Partner verklagte die Bank auf Schadensersatz. Das Gericht befand, der Kläger könne den Prozeß ohne Mitwirkung seines Geschäftspartners führen, da es sich nicht um eine Klage aus Verletzung des gemeinschaftlichen Kontoführungsvertrages, sondern aus Eigentumsbeeinträchtigung (*conversion*) handele. Sein *interest in the cheques* betrage jedoch nur jeweils die Hälfte der Scheckbeträge[739].

(4) Die Alleinklagemöglichkeit nach RSC O.15 r.10A dürfte mit Einführung der CPR entfallen sein. Nach dieser Vorschrift war es einem Mitbesitzer bei einer Klage wegen *wrongful interference with goods* (Besitzstörung, verbotene Eigenmacht an beweglichen Gegenständen) gestattet, alleine den Prozeß zu führen, wenn er entweder die schriftliche Genehmigung der übrigen Mitberechtigten vorlegt oder in der Klageschrift seine Berechtigung am Gegenstand des Rechtsstreits genau umschreibt und alle Mitberechtigten benennt, von denen er Kenntnis hat.

Nach CPR Schedule 2 soll diese Vorschrift nicht fortgelten. Angesichts ihres Ausnahmecharakters, der von der Systematik des englischen Rechts singulär

---

[736] CPR, 19.2 (1) und (2), jeweils a. E.

[737] *Baker v. Barclays Bank Ltd* [1953] 1 W.L.R. 822

[738] JACOB/GOLDREIN, S. 244 mwN

[739] *Baker v. Barclays Bank Ltd* [1953] 1 W.L.R. 822 mit zahlreichen weiteren Nachweisen

abweicht und in der bisherigen Rechtsprechung keine Paralle findet, läßt sich auch eine Fortgeltung als allgemeiner, nicht statutorisch geregelter Rechtsgrundsatz nicht begründen.

III. Klagemöglichkeit aus equitable interests

Equitable rights treten im englischen Rechtsleben vorwiegend in zwei Fallgruppen in Erscheinung: Zum einen können Rechtsbindungen nach *equity* bestehen, wo eine Rechtsbeziehung den Entstehungstatbestand nach *common law* nicht erfüllt, jedoch nach tradierter Billigkeit als anerkennungswürdig angesehen wird. Zum anderen können *equitable rights* das Gefüge der *common law rights* dergestalt überlagern, daß der Inhaber des *legal title* an einem Gegenstand oder einer Forderung bestimmten Dritten, den in *equity* Berechtigten, im Innenverhältnis zur Verwaltung oder Rechtsausübung in bestimmter Weise verpflichtet ist.

Die bereits ausgeführte Ergänzungsfunktion der *equity* und die beschränkte Rechtsstellung des *in equity* Berechtigten wirken sich auch einschränkend auf die Klagebefugnis über *equitable interests* aus. Dabei ist insbesondere zu unterscheiden, wem gegenüber die *equitable interests* geltend gemacht werden.

1. Geltendmachung gegenüber dem in equity Verpflichteten

Unmittelbar gegenüber dem *in equity* Verpflichteten sind *equitable rights* voll durchsetzbar.

So können etwa die Begünstigten eines *trust* ihnen vom Begründer des *trust* zugedachte Renten oder die vorgesehene Auflösung und Verteilung des *trust*-Vermögens gegenüber dem *trustee* gerichtlich geltend machen[740].

Der Inhaber eines nur *in equity* wirksamen *estate for life* (Nießbrauch an Grundstücken) kann gegenüber dem *landlord* ohne Einschränkungen die Einräumung der vollen Nutzungsmöglichkeit einklagen[741].

---

[740] HALSBURY'S LAWS "Trusts" Vol. 48 para 935ff mwN

[741] HALSBURY'S LAWS "Real Property" Vol. 39 (2) para 149 mwN

Gerade für den wichtigen Fall des *trust* besteht zudem die Möglichkeit, daß *trustee* oder Begünstigte in Zweifelsfällen um gerichtliche Anordnung für die *trust*-Führung nachsuchen, anstatt einander im streitigen Verfahren verklagen zu müssen[742].

2. Geltendmachung von equitable interests gegenüber Dritten

Erhebliche praktische Bedeutung haben die Fälle, in welchen nicht der Inhaber des *legal title*, sondern Dritte *equitable interests* beeinträchtigen.

Hier ist es primär Sache des Inhabers des *legal title*, aus dieser ihm eigenen Rechtsposition gegen die Schuldner oder Störer seiner Rechtsposition *at law* vorzugehen und damit (auch) die am Gegenstand bestehenden *equitable interests* der *in equity* Berechtigten zu wahren. Für das Beispiel des *trust* führt CHITTY hierzu aus, die Einsetzung eines *trustee* als Verwalter und Inhaber *at law* des *trust*-Vermögens erfolge gerade zum Schutz der Begünstigten. Diese Vorteile wären verloren, wenn die Begünstigten gleichwohl selbst klagen könnten[743].

Vernachlässigt er diese ihm *in equity* obliegende Pflicht, sind die *equitable owners* jedoch nicht ohne Rechtsschutz. Dies widerspräche dem Gedanken der *equity*, der Gerechtigkeit zum Erfolg zu verhelfen. Unter Anerkennung des *legal title* als formaler Vollrechtsposition und damit grundsätzlich der Alleinverfügungsbefugnis über ihren Gegenstand hat die *equity* abgestufte Verfahrensmöglichkeiten entwickelt, den *equitable owners* dennoch eine eigene Klagemöglichkeit zu geben, um ihnen die Durchsetzung ihres interest zu ermöglichen. Hier lassen sich drei mögliche Vorgehensweisen für den *in equity* Berechtigten unterscheiden:

(1) Eine Möglichkeit besteht darin, daß das Gericht den Inhabern des *equitable interest* die Prozeßführung unter dem Namen des Inhabers des *legal title* gestattet.

---

[742] HALSBURY'S LAWS "Trusts" Vol. 48 para 909ff mwN

[743] CHITTY, S. 3: "... if the *cestui que trust* were permitted to sue at law in his own name, the benefits and the protection intended to result from the intervention of a trustee, clothed with a legal title, might be lost..."

(2) Eine andere Möglichkeit besteht - je nach Fallkonstellation - darin, daß die Inhaber des *equitable interest* das Verfahren im eigenen Namen einleiten und den *legal owner* zur Mitwirkung auf Klägerseite auffordern. Verweigert sich dieser, so kann es erforderlich und ausreichend sein, ihn als Beklagten in den Prozeß zu ziehen.

(3) Unter besonderen Umständen kann das Gericht den *equitable owners* auch die Prozeßführung im eigenen Namen ohne Beteiligung des *legal owner* gestatten, wenn dessen Mitwirkung für die Entscheidungsfindung nicht erforderlich erscheint.

Der Einsatz dieser flexiblen gerichtlichen Gestaltungsmöglichkeiten soll wiederum anhand nachfolgender Beispiele näher dargestellt werden.

3. Beispiele zur Klagemöglichkeit gegenüber Dritten

(1) Die Begünstigten eines *trust* sind *equitable owner* des *trust*-Sondervermögens. Wird das *trust*-Vermögen durch Dritte beeinträchtigt, sind auch ihre *equitable interests* betroffen. Nach der Maxime *"The legal estate gives priority"* ist ihnen die eigene Geltendmachung ihrer nur *in equity* anerkannten Interessen jedoch in der Regel nicht gestattet.

Führt der *trustee* nun selbst einen Prozeß gegen Dritte, so können die *beneficiaries* auf ihren Antrag hin oder auf Anregung des Gerichts als Parteien in das Verfahren aufgenommen werden[744]. Anlaß dazu besteht regelmäßig jedoch nur dann, wenn die Vertretung ihrer Interessen im Verfahren allein durch den *trustee* nicht hinreichend gewährleistet erscheint[745].

In diesem Fall kann das Gericht auch anordnen, daß das Urteil im Verhältnis zwischen dem *trustee* und den Begünstigten keine Bindung entfaltet, RSC O.15 r.14 (1) a. E.

Wenn umgekehrt der *trustee* seinen Verwaltungspflichten dergestalt nicht nachkommt, daß er etwa Forderungen zugunsten des *trust* beharrlich nicht

---

[744]RSC O.15 r.14 (2)

[745]*Simpson v. Denny* (1878) 10 Ch.D. 28

geltend macht, sind die Begünstigten seit alters her berechtigt, gegen Kostensicherheit unter seinem Namen zu klagen[746].

Alternativ kann ihnen gestattet werden, im eigenen Namen Klage zu erheben und den untätigen *trustee*, sofern er die Mitwirkung auf Klägerseite verweigert, als Beklagten in das Verfahren zu ziehen. Hierfür verlangt das Gericht jedoch besondere Umstände, etwa die bewußte Mißachtung der Interessen der *trust*-Begünstigten oder den Anschein, daß der *trustee* im Lager der Schuldner steht[747].

(2) Eine nicht den Anforderungen an ein *legal assignment* genügende Abtretung, etwa die Abtretung nur von Teilen einer Forderung oder von künftigen Rechten, kann *in equity* durchaus zwischen Zedent und Zessionar wirksam sein[748]. Für die Wirksamkeit *in equity* sind lediglich eine wirksame formfreie Abtretungsabrede und regelmäßig eine angemessene Gegenleistung (*adequate consideration*) erforderlich[749]. Der Zessionar wird dann *owner in equity* der Forderung[750].

Sein *equitable right* berechtigt ihn jedoch nicht, die Forderung allein im eigenen Namen gegenüber dem Schuldner einzuklagen, deren *legal owner* ja weiterhin der Zedent ist.

In der Leitentscheidung *Performing Right Society Ltd v. London Theatre of Varieties Ltd.* machte die Klägerin, eine Gesellschaft zur Durchsetzung der Urheber- und Aufführungsrechte ihrer zahlreichen Mitglieder, gegenüber der Beklagten ausschließlich im eigenen Namen die Verletzung von Copyrights geltend. Gemäß Satzung der Klägerin hatten ihr alle Mitglieder ihre gegenwärtigen und künftigen künstlerischen Rechte für die Dauer der Gesellschaftszugehörigkeit abgetreten. Das Gericht stellte zunächst fest, daß diese Abtretung auch künftiger Rechte nur *in equity* wirksam sei. Es stellte weiter fest, daß auch über *equitable rights* ein Verfahren allein von deren *equitable owner*

---

[746] *Fletcher v. Fletcher* (1844) 4 Hare 67; *Ex parte Kearsley* (1886) 17 Q.B.D. 1; CHITTY, S. 9 mwN

[747] *Gandy v. Gandy* (1885) 30 Ch.D. 57; *Touche v. Metropolitan Railway Warehousing Company* (1871) 6 Ch. App. 671; *Yeatman v. Yeatman* (1877) 7 Ch.D. 210

[748] CHITTY ON CONTRACTS I, S. 954

[749] dazu näher CHITTY ON CONTRACTS I, S. 964ff mwN

[750] vgl. etwa *G. E. Crane Sales Pty. Ltd v. Commissioner of Taxation* [1971] 126 C.L.R. 177

eröffnet werden könne. Die *legal owner*, hier die in ihren Rechten verletzten Künstler, müßten jedoch jedenfalls im Verlauf des Verfahrens beteiligt werden[751]. Ein Urteil zugunsten der *equitable owner* könne in Abwesenheit des *legal owner* nicht ergehen[752]. Denn anderenfalls sähe sich der Beklagte möglicherweise weiteren Verfahren der *legal owner* ausgesetzt *"and proceedings might be indefinitely and oppressively multiplied"*[753].

Die klassische Lösung der *equity*-Rechtsprechung bestand darin, daß das Gericht dem Zessionar gestattete, den Namen des Zedenten für die Prozeßführung zu benutzen[754]. Der Zedent wurde und wird als *in equity* verpflichtet angesehen, dem Zessionar zumindest seinen Namen zur Verfügung zu stellen, um ihm zur gerichtlichen Durchsetzung der abgetretenen Forderung zu verhelfen[755].

Wie die dargestellte Entscheidung *Performing Right Society Ltd v. London Theatre of Varieties Ltd.* zeigt, kann der Zessionar nach heutiger Rechtsauffassung auch zunächst alleine Klage erheben, sofern sich der Zedent während des Verfahrensganges an dem Prozeß als Mitkläger beteiligt[756].

Weigert sich der Zedent, dem Verfahren auf Klägerseite beizutreten, so kann der Zessionar ihn mit verklagen, um den Zedenten als Streitbeteiligten auf

---

[751] per VISCONT CAVE L. C. in *Performing Right Society Ltd v. London Theatre of Varieties Ltd* [1924] A.C. 1, 14: "That an equitable owner may commence proceedings alone ... is not in doubt; but ... the person having the legal right to demand it must in due course be made a party to the action"

[752] ebda., S. 14: "Further, under Order (15 rule 6 (1)) no action can now be defeated by reason of the misjoinder or nonjoinder of any party; but this does not mean that judgement can be obtained in the absence of a necessary party to the action, and the rule is satisfied by allowing parties to be added at any stage of a case."

[753] ebda., S. 14; vgl. auch *In re Steel Wing Company Ltd* [1921] 1 Ch. 349, 357

[754] ZWEIGERT/KÖTZ, S. 440f, weisen auf die weitere Unterscheidung hin, nach welcher die Abtretung in equity eines equitable rights vor dem Court of Chancery wiederum vom Zedenten alleine geltend gemacht werden konnte. Diese Möglichkeit scheint heute nicht mehr zu bestehen, *"although there is no precise authority on this point"* vgl. CHITTY ON CONTRACTS Bd. I, S. 970; CHESHIRE, FIFOOT AND FURMSTON'S, S. 496

[755] CHESHIRE, FIFOOT AND FURMSTON'S, S. 497f mwN; *G. E. Crane Pty Ltd v. Federal Commissioner of Taxation* [1971] 126 C.L.R. 177, 183f mwN: "The essence of an equitable assignment is simply that the assignment in form or in effect, amounted to a declaration of trust, with the authority for the assignee to make use of the name of the assignor to obtain the benefit of the assignment".

[756] so auch *Walter & Sullivan Ltd v. J. Murphy & Sons Ltd* [1955] 1 All E.R. 843; CHITTY ON CONTRACTS Bd. I, S. 969f

diese Weise vor Gericht zu bringen und die abschließende Streitentscheidung zwischen allen notwendigen Parteien zu sichern[757].

In besonders gelagerten Einzelfällen darf das Gericht von der Beteiligung des Zedenten als Inhaber des *legal title* an der *in equity* abgetretenen Forderung auch gänzlich absehen, wenn diese Beteiligung zur Streitentscheidung nicht notwendig ist. In *William Brandt's Sons & Co v. Dunlop Rubber Company Ltd* wies das Gericht zunächst darauf hin, daß eigentlich (*"strictly speaking"*) der Zedent des geltend gemachten *equitable assignment* zu beteiligen gewesen wäre. Da dieser jedoch in Konkurs gegangen war, habe der nun eingesetzte Konkursverwalter *"really no interest in the matter"*. Der Rechtsstreit könne daher auch ohne seine Beteiligung entschieden werden[758].

(3) Gemäß der *doctrine of subrogation*[759] erhält der Versicherer auch ohne ausdrückliche Vereinbarung nach Leistung im Versicherungsfall die Ersatzansprüche des Versicherungsnehmers gegen seinen Schädiger. Dieser formlose Eintritt in die Berechtigungsposition beeinhaltet jedoch nicht den Übergang des *legal title*, der als formelle Rechtsposition gegenüber dem Schädiger beim Versicherten verbleibt[760].

Daher ist der Versicherer grundsätzlich nicht berechtigt, die erworbenen Kompensationsansprüche im eigenen Namen gegenüber dem Schädiger geltend zu machen[761]. Um ihm die Durchsetzung seiner Interessen zu ermöglichen,

---

[757] HALSBURY'S LAWS "Choses in Action" Vol. 6 para 69 mwN

[758] *William Brandt's Sons & Co v. Dunlop Rubber Company Ltd* [1905] A.C. 454, 462; (vgl. auch *The Zigurds* [1932] P. 118: "Held on the evidence of the plaintiffs ... there was an equitable assignment of the freight and demurrage to the plaintiffs; where the court was satisfied that there was no danger of fraud or harsh treatment of the assignor it could dispense with the presence of the assignor as a joint plaintiff; and plaintiffs could maintain their action...")

[759] näher zum Inhalt der *doctrine of subrogation* etwa DICKSON/STEELE, S. 167ff; nach herrschender Auffassung ist die *subrogation* eine Rechtsfigur der *equity*, vgl. DERHAM, S. 5ff

[760] vgl. *James Nelson & Sons Ltd v. Nelson Line (Liverpool) Ltd* [1906] 2 K.B. 217, 223 per COLLINS M. R.: "What is the nature of their (der Versicherer) right by way of subrogation? It is the right to stand in the shoes of the persons whom they have indemnified, and to put in force the right of action of those persons; but it remains the plaintiff's (des Versicherten) right of action..."

[761] *Simpson and Company v. Thompson, Burell* (1877) 3 App. Cas. 279; *King v. Victoria Insurance Company Ltd* [1896] A.C. 251; *Oriental Fire and General Insurance Company Ltd v. American President Lines Ltd* [1968] 2 LLoyd's 372: "Held, ... that at common law, underwriters had no independent rights of his own and could not sue in his own name..."; *The Kelo* [1986] 2 LLoyd's 244

ist der Versicherte nach Versicherungsleistung jedoch *in equity* verpflichtet, dem Versicherer die Prozeßführung über Regreßansprüche unter seinem (des Versicherten) Namen zu gestatten[762].

Der Versicherte tritt dann als sog. *nominal plaintiff* auf, er hat Anspruch auf vorgängige Kostensicherheit[763].

IV. Klagebefugnis für Feststellungsklagen

(1) Die erst in jüngerer Zeit anerkannte Möglichkeit der Feststellungsklage ließ sich in das System der auf einem *right of action* basierenden Klagebefugnis nicht integrieren, weil das *right of action* seinerseits eine *cause of action* voraussetzt. Diese wiederum liegt nur vor, wenn dem Kläger ein *remedy*, ein Anspruch auf Abhilfe gegen eine vorgängige Beeinträchtigung seiner Rechte zusteht.

Nach diesem Gedankengang wäre eine Feststellung nur demjenigen zugänglich, der zugleich in seiner Person die Voraussetzungen für eine Leistungsklage erfüllte. Diese Anforderung hätte die Möglichkeit der gerichtlichen Feststellung somit auf Fälle beschränkt, in denen der Kläger ihrer gar nicht bedarf.

Die Durchsetzungsmöglichkeiten nach *equity* wiederum sind als lediglich ergänzender Rechtsschutz zur Vermeidung von Unbilligkeiten im Einzelfall konzipiert, nicht zur Entwicklung neuer Rechtsbehelfe.

Die statutorische Regelung in RSC O.15 r.16 bestimmt deshalb, daß ein Verfahren nicht daran scheitern soll, daß der Kläger eine bloße Feststellung begehrt; daß ferner das Gericht zu verbindlichen Erklärungen auch über Rechte berechtigt ist, die dem Kläger nachfolgend keine Klagemöglichkeit (für Lei-

---

[762] *Yorkshire Insurance Company Ltd v. Nisbet Shipping Company Ltd* [1962] 2 Q.B. 330, 337 per DIPLOCK J.: "Before 1906 the insurers had an equitable right to use the name of the assured and to recoup themselves out of the proceeds up to the amount they had paid. But the chose in action remained that of the assured. The law in this respect has not been affected by the Marine Insurance Act 1906."

[763] *James Nelson & Sons Ltd v. Nelson Line Ltd* [1906] 2 K.B. 217

stungsklagen) eröffnen[764]. Die rudimentäre Vorschrift läßt offen, welches Verhältnis der Kläger zu dem Recht haben muß, über welches er gerichtliche Feststellung begehrt.

Nach der Rechtsprechung genügt für die Klagebefugnis (hier *locus standi* genannt) ein hinreichendes eigenes Interesse an der begehrten Feststellung[765]. Diese Beurteilung steht nach ganz herrschender Auffassung im freien Ermessen des Gerichts[766]. LORD DENNING führte dazu aus, das Gericht habe die Berechtigung *"in its discretion to make a declaration of right whenever the interest of the plaintiff is sufficient to justify it"*[767].

Dieses Interesse kann auch an möglichen künftigen Rechtspositionen bestehen oder die negative Feststellung beinhalten, daß ein Haftung oder Verpflichtung nicht bestehe[768]. Stets aber wird eine Feststellung nur über Rechte (*"declaration of right"*), nicht über Tatsachen gewährt[769].

Zur Frage nach der Qualität der einer Feststellung zugänglichen Rechte hatte LORD DIPLOCK im Fall *Gouriet v. Post Office Workers* formuliert: *"The only kind of rights with which the courts of justice are concerned are legal rights"*[770]. In *Kingdom of Spain v. Christie* sah sich der *High Court of Justice* deshalb zu der Klarstellung veranlaßt, Lord Diplock habe mit dem Ausdruck *"legal rights"* offensichtlich auch *equitable rights* gemeint[771].

---

[764]RSC o.15 r.16 ("Declaratory judgement"): "No action or other proceedings shall be open to objection on the ground that a merely declaratory judgement or order is sought thereby, and the Court may make binding declarations of right whether or not any consequential relief is or could be claimed."

[765]*Guaranty Trust Company of New York v. Hannay & Company* [1915] 2 K.B. 537, 562 per PICKFORD L.J.: "I think ... that the effect of the rule is to give a general power to make a declaration whether there be a cause of action or not; and at the instance of any party who is interested in the subject-matter of the declaration."

[766]*Ikebife Ibeneweka v. Peter Egbuna* [1964] W.L.R. 219; einschränkend *Woolf/Woolf*, S. 201: Die Frage des *locus standi* sei auch eine Frage der Reichweite der gerichtlichen Rechtssetzungsbefugnis (*jurisdiction*). Daher habe das Gericht jedenfalls kein Ermessen, mit Personen ohne *locus standi* gleichwohl ein Verfahren durchzuführen.

[767]in *Boulting v. The Association of Cinematograph Television and Allied Technicians* [1963] 2 Q.B. 606, 629

[768]*Guaranty Trust Company of New York v. Hannay & Company* [1915] 2 K.B. 537

[769]*Gouriet v. Post Office Workers* [1978] A.C. 435, 501

[770]*Gouriet v. Post Office Workers* [1978] A.C. 435, 501

[771]*Kingdom of Spain v. Christie* [1986] 3 All E.R. 28, 34 per SIR NICHOLAS BROWNE-WILKINSON: "... obviously in that statement 'legal rights' includes equitable rights."

Ob ein Kläger nur eine Feststellung über eigene Rechte verlangen könne, war in den 60er Jahren umstritten. Unter Berufung auf die zitierte Formulierung von LORD DENNING deutete der *High Court* in *Eastham v. Newcastle United Football Club* das Erfordernis eines eigenen Interesses dahin, daß auch eine nur mittelbare Betroffenheit in eigenen Rechte genügen könne[772].

Dieser *liberal approach* wurde von der nachfolgenden Rechtsprechung explizit zurückgenommen. In *The International Commercial Bank Plc v. The Meadows Indemnity Co. Ltd and The Insurance Corporation of Ireland* begehrten die Rückversicherer (The Meadows) unter anderem zum einen die Feststellung, daß sie gegenüber den Versicherern (I.C.I.) nicht leistungspflichtig seien, zum anderen, daß die Versicherer nach dem Versicherungsvertrag mit der Bank (I.C.B.) keinen Ersatz der von dieser erlittenen Verluste schuldeten. Letzteren Antrag ließ das Gericht nicht zu. Der gute Sinn einer solchen Feststellung sei zwar ersichtlich, weil das Bestehen eines Ersatzanspruches der I.C.B. auch Auswirkungen auf die eigene Rechtsposition von The Meadows habe. Da der Gegenstand der Feststellung jedoch keine eigene Rechtsposition von The Meadows sei, sondern eine Beurteilung des Rechtsverhältnisses zwischen der I.C.I. und der I.C.B., seien sie insoweit in ihren eigenen Interessen nicht hinreichend "*vitally affected*" und hätten deshalb keinen *locus standi*[773].

Nach der heute ganz herrschenden Auffassung muß die begehrte Feststellung daher stets Rechtspositionen zum Gegenstand haben, die dem Kläger selbst zustehen können. Nur aufgrund ganz besonderer Umstände erscheinen Ausnahmen möglich:

In der Streitsache *New York Life Insurance Co. v. Public Trustee* hatte die englische Krone, vertreten durch den *public trustee*, die Feststellung begehrt, daß die von der Versicherungsgesellschaft an deutsche Staatsangehörige vertragsgemäß in London auszuzahlenden Lebensversicherungssummen deutsches Auslandsvermögen im Sinne des Friedensvertrages von 1919 seien und deshalb der Beschlagnahme unterlägen. Das Gericht bekräftigte zunächst den Grundsatz, es sei "*exceedingly unusual, to say the least of it*", Feststellungen zu machen, die die Rechte abwesender Dritter berührten. Im vorliegenden Fall

---

[772] *Eastham v. Newcastle United Football Club* [1964] Ch. 413, 443; ebenso *Boulting v. Association of Cinematograph, Television and Allied Techniciens* [1963] 2 Q.B. 606

[773] *Meadows Indemnity Co. Ltd v. The Insurance Corporation of Ireland Plc and International Commercial Bank Plc* [1989] 2 Lloyd's 298, 309 per MAY, L.J.

handele es sich jedoch um eine Angelegenheit der internationalen Beziehungen und somit einen Sonderfall, der eine Ausnahme rechtfertige[774].

Der *Federal Supreme Court of Nigeria* hat in einer Entscheidung aus dem Jahre 1964 die Auffassung vertreten, daß von einem Feststellungsurteil betroffene Dritte nicht am Verfahren beteiligt werden müßten, solange nach allen Umständen des Einzelfalls eine Beeinträchtigung ihrer Rechte nicht zu befürchten sei[775]. Auch diesem Urteil lag allerdings eine recht ungewöhnliche Fallgestaltung zugrunde, nach der anderenfalls alle Angehörigen des Obosi-Volkes hätten geladen und als Partei gehört werden müssen.

(2) Statutorisch besonders geregelte Feststellungsklagen finden sich insbesondere im Familienrecht.

So kommt nach sect. 56f des *Family Law Act 1986* die Antragsberechtigung für Verfahren auf Feststellung der ehelichen Abstammung oder die Wirksamkeit einer Adoption in der Regel nur dem Kind zu[776].

Die Feststellung, ob eine Ehe wirksam geschlossen war oder zu einem bestimmten Zeitpunkt bestand, kann gemäß *Familiy Law Act 1986 sect. 55* nicht nur einer der Ehegatten, sondern jede Person mit hinreichendem Interesse ("*sufficient interest*") an dieser Feststellung beantragen[777].

V. Die Klagebefugnis für Gestaltungsklagen

Die Kategorie der Gestaltungsklage hat das englische Prozeßrecht nicht herausgearbeitet. Im Familienrecht wird unter anderem zwischen nichtigen (*void*

---

[774]*New York Insurance Co. v. Public Trustee* [1924] 2 Ch. 101, 118 per ATKINS L.J.

[775]vgl. *Ikebife Ibeneweka v. Peter Egbuna* [1964] W.L.R. 219, 225f: "... the power to grant a declaration should be exercised with a proper sense of responsibility and a full realisation that judicial pronouncements ought not to be issued unless there were circumstances that called for their making. Beyond that there is no legal restriction on the award of a declaration. - ...there has never been any unqualified rule of practice that forbids the making of a declaration even when some of the persons interested in the subject of the declaration are not before the court."

[776]Family Law Act 1986 sect. 56f

[777]HALSBURY'S LAWS "Divorce" Vol. 13 para 533 mwN

marriages) und vernichtbaren (*voidable marriages*) Ehen unterschieden[778]. Den Antrag auf "Vernichtung" der Ehe, eine gerichtliche Gestaltung der Rechtslage *ex nunc*, können nur Ehegatten stellen[779]. Gleiches gilt für Anträge auf Scheidung einer Ehe[780].

VI. Die Klagebefugnis von Verbänden und Interessengruppen

Die Klagebefugnis von Verbänden als Mittel der "gebündelten" Interessenwahrnehmung erfährt im englischen Recht nur wenig Beachtung. Im Vordergrund steht die Möglichkeit, im Wege der *representative proceedings* die Rechtspositionen auch von Personen geltend zu machen, die nicht am Verfahren teilnehmen.

1. Verbandsklagen

Unter den Verbänden ist zwischen den *corporations* mit eigener Rechtspersönlichkeit und den *associations* zu unterscheiden, die keine eigene Rechtspersönlichkeit besitzen.

Die Parteifähigkeit berechtigt *corporations* und Sozialpartner zur Geltendmachung der ihnen eigenen *rights of action*. Diese *rights of action* ergeben sich aus den allgemeinen *rules* des materiellen Rechts, also etwa Rechtspositionen aus dem Verbandsvermögen, aus Vertrag etc.

Weitergehende Verbandsklagerechte, etwa zur Geltendmachung von Kollektivinteressen ohne eigene Betroffenheit des Verbandes, sind nicht anerkannt.

Auch die Möglichkeit, die Interessen von Verbandsmitgliedern geltend zu machen, folgt allgemeinen Regeln. Wollen daher etwa Verbände zum Schutz von Urheberrechten Urheberrechtsverletzungen verfolgen, so müssen ihnen die verletzten Rechte zuvor abgetreten worden sein. Eine solche Abtretung kann unter Umständen durch die Verbandssatzung mit dem Erwerb der Mit-

---

[778]BROMLEY, S. 69ff

[779]HALSBURY'S LAWS "Divorce" Vol. 13 para 533 mwN

[780]RAIDEN & JACKSON'S, S. 352

gliedschaft vereinbart werden. In diesem Fall erfüllt die Abtretung jedoch nicht die Inhalts- und Formvorschriften des *Law of Property Act 1925*. Sie ist deshalb nur *in equity* wirksam, das abgetretene Recht im Prozeß nicht ohne die Mitwirkung der betroffenen Mitglieder - als der *legal owner* des geltend gemachten Rechts - durchsetzbar[781].

2. *representative proceedings*

Der Begriff der *representative proceedings* bezeichnet eine Art von Verfahren, deren Gegenstand (auch) die Rechtspositionen von Personen oder - regelmäßig - Personengruppen sind, die am Verfahren nicht als Partei teilnehmen, dessen Ergebnis ihnen gegenüber gleichwohl Bindungswirkung entfaltet.

Bis Ende des 19. Jahrhunderts verlangte das englische Recht grundsätzlich, daß alle Streitbetroffenen als Parteien beteiligt wurden, um eine umfassende und endgültige Streiterledigung zu erreichen. Der Einführung der *representative proceedings* liegt die Überlegung zugrunde, daß die notwendige Beteiligung aller an einem Streitstoff Rechtsbetroffenen schon aus organisatorischen Gründen unter Umständen gerade die Verhinderung der endgültigen Rechtsverwirklichung bedeuten kann[782].

Gemäß der fortgeltenden RSC O.15 r.12 erlaubt das Verfahren der *representative proceedings* deshalb einem oder mehreren Klägern, zugunsten einer Gruppe von Personen mit gleichem *"interest in proceedings"* ein Verfahren zu führen. Dafür ist zum einen erforderlich, daß der auftretende Kläger als Repräsentant ebenfalls Gruppenangehöriger ist, zum anderen, daß die Mitglieder der Gruppe durch ein einheitliches Interesse *(same interest)* und eine gleiche Beschwer *(common grievance)* zusammengehalten werden.

Ein solches einheitliches Interesse kann etwa aus dem Erleiden desselben Schadensgeschehens, durch gemeinsame Eigentumsrechte oder auch dem Ab-

---

[781] vgl. *Performing Right Society Ltd v. London Theatre of Varieties Ltd* [1924] A.C. 1

[782] LORD MACNAGHTEN in *Duke of Bedford v. Ellis* [1901] A.C. 1, 8: "The old rule in the Court of Chancery ... required the presence of all parties interested in the suit, in order that a final end might be made of the controversy. But when the parties were so numerous that you could never `come at justice` ... if everybody interested was made a party, the rule was not allowed to stand in the way. It was originally a rule of convenience; for the sake of convenience it was relaxed."

schluß desselben Vertrages durch mehrere Personen entstehen[783]. Hingegen sind Grundsteuerpflichtige, deren Abgabenlasten durch eine neue Beitragsordnung in unterschiedlicher, nach individuellem Einkommen gestaffelter Höhe neu geordnet festgelegt wurden, nicht als Gruppe mit einheitlichem Interesse gegenüber der Neuregelung anzusehen[784].

Haben Personengruppen aus deliktischem Verhalten des Schädigers Schadensersatzansprüche in unterschiedlicher Höhe, so wird dem Erfordernis der einheitlichen Beschwer zumeist durch Geltendmachung von Schadensersatz nur dem Grunde nach genügt[785]. Läßt sich die Höhe des Gesamtschadens bereits beziffern, kann der Schädiger auch auf Zahlung an die Repräsentanten verurteilt werden. Diese sind dann als *trustees* verpflichtet, die einzelnen Ersatzbeträge pro rata an die Repräsentierten auszuzahlen[786].

Eine rechtliche Binnenorganisation der Interessengruppe ist nicht erforderlich. So konnten in *Mercer v. Denne* zwei Fischer für sich und alle anderen, die in der Gemeinde Walmer demselben Beruf nachgingen, das Recht einklagen, nach altem Brauch ihre Netze auf dem Strand trocknen zu dürfen[787].

Andererseits steht eine Rechtsstruktur der Gruppe einem *representative proceeding* auch nicht entgegen, sofern die Klage des Repräsentanten nicht in die Rechtszuständigkeit der juristischen Person oder ihrer satzungsgemäßen Entscheidungsorgane eingreift. Daher sind regelmäßig zum einen einzelne Mitglieder einer nicht rechtsfähigen *association* oder eines *clubs* in der Regel berechtigt, die gemeinsamen Interessen aller Mitglieder geltend zu machen[788].

Zum anderen lassen sich, je nach Fallkonstellation, auch die gemeinsamen Interessen der Mitglieder von rechtsfähigen *corporations* auf diesem Wege geltend machen. In *E.M.I. Records Ltd v. Riley* wurden die Kläger als berechtigt angesehen, für sich und alle anderen Mitglieder der British Phonographic Industry Ltd von den Beklagten die Unterlassung des Verkaufs von Raubkopien und Schadensersatz für bisherige Copyright-Verstöße zu verlangen[789].

---

[783] SUPREME COURT PRACTICE para 15/12/2ff mwN

[784] *Smith v. Cardiff Corporation* [1954] 1 Q.B. 210

[785] *Markt & Co. Ltd v. Knight Steamship Company Ltd* [1910] 2 K.B. 1021; ANDREWS, S. 143

[786] *EMI Records v. Riley* [1981] 1 W.L.R. 923, 926

[787] *Mercer v. Denne* [1905] 2 Ch. 538

[788] *John v. Rees* [1970] 1 Ch. 345

[789] *EMI Records v. Riley* [1981] 1 W.L.R. 923

Stets hat das Gericht die Befugnis, den Fortgang des Verfahrens als *representative proceeding* zu untersagen, wenn dies nach seinem Eindruck für die Interessen der Repräsentierten nicht sachdienlich ist[790].

Die repräsentierten Personen unterliegen keinen Mitwirkungspflichten im Verfahren. Wie jeder Dritte sind auch sie nur unter strengen Voraussetzungen verpflichtet, in ihrem Besitz befindliche Dokumente vorzulegen[791]. Auch die Verfahrenskosten fallen in der Regel nur den Verfahrensführern an[792]. Das Gericht hat allerdings die Möglichkeit, die repräsentierten Personen ebenfalls mit anteiligen Verfahrenskosten zu belegen, wenn dies nach den Umständen angemessen erscheint[793].

Die wichtigste Auswirkung der *representative proceedings* für die nicht am Prozeß teilnehmenden Gruppenmitglieder besteht in der Bindungswirkung des Urteils auch für und gegen sie, RSC O.15 r.12 (3). Nur bei Repräsentation auf Beklagtenseite sind hier Ausnahmen aufgrund besonderer persönlicher Umstände möglich, RSC O.15 r.12 (5). Will ein durch den auftretenden Kläger Repräsentierter diese Rechtsfolge vermeiden, muß er noch während des Verfahrens auf Beklagtenseite beitreten[794].

3. Die derivative action

Die Möglichkeit der gesellschaftsrechtlichen Sozialklage (*minority shareholder action* oder *derivative action* genannt) widerspricht dem Grundsatz, daß die satzungsgemäßen Entscheidungsorgane von Körperschaften nicht übergangen werden dürfen. Sie ist daher nur unter engen Voraussetzungen anerkannt, insbesondere ist stets eine Unterdrückung von Minderheitsgesellschaftern durch die Mehrheit ("*wrongdoer control*") erforderlich. Diese Voraussetzungen sind gemäß der im Jahre 1996 in die *Rules of Supreme Court* eingefügten Order 15 rule 12A in einem besonderen Vorverfahren nachzuweisen[795].

---

[790] *Prudential Assurance Co. Ltd v. Newman Industries Ltd* [1981] Ch. 229, 255; HALSBURY'S LAWS "Practice and Procedure" Vol. 37 para 233 mwN

[791] *Ventouris v. Mountain* [1990] 1 W.L.R. 1370

[792] *Price v. Rhondda* [1923] W.N. 228; *Moon v. Atherton* [1972] 3 All E.R. 145, 146

[793] ANDREWS, S. 143 mwN

[794] Watson v. Cave (1881) 17 Ch.D. 19

[795] dazu näher unten Abschnitt 3 V.

4. Gruppenklagen im übrigen

Über die *representative proceedings* hinaus bestehen keine zivilprozessualen Möglichkeiten zur Geltendmachung von gebündelten Interessen. Um Verfahren aus Produkthaftung, Massenunfällen etc. gleichwohl prozeßökonomisch bewältigen zu können, hat das *Supreme Court Procedure Committee* einen "*Guide for Use in Group Actions*" herausgegeben, der die Streitklärung durch die Auswahl geeigneter Musterverfahren (*lead actions*) anregt und Richtlinien für deren Berücksichtigung in den übrigen Streitfällen sowie zur angemessenen Kostenverteilung auf alle Berechtigten enthält[796].

In die gleiche Richtung gehen die *Legal Aid Board Multi-Party Action Arrangements 1992*[797]. Sie sehen vor, daß ein am *Legal Aid Board* gebildetes Kommittee bei Massenverfahren Anwaltskanzleien mit der Führung von Musterprozessen beauftragt und die Kostenfrage für alle Beteiligten regelt, gegebenenfalls unter Berücksichtigung des Armenrechts.

VII. Klagebefugnisse hoheitlicher Stellen

Hoheitliche Stellen können nach allgemeinen Regeln im Zivilprozeß eigene Rechte durchsetzen. Darüber hinaus können sie gelegentlich Partei eines Zivilprozesses über Streitigkeiten zwischen Privaten sein.

Der *Attorney-General* (Staatsanwalt) ist in diversen Verfahren zu beteiligen oder hat jedenfalls das Recht, dem Verfahren beizutreten und vor Gericht gehört zu werden, so etwa gemäß *Family Law Act 1986* sect. 59 bei Verfahren über die Wirksamkeit einer Ehe.

Eine eigene Klagebefugnis steht ihm dagegen nur selten zu. Als Beispiel läßt sich die Antragsberechtigung in sogenannten *charity proceedings* anführen, in Verfahren über Angelegenheiten der Wohlfahrtspflege nach dem *Charities Act 1993* zur Kontrolle von gemeinnützigen Stiftungen[798].

---

[796]näher ANDREWS, S. 151

[797]Text in SUPREME COURT PRACTICE Band 2 sect. 16E

[798]*Charities Act 1993* sect. 33

Erwähnenswert ist das Zusammenspiel von Privatpersonen und *Attorney-General* in den sogenannten *relator actions* gemäß RSC O.15 r. 11. Dabei handelt es sich um Klagen, deren Gegenstand in besonderer Weise das öffentliche Interesse berührt, weil etwa eine öffentliche Pflicht geltend gemacht oder ein Schaden von der Öffentlichkeit abgewendet werden soll.

Vor Klageerhebung wendet sich der klagewillige Private an den *Attorney-General* und bittet ihn um die Genehmigung zur Prozeßführung. Sofern diese erfolgt, kann er das Verfahren im Namen des *Attorney-General* einleiten. Der Private (*relator*) führt den Prozeß auf eigenes Kostenrisiko, der *Attorney-General* fungiert als *nominal plaintiff*[799].

Der Anwendungsbereich der Vorschrift ist weitgehend auf Streitstoffe beschränkt, in denen es ausschließlich um *public rights*, *public duties* oder *public nuisance* geht[800]. Darunter fällt etwa der Antrag, der Postarbeitervereinigung zu verbieten, ihre Mitglieder zu einem gegen die Apartheitspolitik gerichteten Bearbeitungsstreik von Postsendungen nach Südafrika aufzurufen[801]. Innerhalb des ordentlichen Verfahrens trennt das englische Recht insoweit nicht zwischen zivilrechtlichen und öffentlichrechtlichen Streitsachen.

VIII. Klagebefugnis für jedermann

Für das Patentlöschungsverfahren ist jedermann antragsberechtigt, der sich auf die im *Patents Act 1977* sect. 74 (3) genannten Gründe der fehlerhaften Patenteintragung stützt. Eine persönliche Betroffenheit in eigenen Rechten oder Interessen ist für seinen *locus standi* nicht erforderlich[802].

Weitere Fälle einer Popularklagebefugnis sind nicht ersichtlich.

---

[799] HALSBURY'S LAWS, Vol. 37 "Practice and Procedure" para 230 mwN

[800] HALSBURY'S LAWS, Vol. 37 "Practice and Procedure" para 230; SUPREME COURT PRACTICE 15/11/4 mit zahlreichen Beispielen

[801] *Gouriet v. Post Office Workers* [1978] A.C. 435

[802] HALSBURY'S LAWS, Vol. 35 "Patents and Registered Designs" para 649

B. Die Bedeutung der Auswahl des richtigen Klägers

Teil A ging der Frage nach, wen das englische Recht in Bezug auf einen bestimmten Streitstoff als den "richtigen Kläger" ansieht, darüber auf sein Rechtsschutzgesuch hin eine gerichtliche Entscheidung zu erhalten.

Im folgenden soll für das englische Recht untersucht werden, welche Bedeutung der Auswahl eines für einen Streitstoff richtigen Klägers im System des englischen Zivilprozesses im einzelnen zukommt.

Hierfür ist zunächst auf die allgemein mit der Parteistellung verbundenen Rechtswirkungen einzugehen (nachfolgend I.). Welche dieser mit seiner Parteistellung verbundenen Funktionen nur dem richtigen Kläger zukommen, ist davon abhängig, an welcher Stelle im Verfahrensgang und auf welche Weise seine Eigenschaft als richtiger Kläger überprüft wird und falsche Kläger abgewiesen werden (nachfolgend II.). Abschließend ist darzustellen, für welche Personen das von einem richtigen Kläger erstrittene Urteil Bindungswirkung entfaltet (III.).

I. Die Funktionen des englischen Parteibegriffs

Die prozessuale Bedeutung des Parteibegriffs erschließt sich aus dem Prinzip der *"procedural privity"*. Darunter wird die Beschränkung der Verfahrensrechte und -pflichten und der Verfahrensauswirkungen auf dessen Parteien verstanden[803]. Im einzelnen ergeben sich daraus folgende Konsequenzen:

Nur die Parteien sind berechtigt, verfahrensgestaltende Anträge zu stellen[804].

In der Regel sind nur die Parteien Adressaten gerichtlicher Anordnungen jeder Art: *"It is a well established principle of English law that orders are made as between parties to an action and that such orders bind only those parties"*[805].

---

[803] Das Prinzip der *procedural privity* lehnt sich an die *doctrine of privity* des englischen Vertragsrechts an, vgl. ANDREWS, S. 55.

[804] vgl. LANGAN AND HENDERSON, S. 142: "*control of the suit*" (of action)

[805] *Attorney-General v. Times Newspapers Ltd* [1992] 1 A.C. 191 at 211 per LORD ACKNER

Insbesondere die Mitwirkungspflichten bei der Beweismittelbeibringung (*discovery* durch Vorlage von Dokumenten oder Parteivernehmung, jeweils auf Antrag des Gegners) obliegen nur den Parteien[806].

Andere Personen, darunter auch die Repräsentierten bei den *representative proceedings*, sind nur unter strengen Voraussetzungen gehalten, in ihrem Besitz befindliche Dokumente vorzulegen[807].

Das Urteil entfaltet in der Regel nur zwischen den Parteien und deren *privies* (Mitinteressenten, Beteiligten[808]) Rechtswirkung[809].

Grundsätzlich sind nur die Parteien prozeßkostenpflichtig. Das Gericht kann allerdings auch Personen, die am Verfahren formal nicht beteiligt sind, für die Prozeßkosten (mit) heranziehen, wenn diese ein *"real interest"* an der Klage hatten[810].

Die nicht aktiv am Verfahren einer *representative action* beteiligten Gruppenmitglieder gelten insoweit wiederum nicht als Parteien[811]. Da sie andererseits der Rechtskraft einer von den Repräsentanten erstrittenen Entscheidung unterliegen, wird ihre Parteistellung als "hybrid" beurteilt[812].

Von Bedeutung ist der Parteibegriff ferner für das Recht zur Ablehnung des Richters wegen Befangenheit (*recusation*) und zur Bestimmung der örtlichen Zuständigkeit.

---

806 ANDREWS, S. 58

807 *Ventouris v. Mountain* [1990] 1 W.L.R. 1370

808 so der Übersetzungsvorschlag von DIETL/MOSS/LORENZ, S. 593 "privy"; näher dazu unten Abschnitt 2 Kapitel 2 B. III. 2

809 ANDREWS, S. 57; näher unten Abschnitt 2 Kapitel 2 B. III.

810 RSC O.62 r.2 (4); ANDREWS, s. 61, Rn 4-008 mwN; SUPREME COURT PRACTICE para 62/2/7 mwN

811 *Moon v. Atherton* [1972] 2 Q.B. 435; auch hier kommt eine Heranziehung für die Kosten nach Ermessen des Gerichts jedoch in Betracht, vgl. ANDREWS, S. 143 mwN

812 ANDREWS, S. 137; *Moon v. Atherton* [1972] 3 All E.R. 145, 146 per LORD DENNING: "They are not full parties because they are not individually liable for the costs... But they are parties because they are bound by the result."

Für die Möglichkeit der Einvernahme als Zeuge (*witness*) spielt der Parteibegriff keine Rolle, da auch die Parteien des Rechtsstreits zeugenschaftlich gehört werden können[813].

II. Die Überprüfung im Verfahren

1. Die Verfahrensausgestaltung

Die im April 1999 in Kraft getretenen *Civil Procedure Rules* haben den Ablauf des englischen Zivilprozesses einschneidend modifiziert, um die knappe Ressource Gerichtsbarkeit nach der Bedeutung des jeweiligen Falles angemessen zu verteilen und durch aktive gerichtliche Verfahrensleitung einen möglichst schnellen Verfahrensgang zu gewährleisten.

Herkömmlich war das Erkenntnisverfahren im ersten Rechtszug in die Abschnitte *pre-trial* (Vorverfahren) und *trial* (Hauptverfahren) gegliedert. Das von einem *Master* oder *Registrar* geleitete Vorverfahren hatte wesentlich die Funktion, die Streitpunkte zwischen den Parteien herauszuarbeiten und damit das Bedürfnis nach einer Hauptverhandlung und deren Gegenstand zu klären[814]. Diese Streitaufbereitung sollte es den Parteien ermöglichen, ihre Erfolgsaussichten abzuschätzen und die Hauptverhandlung (*trial*) vor den Hauptverfahrensrichtern (*judges*) von prozeduralen oder nicht entscheidungserheblichen Nebenfragen freizuhalten, *"so conserving 'judge-power' for more important work and making more efficient use of 'judge-time'"*[815]. In der erst auf erneuten Antrag des Klägers anberaumten Hauptverhandlung wurde der solchermaßen präparierte Streitstand mündlich vorgetragen und, gegebenenfalls nach Einvernahme von Zeugen, entschieden.

Die CPR sehen nun zu Beginn eines jeden Verfahrens einen sogenannten *preliminary stage* vor, in welchem der Vorverfahrensrichter die Streitsache einem von drei Verfahrensarten (*track*) zuordnet.

---

[813] HALSBURY'S LAWS "Evidence" Vol. 17 para 231 mwN

[814] HARTWIEG, S. 64, 75f

[815] JACOB, Fabric, S. 112

Der *small claims track* gemäß CPR Part 27 ist für Streitigkeiten bis zu einem Streitwert von 5.000 £ einzuschlagen[816]. Er sieht nur eingeschränkte Beweismöglichkeiten vor und endet ohne Anrufung eines weiteren Spruchkörpers mit dem *final hearing*, unter Umständen sogar durch Entscheidung ohne mündliche Verhandlung[817].

Der *fast track* für Verfahren mit einem Streitwert bis zu 15.000 £[818] entspricht weitgehend dem bisherigen Verfahren. Allerdings ist es nun Aufgabe des Vorverfahrensrichters, von sich aus frühzeitig einen Termin zur Hauptverhandlung (*trial*) festzusetzen.

Der *multi-track* steht für Streitigkeiten offen, die nicht unter die anderen beiden Verfahrenswege fallen[819]. Er sieht während des preliminary stage zunächst eine case *management conference* oder eine *pre-trial review* vor, die zur Planung des weiteren Verfahrensablaufs und der Vorklärung streitiger Fragen dienen[820]. Das Gericht ist angehalten, so früh als möglich einen Zeitplan für das Hauptverfahren zu erstellen[821].

Durch diese Vorschriften sind dem Gericht im Vorverfahren größere Verantwortung und Befugnisse für ein *active case management* zugefallen. Ergänzt werden diese Befugnisse durch die schon nach bisherigem Recht bestehende Möglichkeit, bereits während des Vorverfahrens ganze Klagen, sonstige Schriftsätze oder einzelne Passagen daraus "auszustreichen" (*to strike out*[822]), wenn diese keinen vernünftigen Klagegrund erkennen lassen oder einen Mißbrauch des Verfahrens darstellen[823]. Neu ist die Möglichkeit, die Klage ge-

---

816 weitere Einzelheiten in CPR, 26.6 (1)

817 vgl. CPR Part 27, insbesondere 27.2, 27.8, 27.9, 27.10

818 CPR, 26.6 (4)

819 CPR, 26.6 (6)

820 CPR, 29.3

821 CPR, 29.8

822 das den CPR vorangestellte amtliche Glossar definiert "Striking out means the court ordering written material to be deleted so that it may no longer relied upon"

823 CPR, 3.4 (Power to strike out a statement of case): "(2) The court may strike out a statement of case if it appears to the court (a) that the statement of case discloses no reasonable grounds for bringing or defending the claim; (b) that the statement of the case is an abuse of the court's process or is otherwise likely to obstruct the just disposal of proceedings..." - zum bisherigen Recht vgl. RSC O.18 r.19

mäß CPR Part 24 durch summarisches Urteil im Vorverfahren abzuweisen, wenn sie keine hinreichenden Erfolgsaussichten erkennen läßt[824].

2. Prüfungsumfang während des Verfahrens

Bei der Anwendung dieser Befugnisse zur Überprüfung, ob der richtige Kläger die Klage erhoben hat, lassen sich vier gedankliche Schritte unterscheiden:

a) Der Unschädlichkeitsgrundsatz

Die nach CPR Schedule 2 nicht fortgeltende RSC O.15 r.6 (1) bestimmte, daß keine Angelegenheit vor Gericht an der fehlenden oder falschen Beteiligung von weiteren Parteien scheitern solle[825]. Sie war eingeführt worden, um die nach früherem *common law* fatale Folge der fehlenden Beteiligung notwendiger Mitberechtigter abzuwenden, nach welchem die Klage allein deshalb abgewiesen wurde[826].

Die nach RSC O.15 r.2 ff bestehenden Befugnisse des Gerichts, zur Umsetzung des in RSC O.15 r.1 formulierten Grundsatzes Parteien auf Antrag oder aus eigener Initiative als Partei beizuladen oder, da niemand gegen seinen Willen zum Kläger gemacht werden darf, die Beteiligung anzuregen, hat der CPR in Part 19 übernommen.

Da der Unschädlichkeitsgrundsatz nach historischer Entstehung und praktischer Auswirkung die gerichtlichen Befugnisse im Interesse der Verfahrensökonmie und einer sachgerechten Entscheidung stärkte, ist davon auszugehen, daß er nach der ebendiesen Zwecken verpflichteten Prozeßrechtsreform durch die CPR weiterhin als allgemeiner Rechtssatz anwendbar ist[827].

---

[824] CPR, 24.2 (Summary jugdement): "The court may give summary judgement against a claimant or defendant on the whole of a claim or on a particular issue if (a) it considers that (i) that claimant has no real prospect of succeeding on the claim or issue..."

[825] RSC O.15 r.6 (1): "No cause or matter shall be defeated by reason of the misjoinder or nonjoinder of any party."

[826] JACOB/GOLDREIN, S.248 mwN

[827] Allein aus den gerichtlichen Befugnissen im einzelnen nach RSC O.15 r.6 und CPR 19.3 läßt sich dieser Schluß nicht zwingend herleiten, denn während RSC O.15 r.6 nur die Beiladung notwendiger ("*necessary*") Parteien während des Prozesses gestattete, spricht der CPR in Rule 19.1 von der Beiladung von Parteien, deren Verfahrensteilnahme für die Streitklärung lediglich wünschenswert ("*desirable*") ist.

Daher wird etwa ein Rechtsträger *in equity* weiterhin im eigenen Namen, insbesondere ohne Beteiligung des Inhabers des *legal title*, Klage erheben und vorläufige prozessuale Maßnahmen zur Rechtssicherung ergreifen können[828].

Stets betrifft der Unschädlichkeitsgrundsatz jedoch nur die Wirksamkeit der Verfahrenseinleitung und der Verfahrensführung bis zur letzten mündlichen Verhandlung. Ein zusprechendes Urteil kann nur ergehen, wenn jedenfalls in diesem Zeitpunkt alle notwendigen Parteien an dem Verfahren beteiligt sind[829].

b) Gerichtliche Genehmigungsmöglichkeiten

Im Grenzbereich zwischen bloßer Überprüfung und genuiner Anerkennung der Eigenschaft als *proper plaintiff* bewegen sich die bereits in Teil A näher dargestellten gerichtlichen Befugnisse, Kläger ohne eigenes *right of action* nach den Umständen des Einzelfalls gleichwohl zur Prozeßführung zuzulassen, sei es im eigenen Namen ohne Beteiligung des Rechtsinhabers nach *common law* oder unter dessen Namen[830].

c) Das striking out

Gemäß CPR 3.4 (2) (a) kann das Gericht Klageteile oder die Klage insgesamt "ausstreichen", wenn sie keinen vernünftigen Klagegrund (*"no reasonable grounds for bringing ... the claim"*) enthält[831]. Die Ausstreichung entfaltet allerdings keine Rechtskraft; der Kläger hat die Möglichkeit, noch einmal

---

[828] *Performing Right Society Ltd v. London Theatre of Varieties Ltd* [1924] A.C. 1, 14

[829] *Performing Right Society Ltd v. London Theatre of Varieties Ltd* [1924] A.C. 1, 14 per VISCONT CAVE L. C.: "... under Order XVI r.11 (heute RSC O.15 r.6 (1)) no action can now be defeated by reason of the misjoinder or nonjoinder of any party; but this does not mean that judgement can be obtained in the absence of a necessary party to the action, and the rule is satisfied by allowing parties to be added at any stage of a case"; *Baker v. Barclays Bank Ltd* [1955] 1 W.L.R. 822, 830f

[830] siehe oben Abschnitt 2 Kapitel 2 A. I. 1

[831] zum Wortlaut von CPR, 3.4 (2) s. o. FN 214; unabhängig von dieser gesetzlichen Anordnung wird das Recht zur Ausstreichung auch aus der allgemeinen Entscheidungskompetenz des Gerichts (*inherent jurisdiction of the court*) hergeleitet, vgl. etwa ANDREWS, S. 259 mwN, und *Oswald Joseph Reichel v. John Richard Magrath* (1889) 14 App.Cas. 665. Vor diesem Hintergrund dürfte auch CPR, 3.4 (5) zu verstehen sein: "Paragraph (2) does not limit any other power of the court to strike out a statement of case."

gänzlich neu vorzutragen, sofern keine Klage- oder Vortragsfristen verstrichen sind.

Die Vorschrift versteht unter Gericht (*Court*) sowohl den Vorverfahrensrichter als auch die *judges* der Hauptverhandlung. In der Praxis soll eine Ausstreichung sobald wie möglich erfolgen[832]. Die Prüfung erfolgt allein anhand des Vortrags des Klägers[833] und somit vor einer Beweiserhebung in der Hauptverhandlung. Die Ausstreichung ist daher im wesentlichen ein Instrument des Vorverfahrens.

"*Reasonable grounds*" können einer Klage auch dann fehlen, wenn die Klagebegründung zwar einen Anspruch erkennen läßt, dieser jedoch nicht dem Kläger zusteht. Denn in diesem Fall hat der Kläger keinen Klagegrund vorgetragen, der gerade ihn zum Erhalt gerichtlicher Abhilfe berechtigt. Zur Verdeutlichung führte Lord Diplock in *Letang v. Cooper* als Beispiel an, A habe keine *cause of action* gegenüber B für dessen Verletzung eines Rechtes von C[834].

Die Ausstreichung der Klage wegen Fehlens eines vernünftigen Klagegrundes ist jedoch nur gerechtfertigt, wenn *reasonable grounds* ganz offensichtlich fehlen. Die Prüfung wird als summarisches Verfahren verstanden, bei dem schon die entfernte Möglichkeit, der Kläger könne in der Hauptverhandlung mit seinem Begehren durchdringen, ein Ausstreichen ausschließt[835].

Die zu RSC O.18 r.19 ergangene Rechtsprechung stellte deshalb wesentlich darauf ab, ob die Entscheidung, die Klage auszustreichen, ohne umfangreichere Rechts- oder Sachprüfung begründet werden kann.

---

[832] JACOB, Fabric, S. 125: "In practice, this procedure is required to be employed as soon as practicable after service of the pleading which is being attacked."

[833] JACOB, Fabric, S. 142: A reasonable cause of action is "a cause of action with some chance of success when only the allegations in the pleading are considered".

[834] In *Letang v. Cooper* [1965] 1 Q.B. 232, 247: "A. has no cause of action against B. for an infringement by B. of a right of C. which is recognised by law."

[835] JACOB, Fabric, S. 125 mwN; *Greenhalgh v. Mallard* [1947] 2 All E. R. 255, 256 per SOMERVELL L. J.: "...in dismissing an action under that order, the court must be satisfied that there is no chance of the statement of claim succeeding."; vgl. auch Lane v. Capsey [1891] 3 Ch 411: "It is not the course of the Court to refuse liberty to try a right claimed against its receiver, unless it is perfectly clear that there is no foundation for the claim."

In *Wenlock v. Moloney* hob der *Court of Appeal* eine Ausstreichung durch den *Master* auf, weil dieser seine Entscheidung auf zweiundzwanzig Seiten detaillierter Sachprüfung der vorgetragenen Fakten und Dokumente gestützt hatte. Eine solche Vorgehensweise nehme die Hauptverhandlung vorweg und sei von der Prüfungsbefugnis im Vorverfahren nicht mehr gedeckt[836].

Aus diesem Grund bereitet gerade auch die Überprüfung der (behaupteten) Sachlegitimation durch das summarische *striking out-* Verfahren Schwierigkeiten. Nach der *case law*-Methode der englischen Rechtsfindung wird erst in der Hauptverhandlung anhand aller Umstände des Einzelfalles und anhand von Präzedenzurteilen entschieden, was für den vorliegenden Fall das Recht ist[837]. Daher läßt sich unter Umständen auch erst im Ergebnis der Hauptverhandlung beurteilen, ob aus dem Streitfall Rechtspositionen anzuerkennen sind und ob sie gerade dem auftretenden Kläger zustehen sollen.

Insbesondere auf neuartigen oder im Wandel begriffenen Rechtsgebieten oder bei schwierigen Rechtsfragen von allgemeiner Bedeutung ist eine Ausstreichung nach gefestigter Rechtsprechung grundsätzlich nicht angezeigt[838].

d) summary judgement

Mit Part 24 haben die CPR die Gerichte ermächtigt, nun auch gegen den Kläger vor der Hauptverhandlung ein summarisches Urteil zu erlassen, wenn seine Klage "*no real prospect of succeeding*" hat.

---

[836] *Wenlock v. Moloney* [1965] 2 All E. R. 871, 874 per DANCKWERTS L. J.: "...this summary jurisdiction of the court (to strike out actions) was never intended by a minute and protracted examination of the documents and facts of the case, in order to see whether the plaintiff really has a cause of action. To do that, is to usurp the position of the trial judge, and to produce a trial of the case in chambers, on affidavits only, without discovery and without oral evidence tested by cross-examination in the ordinary way. This seems to me to be an abuse of the inherent power of the court and not a proper execise of that power."

[837] vgl. *Lonrho Plc v. Tebbit* [1991] 4 All E. R. 973, 979 per SIR BROWNE-WILKINSON V. C.: "The methodology of English law is to decide cases not by a process of a priori reasoning from general principle but by deciding each case on a case-by-case basis from which, in due course, principles may emerge."

[838] *Lonrho Plc v. Tebbit* [1991] 4 All E. R. 973, 979 per SIR BROWNE-WILKINSON V. C.: "Therefore, in a new and developping field of law it is often inappropriate to determine points of law on the assumed, and scanty, facts pleaded in the statement of claim."; *Dyson v. Attorney General* [1911] 1 K.B. 410, 414 per SIR COZENS-HARDY M.R.: The procedure of striking out "ought not to be applied to an action involving serious investigation of ancient law and questions of general importance"; *Lonrho v. Fayed* [1992] 1 A.C. 449, 469 mwN

Welcher Maßstab dafür anzulegen ist, wird die künftige Rechtsprechung noch klären müssen. Auf den ersten Blick scheinen für das Kriterium der fehlenden echten Erfolgsaussicht nach dem Wortlaut eher geringere Anforderungen zu genügen als für das Fehlen eines vernünftigen Klagegrundes im Sinne von CPR 3.4. Umso schwerer wiegen die Bedenken, die schon gegen eine freizügige Handhabung des *striking out* geltend gemacht wurden. Dementsprechend wurde die Neuregelung schon während der Reformarbeiten mit dem Argument kritisiert, das *summary judgement* sei eher ein Ersatz denn ein Zugangsfilter für die Hauptverhandlung, freilich mit dem Nachteil unvollständiger Sachaufklärung[839].

Das Verhältnis von *striking out* und *summary judgement* läßt auch der CPR offen. Die zu CPR, 3.4 ergangenen Practice Directions bestimmen lediglich, Gericht und Gegner könnten nach beiden Regelungen vorgehen[840].

3. Die Überprüfung im Urteil

Sofern die Klage nicht ausgestrichen oder durch *summary judgement* abgewiesen wird, prüft das Gericht anhand aller Umstände des Einzelfalls, gegebenenfalls nach Beweiserhebung, was das Recht ist und ob der Kläger zu dessen Geltendmachung berechtigt ist.

Eine Abgrenzung des Prüfungsumfanges zur subjektiven Berechtigung des Klägers gegenüber demjenigen zum objektiven Bestand des geltend gemachten Rechts ist deshalb schon aus der Methode der englischen Rechtsfindung heraus kaum möglich[841]. Als ergänzende Illustration seien nachfolgende Beispiele angeführt:

Häufig ist streitig, ob ein Kläger eine abgetretene Forderung alleine und im eigenen Namen geltend machen darf. In diesen Fällen muß das Gericht zunächst anhand aller Umstände des Einzelfalles aufklären, ob die Forderungsabtretung als *absolute assignment* oder nur als *equitable assignment* zu werten ist[842]. War der Zessionar nur *in equity* Forderungsinhaber geworden,

---

[839] O'BRIEN, S.137

[840] Practice Direction - Striking out a statement of case 1.2 und 1.7

[841] vgl. soeben Abschnitt 2 Kapitel 2 B. II. 2 c)

[842] zum mitunter hohen Prüfungsumfang zur Beantwortung dieser Frage vgl. etwa *Comfort v. Betts* [1891] 1 Q.B. 737; *G. E. Crane Pty. Ltd v. Federal Commissioner of Taxation* [1971] 126 C.L.R. 177

durfte er sie jedenfalls nicht alleine ohne den Zedenten geltend machen und ist die Klage gegebenenfalls abzuweisen[843]. Handelte es sich hingegen um ein *absolute assignment*, war der Kläger zur alleinigen Geltendmachung seines erworbenen *legal title* berechtigt.

In dem bereits geschilderten Rechtsstreit *Baker v. Barclays Bank Ltd.* mußte das Gericht zunächst sorgfältig die Rechtsnatur der Klageforderung überprüfen und sah nach längeren Erörterungen den Kläger in einem Eigentumsrecht beeinträchtigt, nicht in einem Vertragsanspruch gegen die Bank. Das Eigentum am Wert der Schecks sei teilbar, im Gegensatz zum den vertraglichen Ansprüchen aus dem von beiden Partnern eingegangenen Kontoführungsvertrag. Nur deshalb könne der Kläger seinen Anteil am Wert der veruntreuten Schecks alleine geltend machen[844].

Zur Begründung der Abweisung von Klagen falscher Kläger verweisen die Gerichte darauf, dieser Kläger sei *"not entitled to sue"*[845] bzw. habe *"no right of action"*[846] etc. Eine systematisierte gedankliche oder formale Unterscheidung zwischen Urteilsbegründungen oder -tenorierungen über die subjektive Berechtigung eines Klägers gegenüber der Feststellung des Bestehens oder Nichtbestehens des behaupteten Rechts besteht im englischen Recht nicht.

III. Die Reichweite der subjektiven Rechtskraft

Die Rechtskraftwirkung eines Urteils wird mit der *doctrine of merger* als "Verschmelzung" und damit Wegfall des Klagegrundes in der höheres Recht schaffenden gerichtlichen Entscheidung gesehen[847].

Durch den Wegfall des Klagegrundes begründet die *res judicata* den Einwand eines Verfahrenshindernisses (*cause of action estoppel*) für nachfolgende Pro-

---

[843] *Performing Right Society Ltd v. London Theatre of Varieties Ltd* [1924] A.C. 1

[844] *Baker v. Barclays Bank Ltd* [1955] 1 W.L.R. 822, 829ff

[845] *Oriental Fire and General Insurance Company Ltd v. American President Lines Ltd* [1968] 2 L.L.R. 372

[846] *Simpson and Company v. Thompson, Burrell* (1877) 3 App.Cas. 279

[847] SPENCER-BOWER AND TURNER, S. 362: "Any English cause of action, or prosecution, is deemed to be merged in, and effaced by, an English civil or criminal judgement pronounced thereon..."

zesse über denselben Streitstoff durch dieselben Parteien. Die Rechtskraft sichert damit die Aufgabe der gerichtlichen Entscheidung, den Streitfall endgültig zu beenden und mehrfachen Verfahren über denselben Streitstoff zu verhindern[848].

1. Rechtskraftwirkung zwischen den Prozeßparteien

Die Rechtskraft des Urteils wirkt grundsätzlich nur zwischen den Prozeßparteien. Insbesondere deshalb bestehen für Gericht und Gegner weitreichende Möglichkeiten, mitwirkungsunwillige Mitberechtigte oder sonstige Streitbetroffene auf Beklagtenseite als Partei in den Streit zu ziehen.

2. Rechtskrafterstreckung auf privies

Über die Verfahrensparteien hinaus erstreckt sich die Rechtskraft des Urteils auf solche Personen, "*who are privy to the parties*"[849].

Der Begriff der *privies* wird nicht ganz einheitlich gebraucht[850] und nur vorsichtig umschrieben[851]. Auch einer kasuistischen Darstellung steht allerdings das Fehlen hinreichender Präzedenzfälle entgegen[852].
Seine Funktion besteht darin, durch die Rechtskrafterstreckung über die Parteien hinaus eine endgültige Streiterledigung auch gegenüber solchen Personen zu erreichen, welche am Streitstoff des Vorprozesses in gleicher Weise wie dessen Parteien interessiert waren[853].

---

[848] ANDREWS, S. 501ff mwN

[849] ANDREWS, S. 57 mwN FN 14

[850] Nach ANDREWS, S. 57, bindet das Urteil neben den Parteien die Rechtsnachfolger und die *privies* der Parteien; nach wohl überwiegendem - im folgenden übernommenen - Sprachgebrauch umfaßt der Begriff der *privies* auch die Rechtsnachfolger, vgl. HALSBURY'S LAWS "Estoppel" Vol.16 para 990ff

[851] vgl. SPENCER-BOWER AND TURNER, S. 209: "Privies include any person who succeeds to the rights or liabilities of the party upon his death or insolvency or who is otherwise identified with his or her estate or interest..."; HALSBURY'S LAWS "Evidence" Vol. 17 para 68: "The term 'privity implies mutual or successive relationship to the same interests..."; JOWITT'S DICTIONARY S. 1433 "Privy": "...having a participation in some act, so as to be bound thereby"

[852] vgl. LORD GUEST in *Carl Zeiss-Stiftung v. Rayner and Keeler (No. 2)* [1966] 2 All E.R. 536, 550: "There is a dearth of authorities as to who are privies so as to be bound by a res judicata."; SPENCER-BOWER AND TURNER, S. 209

[853] ANDREWS, S. 503 mwN

Zu den *privies* zählen deshalb insbesondere die Rechtsnachfolger im Todes- oder Insolvenzfall, ferner alle Personen, die mit den Parteien das streitgegenständliche Interesse teilen (*privies in estate or interest*)[854].

Als solche *privies in estate or interest* werden etwa Nutzungsberechtigte gegenüber dem Grundeigentümer, Vermächtnisnehmer gegenüber dem Erblasser oder Erwerber gegenüber dem Verkäufer angesehen[855].

Der Maßstab des hinreichenden gemeinsamen Interesses ist aus den Präzedenzentscheidungen nicht leicht herauszulesen. Die Frage scheint danach entschieden zu werden, ob zum einen die Interessen der Parteien nach den tatsächlichen Umständen als identisch anzusehen seien (*"factual identity of interests"*), zum anderen, ob ihre Bindung an einen Prozeß, in dem sie nicht repräsentiert worden seien, mit den Geboten der *"fairness"* vereinbar sei[856].

Insgesamt ist das englische Recht sehr zurückhaltend bei der Annahme einer Rechtskrafterstreckung über die Parteien hinaus. Für die unmittelbare Rechtsbindung ist in der Regel erforderlich, daß der *privy* seine abgeleitete Berechtigung nach Beginn des Verfahrens erworben hat[857].

Einen Sonderfall stellen die Begünstigten eines *trust* dar. Sie müssen die Ergebnisse einer Prozeßführung durch den *trustee* in der Regel schon deshalb hinnehmen, weil ihre Rechtspositionen *in equity* am *trust*-Vermögen dem Bestand des *legal right* in der Person des *trustee* folgen. Das Gericht kann die Bindungswirkung allerdings aufheben, wenn der *trustee* die Interessen der Begünstigten in der Prozeßführung nicht hinreichend gewahrt hat[858].

Bei den *represenative proceedings* erstreckt sich die subjektive Rechtskraft des Urteils gemäß RSC O.15 r.12 (3) auch auf die nicht aktiv am Verfahren beteiligten Gruppenmitglieder[859].

---

[854] HALSBURY'S LAWS "Estoppel" Vol.16 para 990; SPENCER-BOWER AND TURNER, S. 209

[855] HALSBURY'S LAWS "Estoppel" Vol.16 para 990 mwN

[856] HALSBURY'S LAWS "Estoppel" Vol.16 para 990 mwN: "The question seems to be determined by an examination of the factual identity of interests of the parties and the fairness of binding them by a decision in which they were not represented."

[857] HALSBURY'S LAWS "Estoppel" Vol.16 para 992

[858] RSC O.15 r.14 (1) a. E.

[859] RSC O.15 r.12 (3): "A judgement or order given in proceedings under this rule shall be binding on all the persons as representing whom the plaintiff sue..."; *Moon v. Atherton* [1972] 2 Q.B. 435

3. Urteilswirkung erga omnes

(2) *Judgement in rem*[860], etwa familienrechtliche Statusentscheidungen wie die Wirksamkeit einer Eheschließung oder Abstammungsfragen[861], wirken dagegen auch gegenüber Nicht-Parteien. Sie werden, mit einer gebräuchlichen bildhaften Umschreibung, als "*conclusive against all the world*" angesehen[862].

Kapitel 3: Die Vertretung in der Verfahrensführung

Auch im englischen Recht muß der richtige Kläger nicht notwendig selbst als Verfahrensführer auftreten, um die gerichtliche Entscheidung über einen bestimmten Streitstoff mit Wirkung für und gegen sich zu erreichen. Er kann - und muß gelegentlich - sich streitfremder Personen bedienen, die das Verfahren für ihn führen.

Vorab ist darauf hinzuweisen, daß das englische Recht keine allgemeine Rechtsfigur des Handelns für und im Namen anderer entwickelt hat[863]. Wenn hier weiterhin der Begriff der Vertretung verwendet wird, so ist darunter keine eigenständige Rechtsfigur zu verstehen, sondern die Bezeichnung des Phänomens des Rechtshandeln mit Wirkung für andere und im Namen anderer.

Die Erscheinungsformen und Wirkungen des Handelns für andere sind in den einzelnen Rechtsgebieten je separat geregelt. Im Vertragsrecht sind die maß-

[860] Zur Einteilung *judgements in personam* und *judgements in rem* vgl. SPENCER-BOWER AND TURNER, S. 198: "There are two separate and distinct types of judicial decision; one, the ordinary type which purports to determine the rights, liabilities and interests only of the parties litigant, and the other kind which, though incidentially affecting the immediate parties, has for its primary object the final determination of a person or thing, and which, therefore, is conclusive upon the world at large" sowie näher ebda., S. 213ff, 229ff

[861] ANDREWS, S. 59 mwN; STONE'S JUSTICE'S MANUAL S. 18: "A judgement in rem declares the status of some particular subject-matter, either relating to a person or thing, eg questions of legitimacy, marriage or divorce, the status of a street."

[862] HALSBURY'S LAWS "Estoppel" Vol. 16 para 984 mwN; zu Kritik und Ausnahmen vgl. SPENCER-BOWER AND TURNER, S. 213ff

[863] ZWEIGERT/KÖTZ, S. 429ff

geblichen *rules* als *law of agency* zusammengefaßt; im Prozeßrecht bestehen gesetzliche Einzelregelungen oder gefestigte Rechtsprechung zur Bewältigung verschiedener Fallkonstellationen.

I. Die Voraussetzungen der prozessualen Handlungsfähigkeit

Als Zulässigkeitsvoraussetzung für das Auftreten vor Gericht ist zwischen dem *right to conduct litigation* und dem *right of audience* zu unterscheiden.

Das *right to conduct litigation* definiert der *Courts and Legal Services Act 1990*, s. 119 (1), als das umfassende Recht, in eigener Person alle Funktionen auszuüben, die mit der Klageerhebung und der Prozeßführung zusammenhängen[864].

Unter dem *right of audience* wird demgegenüber (nur) das Recht verstanden, in den Gerichtsverhandlungen aufzutreten, sich zur Sache zu äußern und etwa Zeugen zu verhören[865]. Ein allgemeiner Anwaltszwang für bestimmte Gerichte besteht nicht[866]. Jedoch müssen sich bestimmte Prozeßführer vor dem *High Court* durch Rechtsanwälte (*solicitors, barristers*) vertreten lassen, denen insoweit allein das *right of audience* zusteht.

II. Arten und Voraussetzungen der Vertretung

Unter den Arten der Prozeßvertretung lassen sich die notwendige oder gerichtlich angeordnete Vertretung einerseits, die auf freiwilliger Vereinbarung beruhende gewillkürte Vertretung andererseits unterscheiden.

---

[864] C.L.S.A. 1990 s. 119 (1): "'Right to conduct litigation' means the right (a) to exercice all or any of the functions of issuing a writ or otherwise commencing proceedings before any court; and (b) to perform any ancillary function in relation to proceedings (such as entering appearances to actions); ..."

[865] C.L.S.A. 1990 s. 119 (1) "'right of audience' means the right to exercice any of the functions of appearing before and addressing a court including the calling and examining of witnesses"

[866] dazu näher BUNGE, S. 74f

1. Notwendige oder angeordnete Vertretung

Die zentrale Vorschrift für Prozeßfähigkeit und Anwaltszwang war bis zur Prozeßrechtsreform 1999 die RSC O.5 r.6. Danach hatte jede Person außer Minderjährigen, Geisteskranken und juristischen Person das Recht, in eigener Person oder durch einen *solicitor* vor dem *High Court* ein Verfahren zu beginnen und zu führen[867]. Da die CPR insoweit bislang keine eigene Regelung enthalten, ist davon auszugehen, daß die RSC O.5 r.2 inhaltlich fortgilt.

(1) Minderjährigen (*minors*) und Geisteskranke (*patients*) benötigen einen prozessualen Stellvertreter (*litigation friend*)[868].

Er wird für jeden Einzelfall vom Gericht als Amtsvertreter (*officer of the court*) ernannt oder zugelassen. Ihm steht das *right to conduct litigation* und damit die Befugnis zu, über die Eröffnung eines Verfahrens und dessen Führung zu entscheiden und alle Maßnahmen zu ergreifen, die den Interessen des Betreuten dienlich sind[869].

Meist handelt es sich dabei um die Eltern oder sonstige Verwandte des Klägers, die als *litiation friend* zugelassen werden, wenn ein Konflikt mit ihren eigenen Interessen nicht zu befürchten ist. Steht keine geeignete Person aus dem Umfeld des Klägers zur Verfügung, so wird der *Official Solicitor* (Amtsanwalt) als amtlicher Prozeßpfleger tätig[870].

Im Rubrum werden der Kläger und sein Verfahrensvertreter ausgewiesen durch die Formel *"X. (minor) by Y. (his mother and litgation friend)"*[871].

---

[867] RSC O.5 r.6 (1): "Subject to paragraph (2) and to Order 80, rule 2, any person (whether or not he sues as a trustee or personal representative or in any other representative capacity) may begin and carry on proceedings in the High Court by a solicitor or in person."; entsprechend für die County Courts: C.C.A. 1984 s.76

[868] vgl. CPR, 21.2 (1): "A child must have a litigation friend to conduct proceedings on his behalf ..."

[869] O`HARE/HILL, S. 90

[870] BUNGE, S. 74

[871] nach O`HARE/HILL, S. 90, die allerdings noch die bislang übliche Bezeichnung des Prozeßvertreters auf Klägerseite als "*next friend*" anführen; vor der *Chancery Division* ist im Rubrum die Bezeichnung nur mit "*X., a minor*" üblich, ATKIN'S "Parties to Actions" Vol. 30 Appendix

(2) Juristische Personen werden im Prozeß vor dem *High Court* durch einen *solicitor* vertreten[872].

Vor den unteren Gerichten ist auch ein von den zuständigen Entscheidungsgremien gehörig ermächtigter beliebiger Vertreter (*agent*) handlungsbefugt.

(3) Das Gericht kann jederzeit einen *receiver* als Verwalter fremden Vermögens ernennen oder zulassen, wenn ihm dies nach den Umständen des Einzelfalls zum Schutz des Vermögens sinnvoll erscheint[873]. Gesetzlich vorgesehen ist seine Einsetzung etwa bei der vorläufigen Insolvenzverwaltung bis zur endgültigen Entscheidung über den Insolvenzantrag, mit welcher gegebenenfalls ein *trustee* zur Verwaltung oder Verwertung der Insolvenzmasse eingesetzt wird[874].

Der *receiver* fungiert als *officer of the court*. Im Unterschied zum *trustee* wird er nicht Inhaber der zu verwaltenden Vermögensbestandteile und ist deshalb nicht im eigenen Namen zur Prozeßführung darüber berechtigt. Das Gericht kann ihn jedoch ermächtigen, das Verfahren unter dem Namen des Rechtsträgers zu führen[875].

(4) In den in RSC O.15 r.13 (*"Representation of interested persons who cannot be ascertained etc."*) bestimmten Fällen kann das Gericht eine Person als Verfahrensführer ernennen, die andere Personen repräsentiert, deren Rechtspositionen im Verfahren betroffen sein könnten[876].

---

[872]insoweit ausdrücklich die außer Kraft gesetzte Regelung in RSC O.5 r.6 (2)

[873]ODGERS, 20. Auflage, S. 184; HALSBURY'S LAWS "Receivers" Vol. 39 para 801

[874]dazu näher unten Abschnitt 3 III.

[875]ATKIN'S "Receivers: Practice" Vol. 33 para 20 mwN

[876]Weder dem Gesetzestext, noch der Literatur ist eine eindeutige Aussage dahin zu entnehmen, daß die ernannte Person nicht als Partei des Rechtsstreits gilt. Manche Autoren handeln die Repäsentation nicht erreichbarer Kläger als Sonderfall der *representative proceedings* ab (O'Hare/Hill, S. 103; Halsbury's Laws "Practice and Procedure" Vol. 37 para 235), was für eine Verfahrensführung in Parteistellung sprechen könnte. Andererseits vermeiden es sowohl der Gesetzestext, als auch Literatur und Rechtsprechung sorgfältig, die ernannte *"person"* mit den Begriffen *party*, *plaintiff* oder *claimant* zu bezeichnen. Entsprechend den *litigation friends* bei der Vertretung Prozeßunfähiger wirkt das Urteil nur für und gegen die repräsentierten Personen oder Personengruppen und unterliegen Prozeßvergleiche der *"person appointed"* der zur Repräsentation nicht Erreichbarer ernannten Personen der gerichtlichen Genehmigung (vgl. RSC O.15 r.13 (3), (4)). Schließlich erhält diese Person ebenfalls keine *legal ownership* an den

Voraussetzung einer solchen Ernennung ist, daß die betroffenen Personen oder Personengruppen nicht zu ermitteln oder nicht aufzufinden sind oder nur mit unverhältnismäßigem Kostenaufwand am Verfahren teilnehmen könnten[877].

Die Vorschrift ist nur auf Verfahren anwendbar, deren Gegenstand Nachlaßvermögen, *trust*-Vermögen oder die Auslegung von Urkunden sind[878]. Sie ist ein Behelf der *equity*, um berechtigte Interessen an oder gegenüber den genannten Vermögensmassen durchsetzen zu können, wenn die Rechtsträger nicht erreichbar sind[879].

2. Gewillkürte Vertretung

Alle Personen, die selbst prozeßfähig sind, können sich im Verfahren durch einen Verfahrensbevollmächtigten vertreten lassen. In diesem Zusammenhang dienen die Begriffe des *right to conduct litigation* und des *right of audience* dazu, den Kreis der tauglichen Vertreter und den Umfang ihrer Vertretungsbefugnis zu regeln.

In Frage kommt die hier die Vertretung durch zugelassene Rechtsanwälte (*solicitors* und *barristers*) und durch andere Dritte (*lay representatives*).

(1) Stets zulässig ist die Vertretung durch *solicitors*. Für den High Court ergab sich dies unmittelbar aus RSC O.5 r.6 (1).

Die *solicitors* dürfen grundsätzlich das gesamte Prozeßgeschäft für den Mandanten führen; sie haben das *right to conduct litigation*[880]. Ist ein *solicitor* vor

---

streitgegenständlichen Vermögensmassen. Daher wird man die zur Repräsentation nicht erreichbarer Parteien ernannten Personen und den gerichtlich zugelassenen *receiver* als einen Prozeßpfleger anzusehen haben, der nicht selbst Partei ist, sondern das Verfahren als Vertreter in fremdem Namen führt.

[877] vgl. RSC O.15 r.13 (2)

[878] vgl. RSC O.15 r.13 (1)

[879] O'HARE/HILL, S. 103

[880] HALSBURY'S LAWS "Solicitors" Vol. 44 para 79

den oberen Zivilgerichten nicht zugelassen, so arbeitet er einem *barrister* zu, der dort auftreten und das Verfahren betreiben darf[881].

(2) Die Möglichkeit, sich durch beliebige Dritte (*lay representatives*) vor Gericht vertreten zu lassen, besteht nur sehr eingeschränkt.

Die Rechtsprechung sah sich stets als befugt an, nach eigenem Ermessen die Verfahrensteilnahme von *lay representatives* unter Gesichtspunkten der Sachdienlichkeit zu gestatten oder zu verweigern[882]. Nach der durch die Zivilprozeßrechtsreform 1999 außer Kraft getretenen *Lay Representation (Rights of Audience) Order 1992* durften *lay representatives* nur im weitgehend formfreien *small claims*-Verfahren vor den County Courts über einen Streitwert bis zu £ 1,000 stets mitwirken, weil in diesen Verfahren die Ersatzfähigkeit von Anwaltskosten stark eingeschränkt war[883].

Inhaltlich beschränkt sich ihre Handlungsbefugnis darauf, in der Verhandlung mitzuwirken, sich etwa zur Sache zu äußern oder Zeugen zu vernehmen (*right of audience*). Verfahrensleitende Anträge oder die Einreichung eigener Schriftsätze fallen darunter nicht.

Das Mitwirkungsrecht der *lay representatives* kann daher die Verfahrensteilnahme der Parteien nicht ersetzen; die *lay representatives* sind als bloße Beistände anzusehen. Eine echte Stellvertretung in der Verfahrensführung durch gewillkürte Dritte ist somit im englischen Recht nicht gestattet.

III. Rechtsfolgen der Vertretung

(1) Der Prozeßvertreter ist nicht selbst Partei des Verfahrens. Ihm obliegen jedoch in eigener Person bestimmte Verfahrensrechte und -pflichten.

---

[881] Das frühere Postulationsmonopol der *barrister* vor den oberen Zivilgerichten ist durch den C.L.S.A. 1990 s. 27ff abgeschafft worden. Die *solicitors*, die dort nun ebenfalls auftreten wollen, benötigen jedoch eine besondere Zulassung durch ihre Berufsorganisation Law Society.

[882] *McKenzie v. McKenzie* [1970] 3 W.L.R. 472; *Regina v. Leicester City Justices* [1991] 2 Q.B. 260

[883] O'HARE/HILL, S. 280f

Für den *next friend* eines Prozeßunfähigen bestimmte RSC O.80 r.2 (2) ausdrücklich, daß dieser alles zu tun habe, was im Verfahrensverlauf ansonsten von einer Partei zu tun sei[884]. Nach RSC O.80 r.9 war er inbesondere auch verpflichtet, sich anstelle des Betreuten selbst als Partei vernehmen zu lassen und Beweisdokumente vorzulegen. Die Vorschrift wollte die Durchsetzbarkeit der Offenbarungspflichten sichern[885].

Die neuen CPR enthalten im relevanten Part 21 keine unmittelbar entsprechenden Bestimmungen. Angesichts des Regelungszwecks der alten Vorschriften dürften diese jedoch inhaltlich weiter Geltung haben.

(2) Das Urteil wirkt hingegen nur für und gegen die vertretene Partei[886].

ABSCHNITT 3: FALLGRUPPEN

I. Die Anerkennung vorprozessualer Abtretungen

Die vorprozessuale Abtretung des streitgegenständlichen Rechts ist grundsätzlich zulässig. Sie führt jedoch nicht immer dazu, daß nunmehr der Zessionar das erworbene Recht im eigenen Namen geltend machen kann. Ferner erkennt das englische Recht Abtretungen nicht an, die nur für die Zwecke der Prozeßführung vorgenommen wurden. Zum Schutz des Gegners kann das Gericht dem klagenden Zessionar schließlich die Stellung einer Kostensicherheit auferlegen.

---

[884] RSC O.80 r.2 (2): "Subject to the provisions of these rules, anything which in the ordinary conduct of any proceedings is required or authorised by a provision of these rules to be done by a party to the proceedings shall or may, if the party under disability, be done by his next friend or guardian ad litem."

[885] SUPREME COURT PRACTICE para 80/9/1

[886] für den *next friend* vgl. HALSBURY'S LAWS "Children and Young Persons" Vol. 5 (2) para. 1362, 1369

1. Klagebefugnis des Zessionars

Die eigene Klagebefugnis des Zessionars hängt davon ab, ob er die Forderung *at law* (nach *common law*) oder *in equity* erworben hat.

Wenn die Inhalts- und Formerfordernisse gemäß *Law of Property Act 1925* sect. 136 erfüllt sind, namentlich die schriftliche und unbedingte Abtretung einer bestimmten Forderung in ihrem gesamten Bestand sowie Anzeige an den Schuldner, kann der Zessionar das aus diesem *absolute assignment* nach *common law* erworbene Recht allein im eigenen Namen gerichtlich geltend machen.

Fehlt eine dieser Voraussetzungen, so kann das erworbene Recht nur *in equity* unter Mitwirkung des Zedenten gerichtlich geltend gemacht werden. Dies gilt insbesondere auch für eine Teilabtretung, da nur die vollumfängliche Abtretung einer Forderung als *"absolute" assignment* angesehen wird[887].

2. Mißbrauchsschutz durch Inhaltskontrolle

Auch die Wirksamkeit des *absolute assignment* unterliegt jedoch Einschränkungen, wenn die Abtretung gerade für die prozessuale Geltendmachung durch den Zessionar erfolgte.

Liegt ihr einziger Zweck darin, dem Zedenten die Führung des Rechtsstreits aus den Händen zu nehmen, so ist sie unwirksam: *"The bare right to litigate is not assignable"*[888]. Ebensowenig wird eine Abtretung an einen mittellosen Zessionar anerkannt, mit der Prozeßkostenhilfe erschlichen werden soll[889].

Gebilligt wird die Abtretung nur, wenn sie über die Verschiebung der Parteistellung hinaus anerkennenswerten anderen Zwecken dienen soll. Nach neuerer Rechtsprechung genügt ein legitimes wirtschaftliches Eigeninteresse des Zessionars. Dies kann etwa in der eigenen wirtschaftlichen Verwertung der

---

[887] vgl. insoweit schon die Darstellung oben Abschnitt 2 Kapitel 2 A. II. 2. (8) mwN

[888] CHITTY ON CONTRACTS, Vol. I, S. 973 Rn 19-027 mwN; ANDREWS, S. 571

[889] *Advanced Technology Structures Ltd v. Cray Valley Products* The Times, December 29, 1992, C.A.

abgetretenen Forderung bestehen, sei es durch Übernahme des Prozeßrisikos nach Forderungskauf oder durch Weiterveräußerung[890].

Leading case dieser Rechtsprechung ist die Entscheidung *Trendtex Trading v. Credit Suisse*[891]. Die Klägerin hatte Zement verkauft und einen Wechsel über 14 Millionen Dollar erhalten, den die bezogene nigerianische Bank C.B.N. nicht auszahlte. Die Beklagte kaufte die Ansprüche der Klägerin für 0,8 Mio Dollar auf und veräußerte sie an ein weiteres Kreditunternehmen für 1,1 Mio Dollar. Dieses konnte sich mit der C.B.N. über 8 Mio Dollar vergleichen. Nachfolgend vertrat die Klägerin die Auffassung, die Abtretung ihrer Ansprüche sei unwirksam gewesen, weil nach englischem Recht die Abtretung eines *bare right to litigate* unzulässig sei. Erst das House of Lords arbeitete mit Nachdruck heraus, daß die Abtretung keine reine Abtretung des Klagerechts darstelle, weil die Beklagte ein über die Möglichkeit der Prozeßführung hinausgehendes wirtschaftliches Eigeninteresse verfolgt habe.

Die Kontrolle der Wirksamkeit einer vorprozessualen Abtretung im Prozeß hat historische Gründe. Nach *common law* war die Abtretung von Forderungen bis weit in das 19. Jahrhundert gänzlich unzulässig. Allmählich wurde die Abtretbarkeit vertraglicher Rechte anerkannt, während als höchstpersönlich verstandene Ersatzansprüche aus *tort* etc. zunächst weiterhin nicht *at law* abgetreten werden konnten. Nach Auffassung der *equity* war eine Forderungsabtretung zwar allgemein möglich; die gerichtliche Geltendmachung abgetretener Forderung durch den Zessionar galt jedoch als unzulässige Unterstützung einer Prozeßpartei, nämlich des Zedenten, durch Außenstehende (*maintenance or champerty*). Erst gegen Ende des letzten Jahrhunderts begann sich die Ansicht durchzusetzen, daß mit einer Forderung auch ein Klagerecht durch Abtretung erworben werden könne[892].

---

[890] *Trendtex Trading Corp. v. Crédit Suisse* [1982] A.C. 679, 703 per LORD ROSKILL: "The Court should look at the totality of the transaction. If the assignment is of a property right or interest and the cause of action is ancillary to that right or interest, or if the assignee had a genuine commercial interest in taking the assignment and in enforcing it for his own benefit, I see no reason why the assignment should be struck down as an assignment of a bare cause of action..."; *Brownton Ltd v. Edward Moore Inbucon Ltd* [1985] 3 All E.R. 499

[891] *Trendtex Trading v. Credit Suisse* [1982] A.C. 679

[892] vgl. den historischen Abriß von LORD ROSKILL in *Trendtex Trading v. Crédit Suisse* [1982] A.C. 679, 702f mwN; ferner ZWEIGERT/KÖTZ, S. 439ff

3. Mißbrauchsschutz durch Kostensicherheit

Unabhängig vom Nachweis der Unwirksamkeit einer Forderungsabtretung kann das Gericht von dem auftretenden Kläger gemäß RSC O.23 r.1 (1) (b) auf Antrag des Gegners Kostensicherheit verlangen, wenn er als sog. *nominal plaintiff* erscheint, der im Interesse eines anderen klagt, und wenn Anhaltspunkte für seine Mittellosigkeit bestehen.

II. Klagebefugnis bei Veräußerung der Streitsache im Prozeß

Die prozessualen Auswirkungen einer Abtretung oder Übertragung des streitbefangenen Rechts während des Rechtsstreits regelt insbesondere RSC O.15 r.7 (2)[893]. Danach kann das Gericht, sofern es dies zur vollständigen Sachaufklärung für erforderlich hält, den Erwerber zur Verfahrensteilnahme als Partei bestimmen und den Prozeß mit ihm anstelle der ursprünglichen Partei fortsetzen[894].

Die Vorschrift wird dahin ausgelegt, daß das Gericht den Prozeß auch mit dem ursprünglichen Rechtsinhaber und dem Erwerber, jeweils als Partei, fortsetzen kann. Dies ist insbesondere bei der Abtretung von *equitable interests* während des Prozesses angezeigt[895].

---

[893]RSC O.15 r.7 (2) S. 1: "Where at any stage of the proceedings in any cause or matter the interest or liability of any party is assigned or transmitted to or devolves upon some other person, the Court may, if it thinks it necessary in order to ensure that all matters in dispute in the cause or matter may be effectually and completely determined and adjudicated upon, order that other person to be made a party to the cause or matter and the proceedings to be carried on as if he had been substituted for the first mentioned party". Daneben gilt nunmehr auch CPR, 19.1 (4): "The court may order a new party to be substituted for an existing one if - (a) the existing party's interest or liability has passed to the new party; and (b) it is desirable to substitute the new party so that the court can resolve the matters in dispute in the proceedings." Ob es sich bei der Anordnung der Fortgeltung von RSC O.15 r.7 nur um ein Redaktionsversehen handelt, ist unklar, da CPR, 19.1 (4) jedenfalls nicht alle in RSC O.15 r.7 geregelten Gestaltungsmöglichkeiten erfaßt.

[894]JACOB/GOLDREIN, S. 253f mwN

[895]SUPREME COURT PRACTICE para 15/7/15 mit Rechtsprechungsnachweisen

Da es sich um eine Befugnis des Gerichts handelt, nicht um eine notwendige Folge der Veräußerung, kann das Gericht den Rechtsstreit auch alleine mit dem bisherigen Kläger fortsetzen.

War der Erwerber schon bisher auf der Gegenseite Prozeßpartei, so kann das Gericht anordnen, daß er nunmehr auf Seiten des früheren Rechtsinhabers den Prozeß fortführe, RSC O.15 r.7 (3).

Von Interesse ist das Verhältnis von RSC O.15 r.7 (2) zu CPR 19.3 (3), wonach niemand gegen seinen Willen zur Verfahrensteilnahme als Partei auf Klägerseite bestimmt werden darf. Hier scheinen allgemeine Regeln anwendbar, indem der Erstkläger, wenn der gerichtlich als weiterer Kläger bestimmte Erwerber die Verfahrensteilnahme auf Klägerseite verweigert, diesen mit verklagen muß.

III. Klagebefugnis zugunsten der Insolvenzmasse

Das englische Insolvenzrecht, mit dem *Insolvency Act 1986* in weiten Teilen überarbeitet, unterscheidet zwischen der Insolvenz natürlicher Personen, dazu zählen auch die Kaufleute und Personengesellschaften, und dem Konkurs von *companies*[896].

Bei Zahlungsunfähigkeit natürlicher Personen kann das Konkursgericht schon vor der Bestätigung des Konkursantrags einen *interim receiver* mit der Verwaltung des Schuldnervermögens beauftragen. Mit der Konkurseröffnung wird ein *official receiver* eingesetzt, der sein Amt bis zur Bestellung eines *trustee* innehat. Dem *trustee* obliegt die eigentliche Konkursabwicklung. Erst mit dessen Bestellung verliert der Gemeinschuldner nicht nur die Verfügungsbefugnis, sondern jede eigentums- oder besitzrechtliche Stellung an seinem Vermögen.

Die Abwicklung des Konkurses von Kapitalgesellschaften bleibt in den Händen des Gerichts, das sich zur Durchführung der erforderlichen Maßnahmen eines von ihm benannten *receivers* bedient.

---

[896]näher etwa BERNSTORFF, Einführung, S. 137ff

1. Die Klagebefugnis der receiver

Die *receiver* erhalten grundsätzlich keine eigentumsrechtlichen Positionen am Schuldnervermögen[897]; sie sind nur dessen gerichtlich bestellte Verwalter.

Nach der allgemeinen *rule* sind sie daher nicht zur Klageerhebung zugunsten der Masse im eigenen Namen berechtigt[898].

Ausnahmen bestehen jedoch, wenn ein *receiver* eine ihm abgetretene Forderung geltend macht oder ein ihm zur Verwaltung übertragenes Besitzrecht an Massegegenständen verteidigen will. In diesen Fällen leitet er sein Klagerecht nicht allein aus seiner Verwaltungsbefugnis her, sondern aus der Inhaberschaft an einer selbständigen Rechtsposition (Forderungseigentum, Besitz), die bereits für sich zur gerichtlichen Geltendmachung im eigenen Namen berechtigt[899].

2. Die Klagebefugnis des trustee

Nach der rechtlichen Konstruktion des *trust* ist der zur Liquidation eingesetzte *trustee* formal alleiniger Inhaber und Verfügungsberechtigter der Insolvenzmasse.

Dies entspricht auch dem Ziel des *Insolvency Act 1986*, dem *trustee* als Konkursabwickler die Gesamtheit der Vermögenswerte des Gemeinschuldners zur Verwertung und Verteilung an die Gläubiger zu überweisen[900].

Gemäß *Insolvency Act 1986* sect. 314 in Verbindung mit Schedule 5 Part I No 2 hat der *trustee* die *"power to bring, institute or defend any action or legal proceedings relating to the property compromised in the bankrupt's estate"*. Er

---

[897]BERRY/BAILEY, S. 183: "This protection of the official receiver has no effect on title to the goods" of the bankrupt's property

[898]HALSBURY'S LAWS "Receivers" Vol. 39 para 913, 917 mwN; KERR, S. 168f mwN; *In re Sacker* (1888) 22 Q.B.D. 179, 183 per LORD ESHER M.R.: The receiver "is not a trustee. There is no debt due to him from the appellant. He could not sue for this sum of money in his own name either at law or in equity."

[899]SUPREME COURT PRACTICE para 4687 mwN

[900]BERRY/BAILEY, S. 214: "The law's intention is that the totality of the bankrupt's valuable property held by him at the commencement of the bankruptcy should pass to the trustee for realisation and distribution to the creditors."

ist daher allein berechtigt, im eigenen Namen eine Klage zugunsten der Masse einzuleiten oder, falls die Konkurseröffnung während eines bereits laufenden Rechtsstreits stattfindet, fortzuführen[901].

Der *trustee* erhebt eine Klage gemäß s. 305 (4) Insolvency Act 1986 als *"the trustee of X., a Bankrupt"*. Damit ist klargestellt, daß er für nur dieses Sondervermögen klagt (*in representative capacity*). Dessen *equitable owner*, hier der Gemeinschulder, ist gemäß RSC O.15 r.14 (1) an das Urteil gebunden.

IV. Klagebefugnis zugunsten des Nachlasses

Nach englischem Recht geht jedes Nachlaßvermögen im Erbfall zunächst auf einen *personal representative* des Erblassers über, der den Nachlaß treuhänderisch verwaltet und verteilt. Der *personal representative* kann entweder vom Erblasser benannt sein (*executor*) oder vom Nachlaßgericht eingesetzt werden (*administrator*). Er übt seine Funktion wie ein *trustee* der letztwillig Bedachten aus. Zu seinen Aufgaben zählen die Verwaltung des Erbes, insbesondere die Begleichung von Nachlaßverbindlichkeiten und die Eintreibung von Nachlaßforderungen, sowie dessen anschließende Verteilung an die Begünstigten. Den letztwillig Bedachten stehen Ansprüche aus dem Erbfall nur gegenüber dem *personal representative* zu[902].

Da der *personal representative* allein über den *legal title* über das Nachlaßvermögen verfügt, kann er Aktivprozesse zugunsten des Nachlasses alleine und im eigenen Namen führen. RSC O.15 r.14 (1) stellt klar, daß die *trust*-Begünstigten grundsätzlich nicht Prozeßparteien sein müssen.

Mehrere *personal representatives* verwalten den Nachlaß *jointly and not severally*, sie sind daher nur gemeinsam zur Klageerhebung befugt. Über Rechte und bewegliches Vermögen (*personal property*) können mehrere *personal representatives* allerdings, sofern der Erblasser nichts anderes angeordnet hat, je einzeln verfügen und insoweit auch alleine Prozesse führen[903].

---

[901] BERRY/BAILEY, S. 219, 415

[902] HENRICH, S. 110f

[903] MELLOWS, S.374

Nur wenn der *personal representative* die Interessen der Begünstigten nicht hinreichend wahrt, können diese als weitere Kläger zugelassen werden, RSC O.15 r.14 (2). Verweigert der *personal representative* eine von den *trust*-Begünstigten für erforderlich gehaltene Klageerhebung, so können diese auch ohne ihn Klage erheben[904], müssen den *trustee*, als den Inhaber des *legal title*, jedoch als (weiteren) Beklagten benennen[905].

V. Die gesellschaftsrechtliche Sozialklage

Die englische Rechtsprechung zur gesellschaftsrechtlichen Sozialklage (*minority shareholder action* oder *derivative action* genannt) geht zurück auf die Entscheidung *Foss v. Harbottle* aus dem Jahre 1843, in welcher der *Court of Chancery* zunächst begründete, warum Minderheitsgesellschaftern in aller Regel keine Möglichkeit zur Geltendmachung von Ansprüchen der Gesellschaft gegen Gesellschaftsorgane zustehen soll. In der Folgezeit erkannten die Gerichte von dieser *basic rule* eine Reihe von Ausnahmen an, um grobe Unbilligkeiten zu verhindern.

Im Jahre 1994 wurde das formale Verfahren mit der in die *Rules of the Supreme Court* eingestellten Order 15 r.12A (*"Derivative actions"*) verbindlich und neu geregelt. Die kasuistisch anerkannten Zulassungsgründe sind von dieser Regelung jedoch nicht berührt.

1. Die Voraussetzungen der derivative action

In *Foss v. Harbottle* hatten zwei Minderheitsgesellschafter im Namen aller Gesellschafter Schadensersatzansprüche gegen die Direktoren der Victoria Park Company geltend gemacht[906]. Das Gericht wies die Klage mit der Begründung ab, daß ein der Gesellschaft zugefügter Schaden prima facie auch nur von dieser selbst geltend gemacht werden könne (*"proper plaintiff rule"*). Die Entscheidung, ob ein Verfahren geführt werden solle, müsse in der Ge-

---

[904] *Franklin v. Franklin* [1915] W.N. 342

[905] SUPREME COURT PRACTICE para 15/14/4

[906] *Foss v. Harbottle* (1843) 2 Hare 461

sellschafterversammlung von der Gesellschaftermehrheit getroffen werden (*"majority rule"*).

Diese Grundsätze haben die englischen Gerichte nachfolgend immer wieder angewandt und bestätigt. Die *proper plaintiff rule* wird heute mit der juristischen Rechtspersönlichkeit der Kapitalgesellschaften erklärt. Eine Schädigung der Gesellschaft durch die Direktoren betreffe die Gesellschafter nur mittelbar als Reflexschaden[907].

Der Klage von Minderheitsgesellschaftern im Namen der Gesellschaft stehe das Mehrheitsprinzip als Grundlage der gesellschaftsrechtlichen Willensbildung entgegen. Es sei nicht Aufgabe des Gerichts, in diese Willensbildung einzugreifen. Einzelne Gesellschafter müßten auch eine unwirtschaftlich handelnde Geschäftsführung hinnehmen, solange diese von der Mehrheit getragen werde[908].

Die Gesellschaftermehrheit könne die behauptete Pflichtwidrigkeit auch nachträglich ratifizieren und dadurch den möglichen Klagegrund beseitigen. Es mache wenig Sinn, auf Betreiben einzelner Gesellschafter Prozesse zu führen, denen die Mehrheit jederzeit die Grundlage entziehen könne[909].

Die Anwendung dieser Grundsätze konnte jedoch dazu führen, daß selbst grobe Pflichtverletzungen ohne Sanktion blieben. Die Gerichte sahen sich deshalb nach *equity* veranlaßt, Minderheitsgesellschaftern in eng umgrenzten Fallkonstellationen ein Klagerecht einzuräumen. Diese Ausnahmen sind unter den Stichworten *fraud on the minority* und *ultra vires transactions* erfaßt.

Die Klagebefugnis aus *fraud on the minority* umfaßt insbesondere Fälle der rechtswidrigen Bereicherung auf Kosten der Gesellschaft. Hierzu zählen die Aufteilung des Gesellschaftsvermögens durch die Mehrheit unter Ausschluß der Minderheit, die Ausnutzung von Geschäftschancen der Gesellschaft durch die Direktoren auf eigene Rechnung oder der Verzicht der Geltendmachung

---

[907] *Prudential Assurance Co. Ltd v. Newman Industries Ltd (No. 2)* [1982] 1 Ch. 204, 223: A shareholder "cannot recover a sum equal to the diminuition in the market value of his share ... because such a 'loss' is merely a reflection of the loss suffered by the company."

[908] In *Pavlides v. Jensen* [1956] 1 Ch. 565 hatten die Direktoren ein Bergwerk im Wert von £ 1.000.000 zum Preis von £ 182 000 verkauft.

[909] *Mac Dougall v. Gardiner* (1875) 1 Ch.D. 13

von Forderungen gegen andere Körperschaften, an denen die Gesellschaft beteiligt oder interessiert ist[910].

Ultra vires transactions sind Rechtsgeschäfte der Gesellschaft, die nicht durch den Gesellschaftszweck gedeckt sind. Nach *common law* waren solche Rechtsgeschäfte unheilbar nichtig, so daß der Prozeßführung durch Minderheitsgesellschafter nicht das Argument der Ratifikationsmöglichkeit entgegensteht. Nach heutigem Recht bleibt der für das Rechtsgeschäft verantwortliche Direktor jedenfalls im Innenverhältnis haftbar[911].

In beiden Fallgestaltungen muß der Minderheitsgesellschafter zusätzlich darlegen, daß eine Klage durch die Gesellschaft nicht erreichbar ist, weil die Personen, gegen die sich der Anspruch richtet, die Gesellschaft beherrschen (*"wrongdoer control"*). Diese Möglichkeit besteht insbesondere deshalb, weil nach englischem Gesellschaftsrecht die Gesellschafter einer Kapitalgesellschaft nicht vom Stimmrecht ausgeschlossen sind, wenn sie ein persönliches Sonderinteresse am Ausgang der Abstimmung haben. Daher kann ein Gesellschafter in der Gesellschafterversammlung zur Genehmigung von Pflichtwidrigkeiten beitragen, die er in seiner Eigenschaft als Direktor begangen hat.

2. Das Verfahren der derivative action

Das Verfahren der *derivative action* lehnte sich bislang an die Regelungen der *representative proceedings* an[912]. Hier bereiteten allerdings die Ausschließung der *wrongdoer* aus dem Kreis der Repräsentierten und die Beteiligung der Gesellschaft selbst erhebliche Schwierigkeiten[913].

Die Neuregelung in RSC O.15 r.12A definiert die *derivative action* zunächst als Klage eines oder mehrerer Anteilsinhaber einer Gesellschaft über einen der Gesellschaft zustehenden Klagegrund und zu deren Gunsten. Die Klageerhebung erfolgt im eigenen Namen des klagenden Gesellschafters, der Antrag ist auf Leistung an die Gesellschaft zu richten.

---

[910] vgl. BOYLE & BIRDS, S. 494ff mwN; MÜLLER, S. 222f mwN

[911] *Smith v. Croft (No. 2)* [1988] Ch. 114; MÜLLER, S. 224f mwN

[912] *Gray v. Lewis* (1873) L.R. 8 Ch.App. 1035; *Prudential Assurance Co. Ltd v. Newman Industries Ltd (No. 2)* [1982] 1 Ch. 204

[913] GOWER, S. 665f

Der Kerngehalt von RSC O.15 r.12A besteht in der Einrichtung eines besonderen Vorverfahrens zur Entscheidung, ob dem Kläger die Fortsetzung des Verfahrens zur Sache selbst gestattet werden soll. Dieses Vorverfahren ist an enge Fristen gebunden und enthält eine mündliche Verhandlung vor dem Master[914].

Die Neuregelung wird überwiegend kritisch aufgenommen. Sie kompliziere das Verfahren und trage nicht dazu bei, die Frage der Klagebefugnis von den substantiellen Fragen nach Haftung, Genehmigungsfähigkeit der behaupteten Pflichtverletzung und den Machtverhältissen in der Gesellschaft zu trennen. Auch das renommierte *White Book* warnt vor der Gefahr eines *mini-trial*, da bereits im Rahmen des Klagezulassungsverfahrens gegebenenfalls Beweis zu erheben sei[915].

[914] RSC O.15 r.12A (2)ff; HALSBURY'S LAWS "Practice and Procedure" Vol. 37 para 20

[915] SUPREME COURT PRACTICE para 15/12A/4

Teil 4: Rechtsvergleichung

Die Länderberichte haben umfangreiches Material dazu erbracht, wen die herangezogenen Rechtsordnungen für welche Streitstoffe als richtigen Kläger und als richtigen Verfahrensführer ansehen. Schon auf den ersten Blick läßt sich zumindest feststellen, daß den nationalen Regelungsmodellen recht unterschiedliche und komplexe Gedankengänge zugrundeliegen, die tief in den jeweiligen Rechtstraditionen verwurzelt sind und dogmatisch von spezifisch nationalen Systembedingungen ausgehen und abhängen, wie etwa dem jeweiligen Parteibegriff, der Verfahrensausgestaltung oder den materiellrechtlichen Voraussetzungen.

Ferner hat sich die untersuchte Ordnungsaufgabe als eine Aufgabe erwiesen, bei deren Bewältigung zahlreiche unterschiedliche und zum Teil widerstreitende Interessen zu berücksichtigen und gegeneinander auszugleichen sind. Die Bandbreite der rechtspolitischen Erwägungen, wie dieser Ausgleich im einzelnen zu treffen ist, tritt daher zur Vielfalt der systematisch-dogmatischen Ansätze noch hinzu.

Für die rechtsvergleichende Auswertung dieses Materials stellt sich deshalb die Frage, von welchen Ausgangspunkten und Kriterien auszugehen ist, um die verschiedenen nationalen Regelungsmodi und damit erzielten Einzelergebnisse angemessen zu erfassen und auf ihre jeweiligen Vor- und Nachteile hin zu würdigen.

Die funktionelle Rechtsvergleichung bedient sich grundsätzlich des Maßstabs der konkreten Funktion, die eine Norm oder ein Rechtsinstitut erfüllen soll. Anhand dieser als die an ein Rechtsinstitut gestellte Regelungsaufgabe verstandenen Funktion läßt sich regelmäßig hinreichend beurteilen, welches nationalrechtliche Problemlösungsmodell diese Aufgabe am zufriedenstellendsten löst.

Nun war bereits in der Einleitung darauf hingewiesen worden, daß das Schema dieser Vorgehensweise im vorliegenden Fall der Modifikation bedarf, weil sich die Regelungsaufgabe der mit dieser Arbeit untersuchten deutschen Rechtsfigur der Prozeßführungsbefugnis nicht ohne weiteres feststellen ließ. Die Rechtsvergleichung sollte deshalb auch dazu dienen, die Regelungsfunktion der Prozeßführungsbefugnis als der Frage nach dem richtigen Kläger erst zu ermitteln. Für diese Zielstellung wurde mit der Ordnungsaufgabe des richtigen Verfahrensführers ein übergreifender Untersuchungsrahmen gewählt, innerhalb dessen der Frage nach den Funktionen der Figur des richtigen Klägers unabhängig von einem national eingefärbten Parteibegriff nachgegangen werden konnte.

Dieser Untersuchungsansatz soll nun für den Gang der Rechtsvergleichung wieder aufgenommen und fortgeführt werden. Die Annäherung an das Ziel dieser Arbeit, die deutsche Rechtsfigur der Prozeßführungsbefugnis aus rechtsvergleichender Sicht einer Bestandsaufnahme zu unterziehen und ihre Eignung zur Erfüllung der ihr zugewiesenen Aufgaben zu überprüfen, erfolgt daher in drei Schritten:

In einem ersten Abschnitt werden die Ergebnisse der Länderberichte einander zunächst nur gegenübergestellt, um Gemeinsamkeiten und Unterschiede bei der Bestimmung des richtigen Verfahrensführers vor Augen zu führen.

Ein zweiter Abschnitt der Rechtsvergleichung ist einem Aufgabenvergleich gewidmet, der Hinweise dafür erbringen soll, welche Funktionen die Denkfiguren des richtigen Verfahrensführers und, darin enthalten, des richtigen Klägers im einzelnen erfüllen sollen, welche rechtstechnischen Umsetzungsmöglichkeiten für die Erfüllung dieser Funktionen benutzt werden und nach welchen Maßstäben die eingesetzten Rechtsinstitute angemessen zu beurteilen sind.

Mit der Darstellung der verschiedenen nationalen Regelungsmodelle und der Herausarbeitung von Maßstäben für deren Beurteilung ist der Boden bereitet, im anschließenden dritten Abschnitt das Modell des deutschen Rechts zur Beantwortung der Frage nach dem richtigen Kläger für einen bestimmten Streitstoff einer Bestandsaufnahme und kritischen Würdigung zu unterziehen.

In diesem Rahmen wird dann auch wertend zu untersuchen sein, ob sich ausländische Lösungsmodelle gegebenfalls als geeigneter erweisen, bestimmte Regelungsaufgaben zu erfüllen. Ferner wird zu untersuchen sein, ob sich den herangezogenen fremden Rechtsordnungen Anregungen für die Ausgestaltung oder Weiterentwicklung des deutschen Rechts entnehmen lassen.

ABSCHNITT 1: DER RICHTIGE VERFAHRENSFÜHRER IM ERGEBNISVERGLEICH

Die rechtsvergleichende Darstellung, welche Personen als richtige Verfahrensführer eine gerichtliche Entscheidung über einen konkreten, von ihnen vorgetragenen Streitstoff erhalten sollen, orientiert sich mit geringen Abweichungen an der Einteilung der Länderberichte. Da diese Einteilung ihrerseits die maßgeblichen Fragen- und Problemkreise widerspiegelt, erscheint sie als geeignetes Raster für die zur systematischen Vergleichung notwendigen Horizontalschnitte; zudem gestattet sie, angesichts der für die Zwecke der Zusammenfassung notwendigen Verkürzungen, den schnellen Zugriff auf die entsprechenden detaillierteren Ausführungen in den Länderberichten.

I. Historische Entwicklungen

Alle drei herangezogenen Zivilprozeßordnungen haben sich aus Rechtsordnungen entwickelt, die man als aktionenrechtliche Rechts- und Prozeßordnungen bezeichnen kann.

Diese Vorläufer, das römische Aktionensystem und das altenglische *writ*-System, waren durch die Einheit von materiellem Recht und Klagemöglichkeit in einzelnen "Klagerechten" gekennzeichnet. Inhaltlich wurden solche Klagerechte für eng umgrenzte und konkret umschriebene Konfliktsituationen anerkannt und dienten in aller Regel dem Schutz der eigenen materiellen Interessen bestimmter Personen aus einem Streitfall. Das römische Recht kannte zudem vereinzelte Klagerechte, mit denen eine Person als *procurator* zur Geltendmachung fremder Interessen im eigenen Namen berechtigt war.

Im Zusammenhang mit der Bestimmung des richtigen Klägers war für diese aktionenrechtlichen Systeme ferner charakteristisch, daß schon die Eröffnung des gerichtlichen Streitentscheidungsverfahrens nur dann erfolgte, wenn ein Kläger sich auf das Bestehen eines Klagerechts bzw. der damit als rechtsschutzwürdig anerkannten Fallkonstellation berief. Die Eigenschaft als "richtiger", durch eine qualifizierte Beziehung zum Streitstoff für das Verfahren legitimierter Kläger war damit Voraussetzung bereits für den Zugang zum Gericht.

Bei der weiteren Entwicklung gehen die Vorläufer der untersuchten Rechtsordnungen unterschiedliche Wege.

Im deutschen Recht wird mit dem mittelalterlichen Formularprozeß die aktionenrechtliche Ausrichtung der Zulassung zum Prozeß lange beibehalten. Der anschließende gemeine deutschen Prozeß verlegte die Frage nach dem richtigen Kläger in den Parteibegriff, indem nach dem sogenannten materiellen Parteibegriff nur die richtigen Kläger wirksam ein Prozeßverhältnis begründen und eine zusprechende Entscheidung erhalten konnten. Die entsprechende Prüfung erfolgte allerdings nicht mehr zu Beginn, sondern im Verlauf des Verfahrens; im späten gemeinrechtlichen Prozeß fiel sie schließlich mit der Begründetheitsprüfung zusammen.

Aus dieser Aufgabe des Parteibegriffs, die richtigen Parteien zu identifizieren, läßt sich auch erklären, weshalb die deutsche Prozeßrechtslehre vergleichsweise lange an dem materiellen Parteibegriff festgehalten hat. Der Übergang zu einem formellen Parteibegriff konnte sich erst durchsetzen, nachdem die Frage nach dem richtigen Kläger zum Ende des 19. Jahrhunderts in einer eigenständigen Rechtsfigur loziert worden war, der Prozeßführungsbefugnis.

Das französische Recht hat im Mittelalter den römischen Begriff der *actio* übernommen. Im Gegensatz zum römischen Recht hat es die *action*, das französische "Klagerecht", jedoch nicht als Voraussetzung für den Zugang zu Gericht, sondern lediglich als Voraussetzung für die Verhandlung und Entscheidung zur Sache verstanden. Über lange Zeit enthielt die *action* sowohl materiellrechtliche, als auch prozessuale Elemente. Seit Mitte des 19. Jahrhunderts ist das - tatsächliche oder behauptete - Bestehen einer materiellen Rechtsposition zugunsten des Klägers nicht mehr Voraussetzung der *action*; seitdem genügt im wesentlichen ein hinreichender eigener *intérêt* des Rechtssuchenden als subjektive Voraussetzung der Klagebefugnis.

Das englische Recht hat sich insbesondere mit den umfangreichen Rechtsreformen des 19. Jahrhunderts vom überkommenen Formularsystem der *writs* abgewandt. Indem nach Abschaffung der *forms of action* die Berufung auf eine bestimmte Fallkonstellation nicht mehr Voraussetzung für den Zugang zu Gericht war, verlagerte sich die Prüfung der Klagebefugnis in den Gang des Gerichtsverfahrens selbst. Wer richtiger Kläger ist, beurteilt sich seitdem anhand des *right of action* am Maßstab des materiellen Rechts, dessen Vorgaben durch gerichtliche Befugnisse zur Anerkennung bestimmter anderer Personen als richtige Kläger kasuistisch ergänzt werden.

Damit lassen sich vom gewählten Ausgangspunkt des Aktionenrechts für die Frage nach dem richtigen Kläger zunächst zwei wesentliche gemeinsame Entwicklungen der herangezogenen Rechtsordnungen festhalten:

Zum einen haben alle drei Rechtsordnungen die weitgehende Trennung von materiellem und Prozeßrecht vollzogen. Das klassische Klagerecht wurde in materiellrechtliche Rechtspositionen und prozessuale Geltendmachungsbefugnisse zerlegt. Im Konfliktfall erscheint die Anerkennung materieller Interessen durch die Privatrechtsordnung in der Form materieller Rechtspositionen als erster Schritt, die Anerkennung von deren Durchsetzbarkeit im Prozeß durch bestimmte Personen als zweiter Schritt. Auf die genaue Lage der Verbindungslinien zwischen materiellem und Prozeßrecht bei der Beurteilung der Klagebefugnis wird an späterer Stelle näher einzugehen sein.

Zum anderen haben alle drei Rechtsordnungen die Frage nach dem richtigen Kläger von der Frage nach dem Zugang zu Gericht gelöst. Auch der im Ergebnis "falsche" Kläger hat einen durch den Justizgewährungsanspruch (*droit d'agir en justice, right to invoke jurisdiction*) des modernen Verfassungsrechtsstaats gesicherten Anspruch auf Antwort in einem gerichtlichen Verfahren. Die Prüfung, ob der auftretende Kläger auch der richtige Kläger ist, findet nunmehr innerhalb des gerichtlichen Verfahrens statt. Jede Rechtsordnung mußte daher einen Modus entwickeln, im Verlauf des Prozesses den auftretenden Rechtssuchenden mit dem von ihr für richtig erachteten Kläger abzugleichen und falsche Kläger auszuscheiden.

II. Die möglichen Verfahrensführer

(1) Als mögliche Verfahrensführer über einen konkreten Streitstoff kommen nach allen drei Rechtsordnungen der Kläger in Parteistellung oder ein für ihn handelnder Vertreter (Repräsentant) in Betracht.

Im englischen Recht werden diese Handlungsmöglichkeiten durch die Möglichkeit der Verfahrensführung "unter fremdem Namen" ergänzt. Mit Genehmigung des Gerichts können bestimmte Personen in einzelnen Fallkonstellationen berechtigt sein, den Namen eines Rechtsinhabers zu benutzen, um unter diesem Namen in eigener Person ein auf sie übergegangenes, jedoch nicht zur eigenen Rechtsposition erstarktes Interesse aus dem Streitstoff geltend zu machen. Die Verfahrensführung unter fremdem Namen ist nach englischem Recht Bestandteil der Lehre vom richtigen Kläger und keine Form der Vertretung, da der unter fremdem Namen Handelnde den Rechtsinhaber nicht repräsentiert, sondern gewissermaßen als dieser im Verfahren auftritt und angesehen wird.

Die grundsätzliche Alternative besteht also in allen drei Rechtsordnungen darin, Rechte oder rechtlich anerkannte Interessen aus einem Streitstoff als Partei selbst in den Prozeß zu führen oder diese Interessen in der Verfahrensführung durch eine andere Person repräsentieren zu lassen.

(2) Über diese Gemeinsamkeit hinaus sind zwischen deutschem und englischem Recht einerseits und dem französischen Recht andererseits wesentliche Unterschiede in der Anknüpfung der Parteistellung und den Voraussetzungen der prozessualen Handlungsfähigkeit festzustellen.

Das deutsche und englische Recht gehen von einem formalen und für den gesamten Verfahrensgang einheitlichen Parteibegriff aus. Sie knüpfen den Erwerb der Stellung als Kläger und somit Partei daran, in wessen Namen Rechtsschutz begehrt wird. Wer im eigenen Namen auftritt, ist Partei; als Vertreter gilt hingegen derjenige, der die Verfahrenshandlungen in fremdem Namen ausführt.

Das französische Recht knüpft den Erwerb der Parteistellung herkömmlich daran, für wen eine Entscheidung begehrt wird. In wessen Namen das Verfahren geführt wird, ist nicht entscheidend. Die Bedeutung dieses Ansatzes zeigt sich in den Fällen gesetzlicher Vertretung im Klagerecht: Obwohl die Namensnennung des Vertretenen im Rubrum der Verfahrensschriftsätze nicht erforderlich ist, erlangt der gesetzlich Vertretene die Parteistellung. Unausgesprochen scheint diesem Konzept der Gedanke zugrundezuliegen, daß als Partei derjenige anzusehen ist, dessen *action* geltend gemacht wird.

Eine im Vordringen begriffene Meinung der französischen Doktrin unterscheidet zwischen Partei des Verfahrens (*partie à l'instance*) und Partei des Urteils (*partie au jugement*). Nach dieser Auffassung ist auch der Repräsentant im Klagerecht Verfahrenspartei, gleich ob er im eigenen oder fremden Namen auftritt. Denn als Verfahrensführer unterliege auch der Repräsentant den Verfahrenspflichten und könne umgekehrt Verfahrensrechte ausüben. Der im Klagerecht Vertretene wird nur insoweit als Verfahrenspartei angesehen, als in seiner Person nicht auf Repräsentanten verlagerte Verfahrensrechte und -pflichten begründet sind; im übrigen ist er als *partie au jugement* nur Partei der Urteilswirkungen. Diese Ansicht knüpft den Erwerb der Parteistellung für den Verfahrensgang mithin (auch) an die tatsächliche Ausübung der Verfahrensführung.

Der französische Parteibegriff läßt sich daher nicht in dem im deutschen Zivilprozeßrecht üblichen Sinn als formeller Parteibegriff bezeichnen: Mit dem Rückgriff auf den Inhaber des Klagerechts und mit der Berücksichtigung des tatsächlichen Verfahrensführers knüpft er nicht an Namen, sondern an Personen an. Der Inhaber der *action* läßt sich zudem erst anhand einer rechtlichen Würdigung der Klagebegründung abschließend feststellen.

Dieser aus deutscher Sicht befremdliche Befund erklärt sich aus der geringen Bedeutung des Parteibegriffs in der französischen Zivilprozeßsystematik. Während dem Parteibegriff im deutschen und englischen Recht diverse sogenannte Funktionen zugeschrieben werden, wie etwa die Zuweisung der Verfahrenspflichten, die Möglichkeit der Aussage als Zeuge oder die Reichweite der subjektiven Rechtskraft, werden diese einzelnen Regelungskreise im französischen Recht weitgehend autonom geregelt. Der französische Parteibegriff bezeichnet daher eher deskriptiv das Ergebnis bestimmter Funktionszuweisungen, als daß er, wie im deutschen und englischen Recht, dogmatisch als Grundlage dieser Zuweisungen verstanden würde.

Insoweit kann rechtsvergleichend zunächst festgehalten werden, daß nur das deutsche und das englische Recht dem Parteibegriff eine systemtragende Stellung einräumen.

(3) Die Möglichkeit eines Klägers, selbst als Verfahrensführer aufzutreten, setzt seine Partei-, Prozeß- und Postulationsfähigkeit voraus. Alle drei Begriffe des deutschen Rechts finden in den ausländischen Rechtsordnungen im wesentlichen bedeutungsgleiche Entsprechungen. In der inhaltlichen Regelung bestehen allerdings Unterschiede im Detail.

Die Parteifähigkeit ist in den verglichenen Rechtsordnungen noch weitgehend übereinstimmend geregelt.

Die Prozeßfähigkeit fehlt in allen drei Rechtsordnungen Minderjährigen (mit Sonderregelungen für eigene Erwerbstätigkeit) und nicht geschäftsfähigen Erwachsenen; nach französischem Recht gelten ferner der Gemeinschuldner im Liquidationsverfahren und die Erben während der Amtsdauer des Testamentsvollstreckers als nicht prozeßfähig.

Die Postulationsfähigkeit kommt nach deutschem und französischem Recht vor den Obergerichten nur zugelassenen Rechtsanwälten zu. Nach englischem Recht besteht eine solche Einschränkung für bestimmte Gerichte grundsätzlich nicht; hier müssen sich allerdings die Vertreter von Minderjährigen und nicht geschäftsfähigen Erwachsenen sowie vor den Obergerichten die Vertreter juristischer Personen ihrerseits durch zugelassene Rechtsanwälte vertreten lassen.

Für die Regelung der Prozeß- und Postulationsfähigkeit läßt sich ferner festhalten, daß diese Regelungskreise in allen drei Rechtsordnungen die Parteifähigkeit nicht berühren. Eine Person kann parteifähig sein und Partei eines Verfahrens sein, ohne die zur Rechtsverfolgung erforderlichen Verfahrenshandlungen in eigener Person ausführen zu dürfen. Dementsprechend wird auch die Stellung als "richtiger" Kläger unabhängig von der Fähigkeit verliehen, selbst als Verfahrensführer aufzutreten.

III. Die Auswahl des richtigen Klägers

1. Der Auswahlmodus im Überblick

(1) Das deutsche Recht hat zur Beantwortung der Frage, welche Personen als richtige Kläger über einen bestimmten Streitstoff eine gerichtliche Entscheidung erhalten sollen, die Rechtsfigur der Prozeßführungsbefugnis entwickelt.

In aller Regel steht die Prozeßführungsbefugnis dem Inhaber des streitigen Rechts zu. In bestimmten Fällen ist sie ihm jedoch entzogen, so dem Erben während der Testamentsverwaltung, nach überwiegender Auffassung dem Gemeinschuldner während der Liquidationsphase, dem Minderjährigen gemäß

§ 1629 Abs. 3 BGB oder dem Zessionar einer streitbefangenen Sache, wenn der Gegner seinem Verfahrenseintritt widerspricht.

In durchaus zahlreichen Fällen sind andere Personen als der Rechtsinhaber gesetzlich zur Prozeßführung über ein fremdes Recht ermächtigt (gesetzliche Prozeßstandschaft), teils unter Ausschluß des Rechtsinhabers in den vorgenannten Fallgruppen, teils neben diesem, so etwa in Fällen bloßer Mitberechtigung.

Schließlich kann nach allgemeiner Ansicht der Inhaber eines streitigen Rechts die Befugnis zu dessen prozessualer Geltendmachung durch Ermächtigung auf Rechtsfremde übertragen (gewillkürte Prozeßstandschaft), sofern diese an der Prozeßführung ein anerkennenswertes Eigeninteresse haben.

(2) Nach französischem Recht ist derjenige richtiger Kläger, dem zur Geltendmachung eines bestimmten Streitstoffs ein eigenes Klagerecht (*action*) zusteht.

Die subjektiven Voraussetzungen des eigenes Klagerechts bestehen entweder in einem eigenen rechtserheblichen Interesse an der gerichtlichen Sachentscheidung (*intérêt personnel et direct*) oder der als *qualité* bezeichneten Legitimation aufgrund besonderer gesetzlicher Bestimmungen.

Der für die sogenannte *action banale* erforderliche eigene *intéret* folgt regelmäßig aus der Geltendmachung einer eigenen, von der materiellen Rechtsordnung als subjektives Recht oder als sonstige Berechtigungsposition rechtlich anerkannten materiellen Interesses.

Das Klagerecht aus gesetzlich zugewiesener *qualité* schränkt den Kreis der Klagebefugten gegenüber allgemeinen Grundsätzen der *action banale* zum Teil ein, zum Teil erweitert es ihn. In letzterem Fall kann ein Kläger somit auch zur Geltendmachung fremder Rechtspositionen berechtigt sein.

(3) Nach der englischen Lehre vom *proper plaintiff* folgt die Klagebefugnis grundsätzlich nur aus der behaupteten Inhaberschaft an einer eigenen materiellen Rechtsposition.

In diesem Rahmen ist weiter zu differenzieren, ob der Kläger eine eigene Rechtsposition nach *common law* oder nach *equity* geltend macht. Nur Rechtspositionen nach *common law* gewähren ein gegenüber jedermann durchsetzbares *right of action*.

Rechtspositionen nach *equity* können gegenüber anderen Personen als dem in *equity* Verpflichteten nur dann selbständig gerichtlich geltend gemacht werden, wenn sie anderenfalls gänzlich schutzlos blieben. Die Geltendmachung kann je nach Einzelfall entweder im eigenen oder unter fremdem Namen erfolgen, nämlich unter dem Namen dessen, der nach *common law* Inhaber der streitigen Rechtsposition ist.

Bloße Mitberechtigungen können entweder aufgrund gerichtlicher Ermächtigung im Einzelfall oder durch Einbeziehung der übrigen Mitberechtigten auf Beklagtenseite durch einen Mitrechtsinhaber alleine geltend gemacht werden.

(4) Rechtsvergleichend ist daher nach allen drei Rechtsordnungen jedenfalls derjenige der richtige Kläger, der eine eigene materielle Rechtsposition gerichtlich geltend macht.

Nur das deutsche Recht schränkt gelegentlich die prozessuale Ausübungsbefugnis über eigene Rechte ein. Es kennt andererseits sowohl gesetzliche Befugnisse zur Prozeßführung über fremde Rechte, als auch die Möglichkeit der Verlagerung der Prozeßführungsbefugnis durch gewillkürte Ermächtigung von rechtsfremden Dritten.

Nach französischem Recht ist die Klage über fremde materielle Rechtspositionen in wenigen, stets einzelgesetzlich bestimmten Sonderfällen zulässig (*action oblique*, *actio ut singuli*, Klagerecht der Gewerkschaften für Arbeitnehmeransprüche). Die gewillkürte Prozeßstandschaft des deutschen Rechts als Möglichkeit zur Geltendmachung fremder Rechte in Parteistellung kraft Ermächtigung des Rechtsinhabers findet hingegen keine Entsprechung.

Nach englischem Rechtsverständnis scheint grundsätzlich keine Prozeßführung über fremde Rechte gestattet. Der Rechtsquellendualismus kann jedoch zur Überlagerung von Rechtspositionen nach *common law* und nach *equity* zugunsten verschiedener Rechtsträger an demselben rechtlichen Interesse führen. Insoweit das englische Recht hier aus Billigkeitserwägungen den Zuweisungsgehalt des *common law* durchbricht und den *equitable owner* zur Prozeßführung ermächtigt, kann man wegen des grundsätzlichen Vorrangs des *common law* (*equity follows the law*) rechtsvergleichend von der Befugnis zur Geltendmachung (auch) fremder Rechte sprechen.

Besonders deutlich wird dies, wenn ein Kläger zur Klage "unter fremdem Namen" berechtigt wird, um selbst über nach *common law* fremde Rechtspositionen prozessieren zu können. Ein wesentlicher Unterschied zur deutschen Prozeßstandschaft besteht allerdings darin, daß der tatsächliche Verfahrensführer dann nicht im eigenen Namen auftritt.

2. Die dogmatische Herleitung der Auswahlmodi

(1) Das deutsche Recht versteht die Prozeßführungsbefugnis als systematisch eigenständige prozessuale Berechtigung zur Geltendmachung materiellrechtlicher Rechtspositionen im eigenen Namen.

Historisch gesehen, ist sie das Ergebnis der Bemühungen, bestimmte gesetzliche Vorschriften, die andere Personen als den Rechtsträger zur Prozeßführung ermächtigen, in ein einheitliches begrifflich-dogmatisches System zu bringen. Das gefundene Ergebnis ermöglichte die Entwicklung des heute ganz unbestrittenen formellen Parteibegriffs, der die eigenständige Rechtsfigur der Prozeßführungsbefugnis zur Überprüfung des richtigen Klägers voraussetzt und deren Ausformung als selbständige prozessuale Berechtigung gleichsam rückwirkend bestätigt.

Die dogmatische Grundlage der Prozeßführungsbefugnis darf weiterhin als umstritten gelten. Zum Teil wird sie in der materiellen Verfügungsbefugnis über die streitige Rechtsposition gesehen, zum Teil in der Konkretisierung des für alle Klagen erforderlichen allgemeinen Rechtsschutzinteresses, nach anderer Ansicht in einer Zusammenschau beider Aspekte. Nach wieder anderen Autoren läßt sich ein einheitlicher Grundgedanke zur Erklärung aller Erscheinungsformen der Prozeßführungsbefugnis nicht erkennen.

Festgehalten werden kann zunächst, daß die Regelungen der Prozeßführungsbefugnis an der Unterscheidung von eigenen und fremden materiellen Rechten anknüpfen. Die Prozeßführungsbefugnis über eigene Rechte wird als selbstverständlich angesehen, sofern dem Rechtsträger nicht ausnahmsweise die Verfügungsbefugnis darüber gesetzlich entzogen ist. Die prozessuale Geltendmachung streitiger fremder Rechte im Wege der Prozeßstandschaft bedarf hingegen eines besonderen Legitimationsgrundes.

Die Gründe, aus denen heraus eine gesetzliche Prozeßstandschaft angeordnet wurde, sind vielfältig und lassen sich in allgemeiner Form nur grob mit dem Schutz bestimmter Sonderinteressen umschreiben, sei es der Schutz des Kindes vor Prozessen gegen einen Elternteil nach § 1629 Abs. 3 BGB, der Schutz des Mitberechtigten gemäß §§ 1011, 2039 BGB vor drohendem Rechtsverfall wegen Untätigkeit anderer Mitberechtigter oder der Schutz des Prozeßgegners vor Auswechslung des Klägers durch Abtretung der streitbefangenen Sache.

Die Möglichkeit der Klage in gewillkürter Prozeßstandschaft wird aus der Parallele zur materiellrechtlichen Ermächtigung heraus anerkannt. Dieser Parallele liegt die Konzeption zugrunde, die Prozeßführungsbefugnis sei eine den materiellrechtlichen Ausübungsbefugnissen vergleichbare Teilrechtsposition am Gesamtbestand des streitigen Rechts und könne wie diese autonom durch Verfügung des Rechtsträgers auf andere Personen übertragen werden. Das Erfordernis eines Eigeninteresses des gewillkürten Standschafters wird damit begründet, daß der Standschafter selbst Partei sei und deshalb in seiner Person rechtsschutzbedüftig sein müsse.

(2) Die französische *action* wird als prozessuales Klagerecht aus einem Streitstoff verstanden, dessen Entstehung und Existenz von der tatsächlichen Einleitung eines Gerichtsverfahrens unabhängig ist. Ebenso kann die *action* über einen Prozeß hinaus fortbestehen, wenn dieser nicht durch ein Urteil oder Vergleich in der Sache, sondern durch Klagerücknahme beendet wurde.

Die subjektiven Voraussetzungen der *action* werden auf den Zentralbegriff des *intérêt (personnel et direct)* zurückgeführt. Ein solcher *intérêt* besteht grundsätzlich, wenn der Rechtsuchende aus einer Konfliktsituation beeinträchtigt ist und gerichtliche Abhilfe möglich erscheint: "*L'intérêt existe pour une personne lorsque la situation litigieuse lui cause un trouble et lorsque le jugement sollicité serait de nature à le faire cesser pour elle*"[916].

Die *action* ist deshalb dogmatisch nicht auf das streitige Recht, sondern unmittelbar auf das Interesse eines Klägers aus einem Streitstoff bezogen. Daher werden die verschiedenen Erscheinungsformen der *action attitrée* nicht danach

---

[916] CORNU/FOYER, S. 338

geordnet, ob der Kläger ein eigenes oder fremdes Recht geltend macht, sondern ob er ein eigenes, fremdes oder kollektives Interesse verfolgt.

Bis Mitte des 19.Jahrhunderts wurde auch die Existenz eines eigenen materiellen Rechts als Voraussetzung der *action* angesehen ("*pas de droit, pas d'action*"). Die Aufgabe dieses Erfordernisses geht auf die Systematisierung der Trennung von materiellem und Prozeßrecht zurück.

Die Trennung der materiellen und prozessualen Bestandteile der einstigen römischen *actio* ist allerdings unvollständig geblieben, da das französische Recht keinen allgemeinen Begriff des materiellen Anspruchs entwickelt hat. Deshalb entscheidet die Voraussetzung des *intérêt* nicht nur über die Durchsetzbarkeit materieller Rechtspositionen durch eine bestimmte Person, sondern enthält zugleich selbst die Wertung, ob das von ihr geltend gemachte materielle Interesse als Klagerecht rechtlich anerkennungswürdig ist.

In diesem Sinn gibt es nach französischer Auffassung *"actions sans droit"*, etwa zur Geltendmachung wettbewerbsrechtlicher Ansprüche. Auch das Klagerecht wegen deliktischer Schädigung wird nicht auf einen materiellen Anspruch auf Ausgleich, sondern auf die Verletzung eines Interesses zurückgeführt.

Die Verbindungslinie zum materiellen Recht besteht nun darin, daß ein klagerechtsbegründendes Interesse gerade für den Kläger rechtlich anerkennenswert sein muß. Insoweit dient das materielle Recht als Richtschnur, welche materiellen Interessen einer Person als hinreichender *intérêt* für das Klagerecht anzusehen sind[917].

Daß die Vorgaben des materiellen Rechts nicht als abschließend angesehen werden, wird am Beispiel der sogenannten Konkubinenrechtsprechung illustriert: Obgleich der Lebensgefährte bei Unfalltod des Partners materiellrechtlich keinen Schadensersatz gegen den Unfallverursacher fordern kann, ist seine Klage nach heutiger Auffassung nicht mangels *intérêt* unzulässig, sondern lediglich unbegründet. Andererseits gibt es keine Beispiele dafür, daß ein *intérêt* auch für die Geltendmachung fremder Rechte bestehen könnte. Die relative Autonomie des *intérêt*-Begriffes gegenüber dem materiellen Recht scheint deshalb auf die Frage beschränkt, wann ein materielles Interesse in

---

[917] in diesem Sinn spricht BRUNS, ZPR, S. 61, von *qualité* und *intérêt* als "materiellrechtlich vorgebildeten" Begriffen

eine materielle Rechtsposition umschlägt; sie führt nicht dazu, den Kreis der Klageberechtigten für ein bestimmtes materielles Interesse zu erweitern oder gegenüber den Vorgaben des materiellen Rechts zu modifizieren.

Die Fälle, in denen das Gesetz bestimmten Personen ausdrücklich das Klagerecht in bestimmten Fallgestaltungen zuweist (*qualité*), sind mit dem besonderen Schutz typisierter Interessen zu erklären.

(3) Im englischen Recht wird die Klagebefugnis grundsätzlich als Eigenschaft der materiellrechtlichen Rechtsposition nach *common law* angesehen, aus sich heraus ihren Inhaber zur gerichtlichen Geltendmachung zu berechtigen. Das *right of action* stellt sich in diesem Sinn nicht als eigenständiges Rechtsinstitut des Prozeßrechts dar, sondern als jedem *common law right* innewohnende Ausübungsbefugnis.

Die gerichtlichen Korrektur- oder Modifikationsbefugnisse orientieren sich an zwei Grundgedanken. Zum einen sollen nach dem Grundsatz der effektiven und endgültigen Streiterledigung alle notwendigen Parteien im Verfahren zusammengeführt werden, zum anderen soll die Rechtsschutzlosigkeit anerkannter rechtlicher Interessen verhindert werden, wo sie nach den Umständen des Einzelfalls der Billigkeit widerspräche.

Die Umsetzung dieser Ziele hat nicht zur Entwicklung einer einheitlichen Rechtsfigur geführt, sondern unter dem Stichwort des *proper plaintiff* zur Anerkennung verschiedenartiger prozessualer Gestaltungsformen wie der Klage unter fremdem Namen (*making use of anothers name*), der Einbeziehung Mitbetroffener auf Beklagtenseite (*making defendant*) oder der gerichtlichen Zulassung der Alleinklagebefugnis im Einzelfall.

(4) Im Vergleich hat daher nur das deutsche Recht mit der Prozeßführungsbefugnis für die Auswahl und Überprüfung des richtigen Klägers eine eigenständige Rechtsfigur entwickelt. Im französischen Recht geht die Auswahlentscheidung im Rechtsinstitut der *action* auf, die neben den subjektiven Erfordernissen *intéret* oder *qualité* auch objektive Voraussetzungen wie fehlende Rechtskraft oder Einhaltung der Klagefristen enthält. Das englische Recht orientiert sich mit dem *right of action* zunächst am materiellen Recht und bündelt in der Lehre vom *proper plaintiff* verschiedene kasuistisch entwickelte Korrekturmöglichkeiten.

Unterschiedlich sind auch die Verbindungslinien zum materiellen Recht. Die deutsche Prozeßführungsbefugnis ist auf das im Prozeß geltend gemachte streitige Recht bezogen. Dessen Zuweisungsgehalt, dessen Anerkennung materieller Interessen aus einem konkreten Streitstoff, setzt sie voraus und entscheidet auf dieser Grundlage, wer zu seiner prozessualen Geltendmachung befugt sein soll. Im französischen Recht ist auch das materielle Interesse einer Person aus einem Konfliktstoff im Begriff des *intérêt*, somit in der prozessualen Wertungsstufe über die Zuweisung des Klagerechts, enthalten. Im englischen *right of action* wird umgekehrt die Klagebefugnis im Bestand des materiellen Rechts mitgedacht und nur in teilweise typisierten Einzelfällen auf prozessualer Stufe modifiziert.

Die in allen drei Rechtsordnungen zu beobachtende Funktionstrennung von materiellem und Prozeßrecht hat damit nur die deutsche Rechtsordnung auch im Bereich der Klagebefugnis weitgehend verwirklicht. Sie trennt vergleichsweise streng zwischen den materiellen Interessen aus einem Streitstoff, deren Würdigung und gegebenenfalls Anerkennung in rechtlichen Ansprüchen der materiellen Rechtsordnung zugewiesen ist, und den durch ihre Geltendmachung entstehenden prozessualen Interessen der Verfahrens- und Streitbeteiligten, deren Ausgleich durch Zuweisung der Prozeßführungsbefugnis an nur bestimmte Personen erfolgt.

Aus dieser Funktionstrennung erklärt sich, daß im deutschen Recht zahlreiche Autoren das prozessuale Rechtsschutzbedürfnis als Grundlage der Prozeßführungsbefugnis ansehen. Diejenigen Stimmen, die die Prozeßführungsbefugnis aus der materiellrechtlichen Verwaltungsbefugnis herleiten, thematisieren die Frage nach dem subjektiven Zuweisungsgehalt des materiellen Rechts. Angesichts der Aufspaltung materieller Rechtspositionen in Rechtsträgerschaft, Verfügungs- und sonstigen Ausübungspositionen erweise sich die klassische Anknüpfung an den Inhaber der streitigen Rechtsposition als unzureichend.

Das französische Klagerecht enthält im Begriff des *intérêt* zugleich die Wertung, ob das geltend gemachte materielle Interesse für den Kläger als klagerechtsbegründend anzuerkennen ist. Nur zur Orientierung zieht es insoweit die Interessenwertungen des materiellen Rechts heran. Daher ist nach französischer Systematik die Ordnung der Klagerechte eine eigenständige, auf den Prozeß bezogene, Parallelwertung vorwiegend der beteiligten materiellen Interessen.

Das englische Recht wiederum hat die prozessuale Klagebefugnis, das *right of action*, nicht vollständig aus dem Begriff des materiellen Rechts geschieden. Umgekehrt könnte man auch sagen, das materielle Recht enthält zugleich ein verfahrensrechtliches Element, indem es seinen Inhaber zur Geltendmachung im Prozeß ermächtigt. Lediglich die Korrekturmöglichkeiten aus Billigkeitsgesichtspukten oder zum Zwecke endgültiger Streiterledigung erweisen sich als echte zweite Wertungsstufe des Prozeßrechts, die den Zuweisungsgehalt des materiellen Rechts zunächst voraussetzt.

3. Feststellungsklagen

Allgemeine Feststellungsklagen sind nach allen drei Rechtsordnungen möglich, wenn der Kläger ein hinreichendes Interesse (Feststellungsinteresse, *sufficient interest*, *intérêt*) an der Feststellung hat.

Die im deutschen Recht überwiegende Auffassung geht davon aus, daß neben dem Feststellungsinteresse die Prozeßführungsbefugnis eines Klägers nicht zu prüfen ist. Sie wird zum Teil nicht erforderlich gehalten, weil die Klagevoraussetzung des gesetzlich verlangten Feststellungsinteresses abschließend sei, nach anderer Ansicht fällt sie mit dem Feststellungsinteresse zusammen. Die Rechtsprechung bekennt sich ausdrücklich zu dem Grundsatz, daß ein Feststellungsinteresse auch über Drittrechtsverhältnisse bestehen könne.

Es mehren sich allerdings die Stimmen, die auch die Prozeßführungsbefugnis des Klägers über das festzustellende Rechtsverhältnis als notwendig erachten. Sie verweisen darauf, daß es auch im Feststellungsstreit um subjektive Rechtspositionen gehe und deshalb die Klagebefugnis von den Vorgaben des materiellen Rechts auszugehen habe. Bestätigung finde diese Ansicht in der Beobachtung, daß auch die von der Rechtsprechung als Drittrechtsfeststellungen anerkannten Fälle bei näherer Betrachtung in aller Regel die Feststellung über eine eigene Rechtsposition enthielten.

Das französische Recht bedarf keiner dogmatischen Anstrengungen zur Einordnung der subjektiven Voraussetzungen der Feststellungsklagebefugnis, da der persönliche *intéret* für alle Klagearten Voraussetzung des Klagerechts ist. Da der *intéret* des Klägers in Bezug auf ihm eigene materielle Rechtspositionen beurteilt wird, gerät die Möglichkeit, Rechtsverhältnisse zwischen Dritten feststellen zu lassen, nicht einmal ins Blickfeld der Diskussion.

Das englische Recht verläßt die Systematik der für Leistungsklagen entwickelten Grundsätze, die Klagebefugnis anhand des *right of action* zu beurteilen und fragt unmittelbar nach dem Interesse des Klägers an der begehrten Entscheidung. Der *liberal approach* der Jahrhundertmitte nahm ein solches Interesse unter Umständen auch für die Feststellung von Rechtsverhältnissen zwischen dem Beklagten und Dritten an. Die jüngere Rechtsprechung betont demgegenüber den Zuweisungsgehalt des materiellen Rechts und verneint ein Feststellungsinteresse, wenn der Kläger nicht unmittelbar in eigenen Rechtspositionen betroffen ist. Nur ganz ausnahmsweise auch erscheint die Feststellung über Rechte möglich, die dem oder den Klägern nicht allein zustehen.

Im Ergebnis scheinen daher in allen drei Rechtsordnungen Feststellungsklagen grundsätzlich nur über eigene Rechte gestattet zu sein, wenngleich die verwendete Begrifflichkeit insoweit wenig eindeutig ist.

4. Gestaltungsklagen

Das englische und französische Recht haben eine eigene Kategorie von Gestaltungsklagen nicht herausgearbeitet. Gleichwohl lassen sich vergleichbare Klagemöglichkeiten finden, etwa das Verfahren auf gerichtliche Ehescheidung.

Wie im deutschen Recht auch, ist für solche exzeptionellen gerichtlichen Gestaltungsverfahren schon wegen der Rechtskraftwirkung *erga omnes* gesetzlich geregelt, wer klagebefugt ist.

5. Verbands- und Gruppenklagen

(1) Nach deutschem Recht ist bestimmten Verbänden, insbesondere Verbraucherschutzverbänden und Verbänden zur Förderung gewerblicher Interessen, gesetzlich ein eigenes Verbandsklagerecht zur Erreichung ihrer Ziele mit bestimmten Mitteln eingeräumt. Sie können nach Maßgabe der gesetzlichen Bestimmungen insbesondere Unterlassungsansprüche geltend machen.

Das französische Recht gestattet Gewerkschaften und Standesvertretungen die Geltendmachung von "Kollektivinteressen" ihrer Mitglieder. Darüber hinaus sind anerkannte Interessenverbände, etwa Verbraucherschutzverbände, in weitem Umfang zur Verfolgung der satzungsgemäßen Ziele klageberechtigt.

Indem die Klagebefugnis nicht nur von einzelgesetzlichen Zuweisungen abhängt, sondern als allgemeiner Rechtsgrundsatz jeder anerkannte Verband zur Geltendmachung aller Verbandsinteressen berechtigt ist, läßt das französische Recht im Ergebnis Verbandsklagen in weiterem Umfang als das deutsche Recht zu.

Die Besonderheit der deutschen und französischen Verbandsklage liegt in der Möglichkeit der Klage, ohne daß die konkrete Beeinträchtigung eines Verbandsmitglieds nachzuweisen ist. Der Verstoß eines Marktteilnehmers etc. begründet als solcher die Berechtigung des in seinen eigenen Rechten ebenfalls nicht beeinträchtigten Verbandes, gegen dieses Verhalten gerichtlich im eigenen Namen vorzugehen.

Dem englischen Recht sind Verbandsklagerechte unbekannt. Eine Vertretung von im weiteren Sinne kollektiven Interessen kann nur durch *representative proceedings* erreicht werden. Diese Möglichkeit setzt allerdings grundsätzlich eine Beschwer und ein Klagerecht jedes einzelnen Gruppenmitglieds, insbesondere auch des aktiv auftretenden Klägers, voraus und ist insoweit den Verbandsklagerechten des deutschen und französischen Rechts funktionell nicht vergleichbar.

(2) Die Möglichkeit der gebündelten Geltendmachung von Rechten mehrerer, nicht im einzelnen zu benennender Mitglieder einer Interessengruppe durch einzelne Gruppenmitglieder hat wiederum allein das englische Recht mit den *representative proceedings* institutionalisiert. Sie ermöglichen die prozeßökonomische, schnelle und preiswerte Klärung von Massenstreitigkeiten, für die im deutschen und französischen Recht allenfalls die Möglichkeit von Musterverfahren zur Verfügung steht.

6. *Die Klagebefugnisse hoheitlicher Stellen*

Bei den Klagebefugnissen hoheitlicher Stellen über fremde Angelegenheiten auf dem Gebiet des Zivilrechts bestehen erhebliche Unterschiede sowohl hinsichtlich der berechtigten Stellen im einzelnen, als auch hinsichtlich der Rechtsmaterien, innerhalb dessen ein Klage- oder Antragsrecht besteht.

Nach deutschem Recht sind, seitdem die Klagebefugnis des Staatsanwalts nach dem Ehegesetz entfallen ist, nur noch Verwaltungsorgane zur selbständigen

Verfahrenseröffnung berechtigt. Diese Befugnis besteht insbesondere in Verfahren um die Wirksamkeit einer Ehe und zur Geltendmachung der Vergütungsansprüche von Heimarbeitern.

Im französischen Recht kann der *ministère public* (Staatsanwalt) ein Verfahren zum einen aufgrund spezialgesetzlicher Ermächtigung eröffnen, etwa in Abstammungs-, Betreuungs-, Ehenichtigkeits- und Insolvenzsachen. Zum anderen verfügt er über eine Generalermächtigung, wenn durch (zivil-)rechtswidriges Verhalten der *ordre public* beeinträchtigt ist.

Das englische Recht kennt solche Klagebefugnisse grundsätzlich nicht. Hier ist der *Attorney-General* (Staatsanwalt) in bestimmten Verfahren, etwa über die Wirksamkeit einer Ehe, lediglich beteiligungsberechtigt. Die *relator actions* stellen hingegen aus der Sicht des deutschen Rechts Klagen mit öffentlichrechtlichem Inhalt dar, die einzelne Bürger nach Zustimmung des *Attorney-General* unter dessen Namen führen können.

7. Popularklagebefugnisse

Popularklagen werden im deutschen und englischen Recht im Marken- und Patentrecht für Löschungsklagen zugelassen, im französischen Recht als Aufgriffszuständigkeit des Abgabenzahlers für das Klagerecht von Gemeinden über zivilrechtliche Streitstoffe.

IV. Die Bedeutung der Auswahl

Über die Zuweisung der Eigenschaft als richtiger Kläger hinaus wurde untersucht, welche Folgen mit dieser Zuweisung verbunden sind, da sich erst aus den Folgen dieser Zuweisung die Bedeutung des jeweiligen nationalen Konzepts vom richtigen Kläger erkennen läßt. Als Maßstäbe dieser Bedeutung dienten insbesondere die Funktionen des nationalen Parteibegriffs, da der richtige Kläger immer Partei ist, ferner der Überprüfungsmodus im Verfahrensgang und schließlich die Reichweite der subjektiven Rechtskraft, nach welcher sich bemißt, für wen der richtige Kläger eine gerichtliche Entscheidung verlangen kann.

1. Die Funktionen der Parteibegriffe

(1) Rechtsstellung und Befugnisse des richtigen Klägers werden in allen drei Rechtsordnungen grundsätzlich durch die Parteistellung vermittelt. Deshalb sind die mit der Parteistellung verbundenen sogenannten Parteifunktionen maßgeblich für die Reichweite des Konzeptes des richtigen Klägers.

Zum Inhalt der Parteibegriffe selbst darf zunächst auf die vorangegangenen Ausführungen in Ziffer II. (2) dieses Abschnitts verwiesen werden. Dort war festgestellt worden, daß das deutsche und das englische Recht von einem formalen Parteibegriff ausgehen, indem derjenige aktive Partei ist, in dessen Namen Rechtsschutz begehrt wird. Das französische Recht unterscheidet hingegen überwiegend zwischen derjenigen Person, die Rechtsschutz begehrt (*partie à l'instance*), und derjenigen, für die Rechtsschutz begehrt wird (*partie au jugement*).

Einheitlich ist in allen drei Rechtsordnung die auftretende formale Partei (bzw. *partie à l'instance*) berechtigt, verfahrensleitende Anträge zu stellen. Nach ihr beurteilen sich auch das Recht zur Richterablehnung wegen Befangenheit und die Prozeßkostenpflicht.

Als Abgrenzung zur Zeugenstellung dient der Parteibegriff nur in Deutschland und Frankreich, da nach englischem Recht auch die zeugenschaftliche Einvernahme von Parteien zulässig ist.

Nach deutschem und englischem Recht entscheidet die formale Parteistellung ferner grundsätzlich darüber, zwischen wem das Urteil in Rechtskraft erwächst, während das französische Recht hier seinen Begriff der *partie au jugement* heranzieht, der die vorgängige Prüfung der Eigenschaft als richtiger Kläger voraussetzt.

(2) Bestimmte Rechte stehen nur dem richtigen Kläger zu. Nach deutschem und französischem Recht kann nur der richtige Kläger ein Sachurteil und gegebenenfalls eine Verhandlung zur Sache erhalten, nach allen drei Rechtsordnungen kann nur der richtige Kläger ein zusprechendes Urteil erhalten.

Manche Parteifunktionen sind richtigerweise nicht danach zu beurteilen, wer Partei oder richtige Partei ist, sondern wer Träger des streitigen Rechts ist.

Insoweit ergeben sich im englischen Recht keine Schwierigkeiten, weil (richtige) Partei und behaupteter Rechtsträger nicht auseinanderfallen können. Auch im französischen Recht sind die Abweichungen gering; die Prozeßführung über fremde Rechte ist nur Gewerkschaften gestattet, die Prozeßführung über kollektive Interessen nur Verbänden.

Im deutschen Recht hingegen zwingt die Möglichkeit, daß richtiger Kläger und Inhaber des streitigen Rechts aufgrund Prozeßführung in Prozeßstandschaft auseinanderfallen können, zu umfangreichen Korrekturen oder führt zu unbefriedigenden Lösungen. So soll für die Möglichkeit der Richterablehnung, des Zeugnisverweigerungsrechts und der Gewährung des Armenrechts (auch) auf die Person des Trägers des streitigen Rechts abzustellen sein. Das Festhalten der Rechtsprechung am formalen Parteibegriff für die Abgrenzung zwischen Parteistellung und Möglichkeit der Zeugenaussage wird überwiegend als unbefriedigend empfunden, ebenso die Schwierigkeiten des Kostenrückgriffs auf den hinter einem insolventen Kläger stehenden Rechtsträger.

Rechtsvergleichend stellt sich daher die Anknüpfung der sog. "Parteifunktionen" im deutschen Recht als nicht bewältigtes Problem aus der Zulassung der Prozeßstandschaft dar.

2. Die Überprüfung im Verfahren

(1) Im deutschen und französischen Recht erfolgt die Überprüfung, ob der aufgetretene Kläger auch der richtige Kläger ist, mittels einer in das Verfahren und das Urteil integrierten Zulässigkeitsstation. Nur wenn die subjektive Legitimation des auftretenden Klägers zur Geltendmachung dieses Streitstoffs positiv festgestellt ist, soll ihm die Verhandlung zur Sache offen- und insbesondere ein Anrecht auf gerichtliche Entscheidung zur Sache zustehen.

Die Beschränkung der Sachverhandlung nur auf den richtigen Kläger wird allerdings in Fällen durchbrochen, in denen eine Heilung des Legitimationsmangels bis zur letzten Verhandlung möglich erscheint.

Das englische Recht enthält keine solche institutionalisierte Zulässigkeitsstation. Es eröffnet dem Gericht die Befugnis, im Einzelfall die Klage auszustreichen (*striking out*), wenn sie nicht von dem richtigen Kläger erhoben wurde und eine Heilung bis zur Beendigung der mündlichen Verhandlung vor dem Gericht des Hauptverfahrens nicht in Betracht kommt. Mit der Prozeßrechtsreform vom April 1999 ist dem Gericht ferner die Möglichkeit einer summarischen Prüfung der Erfolgsaussichten einer Klage in die Hand gegeben, in deren Rahmen auch die subjektive Klagebefugnis überprüft werden kann (*summary judgement*).

Wenn eine Heilung möglich erscheint, soll die fehlende Klagebefugnis des aufgetretenen Klägers den Fortgang des Verfahrens nicht hindern.

Die Möglichkeit der Klageabweisung mittels *summary judgement* oder des Ausstreichens besteht allerdings nur, wenn die Klage offensichtlich keinen Erfolg haben kann. Bei komplizierten Sachverhalten, Rechtsfragen von grundsätzlicher Bedeutung und allgemein auf neuartigen oder in Weiterentwicklung begriffenen Rechtsgebieten werden diese Möglichkeiten nur zurückhaltend genutzt, um das Hauptsacheverfahren nicht vorwegzunehmen, zumal das englische Gericht in dessen Rahmen auch eine neue Rechtsregel zugunsten des Klägers anerkennen kann.

Die summarische Prüfung, ob die Klage auszustreichen sei, ist daher ein "weiches" Instrument, mit dem nur offensichtlich falsche Kläger aus dem Verfahren ausgeschieden werden können. In Zweifelsfällen wird die Legitimationsprüfung der Entscheidung im Urteil überlassen. Auch hier trennt das englische Gericht nicht zwischen der Abweisung als unzulässig bzw. unbegründet.

Im Gegensatz zum deutschen und französischen Recht können deshalb auch Kläger, die sich im Ergebnis als die falschen Kläger für den konkreten Streitstoff herausstellen, eine Entscheidung zur Sache erhalten. Die Eigenschaft als richtiger Kläger ist nach englischem Recht im Ergebnis nur eine Voraussetzung für den Erhalt eines zusprechenden Urteils.

Diese Unterschiede scheint die Auffassung von JOLOWICZ, das französische Erfordernis des *intéret* und die englische Möglichkeit der Klageausstreichung zeitigten die gleichen praktischen Ergebnisse, nicht zu berücksichtigen[918]. Zutreffender könnte man davon sprechen, daß sie die gleiche Funktion für den Verfahrensschutz haben, allerdings nicht in gleichem Umfang den intendierten Schutz bieten.

---

[918]JOLOWICZ, S. 31

(2) In allen drei Rechtsordnungen verlangt die Prüfung der Klagebefugnis eine dem Umfang nach begrenzte Sachprüfung und rechtliche Würdigung des Sachvortrags des Klägers.

Die Kenntnisnahme und Würdigung dieses Sachvortrags ergibt sich bereits daraus, daß die Verfahrenslegitimation gerade im Hinblick auf den Gegenstand des Rechtsstreits erteilt wird.

Das Erfordernis der rechtlichen Würdigung und Qualifikation durch das Gericht ergibt sich im deutschen und englischen Recht daraus, daß der Kläger nur Tatsachen vortragen muß (*jura novit curia*), die Verfahrenslegitimation jedoch aus dem besonderen Verhältnis des Klägers zu einer im Prozeß streitigen Rechtspositionen beurteilt wird.

Das französische Recht beurteilt die Verfahrenslegitimation, soweit sie nicht auf gesetzlicher Zuweisung (*qualité*) beruht, nach dem in den Streit geführten *intérêt*. Bei der Überprüfung der Verfahrenslegitimation ist der Sachvortrag des Klägers deshalb daraufhin zu würdigen, ob ein *intérêt* gerade für den Kläger besteht und wenn ja, ob dieses prozessual schutzwürdig ist. Bei diesem Wertungsvorgang wird regelmäßig auf die Wertungen der materiellen Rechtsordnung zurückgegriffen.

Begrenzt ist diese Prüfung in allen drei Rechtsordnungen zum einen dadurch, daß sie sich nur auf die vom Kläger (implizit) behaupteten Rechtspositionen bezieht. Die Aufklärung streitiger Tatsachen ist daher in diesem Zusammenhang nicht erforderlich. Zum anderen ist auch eine Schlüssigkeitsprüfung nur insoweit notwendig, als sie das Verhältnis des Klägers zu dem in den Streit geführten Recht bzw. schutzwürdigen *intérêt* betrifft.

Gleichwohl wird der erforderliche Prüfungsumfang unterschiedlich gesehen: Das deutsche Recht begrenzt die Prüfung auf den Bezug des Klägers zu der von ihm bloß behaupteten Rechtsposition. Die Richtigkeit des gesamten Entstehungstatbestandes bleibt der Begründetheitsprüfung überlassen.

Im französischen Recht wird diese Unterscheidung bei abgeleiteten Rechten nicht durchgehalten. So wird für die Verfahrenslegitimation zur Geltendmachung abgetretener Forderungen der Nachweis der Wirksamkeit der Abtretung schon als Voraussetzung des *intérêt*, somit als Zulässigkeitsvoraussetzung, angesehen. Diese Betrachtungsweise scheint aus dem französischen Klagerechtsverständnis hervorgegangen zu sein, nach welchem die *action* aus dem tatsächlichen Vorliegen des Interesses an einer gerichtlichen Entscheidung begründet wird. Dieses Interesse setzt voraus, daß der Kläger Inhaber des streitigen Rechts ist.

Das englische Recht prüft nur summarisch, dabei aber mit Blick auf den gesamten Entstehungstatbestand.

3. Die Rechtskrafterstreckung

Die Reichweite der subjektiven Rechtskraft ergänzt und relativiert die Auswahl des richtigen Klägers nach Urteilserlaß. Von ihr kann abhängen, ob das Urteil für den richtigen Kläger eine endgültige Streitentscheidung herbeiführt und ob die Auswahl des richtigen Klägers somit ihr Ziel erreicht, mehrfache Prozesse über denselben Streitstoff zu verhindern.

In allen drei Rechtsordnungen wirkt die Rechtskraft eines Urteils zunächst zwischen den Parteien des Rechtsstreits.

Nach deutschem Recht erstreckt sich die subjektive Rechtskraft auch auf Rechtsnachfolger der Parteien und insbesondere regelmäßig auf Personen, um deren Rechte ein Prozeßstandschafter den Prozeß geführt hat. Ausgenommen sind nach herrschender Auffassung Prozesse eines Mitberechtigten bei Gesamtschuldverhältnissen, bei Ansprüchen mehrerer Gläubiger auf unteilbare Leistung, bei Einzelklagen von Miteigentümern, Miterben und Gesellschaftern. Die Entscheidungen über familienrechtliche Statusfragen gelten gegenüber jedermann, weil hier die Notwendigkeit einer einheitlichen Beurteilung der Rechtslage besonders dringend ist.

Nach französischem Recht entfaltet das Urteil über die Parteien hinaus Bindungswirkung gegenüber allen Personen, die durch die Parteien in ihrem rechtlichen Interesse am Gegenstand des Rechtsstreits repräsentiert wurden. Dazu zählen insbesondere Rechtsnachfolger, Gläubiger und in weiterem Sinn Mitberechtigte (*cointéressés*). Die Prozeßführung eines Miteigentümers wirkt nur für und gegen die anderen Miteigentümer, wenn sie dessen Prozeßführung nicht widersprochen haben. In diesem Fall gelten sie als durch den Verfahrensführer repräsentiert. Insbesondere Statusurteile wirken *erga omnes*.

Nach englischem Recht wirkt das Urteil in personam gegenüber den Parteien und deren *privies*. Unter *privies* fallen insbesondere Rechtsnachfolger, allgemeiner alle Personen, deren Interessen durch die Parteien des Verfahrens vertreten wurden. Ausdrücklich gesetzlich geregelt ist dies bei den *representative proceedings*. Die Rechtskraftwirkung erstreckt sich auch auf Miteigentümer oder Mitberechtigte, wenn das Gericht die alleinige Klage des klagenden Mitberechtigten zugelassen hatte. Wurde der klageunwillige Miteigentümer als Beklagter in den Rechtsstreit gezogen, ist schon dadurch die Rechtskrafterstreckung sichergestellt. *Judgements in rem* schließlich gelten gegenüber jedermann.

Im Ergebnis bestehen daher Parallelen: Allgemein gilt das Urteil über die Parteien hinaus für und gegen alle Personen, deren Rechtsposition im Recht des Klägers begründet ist und von dessen Bestand abhängt. Ebenso allgemein gilt das Urteil nicht ohne weiteres gegenüber Personen, deren gleichstufige Mitberechtigung aus Miteigentum etc. ein einzelner Mitberechtigter geltend macht.

Das englische Recht eröffnet die Rechtskrafterstreckung durch die gegebenenfalls zwangsweise Einbeziehung der anderen Mitberechtigten als Beklagte und damit Parteien in den Prozeß, das französische Recht bedient sich einer Repräsentationsfiktion, um weitere Prozesse um denselben Streitstoff zu vermeiden. Nach herrschender Auffassung im deutschen Recht sind Mitberechtigte nicht von der Rechtskraft des von einem einzelnen Mitberechtigten erstrittenen Urteils erfaßt. Damit besteht hauptsächlich nach deutschem Recht die Gefahr, daß sich Gericht und Gegner weiteren Prozessen über denselben Streitstoff ausgesetzt sehen.

V. Verfahrensführung durch Vertreter

Die prozessuale Stellvertretung als Handeln für andere und in deren Namen erscheint in allen drei Rechtsordnungen in den Erscheinungsformen einerseits der gesetzlichen Vertretung, andererseits der Vertretung aufgrund Auftrags bzw. Vollmachterteilung.

1. Gesetzliche Vertretung

Unter gesetzlicher Vertretung wird die Vertretung von Personen verstanden, die selbst nicht prozeßfähig sind. Dazu zählen in allen drei Rechtsordnungen Minderjährige, mit einigen Ausnahmen für eigene Erwerbstätigkeit ab dem 16. Lebensjahr, und erwachsene Geschäftsunfähige. Aus tatsächlichen Gründen werden auch juristische Personen als prozeßunfähig angesehen. Nach französischem Recht gilt ferner der Gemeinschuldner in der Liquidationsphase des Insolvenzverfahrens als prozeßunfähig hinsichtlich des Massevermögens.

Das deutsche und französische Recht bestimmen in diesen Fällen die Vertretung durch allgemein zuständige gesetzliche Vertreter, in Sonderfällen durch gerichtlich eingesetzte Prozeßpfleger. Nach englischem Recht wird für jeden Einzelfall des Vertretungsbedarfs ein gerichtlicher Vertreter vom Gericht bestimmt oder zugelassen.

Die gesetzliche Vertretung erweist sich insofern als Korrelat für die mangelnde Prozeßfähigkeit einer Partei. Dabei erscheint der gesetzliche Stellvertreter allerdings nicht stets selbst als Verfahrensführer vor Gericht. Nach englischem Recht muß sich der *litigation friend* von Minderjährigen oder erwachsenen Prozeßunfähigen stets eines Rechtsanwalts bedienen. Nach deutschem und französischem Recht besteht diese Notwendigkeit in Verfahren mit Anwaltszwang.

Das französische Recht unterscheidet insoweit dogmatisch zwischen der *représentation à l'action* (Vertretung im Klagerecht) und der *représentation à l'instance* (Vertretung vor Gericht) und weist damit auf die im deutschen Recht wenig thematisierte Frage hin, bei welcher Person die Entscheidung über die Verfahrensführung liegt.

Eine weitere Besonderheit des französischen Rechts liegt darin, daß der gesetzliche Repräsentant das Verfahren im eigenen Namen führen kann.

2. Vertretung aufgrund Auftrags

Die Vertretung aufgrund Auftrags erfaßt alle Fälle, in denen ein prozeßfähiger Kläger eine andere Person mit der Verfahrensführung beauftragt, mag eine solche Vertretung auch durch Anwaltszwang gesetzlich erforderlich sein. Im französischen Recht werden unter *représentation conventionnelle* auch Fälle verstanden, in denen die Befugnis zur Vertretung Prozeßfähiger aus gesetzlichen Vorschriften begründet ist.

Im einzelnen ist die Möglichkeit der solchermaßen gewillkürten Vertretung recht unterschiedlich geregelt:

(1) Die Beauftragung von Rechtsanwälten durch Vollmachterteilung lassen alle drei Rechtsordnungen zu. Ein allgemeiner Anwaltszwang für die Obergerichte besteht dabei nur im deutschen und französischen Zivilprozeß.

(2) Nur in Deutschland und Frankreich können auch beliebige andere prozeßfähige Personen mit der Verfahrensführung beauftragt werden. Das englische Recht scheint diese Möglichkeit zu untersagen, um eine Entpersonalisierung des Rechtsstreits zu verhindern; daneben sicher auch zum Schutz der Rechtspflege vor nicht rechtskundigen Parteivertretern.

Das deutsche Recht verbindet die Frage der Vertretungsmöglichkeit durch Laien regelmäßig mit der Postulationsfähigkeit. Nach der Zivilprozeßordnung ist die Vertretung durch beliebige Dritte deshalb nur in Verfahren ohne Anwaltszwang gestattet.

Das französische Recht unterscheidet hier wiederum zwischen Vertretung im Klagerecht und der Vertretung vor Gericht. Für die Rechtsfigur der Vertretung im Klagerecht (*représentation à l'action*) ist Postulationsfähigkeit nicht erforderlich, da dieser Repräsentant sich für das Auftreten vor Gericht seinerseits eines Rechtsanwalts bedienen kann.

Auch bei der *représentation conventionnelle* kann der Repräsentant das Verfahren gelegentlich im eigenen Namen führen, wenn nämlich die Vertretung Prozeßfähiger im Klagerecht durch gesetzliche Vorschrift eröffnet wurde.

3. Die Rechtsfolgen der Vertretung

Als Verfahrensführer vor Gericht ist der Prozeßvertreter in allen drei Rechtsordnungen in bestimmte Parteifunktionen einbezogen. So ist er berechtigt, prozeßbestimmende Anträge zu stellen; umgekehrt treffen (auch) ihn die Pflichten zur Verfahrensteilnahme und zu loyaler Mitwirkung im Verfahren.

Wiederum ist die Entwicklung des französischen Rechts zu erwähnen, insoweit den von zahlreichen Sonderanknüpfungen durchbrochenen einheitlichen Parteibegriff aufzugeben und den entscheidungsbefugten tatsächlichen Verfahrensführer als *partie à l'instance* zu bezeichnen, diejenigen Personen hingegen, für die das Urteil gefällt wird, als *parties au jugement*.

Abschnitt 2: Die Ordnungsaufgaben der Rechtsfigur des richtigen Klägers

Kapitel 1: Der richtige Verfahrensführer als Ausgangspunkt

Um die Rechtsfigur des richtigen Klägers nach deutschem, französischem und englischem Recht vergleichen zu können, hatte sich der Rückgriff auf die Denkfigur des richtigen Verfahrensführers als notwendig erwiesen, um einen systemunabhängigen Ausgangspunkt zu gewinnen, mit welchem die nationalen Ergebnisse zur Bestimmung des richtigen Klägers im jeweiligen Regelungskontext und unabhängig von den verschiedenen nationalen Parteibegriffen darstellbar sind. Die Figur des richtigen Verfahrensführers diente insbesondere auch dazu, die Grenzlinie zwischen prozessualem Handeln im eigenen und in fremdem Namen beleuchten und der Bedeutung dieser Unterscheidung für die Frage nach dem richtigen Kläger nachgehen zu können.

Die Ordnungsaufgabe dieser Rechtsfigur des richtigen Verfahrensführers war als die Aufgabe bestimmt worden, in Bezug auf einen bestimmten, dem Prozeß vorgegebenen Streitstoff diejenigen Personen zu bestimmen, die darüber auf ihr Rechtsschutzgesuch hin eine gerichtliche Entscheidung erhalten sollen.

Die Gegenüberstellung der Ergebnisse der Länderberichte zur Bestimmung und Kontrolle des richtigen Verfahrensführers ließ zum einen erhebliche strukturelle Gemeinsamkeiten erkennen. Zum anderen offenbarte sie landesspezifische Unterschiede, die sich zum Teil unmittelbar aus den jeweils unterschiedlichen rechtssystematischen Ansätzen ergeben, darüber hinaus jedoch

Ausdruck eines landesspezifischen Funktionsverständnisses der an der Auswahl beteiligten Rechtsinstitute sind.

Diese Gemeinsamkeiten und Unterschiede sollen zunächst grob umrissen werden, um den rechtssystematischen Rahmen zu fixieren, vor dessen Hintergrund die nationalen Detaillösungen in ihrer Ausrichtung und ihrer Bedeutung zu verstehen sind.

1. Als strukturelle Gemeinsamkeit lassen sich innerhalb des systemneutral fixierten Regelungsfeldes Streitstoff - richtiger Verfahrensführer in allen drei Rechtsordnungen übereinstimmend vier verschiedene Wertungsstufen ausmachen, mit denen sukzessive die Auswahl des für einen Streitstoff als "richtig" angesehenen Verfahrensführers getroffen wird:

(1) Der Streitstoff, verstanden als soziale Konfliktsituation, berührt zunächst materielle Interessen der Beteiligten. Der materiellen Rechtsordnung kommt die Aufgabe zu, diese Interessen als rechtlich anerkennenswerte Rechtspositionen zu werten oder diese Anerkennung abzulehnen.

(2) In einem weiteren Schritt ist zu entscheiden, welche Person wessen nach Schritt (1) anerkannte Rechtspositionen als Kläger in Parteistellung geltend machen darf.

(3) Der Regelungskreis Prozeßfähigkeit, Postulationsfähigkeit und Vertretung aufgrund Gesetzes oder Vollmacht regelt grundsätzlich, wer vor Gericht als richtiger Verfahrensführer auftreten darf.

(4) Auf Rechtsfolgenseite wird dieses Gedankenmodell durch die Reichweite der subjektiven Rechtskraft ergänzt, welche die Rechtskraftwirkung des von dem richtigen Verfahrensführer erwirkten Sachurteils für sich oder einen anderen richtigen Kläger gegebenfalls auf weitere Personen erstreckt, die nicht am Verfahren teilgenommen haben.

2. Auf diesen vier Wertungsstufen sind sowohl die materiellen als auch die prozessualen Interessen der verschiedenen Streitbeteiligten gegeneinander auszugleichen, die sich innerhalb des Regelungsfeldes Streitstoff - richtiger Verfahrensführer ergeben.

Unter materiellen Interessen sollen dabei die Interessen der Streitbeteiligten aus dem Streitstoff selbst verstanden werden, also etwa das Interesse auf Schadensersatz oder Vertragserfüllung. Das materielle Recht würdigt diese Interessen, indem es regelmäßig dem am unmittelbarsten Interessierten eine eigene materielle Rechtsposition zuweist.

Mit dem Begriff der prozessualen Interessen werden die Interessen der Streitbeteiligten aus der prozessualen Geltendmachung der materiellen Interessen zusammengefaßt, etwa das Interesse von Gericht und Gegner auf Schutz vor unnötigen Verfahrensbelastungen oder mehrfachen Prozessen über denselben Streitstoff mit verschiedenen Klägern, das Interesse des Rechtsinhabers auf rechtliches Gehör im Streit um seine Rechte, der Schutz von Minderjährigen vor unbedachter Prozeßführung oder auch das Interesse aller Streitbeteiligten an sachgemäßer Prozeßführung durch rechtskundige Personen.

In diesem Sinn läßt sich die Bestimmung des richtigen Verfahrensführers für einen bestimmten Streitstoff als Ergebnis der umfassenden Wertung aller von der Prozeßführung berührten materiellen und prozessualen Interessen aller Streitbeteiligten beschreiben.

3. Die umfassende Berücksichtigung der materiellen und prozessualen Interessen aller Streitbeteiligten erfolgt jeweils auf den genannten Wertungsstufen materielles Recht, Klagebefugnis, Vertretung und Rechtskrafterstreckung.

Für den Regelfall läßt sich ein gemeinsames Grundmuster dahin erkennen, daß der aus einem Streitstoff unmittelbar Interessierte über ein eigenes materielles Recht verfügt, aus welchem seine Klagebefugnis als Partei folgt und welches er als Verfahrensführer selbst vor Gericht geltend machen darf.

Soweit die einzelnen Rechtsordnungen von diesem Grundmuster Modifikationen vorsehen oder zulassen, ist zu beobachten, daß sich die verschiedenen Rechtsordnungen darin unterscheiden, in welchem Umfang sie Modifikationen auf welcher der beschriebenen Wertungsstufen zulassen. Für die einzelnen

Wertungsstufen materielles Recht, Klagebefugnis, Vertretung und Rechtskrafterstreckung ergibt sich dabei folgendes Bild:

(1) Modifikationen auf der Ebene des materiellen Rechts finden sich insbesondere im englischen Recht. So wird mit der häufig verwendeten Rechtsfigur des *trust* die Vollrechtsposition *at law* an bestimmten Vermögensgegenständen oder -gesamtheiten nicht den Begünstigten als den materiell Meistinteressierten zugewiesen, sondern dem zur fremdnützigen Vermögensverwaltung eingesetzten *trustee*. Aufgrund dieser materiellrechtlichen Rechtszuweisung ist der *trustee* dann ohne das Bedürfnis nach prozessualen Korrekturen aus eigenem Recht als Partei klagebefugt.

Allgemein erklärt sich die im englischen Recht zu beobachtende Tendenz zu solchen materiellrechtlichen Lösungen daraus, daß die Klagbarkeit als immanente Eigenschaft der Rechtsposition nach *common law* angesehen wird. Damit enthält, in der Betrachtung der Verortung der berührten materiellen und prozessualen Interessen, schon das materielle Recht in England prozessuale Wertungselemente. Dementsprechend ist es nach englischer Auffassung systemkonform, Verwaltungs- oder Ausübungsbefugnisse über fremde materielle Interessen als eigene Rechtsposition des Ausübungsberechtigten auszugestalten, wenn diese Ausübungsbefugnisse auch zur Geltendmachung im Prozeß berechtigen sollen.

Im deutschen und französischen Recht finden sich hingegen Treuhandkonstruktionen als Modifikationen auf materiellrechtlicher Ebene vergleichsweise selten, obwohl sich beide Rechtsordnungen der gewillkürten Verlagerung der streitigen materiellen Rechtsposition durch vorprozessuale Zession aufgeschlossener zeigen.

(2) Auf der Wertungsebene der Zuweisung der Klagebefugnis enthält und ermöglicht insbesondere das deutsche Recht umfangreiche Modifikationen, nach denen die Klagebefugnis anderen Personen als den Inhabern der materiellen Rechtsposition zustehen kann. Zum einen gibt es nur im deutschen Recht Fälle, in denen der Rechtsinhaber über sein eigenes Recht nicht als Partei prozeßführungsbefugt, sondern insoweit ein ausschließlich befugter Standschafter gesetzlich vorgesehen ist. Zum anderen besteht nur hier - neben vergleichsweise zahlreichen weiteren Fällen der gesetzlichen Prozeßstandschaft über

fremde Rechte - die Möglichkeit, die bloße Klagebefugnis durch Vereinbarung auf qualifizierte Dritte zu verlagern.

Das französische Recht enthält mit der Kategorie der *action attitrée* Modifikationen gegenüber der Übernahme materiellrechtlicher Wertungen für das Klagerecht. Einzelne gesetzliche Bestimmungen sehen dabei ein Klagerecht für Personen vor, die an der eigenen Prozeßführung - etwa anstelle des untätigen Schuldners mit der *action oblique* - ein materielles Interesse haben, jedoch kein eigenes materielles Recht in den Streit führen können. Bei der *action banale* hingegen bleibt das materielle Recht Maßstab dafür, ob der geltend gemachte eigene *intérêt* personnel et direct des Klägers als klagerechtsbegründend anzuerkennen ist.

Nach englischem Recht wird der Zuweisungsgehalt des materiellen Rechts nach *common law* auch für die Klagebefugnis nur dann modifiziert, wenn anderenfalls anerkennenswerte materielle Interessen schutzlos blieben. Ungeachtet der Vielfalt der Korrekturtechniken (Ermächtigung zur Alleinprozeßführung durch das Gericht, Einbeziehung Klageunwilliger auf Beklagtenseite, Klage unter fremdem Namen) ist der Umfang der Abweichungen gegenüber dem materiellen Recht nach *common law* im Vergleich zum deutschen Recht ebenfalls gering und setzt eine Anerkennung der durchzusetzenden Interessen jedenfalls nach *equity* voraus.

(3) Auf der Wertungsebene der Vertretung enthält das französische Recht mit dem Rechtsinstitut der *representation* im Rechtsvergleich die ausdifferenziertesten und weitreichendsten Regelungen zur Geltendmachung fremder Interessen und Rechtspositionen. Die *représentation à l'instance* entspricht dabei im wesentlichen der deutschen Prozeßvertretung vor Gericht in den einzelnen Verfahrenshandlungen, sie kann je nach Gericht durch beliebige Dritte oder nur durch zugelassene Rechtsanwälte erfolgen. Die *représentation à l'action* wird als umfassende Vertretung in der Ausübung des Klagerechts (*exercice de l'action*) verstanden, bei welcher dem Repräsentanten die gesamte Verfahrensführung verantwortlich übertragen ist. In Verfahren mit Anwaltszwang kann und muß sich der Repräsentant im Klagerecht wiederum durch einen Rechtsanwalt *à l'instance* vertreten lassen.

Eine solche Übertragung der gesamten Verfahrensführung an einen Vertreter ist auch nach deutschem Recht möglich, sie wird im deutschen Prozeßrecht jedoch nicht thematisiert. Das Institut der prozessualen Vertretung ist auf die

Vertretung in den einzelnen Verfahrenshandlungen ausgerichtet. Eine "gestufte Vertretung" erscheint grundsätzlich als Frage der Willensbildung außerhalb des Prozesses; prozessual bedeutsam wird sie allenfalls in der Konstellation, daß sich ein gesetzlicher Vertreter Prozeßunfähiger vor Gerichten mit Anwaltszwang seinerseits eines Rechtsanwalts bedienen muß. Die Möglichkeit der Verlagerung des Prozeßgeschäfts auf Dritte und die Prozeßführung durch einen gegebenenfalls "Sachnäheren" gilt deshalb in der deutschen Literatur nicht als Vorteil der Möglichkeit der freien Wahl eines Vertreters, sondern als spezifisches Argument für die Zulassung der gewillkürten Prozeßstandschaft.

Das englische Recht kennt zum einen zwar keine generelle Einschränkung der Postulationsfähigkeit, andererseits ist aber eine Vertretung vor Gericht stets nur durch Rechtsanwälte zulässig. Der Verlagerung des Prozeßgeschäfts vom richtigen Kläger auf einen anderen Verfahrensführer, allgemeiner der Modifikation des richtigen Verfahrensführers auf der Wertungsebene der Vertretung, sind dadurch sehr enge Grenzen gesteckt.

(4) Die subjektive Rechtskraft eines Urteils erfaßt in allen drei Rechtsordnungen zunächst die Parteien des Urteils. Darüber hinaus erstreckt sie sich regelmäßig auf Personen, deren eigene Rechtsposition mit dem Bestand des im Prozeß streitigen Rechts in einer Weise qualifiziert zusammenfällt, daß sie in ihrem eigenen Recht als durch die Parteien des Urteils repräsentiert angesehen werden können.

Das englische Recht zeigt sich dabei in der Bestimmung des Kreises der von einer Rechtskrafterstreckung erfaßten *privies* zurückhaltend. Es versucht vielmehr, die endgültige Streiterledigung bereits durch die Einbeziehung der Streitbetroffenen als Prozeßpartei zu sichern, sei es durch gerichtliche Befugnisse der Beiladung oder durch die Pflicht eines Klägers, klageunwillige Mitberechtigte gegebenfalls zu verklagen.

Nach französischem Recht erfolgt eine relativ umfangreiche Rechtskrafterstreckung durch einen weit verstandenen Repräsentationsgedanken, der mit Einbeziehung etwa der Gläubiger einer Prozeßpartei auch die Auswirkungen der gerichtlichen Entscheidung auf nur mittelbar betroffene Rechtspositionen erfaßt. Nicht am Verfahren beteiligte Mitberechtigte werden solange als repräsentiert angesehen, wie sie der Verfahrensführung nicht ausdrücklich widersprechen.

Das deutsche Recht nimmt insoweit eine Mittelstellung ein. Das Ergebnis der Prozeßführung eines Standschafters erstreckt sich grundsätzlich auch auf den Inhaber des streitigen Rechts; Ausnahmen bestehen bei Urteilen über Klagen einzelner Mitberechtigter und bei der Verbandsklage.

Die Reichweite der subjektiven Rechtskraft eines Urteils hat daher in allen drei Rechtsordnungen die Funktion, die Wirkungen des von einem "richtigen" Verfahrensführer erstrittenen Urteils nachträglich den "richtigen" Streitbetroffenen zuzuordnen. Der Gesichtspunkt der materiellen Betroffenheit aus dem Streitstoff wird dadurch berücksichtigt, daß die Rechtskraft an den Parteibegriff und nicht an die Person des Prozeßvertreters anknüpft. Auch die weiteren für die Abwägung herangezogenen Gesichtspunkte, etwa die Vermeidung mehrerer Prozesse über den identischen Streitstoff oder der Anspruch auf rechtliches Gehör für nicht unmittelbar repräsentierte Personen, fallen mit denjenigen Gesichtspunkten zusammen, die bereits bei der Zuweisung der Klagebefugnis von Bedeutung sind.

Die Wertungsebene der Reichweite der subjektiven Rechtskraft ergänzt und modifiziert daher die Wertungen der vorangegangenen Wertungsstufen in allen drei Rechtsordnungen insoweit, als die für die Rechtskrafterstreckung maßgeblichen Gesichtspunkte nicht schon dort hinreichend berücksichtigt wurden.

(5) Als Ergebnis dieser Analyse läßt sich zunächst festhalten, daß das deutsche, französische und englische Recht jeweils zahlreiche Modifikationen von dem einleitend beschriebenen Grundmuster der eigenen Verfahrensführung über eigene Rechte aus eigenem materiellem Interesse aus einem Streitstoff vorsehen oder zulassen. Dabei sieht im Vergleich der herangezogenen Rechtsordnungen das englische Recht die meisten Modifikationen im materiellen Recht vor, das deutsche Recht auf der Ebene der Klagebefugnis, das französische Recht bedient sich am umfangreichsten des Rechtsinstitutes der Repräsentation. Die Bestimmungen der Rechtskrafterstreckung haben in allen drei Rechtsordnungen eine vergleichbare Korrekturfunktion.

Andererseits beschränkt keine der drei Rechtsordnungen ihre Modifikationsmöglichkeiten bei der Bestimmung des richtigen Verfahrensführers auf eine der vier genannten Wertungsebenen. Nach dem Schwerpunkt der Verortung der Modifikationsmöglichkeiten lassen sich die benutzten nationalen Rechtstechniken jedoch, im Sinne ZWEIGERTS, als unterschiedliche "Rechtsstile" zur

Bewältigung der identischen Ordnungsaufgabe der Bestimmung des richtigen Verfahrensführers bezeichnen.

In diesem Sinn kann, in Anknüpfung an die bislang verwendete Terminologie, das Lösungsmodell des englischen Rechts als materiellrechtliches Modell, das Modell des deutschen Rechts als Klagebefugnismodell und dasjenige des französischen Rechts als Repräsentationsmodell beschrieben werden.

4. Der Beobachtung unterschiedlicher Rechtsstile bei der Bewältigung einer bestimmten, an die Rechtsordnungen gestellten Regelungsaufgabe schließt sich die weitere Frage an, ob mit diesen unterschiedlichen Rechtsstilen die gleichen Ergebnisse erzielt werden können, ob sich diese Rechtsstile als grundsätzlich funktionsadäquat darstellen.

(1) Diese Frage kann nun nicht dadurch beantwortet werden, daß die verschiedenen tatsächlich erzielten Ergebnisse der einzelnen Rechtsordnungen einander gegenüber gestellt werden. Denn eine solche Untersuchung sähe sich dem berechtigten Einwand ausgesetzt, daß unterschiedliche Ergebnisse in den verschiedenen Rechtsordnungen nicht notwendig daraus begründet sind, daß die Systematik der jeweiligen Rechtsordnung ein bestimmtes Ergebnis nicht erbringen kann, sondern daß dieses Ergebnis möglicherweise nicht beabsichtigt ist.

Als Beispiel dafür kann die nach nationalem Recht in unterschiedlichem Umfang eröffnete Möglichkeit angeführt werden, die Person des richtigen Verfahrensführers durch Vereinbarung zu verlagern.

Das englische Recht läßt insoweit zum einen Parteivereinbarungen über die Klagebefugnis nicht zu (*"the pure right to litigate is not assignable"*) und untersagt zum anderen die Prozeßvertretung durch gewillkürte Dritte. Darüber hinaus setzt es dieser Möglichkeit, wie die Untersuchung der Fallgruppe der vorprozessualen Abtretung gezeigt hat, auch schon auf der Ebene des materiellen Rechts enge Schranken.

Demgegenüber gestattet etwa das deutsche Recht weithin die vorprozessuale Abtretung zur Einziehung, ermöglicht bei hinreichendem Interesse des Standschafters eine gewillkürte Übertragung der bloßen Prozeßführungsbefugnis und setzt der Prozeßvertretung durch beliebige Dritte mit dem Anwaltszwang nur vor den höheren Gerichten Schranken.

Die Abneigung des englischen Rechts, Verschiebungen zwischen streitigem Interesse und dem dafür als richtigem angesehenen Verfahrensführer zuzulassen, erweist sich daher als eine grundsätzliche Wertung, die durch alle Wertungsebenen durchgehalten und abgesichert wird.

(2) Gerade die Tatsache, daß eine solche Wertentscheidung auf allen Ebenen der Bestimmung des richtigen Verfahrensführers durchgehalten wird, deutet andererseits auch darauf hin, daß sie, um nicht ausgehebelt zu werden, auf allen diesen Ebenen auch durchgehalten werden muß. Anders formuliert, legt sie dadurch gerade die Vermutung nahe, daß auf allen drei Wertungsebenen materielles Recht, Klagebefugnis und Vertretung Verschiebungen mit vergleichbarem Ergebnis möglich sind.

Eine erste Bestätigung für diese These findet sich etwa in den Ergebnissen der untersuchten Fallgruppen der Klagebefugnisse zugunsten des Nachlasses und, weithin entsprechend, zugunsten der Insolvenzmasse.

Nach englischem Recht ist dem Testamentsvollstrecker der Nachlaß zum Zwecke der Testamentsvollstreckung materiellrechtlich als Eigentum überwiesen; der *personal representative* macht daher wie ein *trustee* mit der Nachlaßforderung ein eigenes Recht geltend. Das deutsche Recht sieht den Testamentsvollstrecker als prozessualen Prozeßstandschafter der Erben an, welcher über deren materielle Rechte als Partei kraft Amtes im eigenen Namen prozeßführungsbefugt ist. Nach französischem Recht schließlich ist der *exécuteur testamentaire* als *représentant* Prozeßvertreter der Erben.

Damit ermöglichen alle drei Rechtsordnungen dem Testamentsvollstrecker, als richtiger Verfahrensführer eine Nachlaßforderung, also ein materiell fremdes Interesse, geltend zu machen. Die drei unterschiedlichen Rechtstechniken der Zuweisung eines materiellen Rechts, der Klagebefugnis über fremde Rechte und der Prozeßvertretung erscheinen in diesem Fall als funktionell gleichwertig, um die einheitlich erwünschte Verschiebung der Person des richtigen Verfahrensführers von derjenigen des materiell am Nachlaß "Interessierten" umzusetzen.

(3) Aus diesen Beispielen kann noch nicht geschlossen werden, daß sich mit dem materiellrechtlichen, dem Klagebefugnis- und dem Repräsentationsmodell stets die gleichen Ergebnisse erreichen ließen. Die angeführten Beispiele erlauben jedoch die Vermutung, daß die drei herausgearbeiteten Modelle als grundsätzlich ebenbürtige Lösungswege angesehen werden können, die Ordnungsaufgabe der Bestimmung des richtigen Verfahrensführers zu bewältigen.

Diese Vermutung wird nachfolgend näher zu überprüfen sein. Dabei wird, um den Bogen vom richtigen Verfahrensführer zum richtigen Kläger zu schlagen, insbesondere rechtsvergleichend zu fragen sein, welche Bedeutung gerade der Klagebefugnis zukommt, welche notwendige Aufgabe sie hat und inwieweit sie sich zur Erfüllung ihrer Aufgaben eignet und gegenüber den aufgezeigten alternativen Regelungstechniken bewährt.

Kapitel 2: Die einzelnen Ordnungsaufgaben der Rechtsfigur des richtigen Klägers

Im vorangegangenen Kapitel ließ sich feststellen, daß die Regelungsbereiche materielles Recht, Klagebefugnis, Prozeßvertretung und schließlich Rechtskrafterstreckung auf vielfältige Weise zur Beantwortung der Frage ineinandergreifen, wer welche Interessen aus einem Streitstoff vor Gericht als richtiger Verfahrensführer geltend machen kann. Zumindest einige Regelungszwecke scheinen sich sowohl durch materiellrechtliche Rechtsgestaltung, als auch durch eine Regelung der Klagebefugnis, als auch auf Vertretungsebene umsetzen zu lassen.

Damit stellt sich wiederum die bereits in der Einleitung aufgeworfene Frage, welche Bedeutung gerade der Bestimmung des richtigen Klägers, also der Zuweisung der Stellung als richtige Partei, zukommt. Diese Stellung vermitteln alle drei Rechtsordnungen, vor dem Hintergrund des Bestandes des jeweiligen materiellen Rechts und des jeweiligen Parteibegriffs, durch die Zuweisung der Klagebefugnis.

Für ihre Untersuchung läßt sich nunmehr präziser fragen: Ist angesichts der Möglichkeit, identische Regelungszwecke auch durch das materielle Recht oder Vertretungsanordnung zu erreichen, die Rechtsfigur der Klagebefugnis überhaupt erforderlich? Gibt es Regelungsaufgaben, für deren Erfüllung die deutsche Prozeßführungsbefugnis oder deren ausländische Pendants unersetzlich sind? Weshalb weist eine Rechtsordnung einer Person in welchen Fällen mit der Klagebefugnis gerade die Parteistellung als richtiger Kläger zu und nicht lediglich etwa die Stellung als richtiger Verfahrensführer ohne Parteistellung?

Zur Klärung dieser Fragen sollen zunächst die verschiedenen Stimmen in der Literatur und Rechtsprechung befragt werden, die sich zur Funktion der Bestimmung des richtigen Klägers in den verschiedenen Rechtsordnungen äußern. Anschließend wird eine eigene Analyse aus dem Material der Länderberichte erstellt.

A. Die landesrechtlich angegebenen Funktionsbestimmungen

(1) Im deutschen Recht wird die Funktion der Rechtsfigur der Prozeßführungsbefugnis allgemein darin gesehen, daß sie Popularklagen ausschließen solle[919]. Manche Autoren formulieren vorsichtiger, sie solle "auch" Popularklagen ausschließen. Welche weiteren Funktionen sie darüber hinaus erfüllen solle, bleibt allerdings unerörtert[920].

Nach GRUNSKY soll der durch die Prozeßführungsbefugnis bewirkte Ausschluß der Popularklage den Gegner vor der mehrfachen Geltendmachung desselben Rechts durch verschiedene Kläger schützen[921].

HENCKEL sieht die Begrenzung der Klageberechtigten vor allem durch öffentliche Interessen begründet. Durch den Ausschluß der Popularklage würden Gericht und Gegner vor "nutzlosen" Prozessen geschützt, die Möglichkeit des Doppelprozesses um denselben Streitgegenstand auf die "unvermeidbaren" Fälle beschränkt. Die Klagebefugnis diene daher ähnlichen Zwecken wie die Prozeßvoraussetzungen des Feststellungsinteresses oder der Wiederholungsgefahr[922].

---

[919] LÜKE, Prozeßführungsbefugnis, S. 13; WEBER, S. 19; DIEDERICHSEN, S. 401

[920] JAUERNIG, ZPR, S. 64

[921] GRUNSKY Grundlagen, S. 258

[922] HENCKEL, S. 193

In gleicher Richtung formuliert HEINZMANN für das Eigeninteresse des gewillkürten Standschafters, dieses Erfordernis bestehe sowohl zum Schutz der Rechtspflege als auch zum Schutz des Gegners vor mißbräuchlicher Inanspruchnahme[923].

Im Ergebnis wird die Funktion der Prozeßführungsbefugnis somit wesentlich mit dem Schutz der Verfahrensbeteiligten (Gericht und Gegner) und gegebenenfalls des wahren Rechtsträgers vor den Belastungen mit mehrfachen, "nutzlosen" oder nicht vom Rechtsträger gewünschten Prozessen über einen bestimmten Streitstoff angegeben.

(2) Das französischen Recht sieht die Funktion der Auswahlkriterien *intéret* und *qualité*, als subjektiven Voraussetzungen der *action*, ebenfalls in der Abwehr von Popularklagen[924].

Was unter Popularklagen zu verstehen ist und weshalb sie zu vermeiden sind, wird in aller Regel nicht näher ausgeführt. Auch CORNU/FOYER stellen lediglich fest, daß das Erfordernis eines *intéret personnel* das individualistische Prinzip *"Chacun pour soi"* ausdrücke[925].

Nach GASSIN zielt das Erfordernis des *intéret* insbesondere darauf, die rechtsbefriedende Wirkung der nur *inter partes* geltenden Rechtskraft zu sichern. Diese Wirkung würde nicht erreicht, wenn beliebige Dritte (ggf. auch erneut) eine Sachentscheidung verlangen und erhalten könnten[926].

Damit sieht er die Vermeidung von Doppel- oder Mehrfachprozessen als wesentliche Funktion der Begrenzung des Kreises richtiger Kläger an.

(3) Das englische Recht stellt für die Funktion des *right of action* fest, dieses Erfordernis diene der Verhinderung mehrfacher Prozesse über denselben Streitstoff.

---

923 HEINTZMANN, S. 97

924 CORNU/FOYER, S. 339f; ENCYCLOPÉDIE-VINCENT "Action" Nr. 156; MOREL, S. 43

925 CORNU/FOYER, S. 340

926 GASSIN, S. 233f

Diese Funktion solle insbesondere den Gegner vor der Gefahr von Belastungen durch doppelte oder gar *"indefinitely and oppressivly multiplied" proceedings* schützen[927]. Sie solle ferner die Möglichkeit widersprechender Entscheidungen über denselben Streitstoff verhindern[928].

Als weitere Funktion klingt gelegentlich der Schutz von Gericht und Gegner vor unnötiger Sachaufklärung an. So fordert WOOLF, für den für Feststellungsklagen erforderlichen *locus standi* sollten allgemeine Grundsätze entwikkelt werden, damit nicht erst am Ende des Verfahrens nach Aufklärung und Würdigung aller Umstände des Einzelfalls entschieden werden könne, ob der Kläger überhaupt ein Feststellungsurteil erhalten könne[929].

Die Befugnisse des Gerichts, die Beteiligung weiterer notwendiger Parteien anzuordnen, sind nach JACOB/GOLDREIN durch den Schutz des Prozeßziels motiviert. Damit sollten auf einfachem Weg endgültige Streitentscheidungen erreicht und ein Scheitern der Rechtspflege aufgrund fehlender Parteien verhindert werden[930].

(4) Diese in allen drei Rechtsordnungen zumeist nur fragmentarischen Erörterungen der Funktion der Klagebefugnis deuten Gemeinsamkeiten im Grundsätzlichen an. Für eine detaillierte Vergleichung erscheint die Funktion der Rechtsfigur des richtigen Klägers in den verschiedenen Rechtsordnungen allerdings aus mehreren Gründen noch nicht hinreichend.

Zum einen ist der genannte "Ausschluß der Popularklage" wenig präzise. Er kann zum einen den Schutz vor Sachentscheidungen zugunsten von Personen ohne nähere Beziehung zum Streitstoff meinen, zum anderen auch schon den Schutz vor den Belastungen eines Verfahrens mit solchen Personen. Die mit dem Schlagwort vom Ausschluß der Popularklage jeweils avisierten Schutzzwecke sind daher näher zu erörtern.

---

[927] *Performing Right Society Ltd v. London Theatre of Varieties* [1924] A.C. 1, 14; vgl. auch *In re Steel Wing Company Ltd* [1921] 1 Ch. 349, 357; CHITTY, S. 3: "It would be highly mischievous and unjust to permit the defendant to be harrassed by two actions upon the same contract or transaction..."

[928] *In re Steel Wing Company Ltd* [1921] 1 Ch. 349, 357 per Lawrence J.: "... might result in the debtor being subjected to future actions in respect of the same debt, and moreover might result in conflicting decisions being arrived and concerning such debt."

[929] WOOLF, S. 248

[930] JACOB/GOLDREIN, S. 242

Zum zweiten lassen die verschiedenen Funktionsbeschreibungen regelmäßig unberücksichtigt, daß die Beschränkung des Kreises klageberechtigter Personen über einen bestimmten Streitstoff notwendig zugleich eine Auswahl derjenigen Personen beinhaltet, denen die Klagebefugnis zukommen soll. Auch bei dieser Auswahlentscheidung verfolgt die Bestimmung des richtigen Klägers konkrete Regelungszwecke, die für die Funktion der Klagebefugnis von Bedeutung sind.

B. Die Funktionen und Regelungszwecke der Klagebefugnis im einzelnen

In Anknüpfung an diesen Gedankengang ist zwischen zwei Zielrichtungen der der Rechtsfigur des richtigen Klägers zugewiesenen Ordnungsaufgaben zu unterscheiden. Zum einen dient sie der Begrenzung des Kreises derjenigen Personen, die über einen bestimmten Streitstoff klagebefugt sein sollen. Insoweit kann man von der "Begrenzungsfunktion" der Rechtsfigur des richtigen Klägers sprechen. Zum anderen hat sie eine "Zuweisungsfunktion", indem sie gerade bestimmte Personen als richtige Kläger für das Verfahren legitimiert.

Beide Funktionen greifen zwar ineinander, da die Zuweisung der Eigenschaft als richtiger Kläger an bestimmte Personen zugleich den Kreis der Klageberechtigten beschränkt. Schon auf den ersten Blick sind die Zwecke der Beschränkung und die Zwecke der Zuweisung der Klagebefugnis jedoch nicht identisch:

Mit der Begrenzung des Kreises Klagebefugter soll, wie häufig formuliert wird, die allgemeine Popularklage verhindert werden. Die Begrenzungsfunktion zielt damit, wie nachfolgend näher darzustellen sein wird, insbesondere auf den Schutz des Gegners und der Gerichte vor den Belastungen mehrfacher Prozeßführung über denselben Streitstoff. Wem im Einzelfall die Klagebefugnis über einen bestimmten Streitstoff zustehen soll, läßt sich aus den Zwecken der Begrenzung des Kreises Klagebefugter nicht herleiten. Für die Abwehr der Popularklage ist zunächst ausreichend, daß der Kreis der Klagebefugten überhaupt mehr oder weniger eng umgrenzt ist. Unerheblich ist hingegen, welchen Personen im einzelnen die Klagebefugnis zugewiesen wird. Die Bestimmung derjenigen Personen, welche im einzelnen über einen bestimmten Streitstoff klagebefugt sein sollen, folgt daher anderen Gesichtspunkten und rechtspolitischen Zielen als denjenigen, die für die Begrenzung als solche maßgeblich sind.

Insofern erscheint es gerechtfertigt und zweckmäßig, von einer mit den Begriffen Begrenzungsfunktion und Zuweisungsfunktion umschriebenen Doppelfunktion der Klagebefugnis auszugehen. Die Frage nach den Aufgaben der Klagebefugnis soll deshalb getrennt danach untersucht werden, welche Zwekke die herangezogenen Rechtsordnungen mit der Beschränkung der Klagebefugnis verfolgen und welche Zwecke der konkreten Zuweisung der Klagebefugnis über einen bestimmten Streitstoff an einen oder mehrere als richtige angesehene Kläger unterliegen.

I. Die Begrenzungsfunktion und ihre Zwecke

Die Begrenzungsfunktion richtet sich, mit dem intendierten Ausschluß der allgemeinen Popularklage, gegen eine unnötige oder vielfache Prozeßführung über denselben Streitstoff. Damit soll sie insbesondere die Interessen der anderen Prozeßbeteiligten, nämlich Gegner und Gericht, wahren.

1. Schutz des Gegners

Die Begrenzung der Klagebefugnis dient nach deutschem, französischem und englischem Recht dem Schutz des Prozeßgegners. Im einzelnen ist jedoch zu differenzieren, wovor der Gegner geschützt werden soll. Insbesondere das Schlagwort vom Ausschluß der Popularklage hilft hier nicht weiter, weil darunter sowohl die Abwehr der Verfahrensführung durch jedermann als auch der bloßen Urteilserstreitung durch jedermann verstanden werden kann.

(1) Keine der drei Rechtsordnungen gewährt durch die jeweilige Ausgestaltung und Überprüfung der Klagebefugnis dem Gegner Schutz davor, sich überhaupt gegen die Klagen falscher Kläger wehren, auf die erhobene Klage reagieren zu müssen.

(2) Nur unvollständig ist auch der insbesondere im deutschen Recht gern hervorgehobene Schutz des Gegners vor den Belastungen der Einlassung zur Sache gegenüber Unberechtigten.

Nach deutschem und französischem Recht wird die Erreichung dieses Schutzzwecks dadurch eingeschränkt, daß das Verfahren zur Sache ungeachtet der gedanklich vorrangigen Zulässigkeitsprüfung (fort-)geführt werden kann, sofern Legitimiationsmängel bis zum Ende der mündlichen Verhandlung als heilbar erscheinen. Damit besteht auch die Möglichkeit der Verhandlung und Beweiserhebung zur Sache, obwohl die mögliche Heilung im Ergebnis nicht erfolgt und das Verfahren zur Sache somit nutzlos war.

Abgemildert wird die Gefahr von Belastungen mit möglicherweise unnötigen Einlassungen zur Sache nach deutschem Recht durch die Möglichkeiten, jeweils nach gerichtlichem Ermessen das Verfahren bis zur möglichen Heilung auszusetzen oder über die Zulässigkeit abgesondert zu entscheiden und gegebenenfalls ein Zwischenurteil zu erlassen.

Das englische Recht sieht keine allgemeine Zulässigkeitsprüfung, sondern das Ausstreichen der Klage eines falschen Klägers vor. Da ein Ausstreichen jedoch nur in offensichtlichen Fällen gerechtfertigt ist, besteht mehr noch als im deutschen und französischen Recht die Möglichkeit, daß der Prozeßgegners sich gegenüber einem im Ergebnis falschen Kläger zur Sache einlassen muß.

Darüber hinaus ordnet das englische Recht mit RSC O. 15 r.6 (1) ausdrücklich an, daß das Fehlen notwendiger Parteien den Fortang des Verfahrens nicht hindern soll. Eine Heilung ist jederzeit möglich, indem die weiteren Streitbeteiligten dem Verfahren entweder auf Klägerseite beitreten oder auch gegen ihren Willen auf Beklagtenseite in die Parteistellung gezwungen werden können.

Durch die Entscheidung über die Klagebefugnis des auftretenden Klägers als *preliminary issue* kann unter Umständen jedenfalls ein unnötiger Eintritt in die Beweisaufnahme verhindert werden.

Eine ergänzende Korrektur erfolgt dadurch, daß der falsche Kläger kein zusprechendes Urteil erhalten kann und deshalb im Hinblick auf die von ihm bei Klageabweisung zu tragenden (hohen) Verfahrenskosten seine Legitimation von sich aus sorgfältig überprüfen wird.

(3) In allen drei Rechtsordnungen dient die Begrenzung der Klagebefugnis auf einen bestimmten, als richtig angesehenen Kläger dem Schutz des Gegners vor mehreren Urteilen durch verschiedene Personen über denselben Streitstoff.

In Deutschland und Frankreich kann ein falscher Kläger bereits keine Sachentscheidung erhalten, nach englischem Recht, welches die Unterscheidung in Sach- und Prozeßurteile nicht kennt, kann er jedenfalls kein zusprechendes Urteil erhalten, mögen das geltend gemachte Recht und die prozessualen Voraussetzungen im übrigen auch bestehen.

2. Schutz der Gerichte

Für den intendierten Schutz der Gerichte gelten zunächst die Ausführungen zum Schutz des Prozeßgegners vor den Belastungen der unnötigen Einlassung auf die Klage und zur Sache sowie den Belastungen mit unnötigen Beweisaufnahmen entsprechend.

Entsprechend gilt auch, daß das englische Recht in nur geringerem Umfang Schutz vor dem Aufwand der Beschäftigung zur Sache gewährt.

Ebenso ist hinsichtlich der Belastungen des Gerichts mit der Urteilsabfassung zur Sache zu differenzieren: Nach deutschem und französischem Recht kann das Gericht falsche Kläger im Rahmen der Zulässigkeitsprüfung aussondern. Das englische Recht weist falsche Kläger, sofern die Klage nicht bereits ausgestrichen wurde, stets nach Sachprüfung ab.

Im Ergebnis relativieren sich die Unterschiede jedoch wieder, da nach deutschem und französischem Recht die Klagebefugnis nur anhand einer materiellrechtlichen Schlüssigkeitsprüfung der Klagebegründung beurteilt werden kann. Die englischen Richter ihrerseits können sich für die Abweisung der Klage eines falschen Klägers ebenfalls auf diejenigen Punkte beschränken, aus denen sich die fehlende Legitimation zur Sache ergibt.

3. Schutz der Prozeßzwecke

Über den Schutz von Gegner und Gericht hinaus dient die Begrenzung des Kreises klagebefugter Personen der Verwirklichung von Prozeßzwecken, die auf die Funktionsfähigkeit des Zivilprozesses als solchen zielen und daher mit dem Schutz bestimmter Personengruppen nicht adäquat zu erfassen sind.

(1) Hierzu zählt zum einen die Vermeidung widerstreitender Entscheidungen über denselben Streitstoff durch die Kanalisierung der Klagebefugnis auf zumeist nur einen richtigen Kläger. Sofern ausnahmsweise mehrere Kläger alternativ klagebefugt sind, dienen die Grundsätze der Rechtskrafterstreckung als ergänzendes Korrektiv.

(2) Insbesondere das englische Recht fördert schon auf der Ebene der Klagebefugnis das Ziel der endgültigen Streitbeilegung, indem es - auch auf gerichtliche Initiative hin - zum einen umfangreiche Parteikorrekturen noch im Verfahrensverlauf gestattet und zum anderen auf die Verfahrensbeteiligung aller Streitbetroffenen hinwirkt.

Das deutsche Recht verläßt sich insofern weitgehend auf die Rechtskraftsperre der gerichtlichen Entscheidung und nimmt im Falle der Geltendmachung von Mitberechtigungen mehrfache Prozesse über denselben Streitstoff in Kauf.

II. Die Zuweisungsfunktion und ihre Zwecke

Die Zwecke der Begrenzung des Kreises klagebefugter Personen auf wenige oder einzelne Personen gibt noch keinen Aufschluß darüber, wem im einzelnen die Klagebefugnis aus einem bestimmten Streitstoff zuerkannt wird, wer berechtigt sein soll, darüber ein Urteil zu erhalten.

Diesem Zusammenhang soll im folgenden nachgegangen werden. Dabei soll unterschieden werden zwischen den Gründen, aus denen eine Rechtsordnung die Geltendmachung eigener Rechte gestattet, und denjenigen, aus denen heraus sie gegebenenfalls die Geltendmachung fremder Rechte gestattet.

1. Geltendmachung eigener Rechte

Nach englischem und französischem Recht kann jedermann sein eigenes (behauptetes) Recht im eigenen Namen geltend machen.

Im deutschen Recht ist dieser Grundsatz insoweit eingeschränkt, als mit den Gemeinschuldnern während der Liquidationsphase, den Erben während der Amtsdauer des Testamentsvollstreckers oder -verwalters oder den Eigentümern von unter Zwangsverwaltung stehenden Vermögensgegenständen bestimmte Personen unter bestimmten Umständen über ihre Rechte an abgegrenzten Vermögensteilen nicht prozeßführungsbefugt sind.

Als durch die Berechtigung zur Klage über eigene Rechte geschützte Interessen lassen sich insbesondere die Rechtsverwirklichungsautonomie und das rechtliche Gehör des Rechtsträgers identifizieren.

(1) Die Rechtsverwirklichungsautonomie, also die Entscheidung über das Ob und Wie der prozessualen Geltendmachung, erscheint in allen drei Rechtsordnungen als das zentrale Anliegen der Zuweisung der Klagebefugnis an den Träger des streitigen Rechts.

Sie wird in der Regel aus der Parallele zur Entscheidungsfreiheit über die Geltendmachung der materiellrechtlichen Rechtsposition außerhalb eines Prozesses hergeleitet. So führt HENCKEL aus, die Grundlage für die Berechtigung zur Geltendmachung eigener Rechte in Parteistellung liege im Wesensgehalt des materiellen subjektiven Privatrechts, um das regelmäßig im Zivilprozeß gestritten werde. Diesem Wesensgehalt entspreche es, dem Inhaber oder Ausübungsberechtigten freizustellen, ob und wann er sein Recht geltend machen wolle[931].

In gleicher Richtung dürfte das von CORNU/FOYER angeführte Schlagwort *"Chacun pour soi"* zu verstehen sein[932].

Im englischem Recht wird die prozessuale Geltendmachungsbefugnis unmittelbar als Bestandteil der materiellen Rechtsposition nach *common law* ange-

---

[931] HENCKEL Prozeßrecht, S. 119

[932] CORNU/FOYER, S. 340

sehen und folgt daher ebenfalls aus deren Disponibilität nach den Vorstellungen ihres Inhabers.

(2) Die Klagebefugnis über eigene Rechte dient ferner der Sicherstellung des rechtlichen Gehörs des Rechtsträgers.

Ausdrückliche Erwähnung findet dieser Schutzzweck insbesondere bei der Frage, ob ein Rechtsinhaber die Prozeßführung eines Dritten über sein Recht gegen sich gelten lassen muß, also bei der Frage der Rechtskrafterstreckung. Wenn hier Bedenken bestehen, daß ein nicht am Prozeß beteiligter Rechtsträger seine Interessen nicht hinreichend wahren konnte, so ergibt sich daraus umgekehrt, daß die Zuweisung der Klagebefugnis, allein aufgrund deren der Klagebefugte ein der Rechtskraft fähiges Urteil über den Streitstoff erhalten kann, auch das in allen drei Rechtsordnungen konstitutionell abgesicherte Recht auf rechtliches Gehör schützen soll.

Bei den ausschließlichen gesetzlichen Prozeßstandschaften des deutschen Rechts wird dieser Schutzzweck durch den gesetzlich vorgesehenen Standschafter verwirklicht, so daß das rechtliche Gehör des Rechtsinhabers selbst nicht erforderlich ist.

Bei den konkurrierenden gesetzlichen Klagebefugnissen erfolgt teilweise keine Rechtskrafterstreckung auf den Rechtsinhaber, so bei der deutschen Prozeßstandschaft des Mitberechtigten oder der französischen *action oblique*. In anderen Fällen wiederum, etwa der französischen Klagebefugnis des Kapitäns für den Schiffseigner oder des Verlegers anonymer Werke nach deutschem Recht, wird das Einverständnis des Rechtsträgers mit der Prozeßführung aus nachvollziehbaren Gründen unterstellt, so daß die Gefahren aus fehlendem rechtlichen Gehör des Rechtsträgers vernachlässigt werden können.

Im Falle der gewillkürten Prozeßstandschaft nach deutschem Recht hat sich der Rechtsträger der Möglichkeit des rechtlichen Gehörs freiwillig begeben und ist insoweit nicht schutzbedürftig.

(3) Insbesondere im englischen Recht klingt ferner der Gedanke an, den Gegner vor der Auseinandersetzung mit einem anderen als dem materiell Berechtigten zu schützen. Deshalb erachtet es nicht nur die Übertragung der bloßen

Klagebefugnis, sondern schon die vorprozessuale Abtretung grundsätzlich als unzulässig, wenn sie nur zur Verlagerung der Parteistellung dienen soll.

Das deutsche Recht geht von einem weniger personalen Verständnis materiellrechtlicher Rechtsbeziehungen aus. Jedenfalls der Schuldner wird grundsätzlich nicht als schutzwürdig gegen einen Gläubigeraustausch angesehen. Dementsprechend sind, vorbehaltlich einer Mißbrauchskontrolle, sowohl die vorprozessuale Abtretung als auch die Verlagerung der Parteistellung im Wege der gewillkürten Prozeßstandschaft grundsätzlich zulässig.

Im französische Recht wird der Schuldner gegen die Abtretung einer streitigen Forderung vor oder während eines Prozesses durch die *lex Anastasiana* geschützt. Indem der Schuldner nur den Kaufpreis der Forderung bezahlen muß, wird den Gefahren der kommerziellen Inkassozession, etwa der besonders rücksichtlosen Rechtsverfolgung, begegnet.

2. Geltendmachung fremder Rechte

Die Zwecke, die für eine Klagebefugnis des Rechtsinhabers über sein eigenes Recht maßgeblich sind, sprechen zugleich gegen eine Klagebefugnis über fremde Rechte. Gleichwohl eröffnen alle drei untersuchten Rechsordnungen in begrenztem Umfang Klagebefugnisse über fremde Rechte.

Die Befugnis zur Geltendmachung fremder Recht hat daher jeweils Ausnahmecharakter, ihre Anordnung oder Zulassung ist durch die Verfolgung besonderer Zwecke motiviert. Um welche Sonderzwecke es sich dabei handelt und in welcher Rechtsordnung diese gerade durch eine Klagebefugnis über fremde Rechte erreicht werden sollen, wird nachfolgend dargestellt.

Dabei soll es zunächst nur um einen Ergebnisüberblick gehen, welche Regelungszwecke der Anordnung einer Klagebefugnis über fremde Rechte unterliegen und inwieweit die herangezogenen Rechtsordnungen zur Erreichung dieser Regelungszwecke jeweils gerade die Rechtstechnik der Klagebefugnis über fremde Rechte tatsächlich einsetzen.

Ob sich die identifizierten Sonderzwecke auch durch andere Rechtstechniken als gerade die Zuweisung der Klagebefugnis funktionsadäquat oder gegebenenfalls sogar besser erreichen lassen, wird an späterer Stelle (Abschnitt 2) aus der Perspektive des deutschen Rechts auszuwerten sein.

(1) Die Klagebefugnis des Veräußerers einer streitbefangenen Sache

Nach allen drei Rechtsordnungen kann der Veräußerer einer streitbefangenen Sache weiterhin klagebefugt sein. Nach deutschem Recht hängt dies davon ab, ob der Erwerber das Verfahren übernehmen will und der Gegner den Eintritt genehmigt, im englischen Recht entscheidet das Gericht nach Zweckdienlichkeit aus eigenem Ermessen, nach französischem Recht kann der Erwerber dem Prozeß jedenfalls beitreten.

Die nationalen Regelungen bezwecken primär den Schutz des Prozeßgegners, der durch die Veräußerung der Streitsache nicht um die Früchte seiner bisherigen Prozeßführung gebracht und in ein neu beginnendes Verfahren mit dem Erwerber gezwungen werden soll[933]; daneben dienen sie aus den gleichen Erwägungen wohl auch der Ökonomie der Rechtspflege.

(2) Die Klagebefugnis für gesellschaftsrechtliche Sozialansprüche

In allen drei Rechtsordnungen ist eine Klagebefugnis von Minderheitsgesellschaftern zur gerichtlichen Geltendmachung von Ansprüchen der Gesellschaft gegen die Geschäftsführung anerkannt (*actio ut singuli*, *action sociale ut singuli/ut plures*, *derivative action*).

Ihr Zweck ist offensichtlich jeweils der Schutz der Minderheitsgesellschafter davor, daß die satzungsgemäßen Organe der Gesellschaft ihre originäre rechtsgeschäftliche Vertretungskompetenz für Ansprüche der Gesellschaft zum Nachteil der Gesellschaft handhaben, wenn sie selbst Anspruchsgegner sind.

(3) Die Alleinklagebefugnis aus Mitberechtigung

Die deutschen Prozeßstandschaften aus Mitberechtigung gemäß §§ 432, 1011, 2039 BGB bezwecken den Schutz des klagewilligen Mitberechtigten vor Rechtsverlusten an seinem Mitrechtsanteil, die durch die Weigerung weiterer materiell Mitberechtigter entstehen könnten, am Verfahren als notwendige Partei mitzuwirken[934].

---

[933] BAUMBACH-HARTMANN, § 265 ZPO Rn 2; BGHZ 117, 146 mwN

[934] HENCKEL, Parteilehre, S.46

Aus demselben Grund gestattet das englische Recht einem Mitberechtigten die alleinige Prozeßführung auf Klägerseite, sofern dieser die klageunwilligen Mitberechtigten mit verklagt. Ist eine Beeinträchtigung der Interessen der Mitberechtigten nicht zu befürchten, kann das Gericht die Beteiligung auf Beklagtenseite auch erlassen.

Das französische Recht kennt keine entsprechende Alleinklagebefugnis; nach seiner Auffassung sind alle Mitberechtigten Parteien und werden gegebenenfalls durch einen alleine verfahrensführenden Mitberechtigten repräsentiert.

(4) Die Klagebefugnis kraft "Verwaltungsamtes"

Nach ganz herrschender Meinung fungieren in Deutschland insbesondere der Testamentsvollstrecker, der Nachlaßverwalter und der Zwangsverwalter als Partei kraft Amtes und können aus dieser Stellung heraus im eigenen Namen Prozesse über Rechte an fremdem Vermögen führen. Nach wohl überwiegender Ansicht zählt hierzu auch der Insolvenzliquidator nach der neuen Insolvenzordnung.

Für die Begründung der Rechtsfigur der Partei kraft Amtes wird angeführt, daß der Amtsträger nicht nur die Interessen eines Vermögensinhabers zu wahren habe, sondern auch die Interessen etwaiger Gläubiger (bei Zwangsverwaltung oder Insolvenzabwicklung) oder die gleichberechtigten Interessen mehrerer Vermögensinhaber (im Falle der Testamentsverwaltung oder -vollstreckung)[935].

In diesem Sinn läßt sich der Zweck der Rechtsfigur Partei kraft Amtes mit der unparteiischen Verwaltung einer fremden Vermögensmasse zugunsten mehrerer daran Interessierter beschreiben.

Dem englischen und französischen Recht ist eine entsprechende Klagebefugnis über fremdes Vermögen fremd. Das englische Recht sieht insoweit den eingesetzten Verwalter als Inhaber des verwalteten Vermögens an, der aus eigenem Recht klagt, nach französischem Recht ist der Verwalter Repräsentant der Inhaber des Vermögens und klagt insoweit in deren Namen.

---

[935] vgl. etwa WIECZOREK/SCHÜTZE-HAUSMANN, Vor § 50 Rn 28 mwN

(5) Die Klagebefugnis von Gläubiger und Nießbraucher hinsichtlich einer verzinslichen Forderung

Während nach deutschem Recht über eine unverzinsliche Forderung gemäß § 1074 S. 1 BGB nur der Nießbraucher zur Einziehung berechtigt ist, können gemäß § 1077 Abs. 1 BGB sowohl Gläubiger als auch Nießbraucher je einzeln das Kapital einer verzinslichen Forderung, die Gegenstand eines Nießbrauchs ist, gegenüber dem Schuldner geltend machen und Leistung an beide verlangen.

Die Vorschrift berücksichtigt, daß Nießbraucher und Gläubiger ein je eigenes schützenswertes Interesse am Einzug der Forderung haben, deren Kapital weiterhin dem Gläubiger und deren Früchte weiterhin dem Nießbraucher zustehen.

Entsprechende Klagebefugnisse lassen sich im französischen und englischen Recht nicht identifizieren, da jeweils eine Sonderregelung für verzinsliche Forderungen fehlt.

(6) Die Klagebefugnis von Gläubiger und Pfandgläubiger vor Pfandreife

Nach deutschem Recht können gemäß § 1281 S. 2 BGB sowohl Gläubiger als auch Pfandgläubiger vor Pfandreife je einzeln (auch) gerichtlich Leistung an beide verlangen.

Der Zweck der Vorschrift ist darin zu sehen, das Interesse sowohl des Gläubigers als auch des Pfandgläubigers an der Schuldnerleistung zu schützen, ohne beide Personen auf eine vorgängige Abstimmung bei der Geltendmachung zu verweisen.

Das französische Recht enthält keine vergleichbare gesetzliche Klagebefugnis. Es geht grundsätzlich davon aus, daß Gläubiger und Pfandgläubiger nur gemeinsam vorgehen können. Die Prozeßführung nur durch den Pfandgläubiger kann der Gläubiger mit der Erteilung einer Einzugsermächtigung erreichen, die dann auch prozessual wirken soll.

Auch nach englischem Recht besteht keine alternative Alleinklagebefugnis von Gläubiger oder Pfandgläubiger. Allenfalls kommt die Einsetzung eines *recei-*

vers in Betracht, der die Rechte von Gläubiger und Pfandgläubiger als deren Vertreter gegenüber dem Schuldner geltend macht.

(7) Die Klagebefugnis eines Elternteils zugunsten des Kindes im Falle elterlichen Getrenntlebens

Nach § 1629 III BGB des deutschen Rechts kann ein Elternteil bei Getrenntleben der Eltern oder Anhängigkeit einer Scheidungssache Unterhaltsansprüche des minderjährigen Kindes nur im eigenen Namen geltend machen. Der Zweck der Regelung besteht darin, daß das Kind nicht im eigenen Namen in einem Prozeß gegen einen Elternteil als Partei teilnehmen, daß es gegen ihn "Partei ergreifen" muß[936].

Nach französischem und englischem Recht besteht keine entsprechende Klagebefugnis.

(8) Die Klagebefugnis des Herausgebers anonymer Werke

Gemäß § 10 Abs. 2 UrhG gilt zugunsten des Herausgebers anonymer Werke die Vermutung, daß er ermächtigt sei, die Rechte des Urhebers geltend zu machen. Ist ein Herausgeber nicht genannt, gilt diese Vermutung zugunsten des Verlegers. Ungeachtet der Unterstellung einer Ermächtigung durch den Urheber wird die Vorschrift allgemein als gesetzliche Prozeßstandschaft über die Rechte des Urhebers angesehen, da der Nachweis der Ermächtigung und eines Eigeninteresses des Herausgebers an der Prozeßführung nicht erforderlich ist[937].

Der Zweck der Regelung besteht darin, durch den Herausgeber oder Verleger die Verfolgung von Urheberrechtsverletzungen zu ermöglichen, ohne daß der Urheber deshalb die selbstgewählte Anonymität aufzugeben genötigt ist[938].

In England gilt unmittelbar die Berner Urheberrechtskonvention in der Stockholmer Fassung vom 14.7.1967, deren Artikel 15 Abs. 3 in der englischen Version bestimmt: "*In the case of anonymous or pseudonymous works ... the*

[936] MüKo-Hinz, § 1629 BGB Rn 37 mwN
[937] Nordemann/Vinck/Hertin, § 10 UrhG Rn 30 mwN
[938] Schricker, § 10 UrhG Rn 1

publisher whose name appears on the work shall, in the absence of proof to the contrary, be deemed to represent the author, and in this capacity he shall be entitled to protect and enforce the author's rights".

Danach fallen das *right* des anonymen Autors und der *title* zu dessen Geltendmachung auseinander, so daß für das englische Recht zum Schutz der Anonymität ausnahmsweise ebenfalls von einer Verlagerung der Klagebefugnis in Parteistellung gegenüber dem materiellen Recht auszugehen ist.

Das französische Recht hat, wie das deutsche Recht, die Berner Konvention in nationales Recht umgesetzt. Gleichwohl ordnet es die Klagemöglichkeit von Herausgeber oder Verleger als Fall der Repräsentation ein[939].

(9) Die Klagebefugnis des Orchestervorstandes

Nach deutschem Recht sind gemäß § 80 Abs. 2 UrhG die Vorstände oder Leiter von Chor-, Orchester- und Bühnenensembles ermächtigt, deren Rechte nach §§ 74, 75 und 76 Abs. 1 UrhG (obligatorische Urheberrechtsansprüche, Vergütungsansprüche, Ansprüche aus Urheberrechtsverletzung bei Übertragung, Vervielfältigung, Funksendung der Darbietung) allein geltend zu machen.

Zweck der Vorschrift ist es, die Rechtsverfolgung zu vereinheitlichen und zu vereinfachen[940].

Eine entsprechende Klagebefugnis läßt sich im französischen und englischen Recht nicht identifizieren.

---

[939] vgl. COLOMBET, S. 159: "... le principe de la représentation est reconnu par l'article 11 ..." sowie Art. 11 des Gesetzes vom 11.3.1957: "Les auteurs des oeuvres pseudonymes et anonymes jouissent sur celles-ci des droits reconnus par l'article 1er. Ils sont représentés dans l'exercice de ces droits par l'éditeur ou le publicateur originaire, tant qu'ils n'auront pas fait connaître leur identité civile ..."

[940] SCHRICKER, § 80 UrhG Rn 16

(10) Die Klagebefugnisse einzelner Ehegatten über gemeinsames Vermögen

Die deutsche Regelung des Güterstandes der Gütergemeinschaft sieht diverse Alleinklagebefugnisse einzelner Ehegatten über das Gemeinschaftsgut vor, etwa gemäß § 1422 BGB allgemein für den verwaltenden Ehegatten, die Revokationsklage gemäß § 1428 BGB und das Notprozeßführungsrecht gemäß § 1429 S. 2 BGB für den nicht verwaltenden Ehegatten[941].

Diese gesetzlichen Regelungen dienen zunächst den Interessen der Ehegatten selbst an wirksamer Verwaltung durch einen von ihnen auch im prozessualen Bereich einerseits, auf Schutz vor Benachteiligung andererseits. Darüber hinaus bezwecken sie den Schutz des Rechtsverkehrs, der sich auf die Handlungsbefugnis eines Ehegatten für das Gesamtgut verlassen können soll.

Das französische Recht enthält für den Güterstand der Erwerbsgemeinschaft ähnliche Regelungen, indem ein Ehegatte materiellrechtlich und prozessual zur alleinigen Verwaltung über gemeinschaftliches Vermögen berechtigt ist. Dogmatisch gilt der Ehepartner, der im Verfahren nicht namentlich auftritt, allerdings als durch den verfahrensführenden Ehegatten repräsentiert ("*représentation imparfaite*"). Ein echtes Alleinklagerecht eines Ehegatten über das Gemeinschaftsgut stellt nur die der Revokationsklage vergleichbare *action en nullité* dar.

Das englische Recht kennt bereits keinen ehelichen Güterstand mit Gesamtgut. Die Begründung und prozessuale Geltendmachung von Miteigentum an einzelnen Vermögensgegenständen folgt deshalb grundsätzlich allgemeinen Regeln.

(11) Die Klagebefugnis von Landesbehörden zugunsten von Heimarbeitern

Nach § 25 Heimarbeitsgesetz kann ein Bundesland, vertreten durch die oberste Arbeitsbehörde oder eine von ihr bestimmte Stelle, im eigenen Namen den Anspruch eines Heimarbeiters auf Nachzahlung von Arbeitsentgelt geltend machen, wenn der Arbeitgeber unter Verstoß gegen Mindestentgeltbestimmungen zu geringes Arbeitsentgelt ausgezahlt hatte.

---

[941] weitere Prozeßstandschaften bestehen gemäß §§ 1431 Abs. 1 S. 1, 1454 S. 2, 1487 Abs. 1 BGB

Die Vorschrift soll die Einhaltung von Mindestentgeltbestimmungen im Interesse der einzelnen Heimarbeiter sicherstellen, da diese aus Besorgnis, von der Ausgabe von Heimarbeit ausgeschlossen zu werden, auf die Durchsetzung ihrer Ansprüche häufig verzichten[942].

Entsprechende Regelungen kennen das französische und englische Recht nicht.

(12) Die gewillkürte Übertragung der Klagebefugnis

Das deutsche Recht gestattet mit der Möglichkeit der gewillkürten Prozeßstandschaft Rechtsfremden mit gehörigem Eigeninteresse an der Prozeßführung, die materiellen Rechtspositionen anderer im eigenen Namen geltend zu machen.

Der Regelungszweck dieser Befugnis wird kaum klar formuliert. Er ist in erster Linie wohl darin zu sehen, dem Rechtsinhaber die Möglichkeit zu geben, sich von den Belastungen der Prozeßführung umfassend freizustellen, sowohl was die Verfahrensführung als solche betrifft, als auch die damit verbundene Kostentragungspflicht[943].

Daneben dient sie auch den Interessen des Standschafters, das Verfahren selbst zu führen. Sein rechtliches Eigeninteresse wird zwar, aus der Entstehungsgeschichte der gewillkürten Prozeßstandschaft heraus, zur Einschränkung des Kreises richtiger Standschafter im Interesse von Gericht und Gegner verlangt; als Rechtfertigungselement für die Verlagerung der Parteistellung weist es jedoch zugleich auf die Motivation der Rechtsprechung für die Anerkennung der gewillkürten Prozeßstandschaft hin.

Gelegentlich wird ferner angeführt, mit der gewillkürten Prozeßstandschaft könne eine größere "Sachnähe" des auftretenden Klägers erreicht werden[944].

Im französischen und englischen Recht ist die Übertragung der bloßen Klagebefugnis durch Parteivereinbarung nicht gestattet.

---

[942] MAUS/SCHMIDT, § 25 HAG Rn 1

[943] WIECZOREK/SCHÜTZE-HAUSMANN, Vor § 50 Rn 69; ZÖLLER-VOLLKOMMER, vor § 50 Rn 42

[944] ebda.

(13) Die Klagebefugnis des Gläubigers gegenüber dem Drittschuldner auf Leistung

Mit der *action oblique* gemäß Art. 1166 C.civ. können Gläubiger nach französischem Recht Forderungen ihrer Schuldner gegenüber Drittschuldnern selbst geltend machen und Leistung an sich verlangen. Zulässigkeitsvoraussetzung der Klage ist die Zahlungsunfähigkeit des Schuldners. Ein Titel gegenüber dem Schuldner ist hingegen nicht erforderlich, da das französische Recht von einem allgemeinen Pfandrecht (*gage commun*) des Gläubigers am Schuldnervermögen ausgeht. Deshalb erlangt der klagende Gläubiger auch kein Exklusivrecht an der geltend gemachten Forderung, sondern darf sie nur unter Berücksichtigung vor- oder gleichrangiger anderer Gläubiger verwerten.

Die Vorschrift dient ausschließlich dem Schutz der eigenen Vermögensinteressen der Gläubiger.

Sie findet im deutschen und englischen Recht keine Entsprechung.

(14) Die Klagebefugnis des Gläubigers zur Anfechtung von Rechtshandlungen des Schuldners

Nach französischem Recht kann ein Gläubiger im eigenen Namen Rechtshandlungen seines Schuldners mit der sogenannten *action paulienne* gemäß Art. 1167 C.civ. anfechten, wenn diese Rechtshandlungen zur Beeinträchtigung seines Befriedigungsrechts am Schuldnervermögen führen. Auch hier ist ein vorgängiger Titel gegenüber dem Schuldner nicht erforderlich.

Die *action paulienne* dient ebenfalls nur den eigenen Vermögensinteressen des klagenden Gläubigers.

Im deutschen und englischen Recht bestehen wiederum keine entsprechenden Regelungen der Klagebefugnis, Anfechtungen von Verfügungen des Schuldners setzen jeweils einen vollstreckbaren Titel gegen den Schuldner voraus.

(15) Die Klagebefugnis von Gewerkschaften über Arbeitnehmerrechte

Nach französischem Recht sind die Gewerkschaften befugt, in bestimmten arbeitsrechtlichen Streitigkeiten anstelle der betroffenen Arbeitnehmer im eigenen Namen zu klagen, sofern diese der beabsichtigten Prozeßführung nicht widersprechen.

Die einzelnen gesetzlichen Regelungen verfolgen unterschiedliche Schutzzwecke: Die Klagebefugnis zugunsten der Rechte von Gewerkschaftsmitgliedern wegen Verletzung kollektiver Regelungen soll zwar zum einen dem Schutz des betroffenen Arbeitnehmers selbst dienen, zum anderen ersichtlich auch die Tarifautonomie und damit den eigenen Wirkungsbereich der Gewerkschaften schützen.

Mit der Klagebefugnis zugunsten von Heimarbeitern, ausländischen Arbeitnehmern und Arbeitnehmern mit befristeten Arbeitsverträgen ist den Gewerkschaften die prozessuale Initiativbefugnis zum Schutz von Arbeitnehmergruppen zugewiesen, denen die eigene Rechtswahrnehmung aus tatsächlichen Gründen nur schwer möglich ist. Es handelt sich mithin um eine sozialstaatlich motivierte Aufgreifzuständigkeit. Sie dient sowohl dem einzelnen Arbeitnehmer, als auch der Durchsetzung geordneter Verhältnisse auf dem Arbeitsmarkt als solchem.

Ähnlich verhält es sich mit der Klagebefugnis der Gewerkschaften zur Einhaltung der Gleichberechtigung von Mann und Frau im Arbeitsleben. Auch hier wird man über den Schutz des im Einzelfall betroffenen Arbeitnehmers das gesellschaftliche Interesse an der effektiven Durchsetzung des Gleichheitsgrundsatzes als Ziel der Regelung ansehen können.

Das deutsche Recht enthält keine unmittelbar entsprechenden Klagebefugnisse der Gewerkschaften zugunsten einzelner Arbeitnehmer. Daß mit anderen Rechtstechniken gleichwohl teilweise ähnliche Ergebnisse erzielt werden, etwa dem Unterlassungsanspruch der Gewerkschaften gegen tarifwidrige Betriebsvereinbarungen oder der Klagebefugnis von Landesbehörden zugunsten von unter Mindesttarif vergüteten Heimarbeitern, wird an späterer Stelle vergleichend näher darzustellen sein.

Auch im englischen Recht bestehen keine vergleichbaren Klagebefugnisse von Gewerkschaften.

(16) Die Klage unter fremdem Namen

Die Klage unter fremdem Namen kann nach englischem Recht Personen gestattet sein, die hinsichtlich des Streitstoffs in einem nur *in equity* anerkannten eigenen Interesse betroffen sind, zu dessen Durchsetzung der zur Geltendmachung befugte Rechtsinhaber *at law* ihnen gegenüber jedoch verpflichtet ist. Die Gestattung der Verfahrensführung unter dem Namen des Rechtsinhabers *at law* stellt somit ein Substitut für dessen Verpflichtung dar, das Verfahren im Interesse des *in equity* Berechtigten selbst zu führen.

Damit dient die Möglichkeit der Klage unter fremdem Namen ausschließlich dem Schutz des *in equity* berechtigten tatsächlichen Verfahrensführers.

Entsprechende Klagemöglichkeiten kennen weder das deutsche, noch das französische Recht. Zwar können nach deutschem Recht der Zedent einer stillen Zession und nach französischem Recht ein Rechtsfremder als *prête-nom* im eigenen Namen klagen; werden die wahren Verhältnisse jedoch im Prozeß aufgedeckt, sind eine Anpassung der Anträge und gegebenenfalls ein Parteiwechsel erforderlich.

(17) Die Klagebefugnis von "Begünstigten"

Nach englischem Recht kann das Gericht den Begünstigten eines *trust* (*beneficiaries, cestuis que trust*) die Klage über ihre *equitable interests* im eigenen Namen ohne Verfahrensbeteiligung des *trustee* gestatten, wenn dieser seinen Verwaltungspflichten nicht nachkommt oder des Handelns zum Nachteil der Begünstigten verdächtig ist.

Zweck der Regelung ist es mithin, unter Durchbrechung der Zuständigkeit des *trustee* - als des Rechtsinhabers *at law* - den Begünstigten durch die Einräumung einer eigenen Klagemöglichkeit zum Schutz ihrer als *equitable rights* anerkannten berechtigten Interessen zu verhelfen.

Unmittelbar entsprechende Regelungen lassen sich weder im deutschen, noch im französischen Recht identifizieren. Bei der dem englischen Rechtsinstitut des *trust* noch am ehesten vergleichbaren materiellen Treuhand des deutschen und französischen Rechts sind die daraus Begünstigten auf Ansprüche gegenüber dem Treuhänder verwiesen.

3. Geltendmachung "diffuser" Interessen

In allen drei untersuchten Rechtsordnungen existieren vereinzelt Klagebefugnisse zugunsten von Personen, die weder eigene noch die Rechte bestimmter anderer Personen geltend machen, welche vor oder während des Verfahrens namentlich identifiziert werden müßten. Im Anschluß an CAPPELLETTI kann man hier von Klagebefugnissen zugunsten "diffuser" Interessen sprechen[945]. Ihre Erscheinungsformen sind insbesondere die Verbandsklage, die Klagebefugnis hoheitlicher Stellen und die für bestimmte Fallkonstellationen eröffnete Popularklage.

(1) Klagebefugnis der Verbände

Die deutsche Verbandsklage nach § 13 Abs. 2 UWG, § 13 Abs. 2 AGBG ermöglicht es qualifizierten Verbänden, im eigenen Namen Verstöße gegen die Wettbewerbsordnung zu verfolgen und die Verwendung unzulässiger Allgemeiner Geschäftsbedingungen unterbinden zu lassen.

Da der gesetzlich ermächtigte Verband weder selbst Marktteilnehmer, noch Verbraucher ist, macht er mit der Verbandsklage keine eigenen Rechte geltend. Da seine Klagebefugnis andererseits nicht den Nachweis einer konkreten Rechtsverletzung eines bestimmten Marktteilnehmers oder Verbrauchers voraussetzt, macht der Verband auch nicht im herkömmlichen Sinn ein fremdes Recht geltend.

Der Regelungszweck dieser Klagebefugnis ist in der im gesellschaftlichen Interesse liegenden Einhaltung der Wettbewerbsordnung und des Schutzes der Allgemeinheit der Verbraucher zu sehen.

Nach französischem Recht ist die Verbandsklage für ungleich weitere Rechtsmaterien eröffnet, wie etwa die anerkannten Verbände zum Schutz der Familie, gegen Rassismus oder die *ligues antialcooliques* belegen. Auch für ihre Klagebefugnis ist jedoch kennzeichnend, daß sie weniger zur Verteidigung der Rechte bestimmter einzelner Personen, als vielmehr zum Schutz eines *intérêt collectif* verliehen wird, welches rechtspolitisch besonders schutzwürdig erscheint und dessen Träger im Prozeß nicht individualisiert werden müssen.

---

[945] CAPPELLETTI, S. 693

Nach englischem Recht ist eine Verbandsklage zur Geltendmachung vergleichbarer Interessen nicht eröffnet.

(2) Die Klagebefugnis hoheitlicher Stellen

Nach französischem Recht steht dem *ministère public* (dem Staatsanwalt) über einzelne gesetzlich bestimmte Fälle hinaus ein allgemeines Klagerecht zur Verteidigung des *ordre public* zu. Aus den gesetzlich geregelten Klagerechten, etwa auf Nichtigkeit einer Ehe, auf Aberkennung der elterlichen Erziehungsgewalt oder der Patentnichtigkeitsklage, und aus der Abgrenzung zu den zugunsten eines *intérêt collectif* eröffneten Verbandsklagen entnimmt die Rechtsprechung, daß ein allgemeines Klagerecht des *ministère public* nur zur Verteidigung eines *intérêt général* zulässig ist, zu dessen Verteidigung er nach seinen Aufgaben berufen ist.

Der Zweck des Klagerechts des *ministère public* besteht mithin in der Verteidigung eines *intérêt général*, in der Durchsetzung der öffentlichen Ordnung in einer Frage von allgemeinem Interesse.

Das deutsche Recht kennt eine solche originäre zivilrechtliche Klagebefugnis hoheitlicher Stellen zugunsten der öffentlichen Ordnung nicht. Nur das Eherecht ermöglicht der Verwaltungsbehörde die selbständige Eröffnung des Verfahrens um die Wirksamkeit einer Ehe, um diese als Institution der Rechtsordnung gegen Mißbrauch zu schützen.

Im englischen Recht können mit den *relator actions* umgekehrt Private ohne persönliche Rechtsbetroffenheit mit Genehmigung des Staatsanwalts Klagen zur Einhaltung der öffentlichen Ordnung einleiten. Wie bereits ausgeführt, ist diese Klageform jedoch dem öffentlichen Recht zuzurechnen.

(3) Besondere Popularklagebefugnisse

Die Popularklage ist nach deutschem und englischem Recht für Patentnichtigkeitsverfahren eröffnet. Die Klagebefugnis setzt keine persönliche Beeinträchtigung des Klägers oder einer von ihm zu bezeichnenden anderen Person durch die als fehlerhaft behauptete Patenteintragung voraus.

Die Regelung bewirkt damit, wie auch die Verbandsklage, eine Erhöhung der gerichtlichen Kontrolldichte. Als ihr Zweck kann die Richtigkeit des Patentregisters im Interesse aller mit Patentnutzung oder Patenteintragung befaßten Personen angesehen werden.

Das französische Recht beharrt demgegenüber auf dem Grundsatz des persönlichen *intérêt* für die Klagebefugnis und läßt die Patentlöschungsklage nur bei eigener Betroffenheit hinsichtlich der Patentnutzung zu.

Umgekehrt findet die zivilrechtliche Steuerzahlerklage anstelle der untätigen Gemeinde im deutschen und englischen Recht keine Entsprechung.

C. Rechtsvergleichende Auswertung

Die Untersuchung der mit der Klagebefugnis verfolgten Zwecke bestätigt zunächst den Ansatz, daß zwischen einer Begrenzungsfunktion und einer Zuweisungsfunktion unterschieden werden sollte.

Hinsichtlich der Begrenzungsfunktion läßt sich in den untersuchten Rechtsordnungen weitgehende Übereinstimmung feststellen.

Alle drei Rechtsordnungen sehen es als erforderlich an, den Kreis der klagebefugten Personen auf einzelne oder doch wenige Personen zu beschränken. Damit wollen sie insbesondere den Prozeßgegner und die Rechtspflege vor mehrfachen oder unnötigen Gerichtsverfahren verschiedener Kläger über denselben Streitstoff schützen.

Umgesetzt wird diese Begrenzungsfunktion maßgeblich dadurch, daß ein falscher Kläger jedenfalls kein zusprechendes Urteil erhalten kann.

Die Vorverlagerung der Prüfung in eine Zulässigkeitsstation nach deutschem und französischem Recht erscheint demgegenüber sekundär: Schon das deutsche und französische Recht gestatten die Verfahrensfortführung bis zur Entscheidungsreife, wenn der Legitimationsmangel als heilbar erscheint. Sie nehmen damit in Kauf, daß ein Verfahren unnötigerweise geführt wird, sofern nämlich der Mangel im weiteren Verfahrensverlauf doch nicht geheilt wird. Das englische Recht enthält anstelle einer strengen Zulässigkeitsprüfung mit den Handlungsformen des *striking out* und *summary judgement* nur eine summarische, "weiche" Prüfung der Erfolgsaussichten. Sofern die fehlende Legitimation des Klägers nicht offensichtlich ist, wird über sie erst im Endurteil entschieden, somit ebenfalls ein Verfahren zur Hauptsache mit dem möglicherweise falschen Kläger durchgeführt.

Bei der rechtsvergleichenden Betrachtung der Zuweisungszwecke ist festzustellen, daß die herangezogenen Rechtsordnungen übereinstimmend davon ausgehen, daß ein Kläger grundsätzlich eigene Rechte geltend machen darf. Diese Befugnis wird einheitlich darauf zurückgeführt, daß der Inhaber der behaupteten materiellen Rechtsposition am ehesten dazu berufen ist, über Ob und Wie der prozessualen Geltendmachung zu entscheiden, daß ferner sein Recht auf rechtliches Gehör zu wahren ist.

Rechtsdogmatisch läßt sich dieser Befund auch dahin formulieren, daß das Prozeßrecht mit der Klagebefugnis über eigene materielle Rechte den Zuweisungsgehalt des materiellen Rechts anerkennt und in den prozessualen Bereich verlängert.

Die Gemeinsamkeiten der drei untersuchten Rechtsordnungen enden beim Vergleich der Klagebefugnisse über fremde Rechte. Hier hat der Rechtsvergleich ergeben, daß alle herangezogenen Rechtsordnungen solche Fallkonstellationen zwar kennen, daß die im einzelnen anerkannten Fälle jedoch in frappierender Weise regelmäßig nicht übereinstimmen.

Nur bei der Klagebefugnis des Veräußerers im Prozeß und der gesellschaftsrechtlichen Sozialklage lassen sich in allen drei Rechtsordnungen rechtstechnisch übereinstimmende Möglichkeiten zur Geltendmachung fremder Rechte als Partei finden.

Bei fünfzehn der untersuchten siebzehn Fallkonstellationen von Klagebefugnissen über fremde Rechte hingegen war festzustellen, daß die zugrundeliegenden Zwecke nur in einzelnen Rechtsordnungen zur Anerkennung einer solchen Klagebefugnis führten.

Bemerkenswert erscheint auch die inhaltliche Bandbreite der analysierten Zuweisungszwecke. Sie reicht von der Anerkennung der Betroffenheit Rechtsfremder in eigenen Interessen am Gegenstand des Rechtsstreits bis zur prozessualen Anerkennung eines Verwaltungsrechts über fremdes Vermögen, von der Wahrung diffuser Interessen durch Rechtsfremde im vorwiegend öffentlichen Interesse bis hin zum Schutz des Gegners an Erhaltung der Früchte seiner bisherigen Prozeßführung oder berücksichtigt das Schutzbedürfnis des minderjährigen Kindes davor, gegen einen Elternteil Partei ergreifen zu müssen.

Das deutsche Recht räumt hierbei in bei weitem größtem Umfang Klagebefugnisse über fremde Rechte ein. Die damit verfolgten Zwecke lassen sich nur mit der Feststellung zusammenfassen, daß es sich jedenfalls um Sonderzwecke handelt, für deren Erreichung Gesetzgeber und Rechtsprechung gerade die Verlagerung der Klagebefugnis auf andere Personen als den Inhaber des streitigen Rechts als die geeignete Rechtstechnik erschien.

Im französischen und englischen Recht hingegen ist die Zuweisung der Klagebefugnis an Rechtsfremde regelmäßig durch das eigene Interesse des Klagebefugten an Gegenstand und Ausgang des Prozesses motiviert. Insbesondere sind, abgesehen vom Sonderfall der Veräußerung im Prozeß, diesen Rechtsordnungen Klagebefugnisse über die Rechte bestimmter anderer Personen ohne Eigeninteresse des Standschafters an der Prozeßführung unbekannt, wie sie das deutsche Recht etwa mit den Klagebefugnissen der Parteien kraft Amtes zahlreich enthält.

Im Ergebnis ist deshalb die Zuweisungsfunktion der Klagebefugnis differenziert zu sehen: In allen drei Rechtsordnungen erscheint es noch als selbstverständlich, daß eine Person über eigene Rechtspositionen als Kläger eine gerichtliche Entscheidung verlangen kann. Klagebefugnisse über fremde Rechte erscheinen demgegenüber als Ausnahmen, denen heterogene rechtspolitische Sonderzwecke zugrundeliegen. Die Tatsache, daß die anerkannten Fallgruppen von Klagebefugnissen über fremde Rechte in den untersuchten Rechtsordnungen in aller Regel nicht übereinstimmen, deutet darauf hin, daß diese Regelungszwecke entweder nicht zwingend sind oder jedenfalls auch durch andere Rechtsgestaltung als gerade die Zuweisung einer Klagebefugnis an Rechtsfremde umsetzbar sind.

Vor diesem Hintergrund drängt sich insbesondere für das deutsche Recht mit seinen zahlreichen Prozeßstandschaften die Frage auf, ob diese Prozeßstandschaften in jedem Einzelfall die jeweils geeignetste rechtstechnische Umsetzung des damit verfolgten Regelungszwecks darstellen.

Kapitel 3: Zwischenergebnis

Die rechtsvergleichende Untersuchung der Ordnungsaufgabe des richtigen Klägers läßt somit aus rechtsvergleichender Sicht folgende Strukturprinzipien erkennen:

1. Die Frage nach dem richtigen Kläger ist sachgerecht als die Frage nach dem richtigen Verfahrensführer für einen bestimmten Streitstoff - oder anders formuliert: nach der Repräsentation von materiellen Interessen aus einem Streitstoff vor Gericht - zu stellen.

2. Bei der Beantwortung dieser Frage sind sowohl die materiellen Interessen aus dem Streitstoff selbst, als auch die prozessualen Interessen aller Streitbeteiligten aus der Prozeßsituation in Ausgleich zu bringen.

3. Die entsprechenden Interessenwertungen können insbesondere im materiellen Recht, bei der Regelung der Klagebefugnis oder durch Anordnung oder Gestattung der Repräsentation vor Gericht erfolgen.

4. Der Klagebefugnis kommt eine Doppelfunktion zu, wobei ihrer Begrenzungsfunktion einerseits und ihrer Zuweisungsfunktion andererseits unterschiedliche Regelungszwecke unterliegen.

5. Die Begrenzungsfunktion zielt in erster Linie darauf, zum Schutz von Gegner und Gericht den Kreis der Klageberechtigten zu begrenzen.

6. In ihrem in allen drei Rechtsordnungen identischen Kern wird diese Begrenzungsfunktion dadurch erreicht, daß andere als die richtigen Kläger in ihrer Person kein zusprechendes Urteil erhalten können. Die in den untersuchten Rechtsordnungen unterschiedlich effizient ausgestaltete Vorverlagerung der Prüfung an den Verfahrensbeginn dient zwar ergänzend dem Schutz vor unnötigen Sachaufklärungen, erscheint für die Erfüllung der Begrenzungsfunktion jedoch nicht wesentlich.

7. Die Zuweisungsfunktion als die Bestimmung, welche Personen im einzelnen über einen bestimmten Streitstoff klagebefugt sein sollen, bezweckt in erster Linie den angemessenen Schutz der materiellen Interessen aus diesem Streitstoff.

Daher sind, mit Ausnahmen im deutschen Recht, zunächst die Inhaber der im Prozeß streitigen Rechte klagebefugt. Da sie von dem Streitstoff im Regelfall am unmittelbarsten betroffen sind, wird ihnen auch das Recht zur Entscheidung darüber zuerkannt, ob und wie sie ihre Rechte geltend machen wollen.

8. Den Klagebefugnissen über fremde Rechte liegen sehr unterschiedliche Regelungszwecke zugrunde, die vom Schutz der Ausübungsberechtigung über ein fremdes Recht über den Schutz Dritter bis hin zum Schutz des Rechtsinhabers selbst reichen. Für die ausländischen Rechtsordnungen ließ sich dabei feststellen, daß die Zuweisung der Klagebefugnis über die Rechte bestimmter anderer Personen an Rechtsfremde stets durch deren eigenes Interesse am Streitstoff und am Verfahrensausgang motiviert ist.

9. Eine im öffentlichen Interesse erwünschte Erhöhung der gerichtlichen Kontrolldichte auf bestimmten Rechtsgebieten wird rechtstechnisch durch die Einsetzung weiterer Klageberechtigter (Staatsanwalt, Verwaltungsbehörden) oder durch eine Herabsetzung der subjektiven Anforderungen an den richtigen Kläger erreicht (Popularklagebefugnisse). Daneben kennen das deutsche und französische Recht die Verbandsklage zur Geltendmachung diffuser Interessen, das englische Recht die Gruppenklage (*representative proceedings*) zugunsten der Rechte von nicht näher zu individualisierenden Betroffenen.

Mit diesen Ergebnissen sind Anhaltspunkte dafür gewonnen, von welchen Grundfragen bei der nun folgenden Würdigung des deutschen Rechts auszugehen ist. Durch die Berücksichtung der herausgearbeiteten Strukturprinzipien läßt sich der Gefahr begegnen, unter Vernachlässigung des Regelungszusammenhanges willkürlich herausgegriffene Einzelphänome fehlzudeuten oder singuläre Erscheinungen überzubewerten. Umgekehrt wird auch bei der Verwendung der gewonnenen Strukturprinzipien zu beachten bleiben, daß der Vergleich dreier Rechtsordnungen keine Richtigkeitsgewähr in dem Sinne bieten kann, daß identische Regelungstechniken oder Einzelergebnisse in ihren Voraussetzungen und ihrer Funktionalität schlechthin nicht mehr zu hinterfragen wären.

Insbesondere ist zu berücksichtigen, daß die Untersuchung der Klagebefugnis adäquat nur in ihrem Funktionszusammenhang mit den Regelungsbereichen materielles Recht, Vertretung vor Gericht und Reichweite der subjektiven Rechtskraft erfolgen kann.

Für die nun folgende Würdigung des deutschen Recht stellt sich daraus die Frage, inwieweit die Prozeßführungsbefugnis notwendiger Bestandteil der deutschen Zivilprozeßsystematik ist und inwieweit gerade die Prozeßführungsbefugnis in ihrer konkreten Ausgestaltung als geeignet angesehen werden kann, die ihr übertragenen Regelungsaufgaben und einzelnen Schutzzwecke umzusetzen.

ABSCHNITT 3: DER RICHTIGE KLÄGER IM DEUTSCHEN RECHT

Mit den in Abschnitt 2 rechtsvergleichend herausgearbeiteten Beurteilungsmaßstäben soll nun die Zielstellung der Arbeit angegangen werden, die deutsche Rechtsfigur der Prozeßführungsbefugnis einer Bestandsaufnahme und Würdigung aus rechtsvergleichender Sicht zu unterziehen.

Dabei wird, in Anknüpfung an die Formulierung von RHEINSTEIN[946], jede Erscheinungsform der Prozeßführungsbefugnis ihre Existenz in zweifacher Hinsicht zu rechtfertigen haben, nämlich sowohl dahin, welchen Zweck sie erfüllt, als auch dahin, wie gut sie diesen Zweck erfüllt.

Kapitel 1: Institutionelles Bedürfnis für das Rechtsinstitut der Prozeßführungsbefugnis

Wie schon der Blick auf die Vorläufer der untersuchten Rechtsordnungen gezeigt hat, erwies sich die Bestimmung des richtigen Klägers als eine durchgängige Ordnungsaufgabe, ohne daß es auf die Ausgestaltung des Parteibegriffs im einzelnen oder den Prüfungsmodus im Verfahrensgang ankäme.

---

[946] RHEINSTEIN, S. 26

Sofern man die Popularklage nicht zuläßt, besteht die für alle denkbaren Verfahrensausgestaltungen identische Ordnungsaufgabe des richtigen Klägers darin, die Partei zu bestimmen, die über einen bestimmten, von ihr selbst oder durch Verfahrensvertreter zur gerichtlichen Entscheidung gestellten Streitstoff in ihrer Person ein zusprechendes Urteil erhalten soll, sofern ihr Begehr im übrigen erweisbar begründet ist.

Im deutschen Zivilprozeß leistete bis zum Ende des 19. Jahrhunderts der materielle Parteibegriff diese Ordnungsaufgabe, indem nur das Subjekt des (nach dem neueren materiellen Parteibegriff: behaupteten) Rechtsverhältnisses die Parteistellung erlangen und in seiner Person ein gegebenenfalls zusprechendes Urteil erhalten konnte.

Unter dem heute verwendeten formellen Parteibegriff ist diese Zuordnung nicht mehr möglich. Es bedarf daher einer besonderen Zuordnung und Überprüfung, welcher formal auftretende Kläger auch legitimiert sein soll, über sein Begehr aus einem bestimmten Streitstoff ein gegebenenfalls zusprechendes Urteil zu erhalten.

Entsprechend enthalten das heutige französische und englische Recht, die ebenfalls keinen (rein) materiellen Parteibegriff verwenden, Regelungsmechanismen, welche die Möglichkeit eines zusprechenden Urteils auf bestimmte, als richtige angesehene Kläger beschränken.

Im deutschen Recht erfüllt das mit der Einführung des formellen Parteibegriffs entwickelte Rechtsinstitut der Prozeßführungsbefugnis diese Begrenzungsfunktion. Da die allgemeine Popularklage im deutschen Recht nicht eröffnet sein soll, ist das Rechtsinstitut der Prozeßführungsbefugnis auf Grundlage der heutigen deutschen Zivilprozeßrechtssystematik grundsätzlich unverzichtbar.

Kapitel 2: Dogmatische Herleitung der Prozeßführungsbefugnis

Die dogmatische Begründung der Prozeßführungsbefugnis in ihren verschiedenen Erscheinungsformen ist lebhaft umstritten. Bereits HELLWIG wollte das von ihm maßgeblich mitentwickelte Rechtsinstitut zwar grundsätzlich auf ein zugrundeliegendes materielles Verwaltungsrecht zurückführen, mußte jedoch, etwa hinsichtlich des Prozeßführungsrechts des Veräußerers einer streitbefangenen Sache, rein prozessual motivierte Ausnahmen einräumen.

In der wissenschaftlichen Diskussion läßt sich insbesondere nach prozessualen und materiellrechtlichen Erklärungsversuchen unterscheiden. Nach der einen Richtung ist die Prozeßführungsbefugnis eine besondere Ausgestaltung des für jede Klage erforderlichen prozessualen Rechtsschutzinteresses, nach der anderen Richtung ist sie auf das Verwaltungsrecht oder die materiellrechtliche Ausübungsbefugnis über das streitige Recht zurückzuführen. HENCKEL und ihm folgend BLOMEYER sehen vermittelnd sowohl das prozessuale Interesse des Klägers als auch seine Ausübungsbefugnis über das streitige Recht als maßgeblich an.

Die den verschiedenen Auffassungen zugrundeliegenden Argumentationsansätze belegen die Schwierigkeiten, auch nur die angemessenen Ausgangspunkte der Herleitung festzulegen. So ist HEINTZMANN der Ansicht, die Prozeßführungsbefugnis könne nur von ihren Sonderformen der Prozeßstandschaften her erklärt werden, da die Prozeßführungsbefugnis über eigene Rechte als Rechtsinstitut nicht selbständig in Erscheinung trete. Weitergehend noch meint DIEDERICHSEN, die Frage einer Prozeßführungsbefugnis stelle sich überhaupt nur bei der Prozeßführung über fremde Rechte. Gestützt werden diese Ansichten immerhin von der Entstehungsgeschichte der Prozeßführungsbefugnis aus den von KOHLER systematisierten Fällen gesetzlicher Prozeßstandschaften. Nach überwiegender, explizit etwa von LÜKE und SCHNEIDER vertretener Auffassung ist für die Herleitung dagegen am Regelfall der Klagebefugnis über eigene Rechte anzusetzen.

Die bisherigen Ergebnisse dieser Arbeit lassen zunächst den Schluß zu, daß mit dem gedanklichen Ansatz bei den gesetzlichen Ausnahmefällen die Frage nach dem richtigen Kläger nicht ausgeschöpft und damit auch nicht richtig angegangen ist. Die Frage nach dem richtigen Kläger stellt sich für jedes Verfahren. Auch in den Regelfällen der Geltendmachung eigener Rechte ist das Rechtsinstitut der Prozeßführungsbefugnis in seiner Kernfunktion der Begrenzung des Kreises Klageberechtigter unverzichtbar - und sei es nur in dem Satz, daß jedermann sein eigenes Recht vor Gericht geltend machen könne. Der Ansatz von HEINTZMANN und DIEDERICHSEN begegnet ferner deshalb Bedenken, weil gerade nach deutschem Recht keineswegs aus jeder eigenen materiellen Rechtsposition die Prozeßführungsbefugnis darüber folgt.

Damit ist allerdings noch nicht ausgemacht, daß die Herleitung beim Grundmuster der Geltendmachung eigener Rechte anzusetzen habe. Sowohl die Klagebefugnis über eigene, als auch über fremde Rechte ist das Ergebnis desselben Wertungsvorganges, wenngleich mit unterschiedlichem Ergebnis. Dieser Wertungsvorgang läßt sich mit der Frage umreißen, wer einen bestimmten Streitstoff als Kläger geltend machen darf. Das Institut der Prozeßführungsbefugnis ist daher aus der Rechtsnatur dieses Wertungsvorganges herzuleiten, nicht aus dessen Ergebnis im Einzelfall.

Für den Ansatz der Herleitung ist daher nicht zwischen der Prozeßführungsbefugnis über eigene Rechte und den gesetzlichen Prozeßstandschaft zu unterscheiden; lediglich die dogmatische Herleitung der gewillkürten Prozeßstandschaft nimmt eine Sonderstellung ein und wird deshalb separat zu untersuchen sein.

I. Prozeßführungsbefugnis über eigene Rechte und gesetzliche Prozeßstandschaften

Ergibt sich die dogmatische Herleitung des Rechtsinstituts der Prozeßführungsbefugnis mithin aus der Analyse des ihr zugrundeliegenden Wertungsvorganges, so ist dafür zunächst an die rechtsvergleichend herausgearbeitete Doppelfunktion der Klagebefugnis zu erinnern.

Die Begrenzungsfunktion beruht auf rein prozessualen Erwägungen, daß nämlich Gegner und Gericht nach Möglichkeit vor mehrfachen Prozessen über denselben Streitstoff zu schützen sind.

Die Zuweisungsfunktion bezieht hingegen materielle Erwägungen ein, indem sie fragt, wer das geeignetste Subjekt ist, das streitgegenständliche materielle Interesse vor Gericht als Partei geltend machen zu dürfen. Bei dieser Zuweisung setzt sich die Prozeßführungsbefugnis unter Umständen über die Wertung des materiellen Rechts hinweg, die materielle Interessen primär durch die Zuweisung von Rechten für bestimmte Personen anerkennt.

Diese autonome Wertung materiellrechtlicher Interessen läßt sich im deutschen Recht etwa mit der fehlenden Prozeßführungsbefugnis des Rechtsinhabers in den Fällen der ausschließlichen Prozeßstandschaft belegen. Hier sieht das Prozeßrecht nicht das minderjährige Kind im Falle des § 1629 Abs. 3 BGB oder, während der Amtsdauer des Testamentsverwalters, die Erben als in Parteistellung klagebefugt an, sondern knüpft die Befugnis zur prozessualen Geltendmachung an die Ausübungsbefugnis über das geltend gemachte Recht. Ebenso qualifiziert das Prozeßrecht in bestimmten Fällen gemeinschaftlicher Rechtsträgerschaft, etwa der Mitberechtigung nach §§ 432, 1011, 2039 BGB, die bloße Mitberechtigung als für die Prozeßführungsbefugnis über das gesamte materielle Recht hinreichende Rechtsposition.

Auch bei den herangezogenen ausländischen Rechtsordnungen steht das materielle Interesse des Klägers gedanklich im Vordergrund der Zuweisung der Klagebefugnis. So wird im französischen Recht als für das Klagerecht hinreichender *intéret* insbesondere die Betroffenheit in eigenen Rechtspositionen angesehen. Das englische Recht leitet die Klagebefugnis regelmäßig aus einem qualifizierten materiellrechtlichen *title (legal title)* her, im übrigen aus einem sonstigen schützenswerten materiellen Interesse (*equitable interest*).

Diese autonome Überprüfung und gegebenenfalls Korrektur materiellrechtlicher Wertungen erfolgt nun gerade im Hinblick auf die prozessualen Interessen aller Streitbeteiligten. Das materielle Interesse des Klägers muß sich vor dem gegenläufigen prozessualen Interesse des Gerichts und des Gegners bewähren, nicht mit mehrfachen oder unnötigen Verfahren beansprucht zu werden. In den Fällen der Prozeßstandschaft muß es ferner Vorrang vor der Rechtsausübungsautonomie des wahren Rechtsinhabers beanspruchen können.

Daraus ergibt sich zunächst, daß die Prozeßführungsbefugnis - entgegen der Vielzahl dahingehender Auffassungen in der Literatur - weder alleine aus prozessualen Gesichtspunkten wie dem Rechtsschutzbedürfnis des Klägers oder der Statthaftigkeit der Klage, noch allein aus seinem materiellen Verwaltungsrecht über das streitige Recht herzuleiten ist, sondern notwendig beide Gesichtspunkte für die Herleitung heranzuziehen sind.

HENCKELS Vorschlag wird dieser Erkenntnis gerecht, indem er mit der Zusammenschau von Rechtsschutzinteresse und materieller Ausübungsbefugnis sowohl materielle als auch prozessuale Gesichtspunkte fruchtbar zu machen sucht. Zur Beschreibung des Inhalts der zu berücksichtigenden Interessen und ihrem Verhältnis zueinander vermag er allerdings ebenfalls noch nicht zu befriedigen.

Zum einen erscheint der Ausgangspunkt vom Rechtsschutzinteresse aus unglücklich gewählt, weil dieser Terminus gemeinhin die Rechtfertigung des Rechtsschutzgesuchs gegenüber den Interessen des Gerichts bezeichnet. Die Prozeßführungsbefugnis ist jedoch das Ergebnis einer umfassenden Wertung der Interessen aller Streitbeteiligten, insbesondere auch des Gegners sowie etwaiger wahrer Rechtsinhaber.

Zum anderen greift HENCKEL mit der Bezugnahme auf die Ausübungsbefugnis zu kurz. Zutreffend ist noch die zugrundeliegende Beobachtung, daß die Anknüpfung der Prozeßführungsbefugnis an die materiellrechtliche Rechtsinhaberschaft unzulänglich ist. Er muß sich jedoch entgegenhalten lassen, daß auch die Ausübungsbefugnis nicht alle Fälle der Prozeßstandschaft erfaßt. So sind der Veräußerer im Prozeß gemäß § 265 Abs. 2 ZPO oder der Elternteil im Falle von § 1629 Abs. 3 BGB prozeßführungsbefugt, ohne materiellrechtlich über das streitige Recht ausübungsbefugt zu sein. Die Anknüpfung an die Ausübungsbefugnis vermag auch nicht zu erklären, warum nur bestimmte gesetzliche und nicht auch rechtsgeschäftliche Ausübungsermächtigungen über fremde Rechte aus sich heraus zur Prozeßführung über diese Rechte berechtigen sollen.

Die Besonderheit des Rechtsinstituts der Prozeßführungsbefugnis liegt nun gerade darin, daß es den Zuweisungsgehalt des materiellen Rechts auch nach prozessualen Wertungen überprüft. Die Berücksichtigung auch der prozessualen Interessenlage führt dazu, daß in den meisten Fällen der Rechtsinhaber, in manchen Fällen ein materiell Ausübungsberechtigter, in anderen Fällen ein lediglich Mitberechtigten und in wieder anderen Fällen eine Person ohne jede materiellrechtliche Befugnis über das streitige Recht zur prozessualen Geltendmachung berechtigt sein soll.

Diese Überprüfung und gegebenenfalls Korrektur des materiellen Rechts für die Zuweisung der Klagebefugnis hat sich als notwendig erwiesen, weil das materielle Recht nicht auf seine Durchsetzung im Prozeß zugeschnitten ist. Die im Hinblick auf einen Prozeß bestehenden oder erst damit entstehenden prozessualen Interessenlagen läßt das materielle Recht außer Betracht.

Die Aufgabe der Prozeßführungsbefugnis ist es demgegenüber, über die Anerkennung materieller Interessen hinaus auch die prozessualen Interessen der Streitbeteiligten angemessen zu berücksichtigen. Daher läßt sich ausschließen, daß der für die Prozeßführungsbefugnis maßgebliche materiellrechtliche

Aspekt mit einem Systembegriff des materiellen Rechts - wie eben der Ausübungsbefugnis - beschrieben werden könnte.

Gleiches gilt auch für die prozessuale Seite: Da sich die Zuweisung der Prozeßführungsbefugnis als Ergebnis der einheitlichen und umfassenden Würdigung aller materiellen und prozessualen Interessen erwiesen hat, läßt sich der Anknüpfungspunkt der prozessualen Wertungen auch nicht mit Systembegriffen allein des Prozeßrechts zutreffend erfassen.

Im Unterschied zu allen bislang im deutschen Recht unternommenen Herleitungsversuchen ergibt die rechtsvergleichende Untersuchung daher, daß das Rechtsinstitut der Prozeßführungsbefugnis eine autonome, auf den Prozeß bezogene Wertungsstufe der von der Prozeßführung berührten materiellen und prozessualen Interessen aller Streitbeteiligten einschließlich des Gerichts ist. Als solchermaßen autonome und einheitliche Wertung läßt sie sich weder aus Rechtsinstituten oder Systembegriffen des materiellen Recht einerseits oder des Prozeßrechts andererseits weiter herleiten und ist gegenüber den Regelungsbereichen materielles Recht und Prozeßrecht als ein übergreifendes *tertium* anzusehen.

II. Gewillkürte Prozeßstandschaft

Die im deutschen Recht bestehende Möglichkeit der Klage in gewillkürter Prozeßstandschaft ist dogmatisch als prozessuale Parallele zur materiellrechtlichen Ausübungsermächtigung anerkannt worden.

Folgerichtig sah das Reichsgericht zunächst allein die prozessuale Ermächtigung als ausreichend an und hielt weitere Voraussetzungen in der Person des Standschafters nicht für erforderlich. Allein das rechtliche Interesse des Rechtsträgers an der Prozeßführung, von diesem mit Einräumung der Prozeßführungsbefugnis auf den Standschafter übertragen, legitimierte auch den Standschafter als Kläger.

In der Folgezeit sind die Rechtsprechung und weitgehend auch die Literatur von dieser Auffassung wieder abgerückt. Die heute ganz herrschende Meinung verlangt neben der wirksamen Ermächtigung ein Eigeninteresse des Standschafters an der Prozeßführung, da ein eigenes rechtliches Interesse notwendige Voraussetzung jeder Prozeßführung in Klägerstellung sei.

In bestimmten Fallgestaltungen soll für dieses rechtliche Eigeninteresse auch eine rechtliche Verpflichtung des Standschafters gegenüber dem Rechtsinhaber genügen, etwa bei der Mietzinsklage eines zur Einziehung von Mietzinsen verpflichteten Hausverwalters. BERGER hat daraus den Schluß gezogen, die gewillkürte Prozeßstandschaft sei nicht auf ein begrifflich überladenes Eigeninteresse, sondern auf eine besonders strukturierte Innnenrechtsbeziehung zwischen Rechtsträger und Standschafter zurückzuführen.

Die kritische Würdigung dieser Konstruktionen soll zunächst am Ermächtigungsmodell des Reichsgerichts ansetzen. Dieses auf die Verfügungsermächtigung nach § 185 Abs. 1 BGB gestützte Modell ist verschiedentlich mit dem Argument angegriffen worden, die Prozeßführung über ein Recht könne einer Verfügung über ein Recht nicht gleichgesetzt werden.

Entscheidender - und gedanklich vorgängig - erscheint allerdings der zu erhebende Einwand, daß die Parallele zu materiellrechtlichen Rechtsfiguren insgesamt verfehlt ist. Die Zuweisung der Prozeßführungsbefugnis an eine bestimmte Person beruht auch auf der Wertung der prozessualen Interessen des Gegners, des Gerichts und eventueller weiterer Streitbeteiligter. In ihrer Funktion als prozessuale Korrekturstufe materiellrechtlicher Wertungen ist die Prozeßführungsbefugnis keine eigene, vom materiellen Recht oder der Prozeßsituation abspaltbare "Teilrechtsposition", sondern lediglich die Anerkennung des Prozeßrechts, daß gerade der Kläger zu dem in den Prozeß geführten Streitstoff eine für die Verfahrensführung hinreichend legitimierende Beziehung hat.

Die Detailbetrachtung der ausländischen Konzeptionen stützt diese Analyse. So ist nach englischem Recht die Klagebefugnis eine Eigenschaft der Rechtsposition nach *common law* und von dieser nicht ablösbar. Die Übertragung der prozessualen Rechtsausübungsbefugnis ohne die Übertragung des materiellen Vollrechts ist schlechthin unzulässig ("*the bare right to litigate is not assignable*").

Auch nach französischem Recht erscheint sie ausgeschlossen, da ein Standschafter nicht über den erforderlichen (nach materiellrechtlichen Vorgaben beurteilten) *intéret personnel* an der begehrten Sachentscheidung verfügt. Einzig CORNU/FOYER spielen überhaupt die Frage durch, ob sich die *action* auch vertraglich übertragen ließe. Als Möglichkeit sehen sie nur die Abtretung des streitigen Rechts, die allerdings gerade keine isolierte Übertragung der *action* bewirke[947].

Dieser Geburtsfehler der gewillkürten Prozeßstandschaft wird durch das nachträglich erhobene Erfordernis eines eigenen rechtlichen Interesses des Standschafters nicht kuriert. Denn auch dieses Erfordernis vermag nicht zu begründen, warum die Prozeßführungsbefugnis überhaupt als isoliert übertragbar angesehen werden könnte.

Zudem läßt das materiell verstandene rechtliche Eigeninteresse des Standschafters offen, wann und warum diesem Interesse der Vorrang vor den gegenläufigen prozessualen Interessen von Gericht und Gegner einzuräumen ist. Im Gegensatz zur Prozeßführungsbefugnis über eigene Rechte und den gesetzlichen Prozeßstandschaften ist es bei der gewillkürten Prozeßstandschaft in ihrer gegenwärtig anerkannten Ausgestaltung den Gerichten überlassen, bloße, gerade nicht zu materiellen Rechten erstarkte, materielle Interessen als klagerechtsbegründend anzusehen. Problematisch ist dies nicht nur wegen der in der Praxis zu beobachtenden Unsicherheiten, sondern - worauf WOOLF/WOOLF für das englische Recht hinweisen[948] - auch im Hinblick auf die gerichtliche Zuständigkeit und Rechtsprechungskompetenz.

Die dogmatische Haltlosigkeit der gewillkürten Prozeßstandschaft demonstriert schließlich der Versuch von Wissenschaft und Rechtsprechung, die mit der Verschiebung der Parteistellung verbundenen Mißbrauchsgefahren durch eine autonome Anknüpfung der Parteifunktionen zu vermeiden[949]. Führt man diesen Ansatz konsequent durch, so treffen die Wirkungen der Parteistellung nicht den Standschafter, sondern stets den Rechtsinhaber. Damit wäre die Verschiebung der Parteistellung im Ergebnis gänzlich zurückgenommen, der Standschafter handelte mit den Rechtswirkungen eines Vertreters.

Der gewillkürten Prozeßstandschaft käme dann nur noch der Gehalt zu, daß der Rechtsinhaber nicht im eigenen Namen im Prozeß auftritt. Gerade dieses Interesse, den eigenen Namen aus dem Prozeß herauszuhalten, soll nach ein-

---

[947] CORNU/FOYER, S. 364: "La transmission de l'action par voie de convention se conçoit avec difficulté... En effet, ou bien le profit éventuel de l'action est conservé au moins pour partie au titulaire (il y a mandat), ou bien ce profit est transmis au cocontractant (il y a cession du droit litigieux: l'action est bien transmise, mais non pas isolément...)"

[948] WOOLF/WOOLF, S.201f

[949] etwa RÜßMANN, S. 540ff

helliger Meinung jedoch nie für die Anerkennung der Klage in gewillkürter Prozeßstandschaft ausreichen.

Die zum Schutz des Gegners wünschenswerte und teilweise auch durchgeführte autonome Anknüpfung der Parteifunktionen führt daher bei konsequenter Durchführung dazu, daß der Figur der gewillkürten Prozeßstandschaft kein rechtlicher Eigengehalt mehr zukommt[950].

Die rechtsvergleichende Untersuchung spricht daher in dreifacher Hinsicht gegen die dogmatische Begründbarkeit der gewillkürten Prozeßstandschaft: Zum einen erscheint die isolierte Übertragbarkeit der Klagebefugnis als nicht begründbar, zum anderen läßt sich das Erfordernis eines rechtlichen Eigeninteresses in der Person des Standschafters mit der deutschen Zivilprozeßsystematik kaum vereinbaren, schließlich wird sie durch eine sachgerechte Anknüpfung der Parteifunktionen *ad absurdum* geführt.

Kapitel 3: Die Ausgestaltung der Prozeßführungsbefugnis

Die bisherige Herausarbeitung der Funktionen der Prozeßführungsbefugnis hat ergeben, daß dieses Rechtsinstitut zum einen zur Abwehr von Popularklagen notwendig ist, zum anderen verschiedene Regelungszwecke damit erfüllt, wem im einzelnen die Befugnis zur Geltendmachung eines Rechts zugewiesen wird.

Diese Zuweisungszwecke, die sich in den verschiedenen Ausgestaltungen der Prozeßführungsbefugnis niederschlagen, erscheinen nicht ohne weiteres als nur durch die Klagebefugnis umsetzbar. Wie die Systemvergleichung ergeben hat, kennen die ausländischen Rechte in aller Regel insbesondere keine den einzelnen Prozeßstandschaften des deutschen Rechts entsprechenden Verlagerungen der Klagebefugnis auf Rechtsfremde.

---

[950] so auch FRANK, S. 323: "Werden die spezifischen Wirkungen des Prozeßrechtsverhältnisses ganz oder teilweise auf den Rechtsinhaber bezogen, so stellt sich die naheliegende Frage, was die Beteiligten überhaupt noch mit einer Prozeßführungsermächtigung bezwecken, wenn sich deren Wirkungen nicht oder nur wenig von der einer erteilten Vollmacht unterscheiden."

Die verschiedenen Erscheinungsformen der deutschen Prozeßführungsbefugnis müssen sich deshalb der Frage stellen, ob der mit ihnen jeweils verfolgte Regelungszweck gerade durch sie am geeignetsten umgesetzt wird.

A. *Prozeßführungsbefugnis über eigene Rechte*

(1) Nach allen drei Rechtsordnungen sind Personen grundsätzlich über eigene materielle Rechte klagebefugt. Diese Anknüpfung der Klagebefugnis an die Wertungen der materiellen Rechtsordnung erscheint sinnvoll, weil derjenige, dessen materielle Interessen aus einem Streitstoff das materielle Recht als materielle Rechtspositionen anerkennt, zumeist auch das unmittelbarste und damit anerkennenswerteste Interesse an deren prozessualer Durchsetzung hat.

Zugleich kann der Rechtsinhaber auch ein anerkennenswertes Interesse daran haben, sein Recht nur mit bestimmten Mitteln oder auch gar nicht prozessual geltend zu machen. Dieses Interesse würde vernachlässigt, wenn ein anderer als richtiger Kläger entscheiden dürfte, ob und wie das Recht geltend gemacht werden soll.

Daher ist es grundsätzlich einleuchtend, daß auch das deutsche Recht die - im Interesse von Gegner und Gericht notwendige - Auswahl des Prozeßführungsbefugten im Regelfall danach trifft, wer Inhaber des streitigen Rechts ist.

(2) Allein nach deutschem Recht kann bestimmten Rechtsinhabern die Prozeßführungsbefugnis über ihr eigenes Recht fehlen, etwa den Erben während der Testamentsvollstreckung oder dem minderjährigen Kind nach § 1629 Abs. 3 BGB.

In den ausländischen Rechtsordnungen läßt sich eine den deutschen Fallgruppen entsprechende Regelung nur in der fehlenden Prozeßführungsbefugnis des Erwerbers einer streitbefangenen Sache auffinden, damit in einer Sondersituation der Änderung der materiellen Rechtszuständigkeit während des Verfahrens.

Das französische Recht sieht das Unvermögen des Gemeinschuldners, unter Insolvenzverwaltung über sein Massevermögen zu verfügen, und das Unvermögen der Erben, über die der Testamentsvollstreckung unterliegenden Nachlaßgegenstände zu verfügen, als fehlende Prozeßfähigkeit an.

Im englischen Recht besteht kein Bedürfnis nach einer prozessualen Modifikation, weil schon materiellrechtlich der Liquidator und der Testamentsvollstrecker wie ein *trustee* Vollrechtsinhaber an den Masse- und Nachlaßgegenständen sind, Gemeinschuldner und Erben insoweit *at law* keine materiellrechtliche Position besitzen.

Aus rechtsvergleichender Sicht erreichen die ausländischen Rechtsordnungen somit durch materiellrechtliche Gestaltung einerseits, andererseits durch Verortung der fehlenden prozessualen Verfügungsbefugnis in der Prozeßfähigkeit das identische Regelungsziel.

Die materiellrechtliche Lösung des englischen Rechts bietet sich dabei für eine kritische Detailwürdigung des deutschen Rechts wenig an, weil sie mit ihrer Treuhandkonstruktion umfangreiche materiellrechtliche Änderungen notwendig machte.

Demgegenüber gehen das französische wie das deutsche Recht davon aus, daß Gemeinschuldner, Erben, das minderjährige Kind etc. Inhaber des streitigen Rechts bleiben sollen und daß eine gerichtliche Entscheidung unmittelbar für und gegen sie Wirkung entfalten soll. Im deutschen und französischen Recht ist damit lediglich die Verlagerung der Verfahrensführung beabsichtigt.

Diese Regelungsfrage berührt strukturell nicht die Frage nach der Parteistellung im Prozeß, da die Parteistellung von der Möglichkeit des gerichtlichen Auftretens in eigener Person, also der Prozeß- und Postulationsfähigkeit abstrahiert.

Dies spricht dafür, auch im deutschen Recht die Fälle der fehlenden Prozeßführungsbefugnis des Rechtsinhabers dem Regelungskreis Prozeßfähigkeit - Vertretung zuzuschlagen. Die Literatur hat hiergegen schon früh eingewandt, die fehlende Verfügungsbefugnis über bestimmte Vermögensgegenstände könne der für die Person im ganzen zu beurteilenden Prozeßfähigkeit als prozessualer Geschäftsfähigkeit nicht gleichgesetzt werden. Diese Auffassung setzt sich allerdings nicht damit auseinander, daß das deutsche Recht etwa mit der Geschäftsfähigkeit des Minderjährigen ab dem 16. Lebensjahr für eigene Erwerbstätigkeit oder Eheschließung ganz unstreitig eine auf bestimmte Vermögens- oder Lebensbereiche beschränkte Geschäfts- und daraus folgend beschränkte Prozeßfähigkeit kennt. Sie geht ferner darüber hinweg, daß nach der ausdrücklichen gesetzlichen Bestimmung in § 53 ZPO prozeßfähige Personen, die durch einen Prozeßpfleger vertreten werden, für den Rechtsstreit nicht geschäftsfähigen Personen gleichgestellt werden.

Die Einordnung der prozessualen Verfügungsbefugnis über das eigene Recht als Frage der Prozeßfähigkeit ist daher zum einen dogmatisch unbedenklich. Da der Entzug der Prozeßführungsbefugnis dem Rechtsinhaber nur die Möglichkeit der Geltendmachung *in personam* nehmen und insoweit durch den Standschafter eine gesetzliche "Vertretung" in der Verfahrensführung anordnen soll, erscheint sie zum anderen als die dogmatisch angemessenere Verortung des Regelungsproblems.

B. Gesetzliche Prozeßstandschaften

Als gesetzliche Prozeßstandschaften werden diejenigen Fallgruppen bezeichnet, in denen eine Person aufgrund gesetzlicher Anordnung zur prozessualen Geltendmachung fremder Rechte in Parteistellung ermächtigt ist.

Die rechtsvergleichende Bewertung dieser Fallgruppen soll danach erfolgen, ob der mit der gesetzlichen Anordnung verfolgte konkrete Regelungszweck gerade durch die Rechtstechnik der Prozeßstandschaft, also durch eine Modifikation der Bestimmung des richtigen Klägers aus der Inhaberschaft an einer materiellrechtlichen Rechtsposition, angemessen umgesetzt wird.

Diese Bewertung ist im wesentlichen eine rechtssystematische Würdigung, so daß einige, für alle Fälle der gesetzlichen Prozeßstandschaft gleichermaßen bedeutsame, Systemargumente vorab darzustellen sind.

I. Grundsätzliche Bedenken

Grundsätzliche Bedenken gegen die Verwendung der Rechtsfigur gesetzlicher Prozeßstandschaften ergeben sich aus der dogmatischen Natur des Rechtsinstituts Prozeßführungsbefugnis. Als Verbindungsglied zwischen den Wertungen des materiellen Rechts und den Wertungen des Prozeßrechts stellt die Prozeßführungsbefugnis ein *tertium* zu beiden Rechtsbereichen dar, da sie untrennbar Wertungen aus beiden Rechtsbereichen für die Zuweisung der Klagebefugnis berücksichtigt.

Wenn mit den Prozeßstandschaften der Zuweisungsgehalt des materiellen Rechts modifiziert wird, stellt dies gegenüber der etablierten Unterscheidung von materiellem Recht und Prozeßrecht grundsätzlich eine Systemstörung dar. Besonders deutlich wird dies etwa, wenn mit der Einräumung von Verbandsklagerechten neue "richtige" Kläger bestimmt werden, die von den im Streit stehenden materiellen Rechten gar nicht unmittelbar betroffen sind und ohne die Verbandsgründung auch nicht existierten.

Nun ist zwar einzuräumen, daß die Funktionsteilung von materiellem und Prozeßrecht an vielfältiger Stelle durchbrochen ist, indem sich in zivilrechtlichen Gesetzeswerken Vorschriften rein prozessualen Charakters und im Prozeßrecht Regelungen mit materiellem Inhalt finden. Es läßt sich auch mit guten Gründen fragen, ob materielles und Prozeßrecht nicht insgesamt stärker aufeinander bezogen werden sollten[951]. Dies spricht jedoch nicht gegen den Sinn der Funktionsteilung als solcher, nach der - vereinfacht gesagt - das materielle Zivilrecht die Rechtsbeziehungen zwischen Privaten inhaltlich ausgestaltet und das Prozeßrecht der Durchsetzung dieser Rechtspositionen dient.

Der Aspekt der Systemstörung spricht deshalb dafür, im Interesse der Funktionsteilung von materiellem und Prozeßrecht grundsätzlich anderen Regelungstechniken den Vorzug zu geben, wenn mit diesen der einer Prozeßstandschaft unterliegende Regelungszweck ebenfalls funktionsadäquat verwirklicht werden kann.

Zum anderen ist gerade für das deutsche Recht festzustellen, daß die Zulassung von Prozeßstandschaften zu erheblichen, teilweise nicht befriedigend gelösten Problemen bei der Anknüpfung der sogenannten Parteifunktionen führt. Beispielhaft seien der Richterausschluß wegen Verwandtschaft, die Abgrenzung von Partei- und Zeugenstellung für die Beweisaufnahme und die Reichweite der subjektiven Rechtskraft angeführt, die wegen des mit der Prozeßstandschaft einhergehenden Auseinanderfallens von Rechtsinhaber und Prozeßpartei richtigerweise nicht (allein) in der Person der auftretenden Partei beurteilt werden können.

---

[951] ZÖLLNER, S. 481ff

Auch insoweit stellen die Prozeßstandschaften eine binnenrechtliche Systemstörung dar, die sich im Einzelfall aus ihrer besonderen Eignung zur Lösung der vorgesehenen Regelungsaufgabe rechtfertigen muß.

II. Ausschließliche Prozeßstandschaften

Ausschließlichen gesetzlichen Prozeßstandschaften, die dem Rechtsinhaber zugleich die eigene Prozeßführungsbefugnis über sein Recht entziehen, kennt das deutsche Recht in der Fallgruppe der Partei kraft Amtes, der Prozeßführungsbefugnis des Veräußerers einer streitbefangenen Sache und der Prozeßführungsbefugnis eines Elternteils für das minderjährige Kind während eines Scheidungsverfahrens oder Trennung der Eltern.

1. Prozeßstandschaft aus Partei kraft Amtes

Nach ganz herrschender Meinung fungieren in Deutschland Testamentsvollstrecker, Nachlaßverwalter, Zwangsverwalter und nach überwiegender Ansicht der Insolvenzliquidator als "Parteien kraft Amtes". Sie sind gemäß § 2212 BGB, § 80 InsO etc. in Parteistellung zugunsten des Nachlasses, des unter Zwangsverwaltung stehende Vermögens oder der Insolvenzmasse klageberechtigt, ohne Eigentümer der ihrer Verwaltung unterstellten Vermögensmassen zu sein.

Die Ordnungsaufgabe der Partei kraft Amtes liegt in der neutralen Verwaltung fremden Vermögens unter Berücksichtigung der daran bestehenden Interessen verschiedener Personen.

Nach französischem Recht handeln der Insolvenzverwalter und der Testamentsvollstrecker als Repräsentanten des Gemeinschuldners und der Gläubiger bzw. der Erben. Da es sich um gesetzliche Repräsentation handelt, ist die Namensnennung der Repräsentierten nicht erforderlich.

Das englische Recht bewältigt die Aufgabe der Insolvenz- und Nachlaßabwicklung, indem es *trustees* als Treuhänder einsetzt und diesen das Volleigentum an den zu verwaltenden Vermögen einräumt. In Aktivprozessen zugunsten der Insolvenzmasse oder des Nachlasses klagen die *trustees* daher aus eigenem Recht.

Damit lösen auch das französische und das englische Recht die der deutschen Rechtsfigur der Partei kraft Amtes unterliegende Regelungsaufgabe, ohne jedoch auf die Rechtstechnik der Verschiebung der Klagebefugnis zurückzugreifen.

Indem das deutsche Recht den Zwangsverwalter als Partei ansieht, führt dies zu einer Verschiebung der Parteirolle und damit einer partiellen Auflösung des Parteibegriffs als überkommenem Anknüpfungspunkt der Parteifunktionen.

Das französische Recht vermeidet dieses Problem und trifft mit dem Repräsentationsmodell besser die Tatsache, daß der Zwangsverwalter in fremdem Interesse handelt. Es belegt ferner anschaulich, daß die dem jeweiligen Vermögensverwalter kraft Amtes aufgegebene Neutralität beim Ausgleich der verschiedenen beteiligten Interessen auch ohne Zuweisung der Parteistellung zu verwirklichen ist.

Der Vorteil des englischen Recht besteht in der Systemeinheit sowohl hinsichtlich der Einheit von Rechtsinhaberschaft und Klagebefugnis, als auch von Rechtsinhaberschaft und materieller Verfügungsbefugnis. Aus kontinentaler Sicht erscheint die englische Lösung allerdings als überschießend, da sie in die Vermögenszuordnung eingreift, obwohl nur ein Eingriff in die Vermögensverwaltung bezweckt ist. So muß denn auch die überschießende Eigentümerstellung des *trustee* durch dessen treuhänderische Bindung abgesichert werden. Bei einer Insolvenz des Verwalters wird die Systemeinheit schließlich durch die Konkursfestigkeit des Treuhandeigentums wieder durchbrochen.

Im Ergebnis erscheint deshalb das französische Modell vorzugswürdig, welches den Verwalter kraft Amtes prozessual als Vertreter der an der verwalteten Vermögensmasse Berechtigten ansieht.

2. Prozeßstandschaft des Veräußeres einer streitbefangenen Sache

Nach deutschem Recht führt der Veräußerer einer beweglichen Sache oder eines Rechts im Prozeß gemäß § 265 Abs. 2 ZPO den Prozeß um die ihm nun fremde Rechtsposition weiter, wenn der Gegner dem Eintritt des Erwerbers in das Verfahren nicht zustimmt.

Ohne diese Regelung wäre der Veräußerer nach Übergang des streitigen Rechts auf den Erwerber nicht mehr zur Sache legitimiert, seine Klage müßte als unbegründet abgewiesen werden und der Prozeßgegner sähe sich möglicherweise einer neuen, weiteren Klage des Erwerbers über denselben Streitstoff ausgesetzt. Ziel der Regelung ist es deshalb insbesondere, dem Prozeßgegner und wohl auch dem Gericht den Ertrag der bisherigen Prozeßführung zu erhalten.

Wie die Entstehungsgeschichte von § 265 ZPO zeigt, soll dieses Ziel ohne die Anordnung eines Veräußerungsverbots über die streitbefangene Sache erreicht werden.

Das französische Recht scheint keine einheitliche Linie zur Behandlung der Veräußerung im Prozeß entwickelt zu haben. Nach wohl herrschender Auffassung bleibt der Zedent Prozeßpartei, der Erwerber kann dem Prozeß jedoch beitreten. Nach anderer Ansicht kann nur der Zedent das Verfahren weiterhin betreiben; eine weitere Auffassung geht von notwendigem Klägerwechsel aus. Nach MIGUET hat die französische Rechtsprechung eine sehr weite und flexible Position eingenommen, die sie vom deutschen Recht unterscheide[952].

Nach englischem Recht ist das Gericht berechtigt, aus eigener Befugnis zu entscheiden, ob es nach den Umständen des Falls die Fortsetzung des Prozesses allein mit dem Veräußerer, allein mit dem Erwerber oder mit beiden als Kläger für angezeigt hält.

Rechtsvergleichend erreichen damit alle drei Rechtsordnungen das Ziel, im Interesse des Prozeßgegners das bisherige Verfahren nicht durch die Veräußerung nutzlos werden zu lassen.

Das deutsche Recht analysiert dieses Problem überwiegend als eine Frage der Prozeßführungsbefugnis und ordnet gesetzlich die Verfahrensfortführung durch den Veräußerer in Prozeßstandschaft an. Die ausländischen Rechtsordnungen sehen hier vornehmlich ein Problem des Parteiwechsels und sind bemüht, durch die Möglichkeit des Beitritts auch die Interessen des Erwerbers zu berücksichtigen.

Im Ergebnis ist daher für das deutsche Recht zunächst festzustellen, daß die Prozeßstandschaft des Veräußerers im Prozeß eine prozessuale Sondersituation

---

[952] MIGUET, S. 331

betrifft, die sich ebensogut als eine Frage des Parteiwechsels oder der vorgezogenen Rechtskraft analysieren läßt. Die für diese Sondersituation angeordnete Prozeßstandschaft ist mithin wenig tauglich, Anhaltspunkte für die Notwendigkeit oder Zweckmäßigkeit eines alle Klagen betreffenden Rechtsinstitutes der Prozeßführungsbefugnis zu liefern.

Inhaltlich erscheint das Modell des englischen Rechts vorzugswürdig, indem es eine flexible Lösung je nach den Umständen des Einzelfalls gestattet. So kann es nach deutschem Recht für den Erwerber nachteilig sein, wenn der am Rechtsstreit möglicherweise gar nicht mehr interessierte Veräußerer den Prozeß fortführen muß, weil der Prozeßgegner dem Eintritt des Erwerbers in das Verfahren nicht zustimmt.

Für die konkrete Ausgestaltung der deutschen Klagebefugnis im Veräußerungsfall läßt sich dem englischen Recht zudem die Anregung entnehmen, den Eintritt des Erwerbers anstelle des Veräußerer nicht von der Zustimmung des Gegners abhängig zu machen, sondern in das Ermessen des Gerichts zu stellen.

3. Prozeßstandschaft eines Elternteils zugunsten des Kindes im Falle elterlichen Getrenntlebens

Nach § 1629 III BGB des deutschen Rechts kann ein Elternteil bei Getrenntleben der Eltern oder Anhängigkeit einer Scheidungssache Unterhaltsansprüche des minderjährigen Kindes nur im eigenen Namen geltend machen. Die Regelung geht daher über die übliche gesetzliche Vertretung hinaus, nach der minderjährige Kinder durch die Eltern oder auch einen Elternteil gesetzlich vertreten werden und dessen Ansprüche als Stellvertreter in dessen Namen geltend machen.

Die Vorschrift soll verhindern, daß das Kind am Rechtsstreit als durch einen Elternteil vertretene Partei teilnimmt, daß es - pointiert formuliert - gegen den anderen Elternteil "Partei ergreifen" muß.

Nach französischem Recht bleibt es auch in den genannten Fallkonstellationen des Getrenntlebens etc. bei der *représentation* des Kindes. Da es sich um gesetzliche Vertretung handelt, kann der verfahrensführende gesetzliche Vertreter ohnehin im eigenen Namen handeln, ohne den Namen des Kindes im Rubrum anzuführen. Das Kind bleibt jedoch Partei.

Das englische Recht sieht die Bestellung eines *litigation friend* als Verfahrensvertreter des Kindes vor. Das Kind ist Partei, sein Name erscheint im Rubrum von Klage und Urteil.

Rechtsvergleichend ist damit nur nach deutschem Recht das Kind in den Konfliktsituationen Scheidung Getrenntleben der Eltern nicht Partei eines Prozesses um seinen Unterhalt.

Die praktischen Auswirkungen der verschiedenen Regelungen sind allerdings gering: Zum einen tritt das Kind auch nach französischem und englischem Recht nicht selbst als Verfahrensführer vor Gericht auf, sondern wird in der Verfahrensführung vertreten; zum anderen kann es auch nach deutschem Recht als Zeuge gegen einen Elternteil ebenfalls in das Verfahren einbezogen werden. Ferner erscheint der Name des Kindes auch im französischen Recht nicht in Klageschrift und Rubrum.

Die Besonderheit der deutschen Regelung reduziert sich daher auf den eher abstrakten Vorteil, daß das Kind nicht formal als Partei am Verfahren beteiligt ist. Ob dieser Vorteil dem Kindeswohl überhaupt zu dienen geeignet ist, sei dahingestellt. Es handelt sich allenfalls um einen marginalen Vorteil, der die von der Prozeßstandschaft bewirkten Verwerfungen des zivilprozessualen Parteikonzeptes nicht rechtfertigt.

III. Prozeßstandschaften aus Mitberechtigung

Die deutschen Prozeßstandschaften aus Mitberechtigung sollen anhand der Alleinklagebefugnisse nach §§ 432, 1011, 2039 BGB und den besonderen Prozeßstandschaften des Ehegüterrechts gewürdigt werden.

1. Die Alleinklagebefugnisse von Mitrechtsinhabern nach §§ 432, 1011, 2039 BGB

Nach deutschem Recht ist die Alleinprozeßführung eines Mitrechtsinhabers über ein materiellrechtlich mehreren Personen nur gemeinsam zustehendes Recht aufgrund gesetzlicher Prozeßstandschaft möglich, vgl. §§ 432, 1011, 2039 BGB.

Der Zweck der genannten Regelungen läßt sich als prozessuales Notgeschäftsführung beschreiben, die dem Kläger den gerichtlichen Schutz seines Mitrechtsanteils ermöglichen soll, wenn die anderen Mitrechtsinhaber klageunwillig sind oder ihre Mitwirkung aus anderen Gründen nicht rechtzeitig herbeigeführt werden kann.

Die Reichweite der Rechtskraft eines für den Mitrechtsinhaber ergangenen Urteils ist umstritten. Nach der Rechtsprechung und der überwiegenden Ansicht in der Literatur beschränkt sie sich auf das Verhältnis zwischen Kläger und Gegner, nach anderer Ansicht erfaßt sie auch die übrigen Mitrechtsinhaber.

Im französischen Recht ist eine Alleinprozeßführung über eine Gesamtberechtigung möglich, indem der verfahrensführende Kläger gesetzlich als *représentant*, also als prozessualer Stellvertreter der Mitberechtigten vermutet wird. Die Rechtskraft des Urteils erstreckt sich auch auf die Mitberechtigten, wenn das Urteil ihnen günstig ist und sofern sie der Prozeßführung nicht während des Verfahrens widersprochen haben.

Das englische Recht gestattet einem Mitberechtigten die alleinige Prozeßführung auf Klägerseite, wenn dieser die klageunwilligen Mitberechtigten mit verklagt. In Einzelfällen kann das Gericht die Beteiligung der übrigen Mitberechtigten, gleich auf welcher Parteiseite, auch für unnötig erklären, wenn die sachgerechte Berücksichtigung ihrer Interesse nicht gefährdet ist. In beiden Fällen werden auch die Mitberechtigten von der Rechtskraft des Urteils erfaßt.

Rechtsvergleichend erreichen daher alle drei Rechtsordnungen das Ziel, einem einzelnen Mitberechtigten zur Vermeidung von Rechtsnachteilen die alleinige Prozeßführung über seine im Gesamtrecht enthaltene Mitberechtigung zu ermöglichen.

Die Besonderheit des deutschen Rechts liegt darin, daß die gerichtliche Entscheidung nach herrschender Ansicht keine Rechtskraft für die Mitberechtigten entfaltet. Nur das deutsche Recht mutet somit dem Gegner und dem Gericht grundsätzlich weitere Prozesse mit anderen Klägern über den identischen Streitstoff zu.

Es stellt sich deshalb die Frage, ob gerade die Zuweisung der Alleinprozeßführungsbefugnis an den einzelnen Mitrechtsinhaber die geeignete Rechtsgestaltung ist, das Ziel der Rechtswahrung für das gemeinschaftliche Recht umzusetzen.

Dieses Ziel erfordert zunächst die Möglichkeit des einzelnen Mitrechtsinhabers, sich allein an das Gericht wenden und eine Entscheidung über das Gesamtrecht verlangen zu können. Der Mitrechtsinhaber muß daher alleine richtiger Verfahrensführer sein können. Das deutsche Recht geht jedoch einen Schritt weiter und sieht ihn nicht nur als richtigen Verfahrensführer, sondern mit der Zuweisung der Prozeßführungsbefugnis als richtigen Kläger an.

Erst diese Zuweisung der alleinigen Parteistellung führt dazu , daß auch die Rechtskraft der Entscheidung grundsätzlich auf ihn - als alleinige Partei auf Aktivseite - beschränkt bleibt. Die Prozeßstandschaft des Mitrechtsinhabers hat damit eine Rechtsfolge, die vom Ziel der Regelung, nämlich eine prozessuale Notgeschäftsführung zu ermöglichen, nicht erfordert wird.

Diese Rechtsfolge aus der überschießenden Parteistellung wird nun nach herrschender Meinung nicht durch die Rechtskrafterstreckung auf die übrigen Mitrechtsinhaber korrigiert. Als Interessenwertung beschrieben, wertet das deutsche Recht die Rechtsausübungsautonomie der übrigen Mitrechtsinhaber höher als die gegenläufigen Interessen von Gegner und Gericht auf Schutz vor mehrfachen Verfahren.

Ob dieses Wertungsergebnis gerechtfertigt ist, läßt sich füglich bezweifeln. Das Bedürfnis für eine prozessuale Notgeschäftsführung hat seinen Grund innerhalb der Gemeinschaft der Mitrechtsinhaber. Wenn die Prozeßführung zur Sicherung des gemeinschaftlichen Rechts notwendig ist, sind die klageunwilligen Mitrechtsinhaber auch nach deutschem Recht schon aus dem Gemeinschaftsverhältnis zur Mitwirkung verpflichtet. Sollte sich der Prozeß als falsch geführt erweisen, liegt ebenfalls ausschließlich eine Pflichtverletzung des Prozeßstandschafters gegenüber den anderen Mitberechtigten vor. Abstimmungs- oder Mitwirkungsprobleme zwischen den Mitrechtsinhaber sollten deshalb nicht zu Lasten von Gegner und Gericht gehen.

Auch wenn man ein berechtigtes Interesse der übrigen Mitrechtsinhaber anerkennt, sich gegen eine von ihnen unerwünschte oder schlechte Prozeßführung mit prozessualen Mitteln wehren zu können, ist jedenfalls der Gedankengang der Interessenverortung im deutschen Recht nicht sachgerecht. Aus dem Gedanken der Notgeschäftsführung ist zunächst zu folgern, daß das streitige Recht auch für und gegen die übrigen Mitrechtsinhaber geltend gemacht wird.

Erst anschließend ist zu überprüfen, ob und wie sich diese davon distanzieren können. Die Rechtskraftbindung sollte daher die Regel, die Distanzierungsmöglichkeit die Ausnahme sein.

Die Modelle des französischen und des englischen Rechts halten diese gedankliche Reihenfolge ein. Im französischen Recht werden die klageunwilligen Mitrechtsinhaber repräsentiert und sind daher ebenfalls Parteien des Verfahrens, können durch Widerspruch die Parteieigenschaft im Verfahrensverlauf beseitigen und die Rechtskrafterstreckung auf sich verhindern. Daß die Rechtskrafterstreckung allerdings nur im Falle eines den Mitberechtigten günstigen Urteils gilt, ist dogmatisch kaum nachvollziehbar. Im englischen Recht ist der verklagte Mitberechtigte stets Partei und unterliegt schon deshalb der Rechtskraft der gerichtlichen Entscheidung über das Gesamtrecht; durch die Mitwirkung auf Beklagtenseite kann er jedoch eine schlechte Prozeßführung durch den klagenden Mitrechtsinhaber verhindern und dadurch seine Interessen wahren.

Aus rechtsvergleichender Sicht sind daher das französische Repräsentationsmodell und die englische Lösung der zwangsweisen Einbeziehung aller Mitberechtigten in das Verfahren vorzuziehen. Die deutschen Prozeßstandschaften über Mitberechtigungen erweisen sich dogmatisch als unbefriedigende Lozierung der beteiligten Interessen und im Ergebnis als fragwürdig.

2. *Die Alleinklagebefugnisse im Ehegüterrecht*

Die gesetzliche Ausgestaltung der deutschen Gütergemeinschaft enthält die Einräumung diverser Prozeßstandschaften. § 1422 BGB bestimmt zunächst, daß der verwaltende Ehepartner Rechtsstreitigkeiten, die sich auf das Gesamtgut beziehen, im eigenen Namen führt. Mit anderen Regelungen wird unter bestimmten Umständen der nicht verwaltende Ehegatte zur Prozeßführung über Gegenstände des Gesamtguts ermächtigt, so etwa bei der Revokationsklage gemäß § 1428 BGB, dem (auch) prozessualen Notverwaltungsrecht nach § 1429 BGB, Rechtsstreitigkeiten hinsichtlich eines mit Einwilligung des verwaltenden Ehepartners betriebenen Erwerbsgeschäfts gemäß § 1431 BGB und - bei gemeinschaftlicher Verwaltung - des Notverwaltungsrechts des einzelnen Ehegatten im eigenen Namen nach § 1454 S.2 BGB.

Der Zweck von § 1422 BGB besteht darin, die Gesamtverwaltung durch einen Ehegatten zu ermöglichen; die übrigen Regelungen sollen dem anderen Ehegatten Schutz vor Übergangenwerden in seinem Mitrecht geben, seine Handlungsunfähigkeit bei Verhinderung des verwaltenden Ehegatten verhindern und ihm - auch im Interesse seiner Geschäftspartner - die weitgehend selbständige Führung eines Erwerbsgeschäfts ermöglichen.

Auch nach französischem Recht kann Gütergemeinschaft vereinbart werden, Art. 1526 C.civ. In diesem Fall müssen sie alle Verwaltungshandlungen gemeinsam ausführen, vorbehaltlich einer Notgeschäftsführung, Art. 1503 C.civ.

Gemeinsames Vermögen begründet im französischen Recht ferner der gesetzliche Güterstand der Erwerbsgemeinschaft hinsichtlich der während der Ehe erworbenen Vermögensgüter. Nach Art. 1421 C.civ. kann jeder Ehegatte das bewegliche Gemeinschaftsgut allein verwalten und dementsprechend auch alleine klagen. Gegen Überschreitung der Verwaltungsbefugnis kann sich der andere Ehegatte durch die ihm im eigenen Namen eröffnete *action en nullité* wehren und gerichtlich die Unwirksamkeit der angegriffenen Verwaltungshandlung erklären lassen.

Das englische Recht kennt keinen Güterstand der Gütergemeinschaft. Mitberechtigungen beider Partner an einem Vermögensgegenstand, etwa der gemeinsamen Ehewohnung, kommen entweder als gleichstufige Mitberechtigung vor oder als Mitberechtigung *in equity* an der formalen Alleinberechtigung des anderen Ehepartner nach *common law*. Im ersteren Fall müssen beide Ehepartner gemeinsam klagen, im zweiten Fall steht das Klagerecht allein dem Rechtsinhaber nach *common law* zu. Gegen mißbräuchliche Verfügungen ist der andere Ehepartner dann wie der Begünstigte eines *trust* geschützt.

Rechtsvergleichend gelingt es damit allen drei Rechtsordnungen, über gemeinsames Ehevermögen nicht nur einseitige Verwaltungsmöglichkeiten, sondern auch einseitige Klagemöglichkeiten zugunsten eines Ehepartners zu konstruieren. Wiederum greift dabei nur das deutsche Recht auf die Konstruktion der Prozeßstandschaft zurück, weil es streng zwischen Inhaberschaft und Ausübungsbefugnis trennt. Das französische Recht leitet die Alleinklagebefugnis unmittelbar aus dem einem einzelnen Ehepartner zustehenden Verwaltungsrecht her, das englische Recht bedient sich erneut der materiellrechtlichen Abstufung des Mitrechtsverhältnisses nach *legal right* und *equitable interest*.

Entsprechend ist auch der Schutz des anderen Ehegatten rechtstechnisch mit der Revokationsklage als Prozeßstandschaft für das Gesamtgut im deutschen

Recht und als eigene *action en nullité* des übergangenen Ehegatten in französischen Recht ausgestaltet. Im englischen Recht gelingt der Schutz gegenüber Dritten nur unvollkommen, da der *equitable owner* wegen eines *breach of trust* regelmäßig auf Schadensersatzansprüche gegenüber dem *trustee* verwiesen ist.

Dieses Ergebnis läßt zur Würdigung des deutschen Rechts wiederum fragen, ob für die angemessene Verwirklichung des Regelungszwecks der Vorschriften die Zuweisung der alleinigen Parteistellung an einen Ehegatten für gerichtliche Verfahren über das Gesamtgut erforderlich und sinnvoll ist.

Dagegen spricht, daß der Prozeß jeweils mit Wirkung für und gegen beide Ehegatten geführt werden soll. Die Regelungen zielen auf den richtigen Verfahrensführer; ein entsprechendes Ergebnis ließe sich daher auch erzielen, wenn man den auftretenden Ehegatten als Vertreter des anderen Ehegatten ansähe.

Ein Repräsentationsmodell sieht sich jedoch zwei konstruktiven Einwänden ausgesetzt: Zum einen bestehen Bedenken gegen die Unterstellung einer Vertretungsmacht des verfahrensführenden Ehegatten, da dieser etwa mit der Revokationsklage gerade Rechtsgeschäfte des anderen Ehegatten angreift und somit offensichtlich gegen dessen Willen handelt. Zum anderen gebietet es das Interesse des Rechtsverkehrs, daß auch die von einem Ehegatten im ausschließlich eigenen Namen vorgenommenen Rechtsgeschäfte Wirkung für und gegen das Gesamtgut entfalten. Eine verdeckte prozessuale Stellvertretung aber läßt sich mit der Systematik des deutschen Rechts nur schwer vereinbaren.

Die Prozeßstandschaften des deutschen Ehegüterrechts erweisen sich daher als geeignete Rechtstechniken zur Bewältigung der unterliegenden Regelungsaufgaben.

IV. Konkurrierende Prozeßstandschaften

Die Notwendigkeit und Geeignetheit von konkurrierenden Prozeßstandschaften soll anhand der Fallgruppen der Klagebefugnis von Minderheitsgesellschaftern für Sozialansprüche, der Klagebefugnis des Herausgebers anonymer Werke, der Klagebefugnis der Orchestervorstände und derjenigen von Landesbehörden zugunsten der Gehaltsansprüche von Heimarbeitern dargestellt werden.

1. Prozeßstandschaft bei der gesellschaftsrechtlichen Sozialklage

Die *actio ut singuli* des deutschen Rechts gestattet es Minderheitsgesellschaftern, anstelle der aufgrund eigener Rechtsbetroffenheit klagebefugten Gesellschaft im eigenen Namen deren Ansprüche gegen Mitglieder der Geschäftsführung prozessual geltend zu machen.

Aus dem Gedanken des Minderheitenschutzes ist sie in allen drei Rechtsordnungen anerkannt, in Frankreich allerdings nur für Aktiengesellschaften.

Die dogmatische Konstruktion ist im deutschen Recht umstritten, da die geltend gemachten Rechte zunächst der Gesellschaft zugerechnet werden. Manche Autoren fingieren eigene materielle Ansprüche des einzelnen Gesellschafters aus dem Gesellschaftsverhältnis, die überwiegende Auffassung geht von einer Ermächtigung zu gewillkürter Prozeßstandschaft aus dem Gesellschaftsvertrag aus. Das französische Recht verfügt über eine gesetzliche Ermächtigung, deren dogmatische Begründung nicht weiter beleuchtet wird. Das englische Recht gewährt die Klagebefugnis aus Billigkeitsgründen.

Die vergleichende Würdigung des deutschen Rechts kann zunächst an der Feststellung ansetzen, daß nach allen drei Rechtsordnungen aus Billigkeitsgründen eine Durchbrechung der gesellschaftsrechtlichen Kompetenzverteilung für erforderlich gehalten wird.

Das Repräsentationsmodell läßt sich für die dogmatische Konstruktion der Klagebefugnis der Minderheitsgesellschafter nicht fruchtbar machen, da die *actio ut singuli* gerade für den Fall eröffnet sein soll, daß die satzungsgemäßen Willensbildungsorgane mit der Prozeßführung gerade nicht einverstanden sind. Es würde sich daher um eine Vertretung gegen den Willen eines prozeßfähigen Vertretenen handeln. Eine solche Konstruktion läßt sich mit der deutschen Zivilprozeßrechtsdogmatik nicht vereinbaren.

Der Versuch einer materiellrechtlichen Konstruktion der Klagebefugnis der Minderheitsgesellschafter stößt sich daran, daß diese schon nach dem Zweck der ihnen eingeräumten Aufgriffszuständigkeit nicht Leistung an sich, sondern nur Leistung an die Gesellschaft verlangen können.

Die *actio ut singuli* ist daher zutreffend als Fall der gesetzlichen Prozeßstandschaft einzuordnen; zur Erfüllung der ihr zugewiesenen Regelungsaufgabe erweist sich die Verlagerung der Klagebefugnis als geeignete Rechtstechnik ohne funktionsadäquate Alternativen.

2. Die Klage des Verlegers oder Herausgebers zugunsten eines anonym bleibenden Autors gemäß § 10 Abs. 2 UrhG

Die Regelung hat den Zweck, die Verfolgung von Rechtsverletzungen des Urheberrechts zu ermöglichen, ohne den Urheber zu zwingen, die ihm aus Gründen außerhalb des Prozesses zugestandene Anonymität zu lüften.

Das englische Recht eröffnet eine entsprechende Klagebefugnis von Herausgeber oder Verleger im eigenen Namen über das fremde Rechte des Urhebers. Das französische Recht gestattet ebenfalls die Klage von Herausgeber oder Verleger im eigenen Namen, sieht darin jedoch rechtstechnisch eine Vertretung (*représentation*).

Übereinstimmend erreichen somit alle drei Rechtsordnungen, daß der Urheber seine Anonymität dadurch wahren kann, daß er weder namentlich, noch *in personam* am Verfahren beteiligt ist, in dem es um seine materiellen Rechte geht.

Für das deutsche Recht erscheint hier die Konstruktion der Verlagerung der Klagebefugnis durch Einräumung einer gesetzlichen Prozeßstandschaft zugunsten des Herausgebers oder Verlegers ohne adäquate Regelungsalternative. Der Herausgeber muß, um den Schutzzweck der Regelung zu erreichen, den Prozeß nicht nur im eigenen Namen führen, sondern auch Leistung an sich verlangen können. Beide Ziele lassen sich nach deutscher Systematik nur durch die Verlagerung der Parteistellung erreichen. Eine Vertretung im eigenen Namen, wie sie das französische Recht kennt, ist dem deutschen Recht fremd und bietet sich wegen der damit verbundenen Auflösung des klaren deutschen Vertretungsinstituts als Handeln für andere in fremdem Namen auch nicht zur Übernahme an.

Eine Verschiebung bereits auf der Ebene des materiellen Rechts, indem der Herausgeber oder Verleger als Inhaber des Urheberrechts vermutet würde, ginge über den bezweckten Schutz des Anonymus im Prozeß ohne Not hinaus und würde der materiellen Interessenlage nicht gerecht. Daher verzichtet auch das englische Recht, welches im übrigen häufig zur Anordnung materiellrechtlicher Treuhandschaften greift, in diesem Fall auf eine solche Rechtskonstruktion.

Im Ergebnis erweist sich daher die Zuweisung der Prozeßführungsbefugnis über Urheberrechte anonym bleibender Autoren an den Herausgeber oder Verleger ihrer Schriften als geeignete Rechtstechnik ohne funktionsadäquate Alternative.

3. Die Klagebefugnis des Orchestervorstandes

Die Klagebefugnis des Orchestervorstandes gemäß § 80 Abs. 2 UrhG für bestimmte urheberrechtliche Ansprüche der einzelnen Ensemblemitglieder soll der einheitlichen Rechtsverfolgung dienen und stellt sich somit als Ausgleich für die fehlende körperschaftliche Organisation des Künstlerensembles dar.

Die Vorschrift, die in den herangezogenen ausländischen Rechtsordnungen kein Pendant findet, ist umstritten und soll nach dem Diskussionsentwurf des Bundesjustizministeriums für ein 5. UrhGÄndG nicht beibehalten werden.

Notwendig erscheint sie nicht, da die in ihren Rechten verletzten Künstler ohne größere organisatorische Hindernisse auch jeweils als Partei klagen können. Der Schutzzweck vermag nicht zu tragen, daß ein Orchestermitglied die seine Rechte betreffende Verfahrensführung durch den Orchestervorstand hinnehmen soll, obwohl es ein Verfahren gegebenenfalls nicht zu führen wünscht oder vielleicht auch anders und besser führen möchte.

Da der Schutz der Rechte der Orchestermitglieder eine Verlagerung der Parteistellung somit nicht erfordert und aus deren eigener Interessenlage auch nicht als sinnvoll erscheinen läßt, ist die gebündelte Geltendmachung der einheitlich betroffenen Urheberrechte von Ensemblemitglieder geeigneter als Vertretung zu organisieren.

Die deutsche Klagebefugnis der Orchestervorstandes gemäß § 80 Abs. 2 UrhG erweist sich daher als typologisch verfehlt und in den praktischen Auswirkungen als unangemessen.

4. Die Klagebefugnis von Landesbehörden zugunsten von Heimarbeitern

Das deutsche Recht eröffnet mit § 25 HAG Landesbehörden eine Klagebefugnis im eigenen Namen zur Geltendmachung von einzelnen Heimarbeitern zustehenden Vergütungsansprüchen nach tarifvertraglichen oder von dem Heimarbeitsausschuß festgesetzten Mindestentgeltbestimmungen.

Die Vorschrift will die Einhaltung dieser Mindestentgeltbestimmungen im Interesse der einzelnen Arbeitnehmer sicherstellen, welche von sich aus häufig von der gerichtlichen Durchsetzung ihrer Ansprüche absehen.

Im französischen Recht kommt ein entsprechendes Klagerecht den Gewerkschaften zu. Das englische Recht enthält hingegen keine vergleichbaren Bestimmungen.

Die Schutzbedürftigkeit der Heimarbeiter steht außer Frage, da diese auf die konkrete Zuweisung von Arbeit durch den Arbeitgeber angewiesen sind und sich auch mangels Einbindung in ein betriebliches Kollektiv dem Arbeitgeber als einzelne besonders ausgeliefert fühlen.

Um die Heimarbeiter von der gerichtlichen Konfliktsituation gegenüber dem Arbeitgeber zu entlasten, erscheint auch die Verlagerung der Parteistellung auf das Bundesland oder die von diesem bestimmte Stelle sinnvoll.

Im Vergleich mit der Lösung des französischen Rechts bleibt aus rechtsvergleichender Sicht deshalb noch zu fragen, welche Stelle sich als die geeignetste erweist, die Ansprüche des Heimarbeiters geltend zu machen. Die Übertragung dieser Aufgabe auf Gewerkschaften setzt voraus, daß entweder Gewerkschaften unmittelbar für Heimarbeiter bestehen oder daß sich Gewerkschaften für die Geltendmachung von Ansprüchen zugunsten benachteiligter Arbeitnehmer berufen fühlen, die nicht zu ihren Mitgliedern zählen. Beide alternativen Voraussetzungen stellen in Deutschland - und auch in Frankreich - recht unsichere Grundlagen für eine zuverlässige und nachhaltige Kontrolle der Einhaltung der Mindestlohnbestimmungen dar. Die derzeit sinkende Bedeutung der Gewerkschaften und die Tendenzen zur Vereinbarung von regional eng beschränkten oder Firmentarifverträgen lassen für die Zukunft keine gegenteilige Entwicklung erwarten.

Daher ist die Klagebefugnis des Landes zugunsten von Heimarbeitern im Interesse deren einheitlichen und zuverlässigen Schutzes als die geeignetste Regelung anzusehen.

C. Die gewillkürte Prozeßstandschaft

Nachdem die gewillkürte Prozeßstandschaft bereits unter dem Gesichtspunkt ihrer dogmatischen Herleitung kritisch gewürdigt wurde, sollen nun die im deutschen Recht streitigen Fragen nach dem Bedürfnis für diese Rechtsfigur und ihren Voraussetzungen im einzelnen aus rechtsvergleichender Sicht erörtert werden.

(1) Nicht wenige Autoren sind der Auffassung, der Rechtsfigur der gewillkürten Prozeßstandschaft bedürfe es nicht, weil die mit ihr erreichbaren legitimen Ergebnisse auch anderweitig erreicht werden könnten, insbesondere durch vorprozessuale Abtretung oder Vereinbarung einer Stellvertretung in der Prozeßführung. Vor dem Hintergrund, daß die gewillkürte Prozeßstandschaft mit der Verschiebung der Parteistellung kaum zu beherrschende Mißbrauchsgefahren berge, sei dieser Rechtsfigur die Anerkennung deshalb zu versagen.

Die Befürworter gehen auf diese Argumentation zumeist nur mittelbar ein, indem sie die Vorteile der gewillkürten Prozeßstandschaft herausstreichen. So ließen sich mit ihr die Freistellung des Rechtsinhabers von den Belastungen der Verfahrensführung und der prozessualen Kostenlast erreichen, ferner unter Umständen eine größere Sachnähe der klageführenden Partei. Manche Fallgestaltungen, etwa die Geltendmachung von gegenüber dem Hauptrecht nicht selbständig abtretbaren Ansprüchen, ließen sich nur mit der gewillkürten Prozeßstandschaft angemessen bewältigen. Im übrigen wird darauf verwiesen, daß auch mit den vorgeschlagenen Alternativen die mit der gewillkürten Prozeßstandschaft verbundenen Mißbrauchsgefahren nicht vermieden würden. Beispielweise könnte auch durch die Vollrechtsübertragung an eine vermögenslose Partei versucht werden, die Erstattung von Prozeßkosten zu unterlaufen.

Für die kursorische Aufarbeitung dieser Diskussion bietet sich der rechtsvergleichende Ansatz an, nach welchem ein Rechtsinstitut, eine Rechtsnorm oder eine Rechtsfigur dann als anerkennungswürdig anzusehen ist, wenn sie sich unter Abwägung aller Vor- und Nachteile als die geeignetste rechtliche Lösung für ein bestimmtes Regelungsproblem darstellt.

Der Ansatz am Regelungsproblem sieht sich allerdings bereits der Schwierigkeit ausgesetzt, daß die spezifische Regelungsaufgabe der gewillkürten Prozeßstandschaft kaum *in abstracto* zu beschreiben ist.

Ganz allgemein läßt sich nur sagen, daß sie die Geltendmachung eines bestimmten Streitstoffs durch eine andere Person als durch den Inhaber des streitigen Rechts ermöglichen soll. Für diese Regelungsaufgabe stehen schon im deutschen Recht als alternative Gestaltungsformen auch die vorprozessuale Abtretung oder die Vertretung in der Verfahrensführung zur Verfügung.

Nach französischem Recht können außerhalb gesetzlicher Zuweisungen die rechtlichen Interessen anderer im Wege der Vertretung (*représentation*) in fremdem Namen gerichtlich geltend gemacht werden. Die Repräsentation kann sich auf die Vertretung in den einzelnen Verfahrenshandlungen beziehen (*représentation à l'instance*) oder die unfassende Vertretung in der Geltendmachung des Klagerechts zum Inhalt haben (*représentation à l'action*). Eine gewillkürte Übertragung des isolierten Klagerechts ist, wie bereits mehrfach ausgeführt, nicht zulässig.

Das englische Recht gestattet weder die Übertragung der bloßen Klagebefugnis durch Ermächigung des Rechtsinhabers, noch die Vertretung des Klägers durch beliebige Dritte. Hier bleibt nur die von allen Rechtsordnungen grundsätzlich gestattete vorprozessuale Vollrechtsübertragung, die im englischen Recht allerdings erneut einer besonders strengen Mißbrauchskontrolle unterliegt.

Die Besonderheit der deutschen Rechtsfigur der gewillkürten Prozeßstandschaft besteht nun darin, daß sie die Verlagerung der prozessualen Parteistellung ohne Veränderung der materiellrechtlichen Rechtsinhaberschaft ermöglicht.

Nur mit der gewillkürten Prozeßstandschaft läßt sich daher, sofern man den prozessualen Kostenerstattungsanspruch zwingend an die prozessuale Parteistellung knüpft, die Entlastung des Rechtsinhabers von der prozessualen Kostenlast erreichen. Die nach französischem und englischem Recht allein zulässige Vollrechtsabtretung entzieht dem Zedenten hingegen zugleich die Eigenschaft als Rechtsinhaber.

Das schlagwortartig verwendete Argument der Entlastung des Rechtsinhabers von der Prozeßführung leidet zunächst an mangelnder Bestimmtheit. Sofern damit die Pflicht zum persönlichen Erscheinen gemeint sein sollte, eröffnet die Zivilprozeßordnung in § 141 Abs. 3 S. 2 die Möglichkeit, einen bevollmächtigten Vertreter für die persönlich geladene Partei zu entsenden. Ist der Partei das Erscheinen aus wichtigem Grund nicht zuzumuten, soll das Gericht nach § 141 Abs. 1 ZPO ohnehin von einer persönlichen Ladung absehen.

Zielt die angestrebte Entlastung hingegen umfassend auf alle Tätigkeiten im Rahmen der Prozeßführung, so wird dieses Ziel auch durch die gewillkürte Prozeßstandschaft schon nicht erreicht. Denn auch der Standschafter muß, wie jeder Prozeßbevollmächtigte, von dem Rechtsinhaber die für die erfolgreiche Verfahrensführung notwendigen Informationen und Beweisstücke je nach Verfahrensstand erhalten. Sofern solche Informationen und Beweisstücke in der Hand eines Dritten liegen, kann der Rechtsinhaber diesen ermächtigen, mit dem Prozeßbevollmächtigten des Rechtsinhabers zusammenzuarbeiten und ihm selbständig Anweisungen für die Prozeßführung zu erteilen.

Unter beiden Gesichtspunkten bedarf es somit für die Entlastung des Rechtsinhabers von der Prozeßführung keiner Verlagerung der Parteistellung; eine solche Verlagerung durch Einsetzung eines Standschafters kann auch zu keiner weitergehenden Entlastung des Rechtsinhabers führen, als sie durch Einsetzung eines prozeßbevollmächtigten Vertreters möglich ist.

Aus den gleichen Gründen ist auch nicht nachvollziehbar, weshalb es die im Einzelfall mögliche "größere Sachnähe" eines interessierten Dritten nahelegen soll, die prozessuale Parteistellung auf ihn zu verlagern. Solche Sachnähe läßt sich für den Prozeß grundsätzlich ebensogut durch Zusammenarbeit des Dritten mit dem Prozeßbevollmächtigten des Rechtsinhabers fruchtbar machen.

Schließlich erscheint die Annahme als unzutreffend, daß sich manche Fallkonstellationen nur mit der gewillkürten Prozeßstandschaft angemessen bewältigen ließen. MICHAELIS und PAWLOWSKI weisen darauf hin, daß die Entwicklung der gewillkürten Prozeßstandschaft in der Rechtsprechung bei den unübertragbaren Ansprüchen begonnen hatte, etwa der Geltendmachung von Grundbuchberichtigungsansprüchen durch den Veräußerer. MICHAELIS kann auch dahin gefolgt werden, daß die Ermächtigung zur Geltendmachung des fremden Anspruchs den Ersatz für die fehlende Abtretungsmöglichkeit darstellt. Erneut fehlt jedoch für diese Fälle jede Begründung, weshalb eine die Interessen aller Streitbeteiligten wahrende Geltendmachung nicht im Wege der Vertretung erfolgen könnte, indem nämlich der interessierte Dritte dem Rechtsinhaber das Geschäft der Verfahrensführung abnimmt, ohne selbst als Partei aufzutreten.

Im Ergebnis reduzieren sich daher die strukturellen Vorteile der Rechtsfigur der gewillkürten Prozeßstandschaft darauf, daß der Rechtsträger im Verhältnis zu dem Prozeßgegner vom Kostenrisiko der Verfahrensführung freigestellt ist.

Alle anderen Argumente für die gewillkürte Prozeßstandschaft setzen keine Verschiebung der Parteistellung voraus, sondern zielen auf eine Verlagerung der Person des Verfahrensleitenden. Bei der rechtstechnischen Umsetzung dieses Regelungszwecks scheint die Systematik des deutschen Prozeßrechts den Blick dafür zu verstellen, daß auch eine abgestufte Vertretung in der Weise möglich ist, daß der Rechtsinhaber eine beliebige andere Person damit beauftragen kann, für ihn als Vertreter den Prozeß zu führen oder in Verfahren mit Anwaltszwang dem Prozeßbevollmächtigten des Rechtsinhabers zuzuarbeiten und diesem gegebenenfalls auch selbständige Weisungen für die Verfahrensführung zu erteilen.

Die französische *représentation à l'action*, als umfassende Vertretung im Klagerecht, erfaßt gerade dieses Phänomen, daß ein Vertreter mit der selbständigen Wahrnehmung des Verfahrensgeschäfts beauftragt wird. Wo sie nicht schon gesetzlich angeordnet ist, ist die *représentation à l'action* deshalb eine geeignete Rechtsgestaltung, um den Rechtsinhaber von der Verfahrensführung zu entlasten und einen möglicherweise sachnäheren Vertreter damit zu betrauen. Die Verlagerung der Parteistellung ist damit nicht verbunden und für die Berücksichtigung der Interessen aller Beteiligten auch nicht erforderlich.

Lassen sich somit kaum Vorteile der gewillkürten Prozeßstandschaft gegenüber alternativen Handlungsformen ausmachen, so liegen umgekehrt deren Nachteile und Bedenklichkeiten auf der Hand. Indem ihre Zulassung zu einer Verschiebung der Parteirolle führt, wird der einheitliche Parteibegriff als Anknüpfungspunkt für prozessuale Befugnisse, Pflichten und Prozeßwirkungen ausgehöhlt, ohne daß auch nur Einigkeit über Art und Umfang einer autonomen Anknüpfung der Parteifunktionen gewonnen werden konnte. Ferner kann den mit der Verlagerung der Parteistellung eröffneten Mißbrauchsgefahren, etwa der Erlangung der Zeugenstellung durch den Rechtsinhaber oder der Erschleichung von Kostenvorteilen, nur unzureichend begegnet werden, da der Mißbrauchsnachweis dem Prozeßgegner obliegt oder für das Gericht offenkundig sein muß.

Daß, wie manche Autoren anführen, solche Mißbrauchsgefahren auch bei anderen Rechtsgestaltungen bestehen mögen, kann schwerlich ein Argument für die Anerkennung der gewillkürten Prozeßstandschaft sein, sondern gebietet es vielmehr, nicht mittels dieser Rechtsfigur noch eine weitere Mißbrauchsmöglichkeit zu eröffnen.

Die rechtsvergleichende Analyse der Vor- und Nachteile der gewillkürten Prozeßstandschaft spricht daher, wie schon die Kritik ihrer dogmatischen Begründung, entschieden gegen ihre Anerkennung. Zur Wahrung berechtigter Interessen erscheint sie weder als notwendig, noch auch nur als besonders geeignet. Als struktureller, nur durch sie erreichbarer Vorteil ließ sich lediglich die Befreiung eines Rechtsinhabers vom Kostenrisiko Standschafterprozesses im sein Recht herausarbeiten. Ob und wann dieses Interesse eines Rechtsinhabers schutzwürdig ist, mag dahinstehen, denn jedenfalls ist es nicht geeignet, die durch die gewillkürte Prozeßstandschaft begründeten systematischen Verwerfungen und prozessualen Mißbrauchsgefahren zu rechtfertigen.

(2) Der zweite, im deutschen Recht lebhaft umstrittene, Fragenkomplex betrifft die Voraussetzungen der Klage in gewillkürter Prozeßstandschaft.

Ein Teil der Literatur ist hier der Auffassung, daß ein besonderes Eigeninteresse des Standschafters an der Prozeßführung, wie es heutige Rechtsprechung und die überwiegende Wissenschaft verlangen, jedenfalls dann nicht zu fordern sei, wenn der Standschafter auch materiellrechtlich zur Verfügung über die streitige Rechtsposition berechtigt sei.

Soweit diese Auffassung, wie etwa LARENZ unterstellt werden kann, das Parteikonzept des deutschen Zivilprozesses unangetastet lassen soll, sind ihr zunächst die bereits dargestellten, kaum zu überwindenden Bedenken gegen eine gewillkürte Verschiebung der Parteirollen und der daran geknüpften Parteifunktionen entgegenzuhalten.

RÜßMANN schlägt demgegenüber vor, auch die Parteifunktionen autonom an die Person desjenigen anzuknüpfen, den sie angingen. Dann stellt sich allerdings, wie ebenfalls bereits erörtert, die Frage, welcher rechtliche Eigengehalt der gewillkürten Prozeßstandschaft noch zukommt. Die Auffassung RÜßMANNS geht deshalb über die mit dieser Arbeit thematisierte Differenzierung zwischen richtigem Verfahrensführer und richtigem Kläger hinweg.

Auch die herrschende Auffassung leidet jedoch darunter, daß über die Anforderungen über ein für die Eigenprozeßführung des Standschafters hinreichendes rechtliches Interesse keine Klarheit besteht. Im Länderbericht Deutschland wurde dazu ausgeführt, daß das rechtliche Interesse des Standschafters an der Prozeßführung auch in einer bloßen Verpflichtung gegenüber dem Ermächtigenden bestehen kann. In manchen Fällen sollen auch allein - vermeintlich - schutzwürdige Belange des Ermächtigenden ausreichen.

Die Rechtsvergleichung bietet unmittelbar keine Lösung für diese Frage, da das französische und das englische Recht die gewillkürte Prozeßstandschaft nicht gestatten. Da es ihrer aus rechtsvergleichender Sicht insgesamt nicht bedarf, ergibt sich daraus allerdings die Anregung für das deutsche Recht, die Rechtsunsicherheiten um das hinreichende rechtliche Interesse des gewillkürten Standschafters durch das Verbot dieser Rechtsfigur zu beenden.

Kapitel 4: Prozeßführungsbefugnis und Feststellungsklagen

Im deutschen Recht ist die allgemeine Feststellungsklage gemäß § 256 Abs. 1 ZPO demjenigen eröffnet, der ein rechtliches Interesse daran hat, daß das Rechtsverhältnis alsbald festgestellt werde. Die Gesetzesformulierung hat die Wissenschaft und Praxis weithin dazu bewogen, das verlangte rechtliche Interesse als alleiniges Auswahlmerkmal dafür anzusehen, wer richtiger Kläger einer Feststellungsklage sein kann. Im Ergebnis führt diese herrschende Auffassung insbesondere dazu, daß auch die Feststellungsklage über ein zwischen Dritten bestehendes Rechtsverhältnis als zulässig erscheint, sofern der Kläger aus dem Bestand oder Inhalt dieses Rechtsverhältnisses eine auch nur mittelbare Betroffenheit in eigenen Rechtspositionen behauptet.

Dogmatisch wird diese Auffassung damit begründet, daß das Erfordernis des Feststellungsinteresses dasjenige der eigenen Prozeßführungsbefugnis ersetze oder, nach anderer Ansicht, jedenfalls enthalte.

Eine im Vordringen begriffene Ansicht betont hingegen, daß auch der Kläger einer Feststellungsklage nach allgemeinen Grundsätzen über das festzustellende Recht prozeßführungsbefugt sein müsse. Die herrschende Meinung lasse die Prozeßführungsbefugnis in dogmatisch unzulässiger Weise im Feststellungsinteresse aufgehen und vernachlässige damit den Rückbezug zum materiellen Recht. Nach dieser Ansicht ist eine Feststellungsklage über Drittrechtsverhältnisse grundsätzlich unzulässig, sofern nicht die weiteren Voraussetzungen für eine Klage in Prozeßstandschaft vorliegen.

Der dogmatische Streitstand läßt sich somit als die Frage nach den respektiven Funktionen der Systembegriffe Feststellungsinteresse und Prozeßführungsbefugnis umschreiben.

Rechtsvergleichend ist für ihre Beantwortung die Systematik des französischen Rechts von besonderem Interesse. Hier läßt sich zunächst feststellen, daß die Anforderungen allgemeines Rechtsschutzinteresse, besonderes Feststellungsinteresse und subjektive Klagebefugnis über den Streitstoff nicht getrennt geprüft werden, sondern in den Begriff der *action* und dort wiederum in den Begriff des für das Klagerecht erforderlichen *intérêt* des Klägers integriert sind. Innerhalb des Erfordernisses *intérêt* wiederum wird zwischen dem *intérêt positif et concret*, dem *intérêt juridique*, dem *intérêt né et actuel* und dem *intérêt personnel et direct* unterschieden.

Für Feststellungsklagen ist von diesen allgemeinen Anforderungen an jede Klage nur das Erfordernis des gegenwärtigen und aktuellen Interesses (*intérêt né et actuel*) aufgelockert, indem auch eine drohende künftige Beeinträchtigung ausreichen kann. Das Erfordernis der eigenen Beeinträchtigung (*intérêt personnel et direct*) in den zur Entscheidung gestellten rechtlich anerkannten Interessen (*intérêt juridique*) nach allgemeinen Grundsätzen bleibt hingegen unberührt.

Durch diese begriffliche Einteilung erreicht das französische Recht eine klare Trennung der Gesichtspunkte Bedürfnis nach Feststellung, subjektive Beziehung des Klägers zum Streitstoff und rechtliche Qualifikation seines Interesses aus dem Streitstoff, während der deutsche Begriff des Feststellungsinteresses diese Unterscheidungen verwischt.

Vieles spricht dafür, daß das gesetzliche Erfordernis des Feststellungsinteresses auch im deutschen Recht nur regeln soll, bei welchem Grad der Beeinträchtigung ein Rechtsverhältnis der gerichtlichen Feststellung zugänglich ist.

So belegen etwa die Subsidiarität der Feststellungs- gegenüber der Leistungsklage und das Bedürfnis nach "alsbaldiger" Feststellung, daß die Feststellungsklage primär auf eine Vorverlagerung des Rechtsschutzes in denjenigen Fällen zielt, in denen ein Leistungsanspruch noch nicht besteht oder noch nicht bezifferbar ist.

Wenig spricht hingegen dafür, daß das Erfordernis des Feststellungsinteresses zugleich autonom darüber entscheiden soll, wer richtiger Kläger eines Feststellungsprozesses ist. Sieht man das Feststellungsinteresse als Ersatz der Prozeßführungsbefugnis für Leistungsklagen oder diese als in ersterem enthalten an, müßte es die dem Institut der Prozeßführungsbefugnis zukommende Schnittstellenfunktion zwischen materiellem und Prozeßrecht erfüllen. Bei dieser Betrachtung bliebe allerdings völlig offen, an welche materiellrechtlichen Wertungen das Feststellungsinteresse anknüpft. Die Zulassung der Feststellung über Drittrechtsverhältnisse würde bloße mittelbare Beeinträchtigungen in den Rang von Klagegründen erheben und sich damit über den Zuweisungsgehalt des materiellen Rechts hinwegsetzen.

Diese dogmatischen Bedenken werden durch die praktischen Auswirkungen der referierten herrschenden Meinung bestätigt. Wenn das bloße Interesse an einer Feststellung über gegebenfalls fremde Rechtsverhältnisse zur Bestimmung des richtigen Klägers genügen soll, sind die Parteien dieses Rechtsverhältnissen einer unbestimmten, kaum begrenzten Anzahl möglicher Prozesse über eben dieses Rechtsverhältnis ausgesetzt, ohne den verschiedenen Klägern die Rechtskraft früherer Verfahren entgegenhalten zu können. Damit ist die auf der Abwägung der widerstreitenden prozessualen Interessen der Streitbeteiligten beruhende Begrenzungsfunktion der Prozeßführungsbefugnis weitgehend ausgehebelt, ohne daß ein gewichtiger oder gar zwingender Grund für die übermäßige Belastung von Gericht und Gegner ersichtlich wäre.

Das englische Recht setzt zum einen der Klagebefugnis engere Grenzen, indem es verlangt, der Kläger müsse in seinen Rechten "*vitally affected*" sein. Eine Feststellung über fremde Rechtsverhältnisse scheidet damit praktisch aus. Bereits die Feststellung von Rechtsverhältnissen, an denen der Kläger auf einer Seite nicht allein beteiligt ist, wird nur in Ausnahmefällen zugelassen. Zum anderen sichert wiederum der Grundsatz der Prozeßbeteiligung aller Streitbetroffenen als Parteien, daß diese von der Rechtskraft erfaßt werden und eine endgültige Streiterledigung erreicht wird.

Entgegen der im deutschen Recht herrschenden Meinung spricht das Ergebnis der Rechtsvergleichung daher dafür, daß das gesetzliche Erfordernis des Feststellungsinteresses die eigenständige Prüfung der Prozeßführungsbefugnis nicht ersetzen soll und mangels systematisiertem Bezug auf den Zuweisungsgehalt des materiellen Rechts auch nicht ersetzen kann.

Kapitel 5: Prozeßführungsbefugnis und Gestaltungsklagen

Die Befugnis zur Erhebung von Gestaltungsklagen bereitet keine praktischen Schwierigkeiten, da der Klageberechtigte stets gesetzlich bestimmt ist.

Aus diesem Grund wird auch die dogmatische Konstruktion der Klagebefugnis von Gestaltungsklagen in aller Regel nicht hinterfragt, obwohl die Rechtsnatur von Gestaltungsklagen durchaus umstritten ist. Während manche Autoren davon ausgehen, jeder Gestaltungsklage liege ein materiellrechtliches Gestaltungsrecht zugrunde, handelt es sich nach anderer Auffassung um prozessuale Gestaltungsrechte, denen kein eigenes materielles Recht des Klageberechtigten, sondern ein Gestaltungsanspruch gegen den Staat zugrundeliege.

Dieser Streit ist hier nicht abschließend zu erörtern. Denn selbst wenn den Gestaltungsklagen ein materieller Anspruch unterliegen sollte, so kann der Inhaber dieses Anspruches sein Recht nur mit Hilfe des Gerichts in einem Prozeß geltend machen. Damit fallen in der gesetzlichen Einräumung eines Gestaltungsrechts materiell Berechtigter und Klagebefugter dergestalt ununterscheidbar zusammen, daß sich der Klagebefugte nicht außerhalb der gesetzlichen Anordnung unter Rückgriff auf ein dem Prozeß vorgängiges materielles Recht bestimmen läßt. Somit geht, was an späterer Stelle wieder aufzunehmen sein wird, der herkömmliche Ansatz ins Leere, nach welchem die Prozeßführungsbefugnis als die Befugnis verstanden wird, ein streitiges materielles Recht im Prozeß als Partei geltend zu machen.

Kapitel 6: Prozeßführungsbefugnis und Verbandsklagen

Die jahrzehntelange Diskussion um die Verbandsklage hat weder Einigkeit über die dogmatische Einordnung, noch über die Voraussetzungen, die Rechtsfolgen oder die rechtspolitische Wünschbarkeit der Verbandsklage erbringen können.

Für die Würdigung der verschiedenen Lösungsansätze soll zunächst der rechtsvergleichend erarbeitete Ansatz aufgegriffen werden, daß sich die Frage nach dem richtigen Kläger in den Kontext des richtigen Verfahrensführers für Interessen aus einem Streitstoff eingliedert. Die Verbandsklage dient in diesem Sinne dazu, bestimmte Interessen vor Gericht zu bringen.

(1) Bei der dogmatischen Konstruktion des Verbandsklagerechts sind manche Autoren der Auffassung, die Verbände klagten aus eigenem materiellem Recht. Nach anderer Auffassung treten die Verbände als Prozeßstandschafter des Staates oder der von einer Rechtsverletzung Betroffenen auf. Eine weitere Ansicht geht davon aus, die Klagebefugnis der Verbände stelle ein *tertium* zu Prozeßführungsbefugnis aus eigenem Recht oder Prozeßstandschaft über fremde Rechte dar, weil die Verbände gar keine materiellen Rechte geltend machten. Zahlreiche Autoren verzichten schließlich auf eine eigene Stellungnahme.

Das Kernproblem dieser Diskussion besteht darin, daß die den Verbänden gesetzlich zur Verfolgung zugewiesenen Unterlassungsansprüche keine konkrete Rechtsverletzung einer bestimmten Person voraussetzen. Der Verband soll unter anderem gerade in Aufgriffszuständigkeit gegen bestimmte Verhaltensweisen vorgehen, deren Opfer sich nicht ermitteln lassen.

Daraus ergibt sich zum einen die Notwendigkeit, den Verbänden die Klagebefugnis über fremde Interessen gerade in Parteistellung zuzugestehen. Weil eine andere Person als Zurechnungssubjekt der Prozeßhandlungen des Verbandes nicht bestimmt werden kann, muß der Verband als richtiger Verfahrensführer zugleich richtiger Kläger sein.

Zum anderen fehlt allerdings der für eine Prozeßstandschaft erforderliche Anknüpfungspunkt, daß die materiellen Rechte einer bestimmten Person geltend gemacht werden. Das Rechtsinstitut der Prozeßführungsbefugnis versagt damit gerade in dem Fall, in dem die Interessenvertretung sachgerecht durch Verlagerung der Parteistellung an nicht unmittelbar Betroffene umgesetzt werden kann.

Auf Grundlage des herkömmlichen deutschen Verständnisses der Prozeßführungsbefugnis als der Klagebefugnis über ein bestimmtes materielles Recht läßt sich die Verbandsklage deshalb dogmatisch widerspruchsfrei nur als *tertium* zur Klage über eigene oder fremde Rechte, als Klagerecht *sui generis* beschreiben, in welchem Rechtsgrund und prozessuales Durchsetzungsrecht zusammenfallen.

Dem französischen Recht bereitet die dogmatische Erklärung des Verbandsklagerechts geringere Schwierigkeiten, weil es das Klagerecht (*action*) nicht in Bezug auf ein bestimmtes materielles Recht, sondern unmittelbar in Bezug auf die in den Streit geführten Interessen beurteilt.

Die von den Verbänden wahrgenommenen materiellen Interessen werden als die gemeinsamen Interessen (*intérêt collectif*) der vom Verband vertretenen Gruppe angesehen. Als solche sind sie zwar dem Verband grundsätzlich fremde Interessen. Indem der Verband jedoch zu ihrer Verteidigung anerkannt ist, fällt sein Interesse mit den von ihm repräsentierten Interessen nach französischer Auffassung zusammen: "*Dans ce cas, l'intérêt collectif ... devient pour le groupement un intérêt direct et personnel*"[953]. Durch das Konzessionsmodell sichert das französische Recht, daß der Verband zur Repräsentation des *intérêt collectif*, deren Vertretung er sich zur Aufgabe gemacht hat, tatsächlich geeignet ist.

(2) Die Voraussetzungen der deutschen Verbandsklagerechte sind gesetzlich geregelt. Dabei hat der Gesetzgeber, wie die Geschichte der Verbandsklage nach § 13 UWG zeigte, die Anforderungen fortlaufend erhöht, indem er zum einen nunmehr die organisatorische Eignung des Verbandes nach seiner personellen, sachlichen und finanziellen Ausstattung verlangt, ferner die Mitgliedschaft einer hinreichenden Anzahl von Gewerbetreibenden, die Waren oder gewerbliche Leistungen gleicher oder verwandter Art auf demselben Markt vertreiben.

---

[953] SOLUS-PERROT, S. 221; ausführlich THIERE, S. 94ff mwN

Diese Einschränkungen zielten unmittelbar gegen das aufgekommene Unwesen von Abmahnvereinen, denen nicht die Einhaltung der Marktordnung, sondern das Geschäft mit den Kosten der Rechtsverfolgung am Herzen lag.

Darüber hinaus bewirken sie ganz allgemein eine Erhöhung der Repräsentativität der klagebefugten Verbände für die von ihnen gerichtlich verfolgten Interessen. Die heutige Ausgestaltung der Voraussetzungen der Verbandsklage nähert sich daher der französischen Auffassung an, nach welcher die Repräsentativität der Verbände die *raison d'être* ihres Klagerecht darstellt.

Inhaltlich erreicht das französische Recht die Repräsentativitätskontrolle allerdings auf anderem Wege, indem dem Verband die Eignung zur Verfolgung fremder Interessen im Rahmen seiner satzungsgemäßen Ziele durch Verwaltungsentscheidung zuerkannt wird.

Damit können Verbände schneller und flexibler als nach deutschem Recht für ordnungspolitische Zwecke im gesellschaftlichen Interessenausgleich eingesetzt werden. Gleichwohl wird ein solches Konzessionsmodell im deutschen Zivil- und Zivilprozeßrecht nicht einmal diskutiert; ein Vorstoß von BENDER[954] für die Verbandsklage im öffentlichen Umweltrecht blieb ohne Widerhall.

(3) Die Rechtskraft einer von einem Verband erstrittenen Gerichtsentscheidung darf im deutschen Recht als ungelöstes Problem gelten. Nach wohl überwiegender Meinung ist sie auf den klagenden Verband und seinen Gegner beschränkt. Weiteren Klagen einzelnen Betroffener soll jedoch, sofern der Verband obsiegt hat, die fehlende Wiederholungsgefahr hinsichtlich des beanstandeten Verhaltens entgegenstehen.

Die Rechtsvergleichung bietet hier keine weiteren Anhaltspunkte, da das französische Recht sich zur subjektiven Reichweite der Rechtskraft einer solchen Entscheidung nicht äußert. Es darf jedoch unterstellt werden, daß die Rechtskraft nach französischer Auffassung nicht auf den klagenden Verband beschränkt ist, da dieser die bei ihm gebündelten Interessen vor Gericht repräsentiert.

---

[954] BENDER, S. 169

(4) Im Ergebnis läßt sich somit festhalten, daß der Verbandsklage die Repräsentation originär fremder Interesse wesenseigen ist. Die Rechtsvergleichung bestätigt damit die Richtigkeit der Begrenzung der deutschen Verbandsklagebefugnis auf Verbände, die nach Mitgliederstruktur und Organisation die Gewähr dafür bieten, tatsächlich diejenigen Gruppen zu repräsentieren, deren Interessen sie gerichtlich geltend machen dürfen.

Die dogmatische Konstruktion bereitet deshalb Schwierigkeiten, weil die deutsche Prozeßführungsbefugnis als Befugnis zur Geltendmachung eines bestimmten streitigen materiellen Rechts verstanden wird. Aus diesem Ansatz heraus ist es zwar zutreffend, das Verbandsklagerecht als Klagebefugnis *sui generis* einzuordnen. Unter dem Gesichtspunkt der Systembildung vermag diese inhaltsleere Einordnung allerdings nicht zu befriedigen. Auch sie gibt deshalb Anlaß, die herkömmliche Konzeption der Rechtsfigur der Prozeßführungsbefugnis insgesamt zu überdenken.

Kapitel 7: Prozeßführungsbefugnis und Rechtskrafterstrekkung

In allen drei Rechtsordnungen erstreckt sich die subjektive Rechtskraft eines Urteils zum einen auf die Parteien des Prozesses, darüber hinaus zum anderen auf bestimmte Personen, die in qualifizierter Weise vom Gegenstand und Ausgang des Rechtsstreits in ihren eigenen Rechten betroffen sind.

Die Flexibilität dieser Einbeziehung weiterer Personen in die Bindungskraft des Urteils rechtfertigte es, die Grundsätze der Reichweite der subjektiven Rechtskraft als eigene Wertungsstufe im Zusammenhang mit der Bestimmung des richtigen Klägers zu beschreiben.

Im deutschen Recht gewinnt diese Wertungsstufe wegen der vergleichsweise umfangreichen Möglichkeiten der Verlagerung der Parteistellung im Wege der gesetzlichen oder gewillkürten Prozeßstandschaft besondere Bedeutung. In diesen Fällen ist jeweils zu klären, in welchem Umfang das von einem Standschafter erstrittene Urteil auch für und gegen den Inhaber des streitigen Rechts Bindungswirkung entfalten soll.

Während im Falle der gewillkürten Prozeßstandschaft die Bindungswirkung allgemein aus der freien Entscheidung des Rechtsträgers hergeleitet wird, einen anderen für die Prozeßführung zu ermächtigen, ist bei der gesetzlichen Prozeßstandschaft durchaus umstritten, ob sich die Rechtskraft einer in gesetzlicher Prozeßstandschaft erstrittenen Entscheidung grundsätzlich auf alle Träger des streitigen Rechts erstreckt oder ob die Rechtskrafterstreckung auf die Fälle beschränkt ist, in denen dem Rechtsträger zugleich die Prozeßführungsbefugnis entzogen ist.

Die herrschende Meinung geht insoweit davon aus, daß die Rechtsträger im Falle der sogenannten konkurrierenden gesetzlichen Prozeßführungsbefugnisse nicht von der Rechtskraft einer ohne ihre Verfahrensbeteiligung ergangenen Entscheidung erfaßt werden. Die Rechtskraft soll sich insbesondere nicht auf Mitberechtigte gemäß §§ 432, 1011, 2039 BGB erstrecken. Dieser Auffassung liegt die Wertentscheidung zugrunde, daß den Interessen der nicht an der Verfahrensführung beteiligten Mitberechtigten wegen ihrer fehlenden Mitwirkungsmöglichkeiten der Vorrang vor dem Interesse des Prozeßgegners zu geben ist, nicht erneut um den identischen Streitstoff prozessieren zu müssen.

GRUNSKY und BERGER sind hingegen der Ansicht, daß auch in diesen Fällen das Urteil alle Rechtsinhaber binden müsse, weil nur dadurch dem Gegner die Verlagerung der Parteistellung zuzumuten sei.

Das französische Recht berücksichtigt die gegenläufigen Interessen der Mitberechtigten und des Gegners, indem es den Mitberechtigten die Möglichkeit eröffnet, durch Widerspruch gegen die Verfahrensführung der Rechtskraft eines daraufhin ergehenden Urteils zu entgehen. Ergänzend werden die Interessen der Mitberechtigten dadurch geschützt, daß sie nach mancher Ansicht nur an ein ihnen günstiges Urteil gebunden sein sollen.

Nach englischem Recht können Mitberechtigungen grundsätzlich nur gemeinsam geltend gemacht werden. In den *trust*-Fällen können die *beneficiaries* allein das Verfahren führen, wenn anderweitig Rechtsschutz ihrer *equitable rights* nicht zu erlangen ist. Im Falle ihrer zwangsweisen Verfahrensbeteiligung auf Beklagtenseite können Mitberechtigte die positiven Bindungswirkungen einer Sachentscheidung über das gesamte Recht und damit auch über ihre Mitberechtigung allenfalls dadurch vermeiden, daß sie auf die Abweisung der Klage hinwirken. Im übrigen wird die Rechtskrafterstreckung auf *privies* danach entschieden, ob sie angesichts der fehlenden Verfahrensbeteiligung mit dem Gebot der fairness vereinbar sei.

Das französische und das englische Recht thematisieren damit bei Mitberechtigungen auch die Frage, wie sich die übrigen Mitberechtigten zu der Geltendmachung ihrer Mitberechtigung verhalten.

Diese Fragestellung scheint dem deutschen Recht weitgehend entgangen zu sein. Weder die Eröffnung konkurrierender Prozeßführungsbefugnisse, noch die Rechtskrafterstreckung erfolgt mit Blick darauf, ob die Träger des streitigen Rechts im Einzelfall mit der Prozeßführung durch den gesetzlich zugelassenen Standschafter einverstanden sind. Vor dem Hintergrund, daß die fehlende Rechtskrafterstreckung den Gegner der Gefahr weiterer Prozesse um denselben Streitstoff aussetzt, erscheinen die aus dem Binnenverhältnis der Mitberechtigten untereinander entspringenden Interessen der Mitberechtigten daran, an das Urteil im Standschafterprozeß nicht gebunden zu sein, in der Interessenwertung jedoch allenfalls dann als überwiegend schutzwürdig, wenn sie mit der Prozeßführung des Standschafters nicht einverstanden sind oder davon keine Kenntnis haben.

In diesem Sinne hat erstmals der BGH mit Urteil vom 28.6.1985 das deutsche Recht um den Vorschlag bereichert, im Falle der dort behandelten Mitberechtigung nach § 1011 BGB eine Bindung der nicht verfahrensbeteiligten Miteigentümer an das Urteil schon dann anzunehmen, wenn diese mit der ihnen bekannten Prozeßführung auch ohne ausdrückliche Zustimmung einverstanden sind.

Die Rechtsvergleichung legt es nahe, den in dieser Entscheidung enthaltenen Rechtsgedanken zu verallgemeinern. Im Ergebnis sollten deshalb auch im Falle der gesetzlichen Prozeßstandschaft die (Mit-)Rechtsträger stets an das von dem Standschafter erstrittene Urteil gebunden sein, wenn ihnen dessen Prozeßführung bekannt war und sie ihr nicht widersprochen haben.

Kapitel 8: Prüfung der Prozeßführungsbefugnis als Zulässigkeitsvoraussetzung

Die Fragen, ob die Prozeßführungsbefugnis Teil der Zulässigkeits- oder Begründetheitsprüfung ist und ob sich ein systematischer oder denklogischer Prüfungsvorrang gegenüber der Sachprüfung erkennen läßt, haben im deutschen Recht ein umfangreiches Schrifttum hervorgebracht, das zu unterschiedlichen Ergebnissen kommt.

(1) Die Nachzeichnung der historischen Entwicklung der Klagebefugnis aus den römischen *actiones* oder englischen *writs* ergab, daß die subjektive Berechtigung über den Streitstoff zunächst die Voraussetzung dafür war, sich überhaupt an das Gericht wenden zu dürfen.

Durch die Anerkennung eines Justizgewährungsanspruchs ist die Klagebefugnis dieser Funktion in allen drei Rechtsordnungen im 19. Jahrhundert in bemerkenswerter Parallelität der Entwicklungen enthoben worden.

Nach den Ergebnissen dieser Arbeit läßt sich ferner sagen, daß die Klagebefugnis jedenfalls auch aus einer materiellen Interessenwertung heraus erteilt wird, nämlich aus der Anerkennung eines berechtigten Interesses gerade des auftretenden Klägers an der Geltendmachung gerade des konkreten Streitstoffs.

Die Untersuchung des englischen Rechts belegte zudem, daß eine funktionsfähige Prozeßordnung auch ohne strenge Zulässigkeitsprüfung über die subjektive Legitimation des Klägers auskommen kann. Der für das Funktionieren des Prozesses notwendige Kernbereich der Klagebefugnis ließ sich demzufolge auf die Aufgabe reduzieren, diejenigen Kläger zu bestimmen, die - bei Erweislichkeit aller übrigen Tatbestandsmerkmale einer Anspruchsnorm - ein zusprechendes Urteil erhalten sollen.

Insoweit kann die Klagebefugnis auch als Teil der Prüfung der Begründetheit und nicht der Zulässigkeit eines Rechtsschutzgesuchs angesehen werden. Ein zwingender dogmatischer oder gar denklogischer Prüfungsvorrang gegenüber der Begründetheitsprüfung besteht daher nicht.

(2) Gerade das englische Recht belegt andererseits das Bedürfnis einer möglichst frühen Prüfung aus Gründen der Prozeßökonomie. Durch das mit der Prozeßrechtsreform 1999 eingeführte *summary judgement* sollen die englischen Gerichte besser als bislang in die Lage versetzt werden, Klagen ohne hinreichende Erfolgsaussichten abweisen zu können, ohne ein aufwendiges Hauptverfahren durchführen zu müssen.

Die Funktion des *summary judgement* ist daher im Hinblick auf die Klagebefugnis derjenigen der Zulässigkeitsstation nach deutschem und französischem

Recht vergleichbar, Gericht und Gegner vor den Belastungen mit der Verhandlung zur Sache aus einem Verfahren zu schützen, welches von einem falschen Kläger eingeleitet wurde.

Die deutsche Prüfung der Klagebefugnis in einer vorgängigen Zulässigkeitsstation erscheint daher auch aus rechtsvergleichender Sicht aus Gründen der Prozeßökonomie gerechtfertigt.

Da aus anderen Gründen ein Prüfungsvorrang, wie dargelegt, allerdings nicht zu begründen ist, bedarf es dann keiner Feststellung der Klagebefugnis oder deren Fehlens, wenn die Klage schon aus anderen, leichter festzustellenden Gründen keinen Erfolg haben kann. Hier spricht die Prozeßökonomie dafür, die Frage der Klagebefugnis dahinstehen zu lassen, wenn sie nur aufwendig zu klären wäre.

Die Ergebnisse der Rechtsvergleichung sprechen deshalb für eine flexible Handhabung der Prüfung der Prozeßführungsbefugnis, wie sie etwa von BRUNS vertreten wird.

Kapitel 9: Gruppenklage nach englischem Vorbild?

Das deutsche Recht enthält *de lege lata* keine den englischen *representative proceedings* entsprechende Klagebefugnis einzelner Mitglieder einer Interessengruppe.

Funktionell lassen sich zwischen den *representative proceedings* und den Verbandsklagen des deutschen und französischen Rechts Parallelen erkennen, da in beiden Fällen Interessenwalter zur Prozeßführung über ein Gruppeninteresse ermächtigt sind. Die entscheidenden Unterschiede sind zum einen darin zu sehen, daß die Kläger der *representative proceedings* stets selbst Gruppenangehörige sind; dadurch wird die Frage ihrer Legitimation entschärft, für die nicht verfahrensbeteiligten Gruppenmitglieder sachgerecht auftreten zu können. Zum anderen sind die *representative proceedings* nicht auf die Geltendmachung von Unterlassungansprüchen beschränkt, sondern können insbesondere auch Leistungsansprüche zum Inhalt haben.

Beide Charakteristika legen es nahe, auch den deutschen Zivilprozeß um eine Gruppenklage nach englischem Vorbild zu bereichern. Sie erscheint gegenüber der Verbandsklage als die flexiblere Lösung, weil sie keiner gesetzlichen oder verwaltungsrechtlichen Zulassung der klagebefugten Personen für bestimmte Rechtsbereiche bedarf. Damit eröffnet sie insbesondere die Möglichkeit, bei spontan auftretenden Bedürfnissen nach Massenverfahren, etwa aus Produkthaftung oder Massenunfällen, die rechtzeitige Rechtsverfolgung aller Betroffenen zu gewährleisten.

Kritisch ist allerdings die Übernahme der Rechtskraftwirkungen einer auf eine solche Gruppenklage hin ergehenden Entscheidung zu sehen. Die Regelung des englischen Rechts, daß sich die Rechtskraft unmittelbar auf alle Gruppenmitglieder erstreckt, auch ohne daß diese am Verfahren teilgenommen hätten, ist mit der Systematik des deutschen Zivilprozesses kaum zu vereinbaren. Anders als bei Mitberechtigungen stehen die einzelnen Rechtspositionen der Gruppenmitglieder nicht in notwendigem rechtlichem Zusammmenhang miteinander, sondern als je einzelne Rechtspositionen nebeneinander.

Erneut drängt sich der Blick zur Verbandsklage auf, mit welcher der Verband ebenfalls fremde Interessen schützt. Dort war festzustellen, daß das deutsche Recht eine eigentliche Rechtskrafterstreckung des Urteils im Verbandsklageverfahren auf die einzelnen betroffenen Marktteilnehmer oder Verbraucher mit guten Gründen ablehnt. Nach herrschender Meinung soll jedoch, sofern der Verband obsiegt hat, das Rechtsschutzbedürfnis für weitere Klagen einzelner Marktteilnehmer oder Verbraucher oder weiterer Verbände fehlen.

Dieser Weg erscheint grundsätzlich auch für die Gruppenklage gangbar. Hier ist allerdings die Besonderheit zu berücksichtigen, daß sie auch Leistungsbegehren zum Inhalt haben kann. Um den nicht am Verfahren teilnehmenden Gruppenmitgliedern eine Vollstreckung zu ermöglichen, kann die Rechtskraft nicht stets auf die klagenden Gruppenmitglieder beschränkt bleiben. Mit einer automatischen Rechtskrafterstreckung würde allerdings die Autonomie der Rechtsträger und ihr Schutz vor schlechter Prozeßführung durch Dritte vernachlässigt. Der dahingehende Schutz des englischen Recht, dem Verfahren durch Wechsel der Parteirolle auf Beklagtenseite beizutreten, ließe sich wiederum mit dem deutschen Parteikonzept nur unter großen systematischen Brüchen vereinbaren.

Zur angemessenen Lösung dieses Problems soll die Einführung eines besonderen Rechtkrafterstreckungsverfahrens vorgeschlagen werden, das rechtstechnisch als Klauselerteilungsverfahren ausgestaltet werden könnte. Innerhalb des Klauselerteilungsverfahrens wäre zu überprüfen, ob die Beteiligten tatsächlich Gruppenangehörige sind. Die nicht am Verfahren beteiligten Gruppenmitglieder hätten die Wahl, ob sie sich durch den Antrag auf Klauselerteilung die Rechtswirkungen des Urteils im Gruppenverfahren zunutze machen oder ihre Rechtspositionen selbständig geltend machen wollen.

Die Interessen des Prozeßgegners und der Gerichte würden durch diese Lösung ebenfalls nicht unangemessen beeinträchtigt. Denn nach derzeit geltendem Recht sehen sie sich ohnehin der Rechtsverfolgung aller Betroffenen in je gesonderten Verfahren ausgesetzt. Die Möglichkeit, daß nicht am Gruppenverfahren beteiligte Gruppenangehörige gesonderte Verfahren betreiben, würde sie daher nicht mehr als bislang belasten. Umgekehrt würde sich auch ihre Verfahrensbelastung dadurch verringern, wenn sich solche Gruppenangehörige auf das Urteil des Gruppenverfahrens beriefen.

Im Ergebnis erscheint daher die Einführung einer Gruppenklage nach englischem Vorbild möglich und zur angemessenen Rechtsverfolgung in Streitigkeiten mit einer Vielzahl Betroffener mit gleichgelagerten Interessen sinnvoll.

Kapitel 10: Gläubigerklage nach französischem Vorbild?

Mit der *action oblique* können Gläubiger nach der im französischen Recht herrschenden Auffassung Forderungen ihrer Schuldner gegenüber Drittschuldnern im eigenen Namen geltend machen und Leistung an sich verlangen, um Vermögensnachteile durch Säumigkeit des Schuldners zu vermeiden.

Nach deutschem Recht bestehen in solchen Fällen nur die Möglichkeiten, daß sich die Gläubiger die Forderungen entweder vor Klageerhebung vom Schuldner abtreten lassen oder daß sie diese Forderung im Wege der Zwangsvollstreckung pfänden. Erstere Möglichkeit setzt die Mitwirkung des Schuldners voraus, letztere einen rechtskräftigen Urteilstitel aus einem vorgängigen Verfahren gegen den Schuldner.

Eine der *action oblique* vergleichbare einseitige und zugleich schnelle Einziehung läßt sich daher im deutschen (und englischen) Recht nicht erreichen. Erscheint eine der *action oblique* entsprechende Regelung für das deutsche Recht danach wünschenswert, so stehen ihr andererseits auch gewichtige Bedenken entgegen.

Zum einen wurde dargestellt, daß das prozessuale Einzugsrecht des Gläubigers im eigenen Namen auf der Konzeption des französischen Generalpfandrechts beruht, die dem deutschen Recht fremd ist.

Zum zweiten stellt sich die *action oblique* als Klagerecht für eigene Rechnung dar. Sie geht daher über die bloße Zuweisung der Klagebefugnis hinaus und begründet zugleich die Einzugsbefugnis für die geltend gemachte Forderung. Damit erscheint sie als *actio* im klassischen Sinne, nämlich zugleich als Rechtsgrund und Verfahrenslegitimation für eine Forderung, und verwischt damit die Trennung von materieller Rechtszuständigkeit und prozessualer Klagebefugnis.

Zum dritten ist die *action oblique* an zahlreiche besondere Zulässigkeitsvoraussetzungen gebunden, deren Prüfung eine umfangreiche Sachaufklärung schon auf Zulässigkeitsebene verlangen und in praktischer Hinsicht schwer handhabbar sind. So muß der Kläger nachweisen, daß ihm gegen den Schuldner ein Leistungsanspruch zusteht, daß der Schuldner zahlungsunfähig ist und die Eintreibung der Forderung vernachlässigt.

Schließlich entfaltet das Urteil aus dem zwischen Gläubiger und Drittschuldner geführten Verfahren keine Rechtskraft im Verhältnis zwischen Schuldner und Drittschuldner, so daß sich dieser gegebenenfalls einem erneuten Verfahren des Schuldners um den identischen Streitstoff ausgesetzt sähe.

Vor diesem Hintergrund ist das wirtschaftliche Interesses des Gläubigers, der sich seinen Schuldner zudem selbst ausgesucht hatte, nicht als hinreichend anzusehen, ihm nach französischem Vorbild ein eigenes "Klagerecht" einzuräumen.

Kapitel 11: Klagerecht der Gewerkschaften über Arbeitnehmerrechte nach französischem Vorbild?

Das französische Recht sieht durch entsprechende Bestimmungen im *Code de travail* Klagerechte der Gewerkschaften zugunsten ihrer Mitglieder und zugunsten besonders benachteiligter Arbeitnehmergruppen (Heimarbeiter, ausländische Arbeitnehmer, Arbeitnehmer mit befristeten Arbeitsverträgen etc.) vor. Die Gewerkschaften werden dadurch ermächtigt, die Rechte dieser Arbeitnehmer aus einem Arbeitsverhältnis im eigenen Namen geltend zu machen, solange der Arbeitnehmer der Prozeßführung nicht widerspricht. Diese Regelungen dienen insbesondere dem Schutz der genannten Arbeitnehmergruppen; nach der Aufgabe der Gewerkschaften wird man darüber hinaus unterstellen können, daß die Gewerkschaften allgemein als Sachwalter eines geordneten, gesetzmäßigen Arbeitsmarktes verstanden werden.

Das deutsche Recht enthält keine vergleichbaren Befugnisse der Gewerkschaften. Für den Sonderfall der Heimarbeiter wurde bereits auf die gesetzliche Klagebefugnis der Bundesländer hingewiesen. In diesem Zusammenhang war erörtert worden, daß die Klagebefugnis hoheitlicher Stellen als die geeignetere Lösung anzusehen ist, weil in Deutschland und in Frankreich der gewerkschaftliche Organisationsgrad der Arbeitnehmerschaft nicht hinreichend ist, um tatsächlich den Schutz aller benachteiligten Arbeitnehmer sichern zu können.

Zudem vermag die Ausgestaltung des französischen Klagerechts in seiner Abhängigkeit vom Einverständnis des Arbeitnehmers mit der Prozeßführung nicht zu überzeugen. Die Konfliktsituation der besonders benachteiligten Arbeitnehmer, etwa der Heimarbeiter, besteht darin, daß sie aus Sorge um ihren Arbeitsplatz nicht gegen den Arbeitgeber prozessieren wollen. Das deutsche Heimarbeitsgesetz sieht deshalb eine Klagebefugnis des Bundeslandes unabhängig vom Einverständnis des Heimarbeiters vor, der in diesen Verfahren die Klage auch nicht von sich aus zurücknehmen kann. Indem das französische Recht vorsieht, daß die Gewerkschaften nur solange klageberechtigt sind, wie der Arbeitnehmer der Prozeßführung nicht widerspricht, verwirklicht es den zugrundeliegenden Schutzzweck nur unvollkommen. Denn danach bleibt der Arbeitnehmer dem vermuteten oder tatsächlichen Druck des Arbeitgebers ausgesetzt, der Prozeßführung zu widersprechen und auf die weitere Geltendmachung seiner Rechte zu verzichten.

Wenn aber die Arbeitnehmer von diesem Druck ohnehin nicht entlastet werden, bedarf es zur Geltendmachung ihrer individualrechtlichen Rechtspositionen aus dem Arbeitsverhältnis keiner Verlagerung der Parteistellung auf die Gewerkschaften. Dann erscheint es als hinreichend, daß die Gewerkschaften, wie im deutschen und englischen Recht, ihren Mitgliedern mit Rechtsrat und Unterstützung bei der Verfolgung ihrer Rechte im eigenen Namen zur Seite stehen.

Im Ergebnis spricht deshalb kaum etwas dafür, im deutschen Recht den Gewerkschaften eine eigene Klagebefugnis nach französischem Muster für die Geltendmachung individualrechtlicher Ansprüche einzelner Arbeitnehmer einzuräumen.

Kapitel 12: Das konzeptionelle Defizit der deutschen Prozeßführungsbefugnis und seine Behebung

I. Die Schieflage des herrschenden Konzepts der Prozeßführungsbefugnis

Die rechtsvergleichende Würdigung des deutschen Rechts hat zum einen zahlreiche Anregungen im Detail erbracht, etwa hinsichtlich der fehlenden Anerkennungswürdigkeit der gewillkürten Prozeßstandschaft oder des Bedürfnisses der Prüfung der Prozeßführungsbefugnis bei Feststellungsklagen.

Zum anderen war festzustellen, daß das dogmatische Konzept der Prozeßführungsbefugnis - als der Befugnis, einen Prozeß über ein bestimmtes materielles streitiges Recht als richtige Partei zu führen - in manchen Fällen an seine Grenzen gerät.

Insbesondere versagt es dann, wenn einer Person die Klagebefugnis zugunsten unbestimmter, nicht abschließend identifizierbarer Personen zugewiesen werden soll, wie etwa bei der Verbandsklage. Da es sich hier weder um eine Geltendmachung eigener Rechte, noch um die Geltendmachung der Rechte bestimmter anderer Personen in Prozeßstandschaft handelt, sieht die überwiegende neuere Literatur das Verbandsklagerecht als ein *tertium* an, ohne damit freilich dessen Rechtsnatur zu erklären oder eine dogmatische Begründung zu leisten.

Dieser Zustand ist umso mißlicher, als das Konzept der Prozeßführungsbefugnis damit gerade in denjenigen Fällen versagt, in denen die Einsetzung eines rechtsfremden Klägers rechtstechnisch ohne funktionsadäquate Alternative ist, um die rechtspolitisch gewünschte Durchsetzung diffuser Interessen zu erreichen. Denn nur in den sonstigen Fällen, in denen sich die betroffenen Rechtsträger klar ermitteln lassen, stünde auch die Möglichkeit der materiellrechtlichen Übertragung des streitigen Rechts oder die prozessuale Vertretung zur Verfolgung fremder Interessen durch Rechtsfremde offen.

Die dogmatische Fixierung der Prozeßführungsbefugnis auf ein bestimmtes streitiges materielles Recht stellt damit einen Hemmschuh für die Entwicklung adäquater Rechtsschutzformen für diffuse Interessen dar, obwohl das Bedürfnis dafür angesichts zunehmender Ausdifferenzierung und Verselbständigung gesellschaftlicher Interessenkonflikte weiter steigen wird.

Dogmatisch kaum zu erklären ist ferner die Klagebefugnis für Gestaltungs- oder Unterlassungsansprüche. Wenn man diese als lediglich prozessuale Ansprüche ansieht, weil sie nur über das Gericht geltend gemacht werden können, fehlt auch hier der für die Prozeßführungsbefugnis dogmatisch notwendige Bezugspunkt des streitigen materiellen Rechts.

Die aufgezeigten Unzulänglichkeiten führen auch zu terminologischen Irritationen. Denn auch für Verbandsklagen, Gestaltungs- und Unterlassungsklagen gibt es richtige und falsche Kläger für den vorgetragenen Streitstoff, bedarf ein auftretender Kläger mithin nach natürlichem Wortverständnis in seiner Person der Befugnis zur Prozeßführung. Ein allgemeines Konzept der Prozeßführungsbefugnis, welches bestimmte Fallkonstellationen nicht zu berücksichtigen und einzuordnen vermag, muß deshalb als verfehlt gelten.

II. Reformvorschlag

(1) Die Unzulänglichkeiten der dogmatischen Konzeption der Prozeßführungsbefugnis resultieren mithin aus ihrem Ansatz, die Person des richtigen

Klägers unter Bezug auf ein bestimmtes streitiges materielles Recht zu bestimmen.

Diese Perspektive verengt die möglichen Konstellationen auf die Alternative von Prozeßführungsbefugnis über eigene Rechte und Prozeßstandschaft über fremde Rechte. Deshalb kann sie Konstellationen nicht erfassen, in denen entweder gar keine materiellen Rechte oder die materiellen Rechte nicht näher individualisierbarer Personen geltend gemacht werden, obwohl sich auch in diesen Fällen die Frage stellt, welcher Kläger über den vorgetragenen Streitstoff den Prozeß führen darf.

(2) Die Lösung für eine Anpassung der Prozeßführungsbefugnis an die ihr zugedachte Regelungsaufgabe ergibt sich daher aus der Modifikation ihres Ansatzpunktes.

Wo dieser Ansatzpunkt zutreffend festzulegen ist, folgt aus der Ordnungsaufgabe der Prozeßführungsbefugnis, den richtigen Kläger für einen bestimmten Streitstoff zu bestimmen.

Insoweit ließ sich rechtsvergleichend für alle drei Rechtsordnungen feststellen, daß die Zuweisung der Klagebefugnis dogmatisch eine eigenständige Wertungsstufe sowohl der beteiligten materiellen als auch der von der Prozeßführung betroffenen prozessualen Interessen der Streitbeteiligten darstellt. Diese eigenständige Wertung aus dem Interesse - und nicht Recht oder Anspruch - unterliegt offensichtlich der Zuweisung der Klagebefugnis über fremde Rechte, indem Rechtsfremde aufgrund eigenen materiellen Interesses am Streitstoff zur Prozeßführung befugt sein können. Sie unterliegt ebenso der Klagebefugnis über eigene Rechte, indem das Prozeßrecht nach Abwägung der Interessen der anderen Streitbeteiligten das in der materiellen Rechtsposition anerkannte materielle Interesse des Rechtsinhabers am Streitstoff als verfahrenslegitimierend bestätigt.

Mit diesem auch für die deutsche Prozeßführungsbefugnis gültigen Gedankengang setzt die Klagebefugnis daher nicht am materiellen Recht an, sondern unmittelbar an dem vorgetragenen Streitstoff. Sie würdigt die sich daraus ergebenden materiellen Interessen gegenüber dem materiellen Recht autonom und erkennt, im Ergebnis dieser Würdigung, autonom bestimmten Personen die Befugnis zu, diesen Streitstoff als richtiger Kläger im Prozeß geltend zu machen.

Der richtige Bezugspunkt der Prozeßführungsbefugnis ist daher unmittelbar der vorgebrachte Streitstoff, nach deutscher Terminologie der Streitgegenstand. Der richtige Kläger ist somit derjenige, der über einen bestimmten Streitgegenstand in eigenem Namen eine gerichtliche Entscheidung verlangen darf.

(3) Für die Richtigkeit der vorgeschlagenen Bezugspunktverlagerung auf den Streitstoff statt auf das streitige Recht spricht auch, daß der Kläger seit der Überwindung des spätmittelalterlichen Formularsystems nicht gehalten ist, sich mit seinem Klagevortrag auf ein bestimmtes eigenes oder fremdes Recht zu berufen.

Die rechtliche Qualifikation seines Sachvortrags obliegt seit Mitte des 17. Jahrhunderts allein dem Gericht. In diesem Sinn geht die herkömmliche Definition der Prozeßführungsbefugnis als Befugnis zur Prozeßführung über "ein streitiges Recht", "über das Bestehen oder Nichtbestehen eines geltend gemachten Rechts" etc. an der Prozeßrealität vorbei.

Der Kläger begehrt vielmehr eine Rechtsfolge aus einem vorgetragenen Lebenssachverhalt. Wenn nun das Gericht diesen Lebenssachverhalt auf mögliche Anspruchsgrundlagen hin untersucht, die die begehrte Rechtsfolge zu tragen geeignet sind, so erkennt es ihm mit der Prozeßführungsbefugnis letztlich die Befugnis zu, den Prozeß über diesen Streitstoff zu führen, nicht lediglich über ein sich daraus ergebendes materielles Recht.

(4) Erweist sich somit der Ansatzpunkt am Streitstoff als richtig, so bedarf es nunmehr der Festlegung, welchen Streitstoff welcher Kläger als richtiger Kläger prozessual geltend machen darf.

Hier läßt sich nun das französische Recht mit seiner Unterscheidung in *action banale* aus eigenem rechtserheblichen Interesse und *action attitrèe* als Klagebefugnis aufgrund gesetzlicher Zuweisung fruchtbar machen:

Ähnlich dem materiellrechtlich orientierten Begriff des (eigenen) *intérêt* ist die Prozeßführungsbefugnis zum einen für solche Kläger anzuerkennen, für die sich aus dem vorgetragenen Streitstoff ein eigenes materielles Recht ergibt.

Zum anderen sollte die Prozeßführungsbefugnis schlicht all den Klägern zustehen, denen sie für einen bestimmten Streitstoff aufgrund besonderer gesetzlicher Vorschrift eingeräumt oder zugewiesen ist.

Der Begriff der Prozeßstandschaft, der sich nur auf bestimmte Rechte anderer Personen bezieht, kann und sollte demgegenüber aufgegeben werden.

(5) Mit diesem Vorschlag lassen sich insbesondere die Verbandsklage und prozessuale Gestaltungs- und Unterlassungsansprüche zwanglos dogmatisch in das Konzept der Prozeßführungsbefugnis integrieren.

Ein Verband kann danach als "prozeßführungsbefugt" angesehen werden, aus einem bestimmten Lebenssachverhalt eine bestimmte Rechtsfolge zu verlangen, wenn er nach gesetzlicher Ermächtigung und im konkreten Fall nach seiner Satzung gerade für solche Streitstoffe berufen ist. Daß er weder eigene, noch die Rechte bestimmter anderer Personen geltend macht, ist für die Einordnung der zugrundeliegenden gesetzlichen Ermächtigung als Regelung der Prozeßführungsbefugnis bedeutungslos.

Auch wer gerichtliche Gestaltung oder einen gerichtlichen Unterlassungsausspruch begehrt, ist dazu aus seinem persönlichen Verhältnis zum Streitstoff prozeßführungsbefugt, ohne daß es auf ein daraus zu ermittelndes materielles Recht ankäme.

Ganz allgemein eröffnet die vorgeschlagene Konzeption die Möglichkeit, ohne dogmatische Systemlücken für bestimmte Regelungsbereiche oder Klagearten angemessene Prozeßführungsbefugnisse für Rechtsfremde nach rechtspolitischen Erwägungen zu schaffen. Sie entspricht damit dem Ergebnis der Rechtsvergleichung, daß die Zuweisung der Klagebefugnis ohnehin keiner dogmatischen Notwendigkeit, sondern rechtspolitischen Zweckmäßigkeitserwägungen folgt.

Indem mit der Bezugnahme auf den Streitstoff die bisherige Verengung der Fragestellung auf die Rechte bestimmter Personen entfällt, steht dogmatisch der Weg für die freie Ausgestaltung angemessenen Rechtsschutzes für diffuse, kollektive oder allgemeine Interessen durch Klagebefugnisse bestimmter "Interessenwahrer" offen, soweit dies zur Austragung gesellschaftlicher Interessenkonflikte jeweils als rechtspolitisch wünschenswert angesehen wird.

SCHLUßWORT

Die vorliegende Arbeit ging von dem Ziel aus, das deutsche Rechtsinstitut der (aktiven) Prozeßführungsbefugnis einer Bestandsaufnahme und kritischen Würdigung aus rechtsvergleichender Sicht zu unterziehen. Anlaß war die Beobachtung, daß die vor rund einhundert Jahren von der Wissenschaft zur Bestimmung des "richtigen" Klägers entwickelte Prozeßführungsbefugnis auch heute in ihrer dogmatischen Begründung, ihren Voraussetzungen und Rechtsfolgen umstritten ist. Ebenso ungeklärt erschien ihre rechtspolitische Bedeutung zur Verwirklichung öffentlicher Interessen im Privatrecht, etwa die Kontrolle der Wirtschaftsordnung durch die Verbandsklage, oder allgemeiner zur Verbesserung des Rechtsschutzes bei Sachverhalten mit einer Vielzahl von Betroffenen.

Angesichts der im deutschen Recht zu beobachtenden Unklarheiten schon über die Regelungsaufgaben der Prozeßführungsbefugnis suchte die Untersuchung die Rechtsvergleichung zunächst für die Herausarbeitung von Strukturprinzipien nutzbar zu machen. Unter Berücksichtigung dieser Strukturprinzipien ließen sich die dogmatischen Grundlagen der deutschen Rechtsauffassung überprüfen und aus dem Vergleich der Ergebnisse des deutschen Rechts mit denjenigen der herangezogenen ausländischen Rechtsordnungen Anregungen für dessen Beurteilung und gegebenenfalls Weiterentwicklung gewinnen.

Die wichtigsten Ergebnisse der Rechtsvergleichung lassen sich wie folgt zusammenfassen:

I. Strukturprinzipien

1. Aus historischer Sicht erweist sich das Bedürfnis als konstant, für einen bestimmten zivilistischen Streitstoff den richtigen Kläger zu bestimmen. Die zur Beantwortung dieser Frage eingesetzten rechtlichen Mechanismen zeichnen sich hingegen durch außerordentliche Variabilität aus. Sie reichen von der Klagezulassung durch Einzelfallprüfung im frühen römischen und englischem Recht über die spätantiken und mittelalterlichen Formularsysteme, das franzö-

sische Klagerecht und den materiellen Parteibegriff des gemeinen deutschen Rechts bis hin zur Entwicklung eines eigenständigen Rechtsinstituts, wie sie die deutsche Prozeßführungsbefugnis darstellt.

2. Sachgerecht ist die Frage nach dem richtigen Kläger als die Frage der Repräsentation von materiellen Interessen aus einem Streitstoff vor Gericht zu stellen. An der Beantwortung dieser Frage sind sowohl das materielle Recht, als auch die Klagebefugnis, als auch die Regeln der prozessualen Vertretung beteiligt. Sofern nicht der Rechtsinhaber selbst befugt sein soll, seine materiellen Interessen vor Gericht zur Entscheidung zu stellen, lassen sich Verlagerungen der Befugnis zur Verfahrensführung auf Rechtsfremde sowohl durch materiellrechtliche Rechtsgestaltung, als auch durch eine Verlagerung der Klagebefugnis oder durch eine Verlagerung der Prozeß- und Postulationsfähigkeit umsetzen.

3. Die Klagebefugnis hat eine Doppelfunktion. Zum einen soll sie den Kreis richtiger Kläger begrenzen und damit zum Schutz von Gegner und Gericht die Popularklage ausschließen (Begrenzungsfunktion), zum anderen durch die Zuweisung der Klagebefugnis gerade an bestimmte Personen im einzelnen recht verschiedene Regelungszwecke verwirklichen, wie insbesondere die verschiedenen Klagebefugnisse über fremde Rechte zeigen (Zuweisungsfunktion).

II. Die dogmatischen Grundlagen der Prozeßführungsbefugnis

1. Die Zuweisung der Prozeßführungsbefugnis an bestimmte Personen ist das Ergebnis der Abwägung aller von der Prozeßführung über einen bestimmten Streitstoff berührten materiellen und prozessualen Interessen der Streitbeteiligten einschließlich des Gerichts. Dieser gegenüber dem materiellen Recht einerseits, dem Prozeßrecht andererseits übergreifende, autonome und einheitliche Wertungsvorgang stellt das Wesen der Prozeßführungsbefugnis dar. Die in der Wissenschaft unternommenen Versuche einer weiteren Herleitung aus einzelnen materiellrechtlichen oder prozeßrechtlichen Systembegriffen wie Ausübungsbefugnis oder Rechtsschutzinteresse sind daher verfehlt.

2. Aus der autonomen Berücksichtigung materieller Interessen bei der Zuweisung der Prozeßführungsbefugnis ergibt sich, daß die Prozeßführungsbefugnis richtigerweise als die Befugnis zu definieren ist, einen Prozeß über einen be-

stimmten Streitstoff als richtige Partei zu führen. Die allgemeine Auffassung, die in ihr die Befugnis sieht, einen Prozeß über ein streitiges materielles Recht als richtige Partei zu führen, verkennt diese Autonomie. Mit der Anknüpfung an ein bestimmtes streitiges Recht vermag sie zudem weder das Phänomen der Verbandsklage zu erklären, bei welchem es auf die Identifizierung von beeinträchtigten Rechten und deren Inhabern gar nicht ankommt, noch die Klagebefugnis für prozessuale Gestaltungs- und Unterlassungsansprüche.

3. Die dogmatische Notwendigkeit der Prozeßführungsbefugnis ist unter Berücksichtigung der ihr zugewiesenen Doppelfunktion differenziert zu beurteilen: Für die Abwehr von Popularklagen ist sie als Rechtsinstitut in ihrer Funktion der Begrenzung des Kreises Klagebefugter unverzichtbar. Die Entscheidung hingegen, wer im einzelnen über einen bestimmten Streitstoff prozeßführungsbefugt sein soll, folgt keiner dogmatischen Notwendigkeit, sondern, als Abwägung der beteiligten Interessen, rechtspolitischen Erwägungen.

III. Einzelfragen aus rechtsvergleichender Sicht

Die Würdigung der Ausgestaltung der Prozeßführungsbefugnis im einzelnen kam aus rechtsvergleichender Sicht zu folgenden Ergebnissen:

1. Die Einräumung gesetzlicher Prozeßstandschaften über fremde Rechte erweist sich nicht in allen Fällen als die geeignetste Rechtstechnik zur Umsetzung des jeweils beabsichtigten Regelungszwecks.

Der Fallgruppe der ausschließlichen Prozeßstandschaften liegt die Geltendmachung fremder Rechte in fremdem Interesse zugrunde. Die intendierte Verfahrensführung durch Rechtsfremde erfordert keine Verlagerung der Parteistellung, sondern kann sachgerechter als Vertretung konstruiert und verstanden werden. Deshalb erscheint insbesondere die Rechtsfigur der Partei kraft Amtes als obsolet. Die ihr zugewiesenen Aufgaben lassen sich, wie das französische Recht zeigte, ohne systematische Schwierigkeiten mit der Rechtsfigur der Vertretung erfüllen, indem der Vertreter als durch den Inhalt seines Amtes gebunden und der Vertretene als insoweit nicht prozeßfähig angesehen wird. Ebenso schützt die Klagebefugnis des Elternteils nach § 1629 Abs. 3 BGB das Kind nicht besser als die Vertretungsanordnung der ausländischen Rechtsordnungen und stellt deshalb eine unnötige Systemstörung des deutschen Parteikonzeptes dar. Die Klagebefugnis des Veräußerers im Prozeß ist nicht als Prozeßstandschaft, sondern als eine Sonderform des Parteiwechsels zu verstehen.

Bei Mitberechtigungen ist, entsprechend vergleichbaren Gestaltungen des französischen und englischen Rechts, eine Alleinklagebefugnis als prozessuale Notgeschäftsführung sinnvoll und durch alternative Rechtsinstitute nicht geeigneter zu regeln.

Unter den verschiedenen konkurrierenden Prozeßstandschaften erscheinen insbesondere die Klagebefugnis von Minderheitsgesellschaftern über Sozialansprüche, die Klagebefugnis des Herausgebers anonymer Werke und die Klagebefugnis von Landesbehörden zugunsten von Heimarbeitern als angemessene Regelung, da dem ihnen zugrundeliegenden Regelungsbedürfnis ohne Verlagerung der Parteistellung nicht hinreichend Rechnung getragen werden kann.

2. Die gewillkürte Prozeßstandschaft läßt sich dogmatisch nicht begründen. Zur Erreichung der intendierten Regelungsziele ist sie angesichts der Möglichkeiten der materiellrechtlichen Abtretung und der Vereinbarung der Verfahrensvertretung auch nicht erforderlich.

3. Für Feststellungsklagen ist die Prozeßführungsbefugnis gesondert zu prüfen. Das Erfordernis des Feststellungsinteresses enthebt den Kläger lediglich des Nachweises einer aktuellen, nicht jedoch einer eigenen Rechtsbeeinträchtigung.

4. Bei Gestaltungsklagen ist die Prozeßführungsbefugnis über den geltend gemachten "Gestaltungsanspruch" erforderlich. Sofern man diesen Anspruch nicht als materiellen, sondern als lediglich prozessualen Anspruch auffaßt, gerät das Konzept der Prozeßführungsbefugnis an seine Grenzen, weil es die Klagebefugnis im Hinblick auf ein bestimmtes materielles Recht beurteilt.

5. Verbandsklagerechte beruhen auf der Repräsentativität des Verbandes zur Geltendmachung derjenigen Interessen, deren Wahrung sich der Verband zum Ziel gesetzt hat. Da es sich hierbei oft um "diffuse" Interessen handelt, deren Inhaber im einzelnen nicht zu ermitteln sind, ist die Klagebefugnis des Verbandes in Parteistellung erforderlich.

Andererseits fehlt bei der Wahrung solch diffuser Interessen der für die Prozeßführungsbefugnis notwendige Anknüpfungspunkt am materiellen Recht eines bestimmten Rechtsinhabers. Der Versuch der jüngeren Theorie, das Verbandsklagerecht als ein *tertium* zur Prozeßführungsbefugnis über eigene Rechte und zur Prozeßstandschaft über fremde Rechte zu klassifizieren, bleibt inhaltsleer und vermag deshalb dogmatisch nicht zu überzeugen.

6. Die Frage der Rechtskrafterstreckung erweist sich als eine eigenständige Wertungsstufe des Prozeßrechts, welche die Zuweisung der Klagebefugnis ergänzt. Dabei sollte im Interesse von Gegner und Gericht grundsätzlich davon ausgegangen werden, daß sich die Rechtskraft bei der Geltendmachung fremder Rechte auch auf alle Inhaber des streitigen Rechts erstreckt.

7. Die Prüfung der Prozeßführungsbefugnis als Zulässigkeitsvoraussetzung folgt keiner dogmatischen Notwendigkeit, sondern Erwägungen der Prozeßökonomie. Daher spricht nichts dagegen, aus eben diesen prozeßökonomischen Erwägungen die Prüfung der Prozeßführungsbefugnis hintanzustellen, wenn die Unbegründetheit der Klage einfacher und schneller festzustellen ist.

IV. Anregungen für die Weiterentwicklung

1. Die Prozeßführungsbefugnis sollte als die Befugnis verstanden werden, einen Prozeß über einen bestimmten Streitstoff als richtige Partei zu führen.

2. Auf Klägerseite ergibt sich diese Befugnis entweder daraus, daß der Kläger ein eigenes materielles Recht geltend macht, oder aus einer ihm gesetzlich zugewiesenen Prozeßführungsbefugnis. Der Begriff der Prozeßstandschaft sollte aufgegeben werden, da er in seinem Bezug auf ein bestimmtes fremdes Recht die Frage nach dem richtigen Kläger unsachgemäß verkürzt.

3. Die bislang als gesetzliche Prozeßstandschaften bezeichneten Anordnungen von Prozeßführungsbefugnissen über fremde Rechte sollten nur insoweit aufrechterhalten werden, als ihre Regelungszwecke nicht durch materielle Rechtsgestaltung oder Prozeßvertretung erreichbar sind, sondern gerade nur durch eine Verlagerung der Parteistellung gegenüber dem Rechtsinhaber. Aus diesem Grund ist insbesondere die Rechtsfigur der Partei kraft Amtes ab-

zulehnen, der aktuelle Streit um die Verfahrensstellung des Insolvenzverwalters ist zugunsten der Vertretertheorie zu beenden.

4. Die Möglichkeit der Klage in gewillkürter Prozeßstandschaft ist aufzugeben, da sie keine dogmatische Rechtfertigung findet, zu Verwerfungen des deutschen Parteikonzepts führt und Mißbrauchsgefahren nicht hinreichend ausgeräumt werden können. Ihre anerkennenswerten Regelungszwecke lassen sich funktionsadäquat auch durch die Vereinbarung einer Vertretung für das Prozeßgeschäft erreichen.

5. Da sich die Prozeßführungsbefugnis von Verbänden auf die Repräsentativität des Verbandes für die von ihm geltend gemachten Interessen gründet, hat das deutsche Recht zutreffend die Anforderungen an die klagebefugten Verbände hinsichtlich Mitgliederstruktur und Organisationsgrad erhöht. Anstelle der gesetzlichen Regelungen im deutschen Recht wäre auch ein Konzessionsmodell nach französischem Vorbild denkbar, um geeignete Verbände flexibler für eine rechtspolitisch erwünschte Erhöhung der gerichtlichen Kontrolldichte in verschiedenen Rechtsgebieten einsetzen zu können.

6. In Ergänzung der Verbandsklage wäre die Einführung einer Gruppenklage nach dem Vorbild der englischen *representative proceedings* zu begrüßen, um die Geltendmachung einer Vielzahl paralleler Rechtsbeeinträchtigungen, etwa aus Produkthaftung oder Massenunfällen, zu erleichtern. Die automatische Rechtskrafterstreckung auf alle Gruppenmitglieder scheint zwar mit dem deutschen Zivilprozeßrecht nicht vereinbar. An ihre Stelle könnte jedoch ein Rechtskrafterstreckungsverfahren mit Klauselerteilung treten.

Literaturverzeichnis

ANDERS, Monika / GEHLE, Burkhard, "Das Assessorexamen im Zivilrecht", Düsseldorf, 5. Auflage 1996

ANDREWS, Neil, "Principles of Civil Procedure", London, 1994

"ATKIN'S Encyclopaedia of Court Forms in Civil Proceedings", London, 2. Auflage 1994 (zitiert: ATKIN'S)

BAR, Karl Ludwig von, "Civilprozeßrecht" in: HOLTZENDORFF, Franz von, u. a. (Hg.), "Encyclopädie der Rechtswissenschaft - Erster Teil", Leipzig, 5. Auflage 1890

BARNARD, David / HOUGHTON, Mark, "The New Civil Court in Action", London/Dublin/Edinburgh, 1993

BARTOSCH, Andreas, "Die vermögensrechtlichen Beziehungen der Ehegatten bei bestehender Ehe im englischen Recht" (Diss. Regensburg), Frankfurt am Main, 1997

BAUMBACH, Adolf / LAUTERBACH, Wolfgang / ALBERS, Jan / HARTMANN, Peter, "Zivilprozeßordnung", München, 56. Auflage 1998 (zitiert: BAUMBACH-BEARBEITER)

BENDER, Bernd, "Die Verbandsklage" in: DVBl. 1977, 169-175

BENKARD, Georg, u. a., "Patentgesetz - Gebrauchsmustergesetz", München, 9. Auflage 1993 (zitiert: BENKARD-BEARBEITER)

BERG, Hans, "Die Prozeßführungsbefugnis im Zivilprozeß" in: JuS 1966, 461-466

BERGER, Christian, "Die subjektiven Grenzen der Rechtskraft bei der Prozeßstandschaft" (Diss. Bayreuth), Köln/Berlin/Bonn/München, 1992

BERNSTORFF, Christoph Graf von, "Einführung in das englische Recht", München, 1996 (zitiert: BERNSTORFF, Einführung)

BERNSTORFF, Christoph Graf von, "Die Forderungsabtretung in den EU-Staaten" in: RIW 1994, 542-547 (zitiert: BERNSTORFF, Forderungsbtretung)

BERRY, Christopher / BAILEY, Edward, "Personal Insolvency", London, 2. Auflage 1993

BETTERMANN, "Zur Verbandsklage" in: ZZP 85 (1972), 133-144

BLACK'S LAW DICTIONARY (HG.: NOLAN, Joseph R. / NOLAN-HALEY, Jacqueline M.), St. Paul (Minnesota), 6. Auflage 1990

BLOMEYER, Arwed, "Zivilprozeßrecht", Berlin, 2. Auflage 1986

BOECKEN, Winfried / KRAUSE, Peter, "Globalzession und gewillkürte Prozeßstandschaft bei nachfolgender Vermögenslosigkeit des Sicherungsgebers" in: NJW 1987, 420-421

BÖTTGER, Günter / HABEL, Wolfgang / REINECKER, Heinrich "Zivilgerichtsbarkeit und Zwangsvollstreckung in Großbritannien und Frankreich", Stuttgart, 1977

BÖTTICHER, Eduard, "Rechtsnachfolge in die Prozeßführungsbefugnis?" in: FS Laun zum 65., Homburg, 1948, 295-304

BORÉ, Louis, "L'action en représentation conjointe: class action française ou action mort-née ?" in: Recueil Dalloz 1995, Chron. 267-271

BORK, Reinhard, "Einführung in das neue Insolvenzrecht", Tübingen, 1995

"BOYLE & BIRDS' Company Law", (Hg.: BIRDS, John / FERRAN, Eilís / VILLIERS, Charlotte / BOYLE, A. J.), London, 3. Auflage 1995

BREUER, Wolfgang, "Das neue Insolvenzrecht", München, 1998

BROMLEY, P. M., "Family Law", London, 9. Auflage 1998

BRÜHL, Albrecht, "Die Rolle der Prozeßführungsbefugnis im Zivilprozess" (Diss.) Frankfurt/Main, 1970

BRUNS, Rudolf, "Besprechung zu Rosenberg, Lehrbuch des deutschen Zivilprozeßrechts, 4. Auflage 1949" in: AcP 155 (1955), 186-192 (zitiert: BRUNS, Besprechung)

BRUNS, Rudolf, "Zivilprozessrecht", München, 2. Auflage 1979 (zitiert: BRUNS, ZPR)

BÜLOW, Otto von, "Die neue Prozeßrechtswissenschaft und das System des Civilprozeßrechts" in: ZZP 27 (1900), 201-260

BUNGE, Jürgen, "Zivilprozeß und Zwangsvollstreckung in England", Berlin, 1995

CABALLERO, Francis, "Plaidons par procureur !" in: Rev. trim. dr. civ. 1985, 247-276

CALAVROS, Constantin, "Urteilswirkungen zu Lasten Dritter", Bielefeld, 1978

CAPPELLETTI, Mauro, "Access to Justice" in: RabelsZ 40 (1976), 669-718

"CHARLESWORTH & PERCY on Negligence", (Hg.: PERCY, R. A.), London, 8. Auflage 1990

"CHESHIRE, FIFOOT AND FURMSTON'S Law of Contract", (Hg.: FURMSTON, M. P.), London, 11. Auflage 1986

CHITTY, Joseph / GREENING, Henry, "Chitty's Treatise on Pleading and Parties to Actions", London, 7. Auflage 1844 (zitiert: CHITTY)

CHITTY, Thomas u.a., "Chitty on Contracts", London, 27. Auflage 1994 (zitiert: CHITTY ON CONTRACTS)

"CLERK & LINDSELL on Torts", London, 17. Auflage 1995

COLOMBET, Claude, "Proprieté littéraire et artistique", Paris, 5. Auflage 1990

CORNU, Gérard / FOYER, Jean, "Procédure civile" Paris, 3. Auflage 1996

CREIFELDS, Carl u. a., "Rechtswörterbuch", München, 15. Auflage 1999

CRÉMIEU, Louis, "Traité élémentaire de procédure et voies d'exécution", Paris, 1956

CROMWELL, Thomas, "Locus standi", Toronto/Calgary/Vancouver, 1986

DAVID, René / GRASMANN, Günther, "Einführung in die großen Rechtssysteme der Gegenwart", München, 2. Auflage 1989

DERHAM, S. R., "Subrogation in Insurance Law", London, 1985

DERRIDA, Fernand "La notion de partie dans les décisions relatives au redressement et à la liquidation judiciaires des entreprises" in: Receuil Dalloz Sirey 1989, Chron. 77-98

DICEY, A. V., "A Treatise on the Rules for the Selection of the Parties to an Action", London, 1870 (zitiert: DICEY)

"DICEY AND MORRIS on the Conflict of Laws", (Hg.: COLLINS, Lawrence), London, 12. Auflage 1993 (zitiert: DICEY AND MORRIS)

DICKSON, G. C. A. / STEELE, J. T., "Introduction to Insurance", Toronto, 2. Auflage 1996

"DICTIONARY OF MODERN LEGAL USAGE", (Hg.: GARNER, Bryan A.), New York/Oxford, 2. Auflage 1995

DIEDERICHSEN, Uwe, "Die Funktion der Prozeßführungsbefugnis in ihrer Beschränkung auf Drittprozesse" in: ZZP 76 (1963), 400-423

DIETL, Clara-Erika / MOSS, Anneliese / LORENZ, Egon, "Wörterbuch für Recht, Wirtschaft und Politik" Teil 1, München, 1979

DOUCET, Michel / FLECK, Klaus E. W., "Wörterbuch der Rechts- und Wirtschaftssprache" Teil 1, München, 5. Auflage 1997

EBERT, Kurt Hanns, "Rechtsvergleichung", Bern, 1978

"Encyclopédie Dalloz de procédure civile", Loseblattsammlung nach Systembegriffen, Paris (zitiert: ENCYCLOPÉDIE-BEARBEITER)

"Encyclopédie Dalloz de droit civil", Loseblattsammlung nach Systembegriffen, Paris (zitiert: ENCYCLOPÉDIE CIV.-BEARBEITER)

"Encyclopédie Dalloz de droit commercial", Loseblattsammlung nach Systembegriffen, Paris (zitiert: ENCYCLOPÉDIE COMM.-BEARBEITER)

ENDRES, Peter "Die französische Prozeßrechtslehre vom Code de procédure civile (1806) bis zum beginnenden 20. Jahrhundert" (Diss. Tübingen) Tübingen, 1985

"EVANS - The Law of Landlord and Tenant", (Hg.: SMITH, P. F.), London, 2. Auflage 1985 (zitiert: EVANS)

FERID, Murad / SONNENBERGER, Hans Jürgen, "Das französische Zivilrecht", Heidelberg, 2. Auflage 1994 (Band 1/1) bzw. 1986 (Band 2)

FRANK, R., "Die Verschiebung von Prozeßrechtsverhältnissen mit Hilfe der gewillkürten Prozeßstandschaft" in: ZZP 92 (1979), 321-351

GARSONNET, E. / CÉZAR-BRU, Ch. "Traité théorique et pratique de procédure civile et commerciale" Band I, Paris, 3. Auflage 1912

GASSIN, René, "La qualité pour agir en justice" (Thèse Aix-Marseille), Draguignan, 1955

GERBER, Karl Friedrich von, "System des deutschen Privatrechts", 17. Auflage 1895

GIVERDON, Claude, "La qualité, condition de la recevabilité de l'action en justice" in: Receuil Dalloz 1952, Chron. 85-88

GLASSON, Ernest-Désire / TISSIER, Albert, "Traité théorique et pratique d'organisation judiciaire, de compétence et de procédure civile", Paris, 3. Auflage 1925

GLENN, Patrick, "A propos de la maxime 'nul ne plaide par procureur'" in: Rev. trim. dr. civ. 1988 Band 1, S. 59-77

GOENNER, Nikolaus Thaddäus, "Handbuch des deutschen gemeinen Prozesses" Band 1, Erlangen, 2. Auflage 1804

"GOWER's Principles of Modern Company Law", (Hg.: DAVIES, Paul L.), London, 6. Auflage 1997

GRUNSKY, Wolfgang, "Grundlagen des Verfahrensrechts", Bielefeld, 2. Auflage 1974

"GUIDE JURIDIQUE", (Hg.: VINCENT, Jean/GALLIER, Philippe Pierre), Paris, 1992

HADDING, Walter, "Die Klagebefugnis der Mitbewerber und der Verbände nach § 13 Abs. 1 UWG im System des Zivilprozeßrechts" in: JZ 1970, 305-312 (zitiert: HADDING, Verbände)

HADDING, Walter, "Zur Einzelklagebefugnis des Gesellschafters einer Personengesellschaft" in: JZ 1975, 159-195 (zitiert: HADDING, Einzelklagebefugnis)

HÄSEMEYER, Ludwig, "Der interne Rechtsschutz zwischen Organen, Organmitgliedern und Mitgliedern der Kapitalgesellschaft als Problem der Prozeßführungsbefugnis" in ZHR 144 (1980), 265-288

"HALSBURY'S Laws of England", (Hg. Lord Hailsham of St. Marylebone), London: Butterworths, 4. Auflage mit wechselnden Erscheinungsjahren je nach Band (zitiert: HALSBURY'S LAWS)

HARTWIEG, Oskar, "Die Kunst des Sachvortrags im Zivilprozeß", Heidelberg, 1988

HASS, Detlev, "Die Gruppenklage", (Diss. München 1996), München, 1996

HÉBRAUD, Pierre, "Observations sur l'évolution des rapports entre le droit et l'action dans la formation et le développement des systèmes juridiques" in: Mélanges Pierre Raynaud, Paris, 1985, S. 237-253 (zitiert: HÉBRAUD, Observations)

HÉBRAUD, Pierre, "Jurisprudence française en matière de procèdure civile" in: Rev. trim. dr. civ. 1956, 389-412 (zitiert: HÉBRAUD, Jurisprudence)

HEINSHEIMER, Karl, "Die Zivilgesetze der Gegenwart" Band I, Mannheim/Berlin/Leipzig, 1932

HEINTZMANN, Walter, "Die Prozeßführungsbefugnis", Köln/Berlin/Bonn/München, 1970

HELLWIG, Konrad, "Klagrecht und Klagmöglichkeit", Aalen, 1968 (Reprint der Ausgabe Leipzig 1905) (zitiert: HELLWIG, Klagrecht)

HELLWIG, Konrad, "Lehrbuch des deutschen Zivilprozeßrechts", Band I, Aalen, 1980 (Reprint der Ausgabe Leipzig 1903) (zitiert: HELLWIG, Lehrbuch)

HELLWIG, Konrad, "System des deutschen Zivilprozeßrechts", Band I, Aalen, 1980 (Nachdruck der Ausgabe Leipzig 1912) (zitiert: HELLWIG, System)

HENCKEL, Wolfram, "Einziehungsermächtigung und Inkassozession" in: FS Larenz zum 70., München, 1973, 643-660 (zitiert: HENCKEL, Einziehungsermächtigung)

HENCKEL, Wolfram, "Prozeßrecht und materielles Recht", Göttingen, 1970 (zitiert: HENCKEL, Prozeßrecht)

HENCKEL, Wolfram, "Parteibegriff und Rechtskrafterstreckung", in: ZZP 70 (1957), 448-465 (zitiert: HENCKEL, Parteibegriff)

HENCKEL, Wolfram, "Parteilehre und Streitgegenstand im Zivilprozeß", Heidelberg, 1961 (zitiert: HENCKEL, Parteilehre)

HENRICH, Dieter, "Einführung in das englische Privatrecht", Darmstadt, 2. Auflage 1993

HESS, Harald / OBERMÜLLER, Manfred, "Die Rechtsstellung der Verfahrensbeteiligten nach der Insolvenzordnung", Heidelberg 1997

HESS, Harald / PAPE, Gerhard, "InsO und EGInsO - Grundzüge des neuen Insolvenzrechts", Köln, 1995

HÜBNER, Ulrich / CONSTANTINESCO, Vlad, "Einführung in das französische Recht", München, 3. Auflage 1994

JACOB, Sir Jack I. H., "The Fabric of English Civil Justice", London, 1987 (zitiert: JACOB, Fabric)

JACOB, Sir Jack I. H., "The Judicature Acts 1873-1875 Vision and Reality" in: Jacob, Sir Jack I. H., "The Reform of Civil Procedural Law", London, 1982, 301-322 (zitiert: JACOB, Judicature Acts)

JACOB, Sir Jack I. H. / GOLDREIN, Iain S., "Pleadings: Principles and Practice", London, 1990

JAUERNIG, Othmar, "Materielles Recht und Prozeßrecht" in: JuS 1971, 329-334 (zitiert: JAUERNIG, Materielles Recht)

JAUERNIG, Othmar, "Zum Prüfungs- und Entscheidungsvorrang von Prozessvoraussetzungen" in: FS Gerhard Schiedermair zum 70., München, 1976, 289-311 (zitiert: JAUERNIG, Prüfungsvorrang)

JAUERNIG, Othmar, "Zivilprozessrecht", München, 24. Auflage 1993 (zitiert: JAUERNIG, ZPR)

JOLOWICZ, J. A., "On the Nature and Purposes of Civil Procedural Law" in: SCOTT, I. R. (Hg.) "International Perspectives on Civil Justice" London, 1990, 27-45

JOWITT, E. / WALSH, Clifford / BURKE, John "Jowitt's Dictionary of English Law" Band 2, London, 2. Auflage 1977 (zitiert: JOWITT'S DICTIONARY)

"Jurisclasseur de procédure civile", Loseblattsammlung nach Systembegriffen, Paris (zitiert: JURISCLASSEUR-BEARBEITER)

KAUFMANN, Horst, "Zur Geschichte des aktionenrechtlichen Denkens" in: JZ 1964, 482-489

KERR, William Williamson / WALTON, Raymond "On the Law and Practice as to Receivers and Administrators", London, 16. Auflage 1983

KILGER, Joachim / SCHMIDT, Karsten, "Insolvenzgesetze KO/VglO/GesO", München, 17. Auflage 1997

KISCH, Wilhelm, "Das Reichsgericht und der Parteibegriff" in: Festgabe 50jähriges Bestehen des Reichsgerichts, Band VI, Berlin/Leipzig, 1929, 15-43

KOCH, Harald, "Prozeßführung im öffentlichen Interesse", Frankfurt am Main, 1983 (zitiert: KOCH, Prozeßführung)

KOCH, Harald, "Über die Entbehrlichkeit der `gewillkürten Prozeßstandschaft`" in: JZ 1984, 809-815 (zitiert: KOCH, Prozeßstandschaft)

KOHLER, Josef, "Der Dispositionsnießbrauch" in JherJb 24 (1896), S. 187-328 (zitiert: KOHLER, Dispositionsnießbrauch)

KOHLER, Josef, "Der sogenannte Rechtsschutzanspruch" in: ZZP 33 (1903), 211-234 (zitiert: KOHLER, Rechtsschutzanspruch)

KOHLER, Josef, "Ueber die Succession in das Processverhältnis" in: ZZP 12 (1888), 97-152 (zitiert: KOHLER, Succession)

LANGAN, P. St. J. / HENDERSON, L. D. J., "Civil Procedure", London, 3. Auflage 1983

LARENZ, Karl, "Lehrbuch des Schuldrechts" Band 1, München, 14. Auflage 1987

LIEDTKE, Kurt Wilhelm, "Der partei- und gegenstandsbezogenen Inhalt des Vermögensrechtsstreits" (Diss.) Frankfurt/Main, 1971

LINDLEY, Nathaniel / BANKS, I. A., "Lindley & Banks on Partnership", London, 17. Auflage 1995

LOCHER, Horst / MES, Peter, "Beck'sches Prozeßformularbuch", München, 7. Auflage 1995

LÜKE, Gerhard, "Die Prozeßführungsbefugnis" in: ZZP 76 (1963), 1-31 (zitiert: LÜKE, Prozeßführungsbefugnis)

LÜKE, Gerhard, "Zur Klage auf Feststellung von Rechtsverhältnissen mit oder zwischen Dritten" in: Festschrift für Henckel, München, 1995, 562-577 (zitiert: LÜKE, Feststellung)

"LUSH's Practice of the Superior Courts of Law", (Hg.: DIXON, Joseph), London, 3. Auflage 1865 (zitiert: LUSH)

MAITLAND, F. W., "The Forms of Action at Common Law", Cambridge, 1936

MAROTZKE, Wolfgang, "Rechtsnatur und Streitgegenstand der Unterlassungsklage aus § 13 UWG" in: ZZP 98 (1985), 160-199

MARTIN, Raymond, "Le juge devant la prétention" in: Receuil Dalloz 1987, Chron. 35-38

MARTIN, Raymond / MARTIN, Jacques, "L'action collective" in: Juris-classeur périodique 1984 I, 3162

MAUS, Wilhelm / SCHMIDT, Klaus, "Heimarbeitsgesetz", München, 3. Auflage 1976

MAZEAUD, Henri / MAZEAUD, Jean / CHABAS, François, "Obligations" Band II/1, Paris, 8. Auflage 1991

MEGARRY, Robert / WADE, H. W. R., "The Law of Real Property", London, 4. Auflage 1975 (zitiert: MEGARRY)

MELLOWS, Anthony Roger, "The Law of Succession", London, 4. Auflage 1983

MICHAELIS, Karl, "Der materiellrechtliche Gehalt des rechtlichen Interesses bei der Feststellungsklage und der gewillkürten Prozeßstandschaft" in: FS Larenz zum 80., München, 1983, 443-485

MIGUET, Jacques, "Immutabilité et évolution du litige", Paris, 1977

MOREL, René, "Traité élémentaire de procédure civile" Paris, 2. Auflage 1949

MOTULSKY, Henri, "Le droit subjectif et l'action en justice" in: ders., "Écrits", Paris, 1973, S. 85-100

MÜLLER, Hans-Friedrich, "Die actio pro socio im englischen Recht" in: ZVglRWiss 96 (1997), 217-241

Münchener Kommentar zur Zivilprozeßordnung (Hg.: LÜKE, Gerhard / WALCHSHÖFER, Alfred), Band 1, München, 1992 (zitiert: MÜKO-BEARBEITER und §§ ZPO)

Münchener Kommentar zum Bürgerlichen Gesetzbuch (Hg.: REBMANN, Kurt / SÄCKER, Franz), München, 3. Auflage 1992 (Band 8) bzw. 1997 (Band 5) (zitiert: MÜKO-BEARBEITER und §§ BGB)

MUTHER, Theodor, "Zur Lehre von der römischen Actio, dem heutigen Klagerecht, der Litiskontestation und der Singularsukzession in Obligationen", abgedruckt in: WINDSCHEID, Bernhard, "Die actio des römischen Zivilrechts", Aalen, 1969 (Neudruck der Auflage 1856)

NEUNER, R., "Die Sachlegitimation" in: Judicium 1933, Sp. 113-138

NIKISCH, Arthur, "Zivilprozeßrecht", Tübingen, 2. Auflage 1952

NORDEMANN, Wilhelm / VINCK, Kai / HERTIN, Paul W., "Urheberrecht", Stuttgart/Berlin/Köln, 9. Auflage 1998

NUßBAUM, Arthur, "Soziologische und rechtsvergleichende Elemente des trust" in: AcP 151 (1950), 193-208

O'BRIEN, Derek, "The New Summary Judgement: Raising the Threshold of Admission" in: Civil Justice Quarterly 18 (1999), 132-148

ODGERS, William Blake / CASSON, D. B., "Odgers on High Court Pleading and Practice", London, 23. Auflage 1991 (zitiert: ODGERS)

ODGERS, William Blake "Odgers' Principles of Pleading and Practice in Civil Action in the High Court of Justice", London, 23. Auflage 1991 (zitiert: ODGERS, 20. Auflage)

OETKER, Friedrich, "Besprechung von Seuffert, Die Civilprozessordnung für das deutsche Reich", in: Juristisches Literaturblatt 1890, S. 188-191

O'HARE, John / HILL, Robert N., "Civil Litigation", London, 7. Auflage 1996

PALANDT, Otto, (Hg. BASSENGE, Peter u. a.), "Bürgerliches Gesetzbuch" , München, 58. Auflage 1999 (zitiert: PALANDT-BEARBEITER)

PAWLOWSKI, Hans-Martin, "Die zivilrechtliche Prozeßstandschaft" in: JuS 1990, 378-382

PETER, Hans, "Actio und writ", Tübingen, 1957

PIÉDELIÈVRE, Alain, "Remarques sur la notion de qualité" in: Annales de la faculté de droit et des sciences économiques de l'Université de Clermont, Paris, 1969, S. 215-233

POHLE, Rudolf, "Zur Lehre vom Rechtsschutzbedürfnis" in: FS Friedrich Lent zum 75., München/Berlin, 1957, 195-235

"RAYDEN & JACKSON's Law and Practice in Divorce and Family Matters", (Hg.: WALL (MrJustice) / MAPLE, G. J. / EVERALL, Mark / BIGGS, A. K.), London/Dublin/Edinburgh, 17. Auflage 1997

"Répertoire de droit civil", Losenblattsammlung nach Systembegriffen, Paris (zitiert: RÉPERTOIRE CIV.-BEARBEITER)

RHEINSTEIN, Max, u. a., "Einführung in die Rechtsvergleichung", München, 2. Auflage 1987

ROSENBERG, Leo, "Zivilprozeßrecht", München, 8. Auflage 1960

ROSENBERG, Leo / SCHWAB, Karl Heinz, "Zivilprozeßrecht", 13. Auflage 1981

ROSENBERG, Leo / SCHWAB , Karl Heinz / GOTTWALD, Peter, Zivilprozessrecht", München, 15. Auflage 1993 (zitiert: ROSENBERG/SCHWAB-GOTTWALD)

ROSENBERG, Leo, "Zur Lehre von der gewillkürten Prozeßstandschaft" in: JZ 1952, 137-138

RÜßMANN, Helmut, "Einzugsermächtigung und Klagebefugnis" in: AcP 172 (1972), 520-554

RUTHERFORD, L. A. / TODD, I. A. / WOODLEY, M. G., "Introduction to Law", London, 2. Auflage 1987

SAAGE, Erwin, "Die gewillkürte Prozeßstandschaft" (Diss. Erlangen), Berlin, 1935

"SALMOND on Jurisprudence", (Hg.: FITZGERALD, P. J.), London, 12. Auflage 1966

"SALMOND AND HEUSTON on the Law of Torts", (Hg.: HEUSTON, R. F. V. / BUCKLEY, R. A.), London, 20. Auflage 1992

SAVIGNY, Friedrich Carl von, "System des heutigen römischen Rechts" Band 5, Berlin, 1841

SCHAUB, Günter, "Arbeitsrechts-Handbuch", 8. Auflage 1996

SCHELLHAMMER, Kurt, "Zivilprozeß", Heidelberg, 6. Auflage 1994

SCHMIDT, Karsten, "Gesellschaftsrecht", Köln/Berlin/Bonn/München, 2. Auflage 1991

SCHMIDT, Richard, "Lehrbuch des deutschen Zivilprozessrechts", Leipzig, 2. Auflage 1910

SCHNEIDER, Rudolf, "Die Prozeßführungsbefugnis des materiell Berechtigten - eine überholte Sachurteilsvoraussetzung?" in: ZZP 77 (1964), 278-287

SCHÖNKE, Adolf, "Das Rechtsschutzbedürfnis", Detmold/Frankfurt am Main/Berlin, 1950

SCHÖNKE, Adolf / KUCHINKE, Kurt, "Zivilprozeßrecht", Karlsruhe, 9. Auflage 1969

SCHRICKER, Gerhard, "Urheberrecht", München, 2. Auflage 1999

SCHÜTZ, Olaf, "Sachlegitimation und richtige Prozeßpartei bei innergesellschaftlichen Streitigkeiten in der Personengesellschaft", Berlin, 1994

SCHWEICKERT, Klaus-Dieter "Die subjektiven Grenzen der materiellen Rechtskraft französischer Zivilurteile unter vergleichender Heranziehung des deutschen Rechts" (Diss. München) München, 1967

SCOTT, Kenneth E., "Standing in the Supreme Court - A Functional Analysis" in: Harvard Law Review 80 (1973), 645-692

SIMSHÄUSER, Wilhelm, "Zur Entwicklung des Verhältnisses von materiellem Recht und Prozeßrecht seit Savigny", Bielefeld, 1965

SINANIOTIS, Lambros, "Prozeßstandschaft und Rechtskraft" in: ZZP 79 (1966), 78-98

SOHM, Rudolph / MITTEIS, Ludwig / WENGER, Leopold, "Institutionen-Geschichte und System des römischen Privatrechts", München/Leipzig, 17. Auflage 1924

SOLUS, Henry / PERROT, Roger, "Droit judiciaire privé" Band 1 und 3, Paris, 1961 (Band 1) bzw. 1991 (Band 3)

SONNENBERGER, Hans Jürgen, "Französisches Wirtschafts- und Handelsrecht", Heidelberg, 2. Auflage 1991

SPENCER BOWER, George / TURNER, Alexander Kingcome, "The Doctrine of Res Judicata", London, 2. Auflage 1969

STATHOPOULOS, Michael P., "Die Einzugsermächtigung", Karlsruhe, 1968

STEGEMANN, F., "Die Parteien im Prozeß" in: ZZP 17 (1892), 326-386

STEIN, Lorenz von, "Französische Staats- und Rechtsgeschichte" in: Warnkönig, Leopold August/Warnkönig, Th. A./von Stein, "Französische Staats- und Rechtsgeschichte" Band 3, Aalen, 1968 (Neudruck der 2. Ausgabe Basel 1875)

STEIN, Friedrich / JONAS, Martin, (Bearb.: BORK, Reinhard, u. a.), "Zivilprozeßordnung", Tübingen, 21. Auflage 1993 (zitiert: STEIN/JONAS-BEARBEITER)

"STONE'S JUSTICE'S MANUAL", (Hg.: DRAYCOTT, A. T. / CARR, A. P.), London, 128. Auflage 1996

STORCK, Michel, "Essai sur le mécanisme de la représentation dans les actes juridiques" Paris, 1982

"STROUD'S DICTIONARY", (Hg.: JAMES, John S.), Band 2, London, 5. Auflage 1986

SUPREME COURT PRACTICE (Hg. JACOB, Jack I. H.), London, 1999

THIERE, Karl, "Die Wahrung überindividueller Interessen im Zivilprozeß", Bielefeld, 1980

THOMAS, Heinz / PUTZO, Hans, "Zivilprozeßordnung", München, 22. Auflage 1999

TOMASIN, Daniel, "Essai sur l'autorité de la chose jugée en matière civile", Paris, 1975

TUHR, Andreas von, "Der Allgemeine Teil des Deutschen Bürgerlichen Rechts" Band 1, Leipzig, 1910

URBANCZYK, Reinhard, "Zur Verbandsklage im Zivilprozeß", (Diss. Erlangen), Köln/Berlin/Bonn/ München, 1981

VIATTE, Jean, "La notion d'irrécevabilité" in: Gazette du Palais 1980 (2e sem.), 470-471

VINCENT, Jean / GUINCHARD, Serge "Procédure civile" Paris, 24. Auflage 1996 (zitiert: VINCENT/GUINCHARD)

VINCENT, Jean / GUINCHARD, Serge "Procédure civile" Paris, 22. Auflage 1991 (zitiert: VINCENT/GUINCHARD, 22. Auflage)

"VOCABULAIRE JURIDIQUE", (Hg.: CORNU, Gérard u. a.), Paris, 2. Auflage 1990

WACH, Adolf, "Handbuch des deutschen Civilprozessrechts", Band 1, Leipzig, 1885

WALKER & WALKER (Bearb. WALKER R. J.), "The English Legal System", London, 4. Auflage 1976

WEBER, Richard, "Die Prozeßführungsbefugnis als Sachurteilsvoraussetzung im Zivilprozeß und im Verwaltungsprozeß", (Diss.) Augsburg, 1991

WEINBÖRNER, Udo, "Das neue Insolvenzrecht mit EU-Übereinkommen", Freiburg, 1997

WETZELL, Georg Wilhelm, "System des ordentlichen Civilprocesses", Leipzig, 3. Auflage 1878

WIECZOREK, Bernhard / SCHÜTZE, Rolf A., "Zivilprozeßordnung und Nebengesetze" Band 1, Berlin/New York, 3. Auflage 1994 (zitiert: WIECZOREK/SCHÜTZE-BEARBEITER)

WIEDERKEHR, Georges, "La notion d'action en justice selon l'article 30 du nouveau Code de procédure civile" in: Mélanges Hébraud, Paris,^ 1981, 949-958

WINDSCHEID, Bernhard, "Die actio des römischen Zivilrechts", Aalen 1969 (Neudruck der Auflage 1856)

WOOLF, Sir Harry, "Locus standi in Practice" in: SCOTT, I. R. (Hg.) "International Perspectives on Civil Justice" London, 1990, 247-264

WOOLF, The Lord / WOOLF, Jeremy, "The Declaratory Judgement", London, 1993 (zitiert: WOOLF/WOOLF)

WOLF, Manfred, "Die Klagebefugnis der Verbände", Tübingen, 1971

WUNDERLICH, Peter, "Zur Prozeßstandschaft im internationalen Recht", (Diss.) München, 1970 (zitiert: WUNDERLICH, Prozeßstandschaft)

WUNDERLICH, Peter, "Zivilprozessuale Möglichkeiten für ein gemeinsames Vorgehen geschädigter Kapitalanleger" in: DB 1993, 2269-2273 (zitiert: WUNDERLICH, Vorgehen)

ZÖLLER, Richard, u. a., "Zivilprozessordnung", Köln, 21. Auflage 1999 (zitiert: ZÖLLER-BEARBEITER)

ZÖLLNER, Wolfgang, "Materielles Recht und Prozeßrecht" in: AcP 190 (1990), 471-495

ZWEIGERT, Konrad / KÖTZ, Hein, "Einführung in die Rechtsvergleichung", Tübingen, 3. Auflage 1996

Englische Gerichtsentscheidungen

Advanced Technology Structures Ltd v. Cray Valley Products
The Times, December 29, 1992, C.A.
Attorney-General v. Times Newspapers Ltd [1992] 1 A.C. 191
Baker v. Barclays Bank Ltd [1953] 1 W.L.R. 822
Boulting v. The Association of Cinematograph Television and Allied Technicians [1963] 2 Q.B. 606, 629
Brownton Ltd v. Edward Moore Inbucon Ltd [1985] 3 All E.R. 499
Carl Zeiss-Stiftung v. Rayner and Keeler (No. 2) [1966] 2 All E.R. 536
Central Electricity Board v. Halifax Corporation [1962] 3 All. E. R. 715
Clowes v. Hilliard (1876) 4 Ch.D. 413
Comfort v. Betts [1891] 1 Q.B. 737
G. E. Crane Sales Pty. Ltd v. Commissioner of Taxation [1971] 126 C.L.R. 177
Cullen v. Knowles [1898] 2 Q.B. 380
Distillers Co, (Bio-Chemicals) Ltd v. Thompson [1971] 1 All E.R. 694
Dornan v. J. W. Ellis & Co. Ltd [1962] 1 Q.B. 583
Duke of Bedford v. Ellis [1901] A.C. 1
Dyson v. The Attorney-General [1911] 1 K.B. 410
Eastham v. Newcastle United F. C. [1964] Ch. 413
EMI Records v. Riley [1981] 1 W.L.R. 923
Fletcher v. Fletcher (1844) 4 Hare 67
Foss v. Harbottle (1843) 2 Hare 461
Franklin v. Franklin [1915] W.N. 342
Gandy v. Gandy (1885) 30 Ch.D. 57

Gouriet v. Post Office Workers [1978] A.C. 435
Gray v. Lewis (1873) L.R. 8 Ch.App. 1035
Greenhalgh v. Mallard [1947] 2 All E. R. 255
Guaranty Trust Company of New York v. Hannay & Company [1915] 2 K.B. 537
Hegan v. Carolan [1916] 2 Irish Rep. 27
Hughes v. The Pump House Hotel Company Ltd (No. 2) [1902] 2 K.B. 485
Re I. G. Farbenindustrie AG Agreement [1944] Ch. 41, [1943] 2 All E.R. 525
Ikebife Ibeneweka v. Peter Egbuna [1964] W.L.R. 219
Inland Revenue Commissioners v. National Federation of Self-Employed and Small Business Ltd [1981] 2 All E.R. 93
James Nelson & Sons Ltd v. Nelson Line (Liverpool) Ltd [1906] 2 K.B. 217
John v. Rees [1970] 1 Ch. 345
Jones v. Llanrwst UDC [1911] 1 Ch. 393
Ex parte Kearsley (1886) 17 Q.B.D. 1
The "Kelo" [1986] 2 LLoyd's 244
King v. Victoria Insurance Company Ltd [1896] A.C. 251
Kingdom of Spain v. Christie [1986] 3 All E.R. (34)
Latch v. Latch (1875) L. R. 10 Ch. App. 464
Letang v. Cooper [1965] 1 Q.B. 232, 242f
Lonrho Plc v. Fayed [1992] 1 A.C. 449
Lonrho Plc v. Tebbit [1991] 4 All E. R. 973
Mac Dougall v. Gardiner (1875) 1 Ch.D. 13
Markt & Co. Ltd v. Knight Steamship Company Ltd [1910] 2 K.B. 1021
McKenzie v. McKenzie [1970] 3 W.L.R. 472
Meadows Indemnity Co. Ltd v. The Insurance Corporation of Ireland Plc and International Commercial Bank Plc [1989] 2 Lloyd's 298
Moon v. Atherton [1972] 3 All E.R. 145, 146
Moser v. Marsden [1892] 1 Ch. 487
New York Insurance Co. v. Public Trustee [1924] 2 Ch. 101
Oriental Fire and General Insurance Company Ltd v. American President Lines Ltd [1968] 2 LLoyd's 372
Oswald Joseph Reichel v. John Richard Magrath (1889) 14 App.Cas. 665
Pavlides v. Jensen [1956] 1 Ch. 565
Performing Right Society Ltd v. London Theatre of Varieties Ltd [1924] A.C. 1
Price v. Rhondda [1923] W.N. 228
Prudential Assurance Co. Ltd v. Newman Industries Ltd [1981] Ch. 229
Read v. Brown (1888) 22 Q.B.D. 128
R. v. Leicester City Justices [1991] 2 Q.B. 260

Roche v. Sherrington [1982] W.L.R. 599
In re Sacker (1888) 22 Q.B.D. 179
Simpson v. Denny (1878) 10 Ch.D. 28
Simpson and Company v. Thompson, Burell (1877) 3 App. Cas. 279
Smith v. Cardiff Corporation [1954] 1 Q.B. 210
Smith v. Croft (No. 2) [1988] Ch. 114
In re Steel Wing Company Ltd [1921] 1 Ch. 349, 357
Thompson v. Ward [1953] 2 Q.B. 153
Thorne Rural District Council v. Bunting [1972] 1 All E.R. 439
Touche v. Metropolitan Railway Warehousing Company (1871) 6 Ch. App. 671
Trendtex Trading Corp. v. Crédit Suisse [1982] A.C. 679
Turquandt and the Capital and Counties Bank v. Fearon (1879) 4 Q.B.D. 280
Ventouris v. Mountain [1990] 1 W.L.R. 1370
Walter & Sullivan Ltd v. J. Murphy & Sons Ltd [1955] 1 All E.R. 843
Watson v. Cave (1881) 17 Ch.D. 19
Wenlock v. Moloney [1965] 2 All E. R. 871
Williams v. Atlantic Assurance Company, Ltd [1933] 1 K.B. 81
William Brandt's Sons & Co v. Dunlop Rubber Company Ltd [1905] A.C. 454, 462
The Winkfield [1902] P. 42
Yeatman v. Yeatman (1877) 7 Ch.D. 210
Yorkshire Insurance Company Ltd v. Nisbet Shipping Company Ltd [1962] 2 Q.B. 330
The Zigurds [1932] P. 118

FSC
www.fsc.org
MIX
Papier | Fördert
gute Waldnutzung
FSC® C083411

Kolibri 360 GmbH
Ferdinand-Jühlke-Straße 7
99095 Erfurt, Deutschland
produktsicherheit@kolibri360.de

Druck:
CPI Druckdienstleistungen GmbH
im Auftrag der
Kolibri 360 GmbH
Ferdinand-Jühlke-Str. 7
99095 Erfurt